Erschienen im Jubiläumsjahr 1987
bei Klett-Cotta

Konzepte der Humanwissenschaften

Texte zur Familiendynamik

Herausgegeben von Helm Stierlin

Richard Fisch, John H. Weakland, Lynn Segal

Strategien der Veränderung

Systemische Kurzzeittherapie

Klett-Cotta

Verlagsgemeinschaft Ernst Klett Verlag – J. G. Cotta'sche Buchhandlung
Aus dem Amerikanischen übersetzt von Modeste zur Nedden
Die Originalausgabe erschien unter dem Titel
»The Tactics of Change. Doing Therapy Briefly«
im Verlag Jossey-Bass Inc., San Francisco, 1982

Printed in Germany 1987
Umschlag: Klett-Cotta-Design
Satz und Druck: H. Mühlberger GmbH, Gersthofen
Buchbinderische Verarbeitung: Ludwig Auer, Donauwörth

CIP-Kurztitelaufnahme der Deutschen Bibliothek
Fisch, Richard:
Strategien der Veränderung. Systemische Kurzzeittherapie /
Richard Fisch; John H. Weakland; Lynn Segal.
Aus d. Amerikan. übers. von Modeste zur Nedden. –
Stuttgart : Klett-Cotta, 1987.
(Konzepte der Humanwissenschaften)
Einheitssacht.: The Tactics of Change (dt.)
ISBN 3-608-9535-8

Zur Erinnerung
an Kunst und Können
Milton H. Ericksons

Inhalt

Vorwort

In diesem Buch stellen die Autoren jene Bedingungen in den Mittelpunkt, die wirksam und schnell den psychotherapeutischen Prozeß zum Ziel führen. Es geht um die Frage: Wie ist das therapeutische Verfahren abzukürzen?

Eine Psychotherapie zu kürzen ist sicher nicht mit dem Durchführen einer Kurztherapie vergleichbar, da diese Bezeichnung mittlerweile vieles bedeuten kann: eine Abkürzung von Langzeit-Psychotherapie aufgrund finanzieller oder personeller Engpässe ebenso wie infolge mangelnder »Einsichtsfähigkeit« des Patienten. »Kurztherapie« wird auch oft als Synonym für »Krisenintervention« verstanden, wo sie in akuten Ausnahmefällen als Lückenbüßer angewendet wird. So befaßt sich die Literatur zur Kurztherapie überwiegend mit der Frage, wie sich die herkömmliche Langzeittherapie durch eine Änderung der traditionellen Techniken sowie durch eine Einschränkung der Therapieziele abkürzen läßt. Viele Befürworter der Kurztherapie meinen, daß sie nur bei bestimmten Patienten oder eingegrenzten Problemen anzuwenden und ein Scheitern darauf zurückzufuhren sei, daß gerade »dieses Problem« eine intensive Langzeitbehandlung erfordert hätte.

Wir sind der Ansicht, daß die Teilung in Kurz- und Langzeittherapien eine Illusion ist und, wichtiger noch, der Entwicklung einer wirksamen und leistungsfähigen Therapie im Wege steht. In dieser Teilung sehen wir einen ernstzunehmenden Versuch, die Behandlung ohne die grundlegende Überprüfung eigener Ansichten über die Natur des Problems und seiner Lösung abzukürzen. Solange bei der Entwicklung der Kurztherapie menschliche und zwischenmenschliche Probleme nur als pathologisch angesehen werden, bleibt die Kurztherapie ein sekundärer Ansatz in der »Hauptströmung« der Langzeittherapie.

Unser Buch »Strategien der Veränderung « ist ein umfassendes Handbuch eines wirksamen und leistungsfähigen Verfahrens in der Therapie. Diese therapeutische Technik jedoch beruht auf einer Auffassung der Natur menschlicher Probleme, die den traditionellen Modellen widerspricht: einem »nicht pathologischen« Modell, das in dem Buch *Lösungen – Zur Theorie und Praxis menschlichen Wandels* – von Watzlawick et al. (1974) bereits eingehend dargestellt wurde. Wir sehen unsere *Strategien* ... als Ergänzung zu Watzlawicks *Lösungen*, da beide Werke das Ergebnis einer mehr als fünfzehnjährigen Forschungstätigkeit in der Kurztherapieabteilung des Mental Research Institute in Palo Alto (Kalifornien) sind. Diese Forschungen gingen aus der interaktionellen Familientherapie des Instituts hervor und verdanken den schöpferischen Werken Milton H. Ericksons bedeutende Anregungen.

Das Kurztherapieprojekt begann mit der Erforschung neuer Behandlungstechniken, deren Ziel die Fokussierung und die Veränderung der offenen Klage des Patienten waren. Erstaunlicherweise führte dies zu einer neuen Sicht menschlicher Probleme und zu einer therapeutischen Technik, die wir dem interessierten Praktiker im vorliegenden Buch zugänglich machen wollen.

Wiewohl wir diese Studie als eine »Gebrauchsanweisung« zu Lösungen betrachten, hat jedes Werk seinen eigenen Wert. Daher haben wir an den Anfang unseres Buches eine knappe Zusammenfassung unserer theoretischen Vorannahmen gestellt und auf die Beziehung zwischen Technik und Theorie hingewiesen. Um der theoretischen Untermauerung unseres Verfahrens einen unmittelbaren Zugang zu verschaffen, haben wir ausführliche und erläuternde Beispiele aus unserer Praxis angefügt sowie einzelne technische Elemente mit zahlreichen Dialogbeispielen ergänzt. Wo dies nicht möglich war, sind zweckdienliche Entwicklungen der Behandlung frei wiedergegeben. Die Kapitel 9, 10 und 11 enthalten ausführliche Aufzeichnungen und erläuternde Kommentare aus drei Fallbeispielen.

In mehrfacher Hinsicht haben wir uns um stilistische Klarheit bemüht. Den unserer Begriffswelt so fremden technischen Jargon aus Psychiatrie und Psychologie haben wir ebenso vermieden wie Schwerfälligkeiten bei der Verwendung von »er/sie«. Da natürlich Therapeuten wie Patienten beiderlei Geschlechts sein können, verwenden wir beide Formen oder das Pronomen, ebenso wie wir verbale Unterscheidungen für unrealistisch oder abwertend halten, und daher abwechselnd von »Patienten«, »Klienten«, »Leidenden« oder »Kunden« sprechen und dem »Therapeuten« den »Berater« ebenbürtig machen.

Zwischen der Theorie und den Fallbeispielen beschreiben wir die therapeutische Technik, die in ihrer Gliederung dem chronologischen Ablauf der Behandlung entspricht. Da wir bei der Behandlung strategisch vorgehen, ist Kapitel 2 dem Hauptthema der therapeutischen Kontrolle gewidmet: der »Manövrierfähigkeit des Therapeuten«. In Kapitel 3 befassen wir uns mit speziellen strategischen Erwägungen, die oft schon vor dem eigentlichen Beginn der Behandlung, beispielsweise bei der telefonischen Terminvereinbarung, eine Rolle spielen. Diese beiden Themen sind an den Anfang gestellt, da die Notwendigkeit einer wirksamen Kontrolle bereits zu diesem Zeitpunkt auftaucht. Im vierten Kapitel umreißen wir den beim »Erstinterview« einzuschlagenden Kurs. Der größte Teil dieses Kapitels befaßt sich mit der speziellen Information, die der Therapeut für eine kurzfristige Lösung der Probleme braucht, sowie mit der Frage, wie er zu diesen Daten kommt. Unser behandelndes Vorgehen wird in Kapitel 5 »Der Standpunkt des Patienten« vermittelt, wobei von der Sensibilität des Klienten und von seinem Bezugssystem die Rede sein wird. Dieser Blickpunkt hängt eng mit der Frage nach dem Einfluß des Therapeuten zusammen und liefert die Grundlage für die Bereitschaft des Patienten zur Zusammenarbeit wie auch für den Umgang mit seinem Widerstand.

Sollen indes Interventionen zielgerecht und wirksam gesetzt werden, muß ein Behandlungsziel gesteckt und eine Strategie zur Erreichung dieses Ziels entwickelt werden. Kapitel 6 befaßt sich daher mit dem entsprechenden Vorgehen bei der »Fallplanung«. Hat der Therapeut sein Behandlungsziel formuliert und eine Grundstrategie entwickelt, wird er Richtlinien für die taktische Durchführung brauchen. Zu diesem Zweck enthält das Kapitel 7, »Interventionen«, allgemeine und spezifische Vorschläge, Anweisungen und Beschreibungen von Verhaltensweisen, die der Therapeut zur Lösung des Problems wie auch zur Aufrechterhaltung taktischer Vorteile bei der Behandlung anwenden kann. Dieser beschreibende Teil unserer Arbeit schließt dann mit Kapitel 8 über den »Abschluß der Behandlung« ab.

Die Kapitel 9, 10 und 11 schildern das Vorgehen bei unseren eigenen klinischen Fällen anhand längerer Auszüge aus Gesprächen, so daß der Leser erkennen kann, wie das »Paket« geschnürt wird. In die Gesprächsabschnitte eingestreut findet sich unser Kommentar zur Erläuterung der den einzelnen Schritten des Therapeuten zugrundeliegenden Absichten – eine Art »lauten Denkens«, um den weiteren Behandlungsablauf verständlicher zu machen.

Eine Folge unserer Sicht der Probleme äußert sich darin, daß wir klinische und allgemein menschliche Probleme nicht wesentlich unterscheiden. Daher haben wir, wiewohl dieses Buch der Psychotherapie gewidmet ist, ein Schlußkapitel angegliedert, das sich mit der Relevanz unseres Ansatzes bei jenen Problemen befaßt, die außerhalb der konventionellen Grenzen der Psychotherapie angesiedelt sind. Wir glauben, daß die Einbeziehung dieses Kapitels zur Verdeutlichung unseres grundlegenden Rahmenwerks wie auch zur Anregung jener Leser beitragen wird, die in ihrem Beruf auch mit nicht-klinischen Problemen in Berührung kommen.

Wie der Leser bemerken wird, orientieren wir uns mehr wie Schachspieler als in der Weise, wie sie die traditionelle »therapeutische Beziehung« nahelegt. Die bisherige psychotherapeutische Literatur ist mehr auf die »Bedürfnisse« des Patienten und weniger auf die spezifische Taktik des Therapeuten ausgerichtet. Die Frage der Kontrolle der Behandlung durch den Therapeuten wurde bei der psychotherapeutischen Diskussion fast ganz vermieden. Unser strategisch orientiertes Vorgehen hier offenzulegen, sozusagen die »Tricks unseres Handwerks« zu verraten, ist ein Risiko, das einzugehen wir für richtig hielten. Wenn ein strategisches oder manipulatives Vorgehen das Leiden des Patienten verkürzt und ihm Zeit und Geld spart, ist das innerhalb unseres selbstgesteckten ethischen Rahmens keineswegs unmoralisch. Darüber hinaus glauben wir, daß der Verzicht auf eine eingehende Erörterung der Art und Weise des Umgangs mit Patienten dazu beigetragen hat, den Anschein einer obskuren Komplexität oder gar des Gebrauchs von magischen Praktiken zu erwecken, so daß die Lösung von Patientenproblemen unvermeidlich für eine besondere Kunst gehalten wird. Wir sehen statt dessen in der Behandlung eher ein Handwerk, in dem der einzelne Therapeut alle jene Kunstgriffe beisteuert, über die er verfügt. Allein aufgrund seiner Kunstfertigkeit kann man dem »begabten« Therapeuten gegenüber nur Ehrfurcht empfinden; betrachtet man Therapie indes als ein Handwerk, können ständig neue Formen einer wirksamen Problemlösungstechnik entwickelt werden.

Immer wieder haben wir in diesem Buch auch auf andere therapeutische Ansätze verwiesen. Diese Hinweise sollen die Therapien nicht charakterisieren, sondern unsere Ansichten durch den Vergleich so genau wie möglich verdeutlichen. Schließlich betrachten wir unsere Arbeit nicht als das letzte Wort, da im menschlichen Leben laufend Veränderungen eintreten. Wir erheben für unseren Ansatz keinen Anspruch auf Allgemeingültigkeit, sondern wollen ihn lediglich so weit verdeutlichen, daß er für einen Therapeuten die Grundlage für weitere Verbesserungen bilden kann.

Jedes Werk dieser Art spiegelt die Mitarbeit zahlreicher anderer Fachleute, denen wir uns zu großem Dank verpflichtet fühlen. Neben den Mitarbeitern, die bereits in *Lösungen* und in unserem ersten Artikel über diese Arbeit erwähnt wurden (Weakland et al. 1974), wollen wir all jenen Kollegen danken, deren Arbeit zur Klärung unseres Vorhabens wesentlich beigetragen hat: Paul Watzlawick, Eldon Evans, Neil Brast, James Coyne, Vincent Moley und anderen, die in jüngster Zeit ihre eigenen sehr nützlichen Perspektiven zu unserer Arbeit beisteuerten: Alan Vander Well, Warda Salomon und René Saburin.

Wir danken auch den Zuhörern bei unseren Workshops und den Lesern von *Lösungen*, die durch ihre Fragen nach technischen Details sowie durch ihre Bitten um explizite Anleitung bei der Umsetzung der allgemeinen Prinzipien von *Lösungen* in spezifische therapeutische Richtlinien das Zustandekommen des vorliegenden Buches anregten.

Schließlich ist noch Sharon Lucas für unschätzbare Hilfe zu danken; sie fertigte die Niederschriften der Bandaufnahmen an und verwandelte kaum lesbare Abschnitte des Manuskripts in makellosen Maschinentext.

Palo Alto, Kalifornien
April 1982

Richard Fisch
John H. Weakland
Lynn Segal

1 Praxis – und Theorie

Dies ist ein praxisorientiertes Buch über gezielten und nützlichen menschlichen Wandel, der mit Hilfe der Psychotherapie herbeigeführt wird. Das heißt, im Brennpunkt steht hier die Frage, *was* der Therapeut tun soll und *wie* er dabei verfahren kann, um menschliche Probleme wirksam und zweckmäßig zu lösen.

Doch ist dies alles andere als einfach und abgrenzbar. Die Einzelheiten des Verfahrens bieten sich nicht von selbst an. Sie stehen zu einer Art von therapeutischem Grundprinzip in Beziehung, das der Therapeut kennen muß, um die jeweiligen Verfahrensweisen verstehen und bewerten zu können. Das ist zumal im Blick auf unseren praktischen Therapieansatz wichtig, da sich das »Was« und das »Wie« außerhalb des üblichen Rahmens bewegen. Betrachten wir folgendes Beispiel – eine kurze Zusammenfassung des Schlußabschnitts unseres zweiten Interviews mit einer dreißigjährigen berufstätigen Frau:

Patientin: Mein Hauptproblem ist, daß ich die meiste Zeit deprimiert bin. Es geht immer auf und ab – wenn es schlimm ist, bin ich gerade noch imstande, meine Arbeit zu tun, aber mehr nicht; selbst im besten Fall fühle ich mich noch immer nicht besonders gut.

Therapeut: Sie sagen, die Depression ist Ihr Hauptproblem. Gibt es sonst noch etwas?

Ptin: Ja. Ich habe keine dauerhaften Beziehungen zu Männern, sie sind alle nur kurz und unbefriedigend.

Th: Können Sie das ein bißchen genauer beschreiben?

Ptin: Nun, wenn ich mich einigermaßen wohl fühle, unternehme ich etwas und gehe auf die Suche. Manchmal besuche ich eine Bar und lerne dort einen Mann kennen.

Th: Und was dann?

Ptin: Wenn wir näher miteinander bekannt werden, kann es

vorkommen, daß wir zusammen nach Hause gehen. Doch es hält niemals lange. Nach ein paar Tagen oder nach einer Woche, längstens nach ein paar Wochen, läßt er nichts mehr von sich hören. Und wenn ich ihn anrufe, wimmelt er mich ab. Dann überlege ich mir, was mit mir sein mag, und ich bin wieder deprimiert. Das passiert wieder und wieder.

Th: Sind Sie im Moment auch deprimiert?

Ptin: Ja, ich wünschte, es ginge mir besser.

Th: Das kann ich verstehen. Aber ich muß Ihnen sagen, daß es nicht gut für Sie wäre, wenn es Ihnen sofort besserginge. Ich will es Ihnen erklären. Ich weiß, Sie werden es seltsam finden, da Sie ja hergekommen sind, um Ihre Depressionen loszuwerden. Wissen Sie, Sie haben noch ein anderes Problem: In gewisser Weise – ich weiß im Moment noch nicht, wie – verstehen Sie Ihre Beziehungen zu Männern nicht so zu gestalten, daß sie befriedigend für Sie ausfallen. Auf diesem Gebiet muß es Ihnen an einer sozialen Fähigkeit mangeln. Wenn es also mit Ihrer Depression sofort besser würde – ehe Sie die Zeit gehabt hätten herauszufinden, was Ihnen fehlt, um die Dinge besser in den Griff zu bekommen –, würden Sie ernsthaft Gefahr laufen, sich sofort mit einem anderen Mann einzulassen mit der Folge, daß es bald wieder schiefgeht. Und dann würden Sie noch viel deprimierter sein.

Ptin: So in etwa sehe ich das ein, obwohl ich etwas darum geben würde, daß es mir besserginge.

Th: Natürlich, doch jetzt im Moment ist die Gefahr zu groß. Ich mache mir Sorgen, daß Sie, wenn es Ihnen nur ein wenig bessergehen würde, versucht sein könnten, wieder auf die Suche zu gehen, und es trotz allem, was ich Ihnen gesagt habe, mit der neuen Beziehung wieder danebengeht. Ich will Ihnen einen Vorschlag machen, wie Sie das verhindern können. Wenn Sie den Drang fühlen auszugehen – dann müssen Sie eben gehen. Doch müßten Sie dann entschieden etwas tun, um nicht so attraktiv zu wirken und zu verhindern oder zumindest zu bremsen, daß es so schnell zu Beziehungen kommt – bis wir herausgefunden haben, was Sie falsch machen. Sie brauchen gar nicht viel zu tun. Wenn Sie doch ausgehen, sollten Sie sich einen schwarzen Fleck aufs Gesicht schmieren – einfach einen Makel vortäuschen.

Die meisten Menschen, inbegriffen professionelle Berater, werden diesen Rat seltsam finden – vielleicht seltsamer noch als das Verhalten so mancher Patienten. Einer depressiven Frau zu sagen, sie dürfe sich noch nicht besser fühlen und solle sich absichtlich entstellen, erscheint widersinnig, noch paßt es zu den generellen Auffassungen der Psychopathologen und Psychotherapeuten, daß der Patient Ermutigung und Zuspruch braucht. Das Verhalten dieses Therapeuten wird vermutlich schlichtweg übergeschnappt wirken.

Man sollte indes den Fall weiterverfolgen und beobachten, wie die Patientin auf den Vorschlag des Therapeuten, laut Bericht der nächsten Sitzung zwei Wochen später, reagiert hat:

Th: Wie wäre es, wenn Sie mir helfen: Wo waren wir stehengeblieben?

Ptin: (lebhaft) Nun, ich weiß nicht, ob ich meine Depression los war oder was. Ihren Vorschlag von vor zwei Wochen, doch mit Beziehungen zurückhaltend zu sein, da ich nicht wüßte, was ich tue, und daß ich mich häßlich machen solle, damit ich nicht zu schnell in eine neue Sache hineinschliddere – ich habe ihn nicht gebraucht. Ich brauchte mich nicht zurückzuhalten, weil es nicht nötig war. Ich meine, ich hätte meine Sache auch *so* gut gemacht, ohne jemanden absichtlich anzumachen. Vielleicht war das vorher gar nicht meine Absicht gewesen, aber ich habe es so aufgefaßt. Wie dem auch sei, schon der Gedanke – daß ich gar nicht wüßte, was ich tue, und mich in acht nehmen sollte – gab mir ein gutes Gefühl. Und ich dachte immerzu, »ich muß ja gar nicht jemanden kennenlernen; ich brauche ja diese wunderbare Beziehung nicht, ich kann auch allein mit mir fertig werden«, als ob mir ein Arzt verordnet hätte, mich da rauszuhalten. So ist es mir die letzten Wochen recht gut gegangen. Und das war eine Art Überraschung für mich; ich ahnte nicht, daß es sich so auswirken würde. Aber wie gesagt, genau weiß ich's nicht. Es könnte auch sein, daß ich meine Depression hinter mir habe. Doch wenn ich dachte »Immer langsam«, fühlte ich mich erleichtert, statt daß mir etwas fehlte.

Th: Der Gedanke, daß Sie sich Zeit lassen sollten, hat es Ihnen also leichter gemacht . . .

Ptin: Ja.

Th: . . . mit neuen Bekanntschaften?

Ptin: Ja.

Th: . . . oder mit dem Wiederanknüpfen von alten?

Ptin: Ja – gleichzeitig bin ich nicht ganz sicher, was dieses »Immer langsam« bedeutete, aber das schien mir, was meine Reaktion betraf, nicht so wichtig.

Th: Nun, ich habe da ein paar Fragen. Sie sagen, Sie seien sich nicht sicher, ob die Sache schon vorüber ist, aber Sie fühlen sich erleichtert – seit jener Sitzung –, das waren Ihre Worte, glaube ich.

Ptin: Hm, hm.

Th: Wollen Sie also damit sagen, daß Sie nicht mehr an Depressionen leiden?

Ptin: Die Depressionen sind nicht mehr so schwer wie zuvor. Es war für mich die reine Schwerarbeit, zu essen, mich hin und her zu bewegen – und das ist jetzt nicht mehr der Fall. Ich mache einfach so weiter wie vorher – was keine Manie ist, verstehen Sie –, vielleicht halten mich die Leute für depressiv, wenn sie mich ansehen, aber ich fühle mich ganz normal.

Aus dieser wörtlichen Aufzeichnung des ersten Interviews geht hervor, daß sich die scheinbar so seltsamen Ratschläge des Therapeuten vorteilhaft auswirkten. Sein Verfahren ist es daher wert, bedacht zu werden, mag es auch zunächst nicht ohne weiteres zu durchschauen sein. Zwar würde diese Konsequenz einen gewissen Fortschritt verglichen mit einer verständnislosen Ablehnung darstellen, könnte aber bestenfalls in blinder Nachahmung resultieren oder, realistischer, im Versuch, dieses Vorgehen auf einem Gebiet zu kopieren, wo keine zwei Fälle oder Situationen jemals einander gleichen. Nur wenn man die

Probleme und ihre Behandlung in ihrer allgemeinen Konzeption erfaßt hat – kurz, die Theorie, mit der sich spezielle Praktiken verbinden –, gelangt man über das blinde Reagieren hinaus und wird dieses therapeutische Verfahren nach weislicher Überlegung entweder ablehnen oder akzeptieren und übernehmen.

Die Bedeutung dieses Zusammenhanges zwischen Theorie und Praxis kann kaum nachdrücklich genug hervorgehoben werden. Denn alles zielgerichtete Verhalten wird weitgehend von den Ansichten oder Annahmen eines Menschen bestimmt; sie bestimmen, wie Situationen, Ereignisse und Beziehungen gedeutet werden. Für den psychotherapeutischen Bereich hat dies zur Folge, daß die Vorstellungen oder Voranahmen des Therapeuten vom Wesen der jeweiligen Probleme und vom Umgang mit ihnen in hohem Maße die Auswahl der Daten beeinflussen werden, denen er seine Aufmerksamkeit schenkt und die er bei der Behandlung berücksichtigen wird: wen er behandeln, was er tun und sagen oder nicht sagen und nicht tun wird, und nicht zuletzt, wie er die Ergebnisse seines Vorgehens bewertet.

In früheren Zeiten deutete man bizarres Verhalten oft als Folge des Besessenseins von Dämonen und glaubte dementsprechend, es mit Hilfe exorzistischer Riten beseitigen zu können. In unseren Tagen wird in solchem Verhalten ein Anzeichen von Geisteskrankheit gesehen, zum Beispiel von Schizophrenie, und so die Anwendung einer medizinischen oder psychologischen Therapie beschlossen. Doch vom Vorgehen dieser Therapie, ob sie in Hospitalisierung, Gehirnchirurgie oder Medikation, Einzel- oder Familientherapie besteht, wird abhängen, ob diese »Krankheit« ihrem Ursprung nach für physiologischer, biochemischer, psychologischer oder interaktioneller Natur gehalten wird. Es liegt auf der Hand, daß solche differierenden Auffassungen des Problems zu beträchtlichen Unterschieden bei der Prognose führen – nicht nur darüber, welche Art von Therapie in Frage kommt, sondern auch, wie intensiv und wie lange sie notwendigerweise anzuwenden sei. Schließlich wird auch die Bewertung der Behandlungsergebnisse von der jeweiligen Auffassung des Problems abhängen. Zum Beispiel kann Schizophrenie als ein innerer fundamentaler Defekt verstanden werden, so daß der Patient selbst wenn das abweichende Verhalten verschwindet, bestenfalls für den Rest seines Lebens als »Schizophrener remittens« etikettiert wird, wohingegen er aus anderer Sicht als geheilt gelten würde. Dies ist natürlich ein extremes Beispiel, doch selbst bei den scheinbar einfachsten Problemen sind die Ansichten des Therapeuten gleichermaßen ausschlaggebend.

Aus diesem Grund ist für uns die Theorie für die therapeutische Praxis ebenso wichtig wie notwendig. Dennoch kann auf die eine oder die andere Art auch die Theorie zu Schwierigkeiten und Irrtümern führen (Weakland 1978, Whitaker 1976, Haley 1978). Sie kann übermäßig kompliziert ausgearbeitet sein und dadurch die unmittelbare Beobachtung und eine unvoreingenommene Deutung des Verhaltens erschweren. Um dies zu vermeiden, werden wir unsere theoretische Darlegung absichtlich möglichst kurz, einfach und in engem Rahmen halten. (Mehr über unsere theoretische Sicht und ihre Bedeutung für die Praxis siehe Weakland und andere 1974; Watzlawick, Weakland und Fisch 1974; Herr und Weakland 1979). Für uns muß eine Theorie nicht unbedingt kompliziert sein oder den definitiven Charakter einer letzten Wahrheit oder unumstößlichen Realität haben, die über das unmittelbar Wahrnehmbare hinausgeht. Vielmehr sollte sie lediglich auf einer Reihe von relativ allgemeinen Ideen oder Auffassungen beruhen, die dazu dienen können, Beobachtungen und Handlungsweisen systematisch miteinander zu verbinden. Wiewohl man über mögliche umfassendere Implikationen unseres theoretischen Ansatzes Spekulationen anstellen könnte wie über jeden anderen Ansatz, geht es uns hier nicht darum, eine umfassende Theorie des menschlichen Wesens, menschlicher Existenz und »Geistes« vorzulegen, sondern unsere allgemeine Auffassung von der Natur jener Probleme darzulegen, die Patienten in die Therapie mitbringen. Außerdem wollen wir ein entsprechendes Konzept für eine wirksame und praxisnahe Therapie vorlegen.

Kurzum, unsere Theorie ist eine Art Landkarte für den Umgang mit jenen Problemen, wie sie dem Therapeuten in der täglichen Praxis begegnen. Wie jede Karte ist auch sie ein Instrument, das uns den Weg von Ort zu Ort weist – in diesem Fall den Weg von der ersten Begegnung mit dem Problem eines Patienten bis zur erfolgten Lösung. Da sie nur ein Instrument ist, kann sie die Wirklichkeit nie ersetzen; sie ist nur ein Provisorium, das vornehmlich nach seinen Ergebnissen zu beurteilen ist. Dennoch kann eine gute Karte sehr nützlich sein: wenn es um die Klärung der Lage geht oder darum, den Kurs zu halten inmitten von Nebel, Dickicht und Sümpfen, an denen die Welt der menschlichen Probleme so reich ist.

Auch zielen wir darauf ab, unsere Grundanschauungen, die auf Vorannahmen und Vermutungen beruhen, so klar wie möglich wiederzugeben, da die andere Gefahr des Theoretisierens in einer zunehmenden Inhaltslosigkeit besteht. Ebenso wenig, wie man nicht *nicht* kommunizieren kann, da im sozialen Rahmen sogar das Schweigen eine Botschaft enthält, kann man nicht *nicht* theoretisieren. Wir alle teilen bestimmte allgemeingültige Ideen, die den Kontext unseres Denkens und Verhaltens bilden und dieses lenken. Doch diese allgemein geltenden Ansichten, die wir stillschweigend hegen mögen, werden für selbstverständlich gehalten. Sie sind um so einflußreicher, als sie sich einer Überprüfung und Infragestellung und damit einer möglichen Revision entziehen. Wenn ein Therapeut sich auf seinem Weg durch die Therapie verirrt, da er einer solchen stillschweigend allgemein anerkannten Landkarte folgte – sofern er überhaupt bemerkt, daß er sich verirrt hat –, bleibt ihm nichts anderes übrig, als mehr oder weniger auf gut Glück einen Kurs nach dem anderen auszuprobieren oder aber, den Patienten für »therapieresistent« zu erklären. Daher werden wir versuchen, unsere Vorannahmen und Mutmaßungen im Verhältnis zu unseren Praktiken so klar und deutlich wie möglich darzulegen. Dies ist um so wichtiger, als Ihnen viele unserer Prämissen und daher auch unserer Praktiken fremd und ungewohnt vorkommen werden.

Wenn – wie wir glauben – unsere Voraussetzungen in ihrer Gesamtheit sich zu einer einheitlichen und folgerichtigen Sicht der Natur des Problems und seiner Beseitigung fügen, so ist diese Sicht doch langsam entstanden. Auch ist sie nicht allein uns eigen – ausgenommen ihr innerer Zusammenhang und die Betonung der Rolle der unterschiedlichen Lösungsversuche. Sie ist hervorgegangen aus der weitgehenden Modifizierung früherer Sichtweisen aufgrund von Erfahrung, Reflexion und Veränderungen, die sich über einen langen Zeitraum erstreckten. Eine kurze Zusammenfassung dieses entwicklungsgeschichtlichen Hintergrunds, die frühere, von uns aufgegebene oder abgewandelte Sichtweisen umreißt, mag dazu beitragen, unsere gegenwärtige Sicht klarer und nachvollziehbarer zu machen.

Zunächst begannen wir, uns mit Hilfe von Training und Experiment in psychodynamische Konzepte und ihre Praktiken zu vertiefen. Der psychodynamischen Theorie geht es vor allem um den einzelnen Patienten, insbesondere um seine intrapsychischen Strukturen und Prozesse. Infolgedessen ist sie weniger an dem durch ein Problem bedingten Verhalten interessiert als daran, was dem Problem zugrunde liegen könnte. Darüber hinaus betrachtet sie die Gegenwart vornehmlich als Resultat der Vergangenheit, als Folge der linearen Verkettung von Ursache und Wirkung, von Ursprung und Konsequenzen. Dies vermehrt noch das intensive Interesse am Verborgenen und weit Zurückliegenden anstatt am Hier und Jetzt. Dieses Interesse am Verborgenen anstatt am zutage getretenen Gegenwärtigen hat notwendigerweise ein ausgedehntes Forschen im Vergangenen und den exzessiven Gebrauch von Deutungen zur Folge. Weiterführend tendiert diese Sicht stark – wenn auch meist implizit – dahin, Probleme als die Folge von menschlichen Defiziten anzusehen, die (von ab und an als angeboren postulierten Mängeln abgesehen) entweder auf das Fehlen von frühen positiven Erfahrungen oder auf frühe oder spätere negative Erfahrungen zurückzuführen sind. In bezug auf die Praxis folgt daraus, daß der Therapeut genötigt ist, sich erst eine solche komplexe verborgene Materie zu erschließen und dann dem Patienten durch seine Interpretation zu einem adäquaten Verständnis zu verhelfen. Beratung und Unterstützung, die das angebliche Manko überwinden oder kompensieren sollen, können auch bei bestimmten Formen von individueller Behandlung eine wichtige Rolle spielen, doch als fundamentaler Heilfaktor wird noch immer die »Einsicht« angesehen; das Grundpostulat ist also intellektueller Art: »Wissen befreit.«

Wir alle jedoch wurden von der Familientherapie-Bewegung erfaßt. Und die Familientherapie ist nicht nur eine Anwendung verschiedener spezifischer Praktiken, die auf ganze Familien anstelle von Einzelindividuen abzielen. Vielmehr weicht ihre Sicht der Probleme und deren professionelle Behandlung von der soeben umrissenen psychodynamischen Position in jedem Punkt ab. Die Familientherapie zentriert sich nicht auf den identifizierten Patienten allein, sondern sie betrachtet ihn im Kontext mit seinen primären sozialen Kontakten: im Zusammenhang mit seiner Familie. Rückt man die Kommunikation und Interaktion innerhalb der Familie anstelle des vergangenen, inneren und hypothetischen Geschehens in den Mittelpunkt, so führt das zu einer weit intensiveren Beobachtung des aktuellen Verhaltens und der gegenwärtigen Vorgänge. Und wenn das Problemverhalten nicht isoliert betrachtet wird, sondern im unmittelbaren Zusammenhang mit dem Verhalten anderer Familienangehöriger, bedeutet das mehr als nur eine Veränderung des Blickpunkts. Dieser Sichtwechsel ist beispielhaft für einen allgemeinen Wandel der Erkenntnistheorie: er bezeichnet den Übergang von der eindimensionalen linearen Ursache-Wirkung-Perspektive zur räumlichen Sicht kybernetischer Systeme. Jedes Verhalten läßt sich nur im Zusammenhang mit einem weiter ausgreifenden, fortlaufend organisierten System von Verhaltensweisen, deren Rückwirkung und wechselseitiger Verstärkung sehen, erklären und verstehen. Auch läßt dieser Wechsel der Perspektive mit Blick auf die Organisation und die Funktion eines Systems auf einen geringeren Glauben an individuelle Mängel schließen. In der Praxis zielt diese Sicht darauf ab, die Aufgabe des Therapeuten nicht darauf zu beschränken, daß er das Familiensystem in seiner Funktion sieht und das Problem lokalisiert; zu seiner Lösung sollte er auch aktiv eine Veränderung im funktionsgestörten System anstreben.

Wachsende Erfahrung mit dem, was heute als »konventionelle Familientherapie« bezeichnet werden könnte, brachte uns zu der Erkenntnis, daß den verschiedenen Mitteln, die Therapeuten zur Herbeiführung eines Wandels benutzen könnten, wenig Aufmerksamkeit geschenkt wurde. Obwohl die einzelnen Therapeuten unterschiedliche Arbeitsstile und Techniken entwickeln, gab es kaum Diskussion über das Hauptproblem: wie eine Verhaltensänderung in menschlichen Systemen gezielt herbeigeführt werden kann. In bezug auf die Frage, auf welches Verhalten sich die Anstrengungen richten sollten, war die Situation weitgehend die gleiche. Doch herrschte immerhin die Grunderkenntnis vor, daß ein Wandel im Familiensystem erforderlich ist, um das problematische Verhalten zu ändern. Doch die Richtlinien für den Therapeuten – auf was er sein Forschen und seinen Einfluß zentrieren sollte, um einen Wandel zu bewirken – waren nur fragmentarisch und dazu noch kontrovers. Dies führte uns zu der Ansicht, daß für die Lösung des Problems eine ziemlich umfassende Revision der Familienorganisation und ihrer Funktion notwendig sei, eine Ansicht, die zu der Praxis führte, routinemäßig nicht weniger als die ganze Familie unter die Lupe zu nehmen, was die Erweiterung und Verlängerung der Familientherapie zur Folge hatte.

Die Kurztherapie-Abteilung in Palo Alto begann ihre Tätigkeit vor fünfzehn Jahren mit ein paar einfachen Ideen, die diesen Trends zuwiderliefen. Wir wollten herausfinden, was wir innerhalb eines streng begrenzten Zeitraums – maximal zehn einstündige Sitzungen – ausrichten könnten, wenn wir uns auf die offensichtliche Hauptbeschwerde konzentrierten und von den uns bekannten möglichen Verfahren zur Herbeiführung eines Wandels maximalen Gebrauch machten. Wir konnten auch Verfahren von andern (wie Milton Erickson, Don Jackson und Jay Haley) übernehmen, wenn wir nach dem Minimum an Veränderung forschten, das notwendig war, um das zutage liegende Problem zu lösen, anstatt die Umstrukturierung ganzer Familien anzustreben. Von Anfang an arbeiteten wir im Team. Einer von uns wurde zum Therapeuten für sämtliche Fälle bestimmt, die anderen beobachteten alle Sitzungen durch eine Einwegscheibe. Die Beobachter konnten über eine Wechselsprechanlage Kommentare oder Vorschläge beisteuern oder sogar vorübergehend den Behandlungsraum betreten. Alle Sitzungen wurden zur detaillierten Untersuchung auf Band aufgenommen. Die bei dieser Arbeitsweise gewonnenen Erfahrungen, wie auch eine ausgedehnte Diskussion sowie unsere Bemühungen um eine Verallgemeinerung und Darstellung unseres praktischen Vorgehens, resultierten in unseren derzeitigen Prämissen. Wir erachten sie als repräsentativ für die Weiterverfolgung und -entwicklung einiger der wichtigsten Grundideen der Familientherapie, obwohl andere in ihnen eine Abweichung davon sehen.

Wir haben uns zur Aufgabe gemacht, diese Sicht in ihren Zusammenhängen verständlich zu machen; dennoch brauchen wir die Mitarbeit des Lesers und bitten ihn, ab und an sein Urteil abzugeben. Unsere Ideen und unsere Praktiken können wir nur Schritt für Schritt darstellen. Der Leser wird natürlich versucht sein, sie zu beurteilen, und sie mit bereits existierenden Theorien über Probleme und Therapie-Möglichkeiten vergleichen und in deren Terminologie übernehmen. Doch wird es dadurch schwieriger, unseren Ansatz als solchen zu verstehen und ihn zu bewerten. Ein Großteil unserer eigenen Formulierungsanstrengungen bestand darin, uns von anderen, bereits vorliegenden Konzepten zu lösen und zu distanzieren. Es mag dem Leser den Einstieg in unser Konzept erleichtern, wenn er es sich zumindest zu Anfang als die imaginierte Landkarte einer terra incognita, eines noch unbekannten Landes, vorstellt.

Und so sieht diese Karte aus:

Unsere fundamentale Ansicht – in der Tat eine Meta-Sicht, der alles übrige untergeordnet ist – wurde bereits angedeutet in dem, was wir zuvor generell über Theorien und deren »Landkarten« vermerkten. Da diese Sicht sich sowohl von der allgemeinen impliziten Sicht unterscheidet als auch von dem, was Gelehrte der verschiedensten Wissensgebiete, von der Theologie bis zu den Naturwissenschaften, explizit behaupten (und was heute von der Naturwissenschaft zunehmend in Frage gestellt wird), ist es um so notwendiger, noch einmal nachdrücklich zu betonen: *Nur* von der Sicht ist hier die Rede, nicht von Realität oder Wahrheit. Denn wir sind der Meinung, daß es auf der Welt nichts anderes gibt und nie etwas anderes geben wird als An-Sichten. Noch nicht einmal von mehr oder weniger zutreffenden oder wahren Ansichten oder von solchen, die sich der Wahrheit nähern, ist hier die Rede. Manche Ansichten mögen brauchbarer oder wirksamer sein als andere, um ihren Zweck zu erfüllen; doch ist dies ein pragmatisches, nicht ein der »Realität« zugeordnetes Kriterium. Ein Vergleich mit den Sprachen kann uns helfen, diesen grundlegenden Punkt noch besser zu verdeutlichen: Es gibt viele Sprachen, und alle stehen in irgendeiner methodischen Beziehung zu Beobachtung und Erfahrung, sind aber im übrigen recht beliebige, konventionelle Systeme. Die eine Sprache mag sich für den einen Zweck mehr eignen – Englisch für die moderne Wissenschaft – und eine andere, zum Beispiel die Eskimosprache, zur Unterscheidung verschiedener Arten von Schnee. Doch dadurch wird die eine nicht wahrer oder stimmiger als die andere.

Unsere Anschauung über die Natur des Problems und den therapeutischen Nutzen läßt sich am besten am sprichwörtlichen »Marsmenschen«-Standpunkt demonstrieren. Das heißt: Was würde einem intelligenten, doch völlig naiven Beobachter zum Beispiel an therapeutischen Sitzungen (insbesondere an Erstinterviews) als gemeinsam und charakteristisch erscheinen, wenn er zugegen wäre? Obwohl diese Methode ein wenig oberflächlich erscheinen mag, hat sie den Vorteil, daß sie konkret und einfach ist und Voraussetzungen und Induktionen auf ein Mindestmaß beschränkt. Wir nehmen an, daß solch einem Beobachter immer wieder das gleiche auffallen würde:

1. Ein Klient äußert Betroffenheit über sein eigenes zeitweiliges Verhalten oder das einer anderen Person, zu der er in enger Beziehung steht.
2. Dieses Verhalten wird (a) als abwegig – ungewöhnlich oder unangebracht bis zur Anomalität – vermerkt und (b) als unmittelbar oder potentiell schmerzlich oder nachteilig für den Patienten oder für andere beschrieben.
3. Der Patient berichtet, daß er selbst oder andere sich bemühten, dieses Verhalten abzustellen oder zu ändern, doch ohne Erfolg.
4. Daher bitten der Betreffende oder die Betroffenen den Therapeuten um Hilfe zur Änderung einer Situation, die sie aus eigener Kraft nicht zu ändern vermögen.

Unsere Ansicht über das Wesen der Therapie sowie unser genereller Ansatz für die Praxis resultieren unmittelbar aus diesen Beobachtungen.

Da wir im gegenwärtigen unerwünschten Verhalten das Problem sehen, messen wir mutmaßlichen ursächlichen Faktoren der Vergangenheit oder solchen in den Tiefen der Seele nicht viel Bedeutung bei. Wichtig ist uns vielmehr, das Problemverhalten einwandfrei zu identifizieren: worin es sich äußert und inwiefern und von wem es als problematisch empfunden wird. Auch die Ausdrucksform und die Hartnäckigkeit problematischen Verhaltens sind uns wichtig. Verhalten ist Teil des Handelns einer Person und kein Selbstzweck. Ferner erkennen wir an, daß eine Person etwas tun oder sagen kann, das gesagt oder getan zu haben sie später bestreitet, so wie der Therapeut den Patienten gegenüber auch zwischen »willentlich« oder »unwillentlich« unterscheiden sollte, da ihnen dies wichtig ist. Wir selbst hingegen betrachten alles Verhalten, selbst die bizarrsten Handlungen und Äußerungen schizophrener Patienten, im gleichen Licht.

Außerdem wird Verhalten erst dann zum Problem, wenn es sich wiederholt. Zwar mag ein Einzelvorgang unglückliche oder sogar verheerende Folgen haben, aber der Vorfall an sich ergibt noch kein Problem, da ein Problem unserer Definition zufolge in einer anhaltenden Schwierigkeit besteht. Die Sorge vor einer möglichen Wiederholung des unglückseligen Vorfalls kann dagegen sehr wohl zum Problem werden – um so mehr, wenn eine solche Wiederholung wenig wahrscheinlich ist.

Demnach ist das Auftreten (speziell das Wiederauftreten) spezifischen Verhaltens eine der großen Kernfragen, die der Erläuterung bedarf. Unserer Ansicht nach wird alles normale oder problematische Verhalten, wie immer es zur Vergangenheit oder zu den individuellen Persönlichkeitsfaktoren in Beziehung stehen mag, aus dem sozialen Interaktionssystem des Individuums laufend verstärkt, geformt oder aufrechterhalten. Zu diesen Systemen gehört in erster Linie die Familie, obwohl sich auch andere Interaktionssysteme, wie Schule oder Arbeitsplatz, auswirken können. Das heißt, das Verhalten der einen Person verursacht und strukturiert das Verhalten der anderen und vice versa. Wenn sie längere Zeit miteinander in Kontakt stehen, werden sich wiederholende Verhaltensmuster herausbilden. Aus diesem Grund halten wir auch den Kontext der anderen Verhaltensweisen für sehr wichtig, die gemeinsam mit dem problematischen Verhalten auftreten. Was sind das für Verhaltensweisen des Patienten oder anderer Beteiligter, die problematisches Verhalten provozieren und durch Wiederholung aufrechterhalten? Der Ehemann geht außer Haus, »weil meine Frau nörgelt«, während die Frau nörgelt, »weil mein Mann immer außer Haus geht«; so wird am charakteristischen Verhaltensmuster festgehalten. Wir finden die Wechselwirkung von Verhaltensweisen so wichtig, daß wir von Zeit- oder Persönlichkeitsfaktoren als Verursachern problematischen Verhaltens keine hohe Meinung haben und auch keine von der angeblichen Wirkung organischer Defizite auf das Verhalten, es sei denn, sie erwiesen sich nachweislich als relevant. Selbst dann ist es sehr wichtig, daß der Betreffende sich mit ihnen auseinandersetzt.

Außerdem geht es um die zentrale Frage, wie alltägliches und unerwünschtes Verhalten, aller Unzufriedenheit und allen Änderungsbemühungen zum Trotz, aufrechterhalten werden kann. Unseren hier dargelegten Ansichten zufolge muß es dann, wenn das Problem langwierig oder konstant ist, innerhalb des sozialen Interaktionsfeldes des Patienten problem-provozierende oder -verstärkende Verhaltensweisen geben. Doch was sind das für Verhaltensweisen, wie können sie entstehen, und warum werden sie paradoxerweise aufrechterhalten?

Um dies zu präzisieren, müssen wir an diesem Punkt die allgemeine Betrachtung von Verhaltensweisen und Interaktion durch unsere klinische Erfahrung ergänzen. Diese hat – so ironisch es ist – immer wieder gezeigt, daß irgend etwas an den »Lösungs«versuchen der Menschen, schon die Art und Weise, wie sie versuchen, das Problem zu bewältigen, schwerwiegend zur Erhaltung des Problems oder gar zu seiner Verschärfung beiträgt. Unsere Ansicht über Ursprung und Fortbestand eines Problems können wir folgendermaßen zusammenfassen: Probleme beginnen meist bei irgendwelchen Schwierigkeiten des täglichen Lebens, an denen es niemals mangelt. Eine solche Schwierigkeit mag durch ein ungewöhnliches oder unerwartetes Ereignis eintreten. Doch öfter noch können sich Schwierigkeiten bei den üblichen Einschnitten im Lauf des Lebens, wie Heirat, Geburt eines Kindes, Schuleintritt und so fort, ergeben (siehe Weakland u. andere 1974; Haley 1973). Die meisten Menschen werden mit diesen Schwierigkeiten relativ gut fertig. Meist nicht perfekt, doch ist das auch nicht nötig, und so erscheinen sie nicht in unserem Sprechzimmer. Damit eine Schwierigkeit zum Problem wird, brauchen nur zwei Voraussetzungen erfüllt zu sein: 1. wenn das Problem falsch angegangen wurde, und 2. wenn es mißlang, es zu beheben, und dennoch am gleichen Lösungsversuch festgehalten wird, was die ursprüngliche Schwierigkeit wie in einem Teufelskreis (siehe Maruyama 1963, Wender 1968) zu einem Problem eskalieren läßt, dessen Umfang und Natur schließlich mit der ursprünglichen Schwierigkeit kaum noch Ähnlichkeit hat.

Folgender Auszug aus einem Fallbeispiel kann verdeutlichen, wie bei einer jungen Frau ein Gespräch mit Freundinnen über sexuelle Praktiken ernsthafte Sorgen auslöste, die sich mit der Zeit noch steigerten, da sie ins Zentrum der Interaktion der jungen Frau mit ihrem Ehemann rückten:

Patientin: Ich glaube, vor meiner Ehe ... habe ich nicht realisiert, daß ich noch nie einen Orgasmus hatte, ich habe nie darüber nachgedacht. Verstehen Sie – ich hatte schon mit anderen Sex probiert, und es war gut. Doch kurz vor meiner Heirat wurde mir bei einer Unterhaltung mit meinen Freundinnen klar, daß ich noch nie einen Orgasmus erlebt hatte. Und ...

Th: Ich wollte Ihnen gerade sagen, *die* haben Ihnen erzählt ...

Ptin: Es stellte sich bei unseren Diskussionen heraus. Mir wurde klar, daß ich nie einen gehabt hatte. Und dann wurde es zum Problem. Und Sex war einfach nicht mehr genießbar für mich, verstehen Sie, weil ich immer darauf wartete, daß es mal passieren würde. Aber schließlich wurde die Sache so wissenschaftlich, verstehen Sie, daß ich überhaupt keine Lustgefühle mehr hatte. Das ging Schritt für Schritt – bis zu dem Punkt, daß wir mehrere Monate überhaupt keinen Verkehr mehr hatten.

Th: Wenn wir vielleicht etwas der Reihe nach vorgehen könnten. Sie fanden heraus, daß Sie nicht zum Orgasmus kamen. Was haben Sie versucht dagegen zu unternehmen?

Ptin: Wir untersuchten dann meinen Körper und versuchten herauszufinden, wo das alles war – das war das erste Stadium – und welche Stellen mit der Hand gereizt werden mußten, und entdeckten die Klitoris. Und das klappte nicht. Wir waren beide – nun, vor allem ich war ganz darauf fixiert, wie ich zum Orgasmus kommen könnte. Schließlich tat es mir nur noch weh. Ich meine, es war überhaupt nichts Spontanes mehr, auch keine Freude dabei. Es war einfach ein Prozeß, den wir durchexerzierten. Als nächstes sprachen wir mit einem anderen Ehepaar, mit dem wir eng befreundet waren, über die Möglichkeiten der Dinge und daß wir etwas falsch machten und so weiter. Sie bemühten sich sehr, zu helfen, wirklich, sie schilderten uns verschiedene Positionen, die die Sache erleichtern könnten. Mein Mann ist ein ganzes Stück größer als ich – was mir die Sache erleichtern könnte –, und das half wirklich ein bißchen. Jedenfalls war es nicht so schlecht wie vorher.

Th: Wie sind Sie im Gespräch darauf gekommen, daß Sie keinen Orgasmus haben?

Ptin: Oh, die Knallfrösche gingen nicht los, und es gab nicht diesen großen . . . So wie sie die Dinge beschrieben, mußte ich annehmen, daß ich nicht dazu tauge. Was ich erfahren hatte, das paßte einfach nicht zu ihren Beschreibungen.

Th: Wie es bei Ihren Freunden war, war es bei Ihnen nicht.

Ptin: Genau das.

Solch eine einfache Sicht des Problems mag denkbar, doch kaum akzeptabel sein. Zwar kann man sich unschwer vorstellen, daß Menschen mit ihren Schwierigkeiten nicht fertig werden. Doch wie ist es möglich, daß eine beträchtliche Zahl von Menschen nicht nur so schwerwiegende Fehler macht, sondern auch noch entgegen ihrer eigenen Erfahrung an ihnen festhalten, obwohl diese Lösungen nicht funktionieren? Zur Erklärung müssen hier bestimmte Schemata herangezogen werden. Dies ist eine der Hauptfunktionen des Begriffs »Geisteskrankheit«: Individuen verhalten sich »irrational«, also abwegig und unproduktiv, weil sie an einem geistigen Defekt oder Defizit leiden. Zusätzlich dienen theoretische Vorstellungen (der Psychoanalyse) von unbewußter Motivation, von sekundärem Gewinn aus Krankheitssymptomen und von der Festlegung des Charakters im frühen Lebensalter derselben Erklärungsfunktion. Auf dem Gebiet der Familientherapie erfüllt die Wichtigkeit, die man der Homöostase (dem Gleichgewicht der Körperfunktionen), den durch problematisches Verhalten gewonnenen interpersonellen Vorteilen und anderen Vorstellungen beimißt, ebenfalls diesen Zweck.

Unsere Sicht ist eine ganz andere. Wir glauben nicht, daß das Beharren auf ungeeigneten Mitteln im Kampf mit den Schwierigkeiten fundamentale Mängel der Familienorganisation oder geistige Defizite der handelnden Individuen voraussetzt. Vielmehr sind wir der Ansicht, daß Menschen unwissentlich, oft in der besten Absicht an ungeeigneten, die Probleme erhaltenden Handlungen festhalten. In der Tat können Menschen sich sogar dann in solchem sich wiederholenden Verhalten verfangen, wenn sie sich bewußt sind, daß ihr Tun nichts hilft, wie sich aus folgendem Beispiel – vom elterlichen Bemühen, das aufsässige Verhalten ihres Kindes zu kontrollieren – ersehen läßt:

Therapeut: Ich möchte das gern genau wissen: Sie sagen, daß Sie Jennifer eine Zeitgrenze gesetzt haben, wann sie wieder zu Haus sein soll.

Mutter: O ja, gewiß.

Th: Können Sie mir in etwa sagen, wie Sie es für gewöhnlich damit halten?

Mu: Nun, wir haben für alle Kinder eine Frist gesetzt, es sei denn bei außergewöhnlichen Fällen. Ich meine, wenn bei Jenny etwas Besonderes ist, daß sie an Wochentagen zu Haus zu sein hat. In der Woche lasse ich die Kinder nicht aus dem Haus, es sei denn, in der Schule wäre etwas los, oder einer ihrer Freunde hätte Geburtstag oder etwas ähnliches. Wenn sie bei solchen Gelegenheiten ausgehen, müssen sie um zehn zu Haus sein, an den Wochenenden um zwölf, wenn nicht etwas Besonderes los ist und sie unmöglich bis zwölf zurück sein können. Jenny hat freilich für lange Zeit Hausarrest. Und es hat ihr sehr gut getan, daß wir sie geschliffen haben...

Th: Welche disziplinarischen Maßnahmen haben Sie ihr dabei auferlegt?

Mu: Nun, sie darf absolut nicht das Haus verlassen; sie darf auch nicht telefonieren, was sonst ihr Privileg ist. Das ist etwa alles.

Th: Was geschieht, wenn sie diese Vorschriften mißachtet? Wenn sie trotzdem telefoniert und trotzdem ausgeht? Was tun Sie dann?

Mu: Ich verlängere das Verbot; ich weiß nicht, was ich sonst mit ihr machen könnte.

Th: Können Sie mir ein Beispiel nennen, wo Jennifer sich über diese Verbote hinweggesetzt hat? Sprechen Sie dann beide mit ihr, oder wie machen Sie das?

Vater: Für gewöhnlich nicht. Wenn sie ein Verbot mißachtet und ich bin zufällig zu Haus, ist so ungefähr das einzige, gegen das sie verstößt, das ich bemerke oder bei dem ich mich einmische, das Telefonverbot. Dann kriege ich gewöhnlich eine Wut. Und sage ihr, sie soll das lassen. Sie besteht darauf, in unserem Schlafzimmer zu telefonieren, und ich habe sie ausdrücklich gebeten, nicht unser Schlafzimmer zu benutzen. Ich habe ausdrücklich gesagt: »Laß das sein.« Wir haben noch zwei andere Apparate im Haus, es ist nicht nötig, daß sie unseren benützt. Und es ist Tatsache, gerade erst gestern abend hat sie es wieder getan, und ich ertappte sie dabei: »Jenny, wie oft habe ich dir schon gesagt, daß du nicht mit diesem Apparat telefonieren sollst. Ich mein's ernst.« Das ist das Äußerste.

Th: Und was sagt sie dann?

Va: Okay.

Th: Weiter nichts als okay?

Va: Weiter nichts. Oder ich frage sie: »Jenny, warum bist du hier an unserem Telefon? Hundertmal habe ich dir gesagt, daß du diesen Apparat nicht benutzen sollst.« »Ich hab's nicht gewußt, ich hab's vergessen.« Und damit hat's für gewöhnlich sein Bewenden. Die Standardantwort: »Ich hab's nicht gewußt« bekommen wir von allen Kindern, und so finden wir uns damit ab.

Mu: Weißt du, was du tust? Du kannst nur nein sagen und sie eine Weile einsperren. Und sie weiß das. Das Hausverbot macht ihr überhaupt nichts mehr aus. Sie geht einfach weg und tut sowieso, was sie will. Es macht ihr also gar nichts aus, zur Zeit.

Va: Die ganze Sache ist wirkungslos. Wir treiben miteinander ein Spiel, und das ist einfach grotesk.

Solch unbewegliches Festhalten beruht aus unserer Sicht meist auf einem logischen Irrtum im wortwörtlichen Sinn. Nicht, daß die Leute nicht logisch denken könnten, vielmehr verfolgen sie einen logischen Kurs, den sie aus unrichtigen oder nicht praktikablen Ideen herleiten; auch dann, wenn diese in der Praxis nicht funktionieren. Sie halten sich ängstlich an eine unzureichende »Karte«, und es ist nur zu verständlich, wenn Leute wie sie inmitten von Schwierigkeiten furchtsam werden. Der Glaube an solche Karten trübt auch den Blick dafür, daß ihre Anweisungen nicht gerade effektiv sind; die unmittelbare Erfahrung andauernder Schwierigkeiten läßt sich leicht wegrationalisieren:

»Nur unseren fortwährenden Anstrengungen ist es zu verdanken, daß die Dinge nicht noch schlimmer sind.« Außerdem ist das Angebot an unzulänglichen Karten ebenso groß wie an solchen, die nur unter bestimmten Umständen gelten und leicht verwechselt werden. Schlimmer noch, viele dieser Pläne scheinen ganz logisch oder werden durch Tradition und von konventionellen Erkenntnissen entschieden gestützt. Vermutlich wirkt sich eine der verbreitetsten und allgemeinsten dieser Strategien unmittelbar auch in unserem Fall hier aus: »Wenn es dir zunächst nicht gelingt, versuche es immer weiter und weiter.« Nach unserer Ansicht kann man es vielleicht noch ein zweites Mal versuchen, wenn es beim ersten Mal nicht geklappt hat. Wenn es aber auch dann nicht gelingt, sollte man lieber etwas *anderes* versuchen.

Ein allgemeines Beispiel kann verschiedene dieser miteinander zusammenhängenden Punkte illustrieren: Fühlt sich ein Mensch niedergeschlagen und deprimiert, ist es ebenso menschlich wie logisch, daß man ihn bestärkt und ermutigt, etwa in der Art: »Nur Mut, es ist nicht so schlimm, wie es aussieht, morgen wird alles schon besser sein.« Dies kann aus vielen möglichen Gründen wirken oder auch nicht. Die betreffende Person kann es zum Beispiel negativ auslegen und sich sagen: »Man sagt das nur, um mich aufzuheitern«, oder, schlimmer noch: »Sie begreifen nicht, wie mir zumute ist«, und infolgedessen erst recht depressiv werden. Das bedeutet: Die Frage, ob die eigene Wandlung wahrnehmbare Reaktionen hervorruft, sollte unbedingt den Vorrang haben vor der Frage, ob sie im abstrakten Sinn richtig oder logisch ist.

Unsere Sicht über Therapie und Problemlösung bildet ein Gegenstück zu dieser Auffassung von der Natur der Probleme und ihrer Langwierigkeit. Werden die Entstehung des Problems und seine Aufrechterhaltung als Teile eines Teufelskreises erkannt, in dem wohlgemeintes »Lösungsverhalten« die Probleme verewigt, dann kann eine Änderung dieses Lösungsverhaltens den Kreis durchbrechen. Das heißt, das problematische Verhalten müßte dann aufhören, da es nicht mehr durch andere Verhaltensweisen im Interaktionssystem hervorgerufen wird. (In manchen Fällen mag der Therapeut es für angebrachter halten, auf eine Änderung der dem Problemverhalten beigemessenen [negativen] Bewertung abzuzielen. Dies erfordert natürlich wieder ein anderes Verhalten. So mag er z. B. der Meinung sein, daß sein Klient eine geringfügige Angelegenheit zur »Staatsaffäre« macht.) Darüber hinaus besteht stets die Möglichkeit, daß eine zunächst nur geringe Veränderung im Teufelskreis der Interaktion diesen bei entsprechender strategischer Ausrichtung in einen segensreichen Kreis verwandelt, in dem weniger »Lösung« weniger Probleme hervorruft, die ihrerseits wiederum weniger »Lösung« bedürfen und so fort. Daher meinen wir, daß der Therapeut nicht in erster Linie darauf abzielen sollte, alle Schwierigkeiten loszuwerden, sondern darauf, eine solche Umkehrung auszulösen. Das bedeutet auch, daß selbst schwere, komplexe, chronische Probleme einer effektiven Lösung durch kurze und begrenzte Behandlung potentiell offenstehen.

Angesichts dieses Konzepts muß der Therapeut zum aktiven Agenten des Wandels werden. Er muß nicht nur ein klares Bild des Problems und der Verhaltensweisen, die das Problem aufrechterhalten, gewinnen. Er muß auch überlegen, welche der Lösungsmöglichkeiten strategisch am richtigsten sein mag, und Schritte unternehmen, diese Veränderung einzuleiten, ungeachtet des Umstands, daß der Klient stark dazu neigt, an den ungeeigneten Problemlösungsversuchen festzuhalten. Das ist die Aufgabe des Therapeuten aus unserer Sicht. Der übrige Teil dieses Buches dient der Erörterung von Mitteln und Wegen, wie das zu schaffen ist.

2 Die Manövrierfähigkeit des Therapeuten

Gäbe es den idealen Kurztherapie-Patienten, würde er dem Sinne nach etwa folgendes sagen: »Ich werde Ihnen in einer klar verständlichen Form alle Informationen geben, die Sie wünschen und werde mir auch Ihre neuen Ideen hinsichtlich meines Problems zu eigen machen. Ich werde es mit allen von Ihnen vorgeschlagenen neuen Verhaltensweisen auch außerhalb der Therapiestunde versuchen und mich energisch darum bemühen, alle Familienangehörigen oder Freunde in die Behandlung miteinzubeziehen, die zu einer Lösung des Problems beitragen könnten.« Leider landen Menschen, die dieser Beschreibung entsprechen, aller Voraussicht nach nicht beim Psychotherapeuten. Andererseits pflegen Patienten nicht einer oder mehrerer dieser Anforderungen zu entsprechen. Bewußt oder unbewußt leisten sie allen Versuchen des Therapeuten bei der Behandlung Widerstand. Meist lehnen sich Patienten gegen die therapeutischen Bemühungen auf, weil sie verzweifelt sind oder eine Verschärfung ihres Problems befürchten. Zu wissen, wie man bei der Behandlung am besten verfährt, ist nur eine Sache; eine ganz andere ist, die *Freiheit* zu besitzen, uneingeschränkt so zu verfahren, wie man es für richtig befindet. Diese Freiheit nennen wir »therapeutische Manövrierfähigkeit«, da das Wort Freiheit den passiven Beiklang einer vergleichsweisen Unveränderlichkeit hat. Manövrierfähigkeit begreift die Fähigkeit mit ein, ständig wechselnden Hindernissen oder Einschränkungen zum Trotz zielgerecht zu agieren. Ein Therapeut muß sich im Lauf der Behandlung Optionen offenhalten, um, wenn notwendig, die Richtung ändern zu können.

Es mag kalt und berechnend erscheinen, wenn man hier von Kontrolle des Behandlungsprozesses spricht, aber unserer Meinung nach liegt es auf der Hand, daß der Klient nicht imstande ist, selbst zu erkennen, wie sein Problem am besten anzugehen sei, denn weshalb würde er sonst um professionelle Hilfe ersuchen? Demzufolge beinhalten fast alle Therapien auch Taktiken zur therapeutischen Kontrolle des Behandlungsverlaufs. Indes werden die »dirigierenden« Aspekte der Therapien oft einfach für Teile des Behandlungsprozesses gehalten. Bei der Psychoanalyse zum Beispiel hat der Patient auf der Couch nicht die Wahl, seinen Analytiker zu beobachten oder auch nicht, während jener, hinter ihm sitzend, den Patienten jederzeit nach Wunsch beobachten kann. Diese jeweiligen Positionen werden indes meist nur für einen notwendigen Teil des analytischen Prozesses gehalten. Ähnlich erlaubt der Begriff des »Abwehrmechanismus« dem Analytiker stets, Meinungsverschiedenheiten auf seiten des Patienten in bezug auf seine Interpretation zu disqualifizieren; tatsächlich kann der Analytiker, indem er sie als »Widerstand« etikettiert, die Nicht-Übereinstimmung des Patienten dazu benutzen, die angebliche Richtigkeit seiner eigenen Interpretation zu legitimieren. So gibt die analytische Theorie dem Analytiker die Möglichkeit der Wahl und der Meta-Kommunikation über das Verhalten des Patienten, während der Analysand diese Wahl nicht hat, zumindest nicht offiziell.

Wenn wir dies hervorheben, wollen wir andere Therapien keineswegs schlechtmachen. Im Gegenteil meinen wir, daß bestimmte Verfahren zur Lenkung der Behandlung bei *jedem* Ansatz erforderlich sind. Und zwar nicht in Form einer willkürlichen Kontrolle per se. Vielmehr stimmt es ethisch mit unserer Sicht überein, daß die Lenkung der Therapie zur Verantwortlichkeit des Therapeuten gehört, und daß es für den Patienten von Nachteil ist, wenn der Therapeut sich dieser Verantwortung entzieht. Die effektive und verantwortungsbewußte Anwendung solcher Verfahrensweisen wird indes erheblich eingeschränkt, wenn sie unausgesprochen in der »Philosophie« des Ansatzes enthalten bleiben, anstatt ausdrücklich als vorsätzliches und zweckgerichtetes Handeln deklariert zu werden. Deshalb hoffen wir, in diesem Kapitel unsere eigene Taktik zur Bewahrung der Manövrierfähigkeit und damit zur Kontrolle der

Behandlung klar darlegen zu können. Weil sie zumal bei der Kurztherapie ein so wesentlicher Behandlungsfaktor ist, haben wir dieses Kapitel an den Anfang unseres Buches gestellt. Wie geht man nun vor, um sich ein Höchstmaß an therapeutischer Beweglichkeit zu sichern? Zunächst muß der Therapeut, grob gesagt, seine eigene Entscheidungsfreiheit bewahren, während er die des Patienten einschränkt. Die Grundlage solcher Manövrierfähigkeit liegt in der Erkenntnis des Therapeuten, daß der Patient ihn mehr braucht als er den Patienten. Was auch immer der Therapeut tun mag, ob er bei einem Problem interveniert oder den Verlauf der Behandlung dirigiert, steht und fällt mit der einfachen Entscheidungsfreiheit, die Behandlung zu beenden. Der Therapeut kann mit dem Widerstand des Patienten nicht wirksam fertig werden, wenn er nicht bereit ist, diese letzte Entscheidung zu treffen, falls es nötig werden sollte. So vorbereitet, wird der Therapeut feststellen, daß er nur selten von dieser Entscheidungsfreiheit Gebrauch machen muß. Es kann zwar bei einer Behandlung vorkommen, daß dieses grundlegende Faktum klargestellt werden muß, zum Beispiel wenn der Klient versucht, restriktive Bedingungen einzuführen, die eine Heilung unmöglich machen würden:

Kl: Ich schaue eben mal herein, um Ihnen den Zustand meiner Frau zu schildern. Sie will von Psychotherapie nichts wissen und glaubt in ihrer Verwirrung, bei ihr sei alles in bester Ordnung. Daher möchte ich nicht, daß Sie sie hinzubitten, es würde für mich nur schmerzlich sein. Nein, die einzige Möglichkeit, sie in die Behandlung miteinzubeziehen, ist, daß ich Sie zum Essen einlade und als einen befreundeten Arbeitskollegen vorstelle. Während Sie bei uns sind, können Sie sich ein Bild von ihrem geistigen Zustand machen. Sie werden merken, wie krank sie ist. Hoffentlich wird es Ihnen gelingen, ihr Vertrauen zu gewinnen. Nach einiger Zeit werden Sie dann in der Lage sein, sie zu behandeln und wieder zurechtzurücken.

Kein Therapeut wird auf solch ein geheimes Arrangement eingehen. Wenn er es täte, hätte er sich fast aller Entscheidungsfreiheit beraubt: wann und wo wen zu sehen und in welchem Rahmen oder Zusammenhang, wie oft und zu welchem Zeitpunkt und so fort. Mittlerweile würde es der Ehemann sein, der den gesamten Behandlungsverlauf bestimmt, da all diese Entscheidungen von ihm getroffen werden müßten. Ein solches Arrangement würde die Behandlung von vornherein zum Scheitern verurteilen, und, schlimmer noch, das Scheitern solcher »Behandlung« könnte dem Ehemann erlauben, den Zustand seiner Frau für hoffnungslos zu erklären, da er sich darauf berufen würde, daß er es war, der »alles versucht« habe.

Wenn der Therapeut nicht zulassen will, daß die Behandlung unter so unmöglichen Bedingungen beginnt, bleibt ihm buchstäblich nur noch übrig, mit dem Abbruch der Behandlung zu drohen:

Th: Wiewohl ich Ihre Umsicht bei der Beschaffung von Hilfe für Ihre Frau zu schätzen weiß, kann ich mich wohl oder übel nicht dazu entschließen, etwas zu tun, das nach meiner Meinung für Sie wie für Ihre Frau von Nachteil sein würde. Das Risiko eines Bumerang-Effekts wäre bei solchen Heimlichkeiten zu groß und die Kosten wahrscheinlich zu hoch. Ich werde gern sehen, was ich für Ihre Frau tun kann, doch wenn Sie darauf bestehen, daß ich Ihrem Vorschlag folge, dann bin ich nicht der richtige Mann für Sie. Dann sind Sie besser mit jemand anderem dran, der eher dazu bereit ist, Ihr Wohlergehen und das Ihrer Frau aufs Spiel zu setzen.

Sollte der Ehemann bereit sein, diese Bedingungen zu erfüllen, hat er sich unter die Kontrolle des Therapeuten begeben, und der Therapeut wird imstande sein, die Behandlung mit erhöhter Manövrierfreiheit fortzusetzen. Sollte er sich indes weigern, wird der Therapeut durch Abbruch der Behandlung vermeiden, ein voraussichtlich von vornherein zum Scheitern verurteiltes Wagnis einzugehen. Sollte indes der Ehemann bei einem anderen Therapeuten auf diesem Verfahren bestehen und dann feststellen, daß es wie vorausgesagt fehlschlägt, wird er wahrscheinlich eher geneigt sein, jeden späteren Behandlungsversuch schon auf der Grundlage einer weniger rigiden Kontrolle seinerseits auf sich zu nehmen.

Mittel, die Lenkbarkeit des Patienten zu steigern

Die Wahl von Zeitpunkt und Geschwindigkeit

Zum Teil hängt die Lenkbarkeit davon ab, daß der Therapeut von seiner Entscheidungsfreiheit Gebrauch macht und sich aus der Position zurückzieht, die er dem Patienten gegenüber einnahm, oder auf die Durchführung der eingeschlagenen Strategie verzichtet, anstatt unter allen Umständen an ihr festzuhalten. Für gewöhnlich wird er diese Entscheidung dann treffen, wenn er einen entschiedenen Widerstand auf seiten des Patienten feststellt. Beharrt er jedoch darauf, eine Strategie anzuwenden, die nicht funktioniert, riskiert er einen vermehrten Widerstand gegen seine Vorschläge oder den Verlust seiner Glaubwürdigkeit in den Augen des Patienten. In der Praxis sollte der Therapeut nicht warten, bis er starkem offenem Widerstand begegnet; statt dessen sollte er seinen Kurs ändern, sobald er die ersten kleinen, aber deutlichen Anzeichen bemerkt, daß die Strategie nicht anschlägt. Will er vermeiden, »zu tief hineinzugeraten«, sollte er sich vorher gewisse Informationen zu verschaffen suchen, um die Lage abzuklären, ehe er mit irgendeinem neuen Verfahren beginnt. Darüber hinaus sollte er Schritt für Schritt überprüfen, ob der Patient diesen Weg akzeptiert oder nicht. Das heißt, er wird seinen Kommentar *zeitlich* auf die Reaktionen des Patienten *abstimmen* und mit ihnen *koordinieren*. (Dies entspricht genau dem stufenweisen Vorgehen bei der Hypnose: Der Hypnotherapeut gibt eine weniger relevante Suggestion und überprüft die Reaktion des Subjekts, ehe er fortfährt oder etwas Neues suggeriert.)

Wenn ein Klient das erste Mal das Zimmer betritt, weiß der Therapeut gewöhnlich nur wenig über ihn, über seine Wertzuweisungen, seine Meinungen und Präferenzen, die sich alle auf den Umgang mit dem Problem auswirken können, dessentwegen er kam. Man kann die Lenkbarkeit des Prozesses bedrohlich vermindern, wenn man zu früh eine bestimmte Position bezieht und dann feststellt, daß sie den Empfindlichkeiten, Wertungen oder tief eingewurzelten Ansichten des Patienten zuwiderläuft. Die Glaubwürdigkeit des Therapeuten und die Bereitschaft des Patienten zur Zusammenarbeit werden in einer solchen Situation stark vermindert. Will man die Behandlung nach einem solchen Fehler noch retten, ist viel Arbeit und Zeit nötig, zumal wenn der Irrtum gleich zu Beginn der Behandlung begangen wurde:

Th: Ich darf einige Fragen an Sie richten. Ich möchte wissen, was Sie durch die Therapie zu erreichen hoffen. Ich glaube, daß wir die Therapie bedeutend verkürzen können, wenn wir uns einfach an die Gegenwart halten und uns auf die Verhaltenselemente des Problems konzentrieren. So sagen Sie mir erst einmal, was zur Zeit vor sich geht und Sie veranlaßt, mich aufzusuchen.

Ptin: Gern würde ich Ihnen die Auskünfte geben, die Sie brauchen, doch habe ich diese Schwierigkeiten schon seit vielen Jahren, und das hat mein Selbstgefühl so stark beeinträchtigt, daß ich annahm, Sie würden mir helfen zu verstehen, warum ich mich so fühle, wie mir zumute ist. Ich fühle mich schon lange so elend, und ich sehe nicht, wie mein Problem bald beseitigt werden kann. Es tut mir wirklich leid; ich wußte nicht, daß Sie nicht an dieser Art von Problem interessiert sind; ich wäre Ihnen dankbar, wenn Sie mich an einen Therapeuten verweisen würden, der speziell auf diesem Gebiet tätig ist.

Oder:

Th: (berät Eltern und ihren Teenager-Sohn) Ich weiß, Sie sind hier, weil jeder von Ihnen auf seine Weise leidet, und daß Sie das gern verstehen würden, so wie auch einer den anderen.

Sohn: Ich möchte gern etwas sagen.

Th: Gut. Sprechen Sie.

Sohn: Der einzige Kummer, den ich habe, sind *die* (weist mit dem Daumen auf seine Eltern). Immer wollen sie blödes Zeug von mir: daß ich mir das Haar kurz schneiden lasse, immer daheim hocke, stur Hausarbeiten mache – mein Gott! Sie denken, ich bin noch ein kleines Kind, und nun wollen sie auch noch, daß ich diesen Klapsmühlendoktor besuche (verfällt in dumpfes Schweigen, starrt seine Eltern an).

Th: (zu den Eltern) Scott scheint Ihnen sagen zu wollen, wie er darunter leidet, daß Sie ihn nicht anerkennen, und daß er als Individuum eigene Rechte hat. Sein Zorn ist eine Botschaft; er braucht dringend Anerkennung seiner Individualität. Ich frage mich, inwiefern dieses Verlangen nach Anerkennung überhaupt für Sie beide etwas Bedrohliches beinhaltet.

Vater: Anerkennung seiner Individualität? Doktor, Sie haben keine Ahnung, wie es in unserem Haus aussieht. Es gibt kein Zimmer, in dem er nicht sein Zeug rumstreut. Er kommt und geht, wie es ihm paßt. Er rührt nicht einen Finger, um uns zu helfen. Meine Frau und ich gehen beide arbeiten, und wir legen uns krumm, damit die Kasse stimmt. Wir haben ihm fast alles gegeben, was er will, und dann macht er es kaputt oder verliert es und beschwert sich, daß wir nichts für ihn tun! Seit fast einem Jahr konnten wir keinen Besuch mehr einladen; entweder sieht es wüst bei uns aus, oder er hat seine langhaarigen Freunde da, und sie machen so laut Musik, daß man nicht einen Gedanken fassen kann. Unser Heim gehört nicht mehr uns, und wenn er nicht seinen Willen kriegt, dann ist die Hölle los. Wir haben im eigenen Heim nichts mehr zu sagen. Deshalb sind wir gekommen!

Das erste Beispiel zeigt, daß der Therapeut auf eine verhaltensorientierte Kurztherapie bedacht war. Doch beging er dabei einen Fehler im »Timing«: er gab seine Einstellung zu früh zu erkennen, bevor er von der Patientin erfuhr, daß sie eine andere Vorstellung von einer möglichen Problemlösung hatte. Ihr mußte der Therapeut angesichts ihrer ernsten Schwierigkeiten und ihres tiefen Kummers ungeduldig und indifferent erscheinen. Daraus schloß sie, daß er nicht fähig oder nicht willens sei, ihr zu helfen. Beim zweiten Beispiel gibt der Therapeut sogleich seine Meinung zu erkennen, daß Eltern und Sohn ihn aufgrund eines demokratischen Beschlusses aufgesucht hätten. Und indem er dem Sohn erlaubte, als erster zu sprechen, und dann seine Beschwerde noch legitimierte, räumte er ihm einen gewissen Vorrang ein. (Keine der beiden Positionen würden wir gutheißen.) Dann erfährt er, daß die Eltern – zumindest der Vater – eine ganz andere Ansicht von der erforderlichen Behandlung haben. Sie waren gekommen, um ein gewisses Maß an Kontrolle über ihren Sohn und ihr häusliches Leben zu gewinnen, und nicht, um ihn zu »verstehen« oder ihm gar noch mehr Rechte einzuräumen.

Beide Male hat der Therapeut den Fall verloren oder jede weitere produktive Arbeit aufs Spiel gesetzt, indem er eine feste Position bezog, ehe er die Ansicht seiner Patienten kannte. Das Feuer am Brennen zu halten, bis man die Sicht des Patienten kennt, und therapeutisch nur kleine Schritte zu machen und zu testen, wie jeder Schritt vom Patienten aufgenommen wird, das ist, was wir unter der richtigen Wahl von »Zeitpunkt und Geschwindigkeit« verstehen.

Bei den meisten anderen Vorhaben in unserem Leben prüfen wir automatisch die Lage, ehe wir uns in sie hineinbegeben. Seltsamerweise scheint unter den Therapeuten stillschweigend die Meinung zu herrschen, daß man ebenso auf die üblichen Praktiken des Alltagslebens verzichten kann wie auf die übliche soziale Rücksicht, die man sonst im Leben übt.

Wer beim Erstinterview zunächst einmal Daten sammelt, kann sich von den Empfindlichkeiten des Klienten ein Bild machen, ohne daß er seinen Standpunkt zu früh zu erkennen gibt: er stellt ja nur »ein paar Fragen«, um sich zu informieren und seinen Klienten besser zu verstehen. In diesem Zusammenhang kann eine Reihe von etwa folgendermaßen formulierten Fragen zur Abklärung der Haltung des Patienten nützlich sein: (1) »Sie haben mir Ihr Problem geschildert, und jetzt möchte ich Sie fragen, *weshalb* es Ihrer Meinung nach ein ›Problem‹ ist?« (2) »Manche Therapeuten würden im Blick auf Ihr Problem (das und das) sagen. Denken Sie ebenso darüber, oder liegen Ihnen solche Gedanken fern?« (3) »Ich möchte nicht gerade behaupten, daß dies bei Ihrem Problem angebracht sein würde, ich frage mich nur, ob Sie schon (das und das) versucht haben.« Solche Fragen ermöglichen es dem Therapeuten, sich über die Ansichten seines Klienten in bezug auf sein Problem und sein Behandlungsziel zu informieren wie auch zu bestimmen, welches Verfahren der Klient zu unterstützen bereit wäre, oder umgekehrt, welchem er Widerstand leisten würde. Dabei legt sich der Therapeut mit seinen Fragen keineswegs fest; sie erlauben ihm, seine Manövrierfähigkeit aufrechtzuerhalten, da er sich leicht aus der Affäre ziehen kann, sollte er beim Klienten auf Ablehnung stoßen.

Sich Zeit nehmen. Die Lenkbarkeit von Patient und Prozeß hängt auch weitgehend davon ab, daß der Therapeut nicht unter Zeitdruck gerät. Sieht er sich von seiten des Patienten Druck ausgesetzt, muß er seine Entscheidungsfreiheit wahren, um sich Zeit nehmen und um überlegen und planen zu können. Patienten können den Therapeuten auch unbeabsichtigt unter Druck setzen; doch erzeugen sie oft in ihrer Not und Verzweiflung ein Klima, das den Therapeuten dazu zwingt, »etwas zu tun, und zwar sofort«. Soll die therapeutische Arbeit effizient und konstruktiv sein, darf sich der Therapeut nicht zu verfrühten Entscheidungen in Fragen der Behandlung drängen lassen. Auf lange Sicht wird die für die Vermeidung solcher Fallstricke aufgewandte Zeit die gesamte Behandlungszeit verkürzen, was mit dem Ziel der Kurztherapie übereinstimmt.

Es bedarf weder besonderer Tricks noch besonderen fachmännischen Geschicks, um Zeit zu gewinnen. Wir alle sind mit solchen ausweichenden Antworten vertraut und benutzen sie häufig, zum Beispiel: »Lassen Sie mich eine Weile überlegen«, »Ich fürchte, diese Frage kann ich nicht sofort beantworten« oder »Ich bin heute wirklich nicht in Form. Morgen werde ich bestimmt klarer sehen«. Damit lassen wir durchblicken, daß wir keineswegs unter dem Zwang stehen, unverzüglich handeln zu müssen. Die Schwierigkeit des »timing«, der Zeitwahl, besteht darin zu erkennen, *wann* man unter Druck steht, da der

Klient dazu neigt, seine Forderungen eher indirekt als direkt zu äußern:

Kl: Ich weiß, es muß Ihnen komisch vorkommen, aber diese verdammte Sache geht mir nicht aus dem Sinn. Immer wieder geht sie mir durch den Kopf, ich kann an nichts anderes mehr denken. (Die Klientin sieht verstört aus.) Ich weiß, daß ich mich entscheiden muß, auf die eine oder die andere Weise, aber immer noch drehe ich mich im Kreis. (Reibt mit ihrer Handfläche auf dem Arm des Lehnstuhls hin und her und neigt sich nach vorn.) Ich befinde mich in einem verdammten Dilemma. Nehme ich den Job an, lasse ich meine Familie im Stich, tue ich es nicht, lasse ich mir die Gelegenheit entgehen, auf die ich ewig gewartet habe. Wenn ich genug Zeit hätte, könnte ich mich zur richtigen Entscheidung durchringen, doch habe ich soeben erfahren, daß ich bis Mittwochabend antworten muß, und das sind nur noch zwei Tage. (Blickt den Therapeuten erwartungsvoll an.)

Hier übt die Patientin einen subtilen Druck auf den Therapeuten aus: Er soll ihr helfen, sofort zu entscheiden, und eventuell die Sitzung über die übliche Zeit hinaus ausdehnen. Versucht der Therapeut, diese Aufgabe unter solchem Druck zu lösen, wird er wahrscheinlich genauso durcheinander geraten wie seine Patientin, was keinem der beiden hilft. Um dies zu vermeiden, sollte sich der Therapeut Zeit lassen:

Th: Ja, ich erkenne Ihr Dilemma (mitfühlend). Hmmm. (Pause) Nein, ich sehe nicht, wie man das lösen soll. (Pause) Ich werde Ihnen etwas sagen: Lassen Sie mich ein paar Minuten darüber nachdenken, da mir im Augenblick nicht gerade glänzende Ideen kommen. (Lange Pause) Es tut mir leid, doch es fällt mir nichts ein. Sie haben gesagt, bis Mittwoch müßten Sie sich entscheiden; bestenfalls könnten wir uns morgen treffen. Aber auch dann könnte es sein, daß ich Ihnen nicht helfen kann, und Sie dann im Geist eine Münze werfen müßten.

Selbst wenn der Druck unverblümter ausgeübt wird, kann der Kontext es dem Therapeuten erschweren, sich Zeit zu lassen:

Kl: (am Telefon) Wissen Sie, als ich Sie heute nach der Sitzung verließ, hing ich völlig in der Luft, und ich glaube nicht, daß wir irgendwie vorangekommen sind. Ich habe nämlich vergessen, etwas sehr Wichtiges zu erwähnen, das eine Schlüsselrolle spielt. Ich kann also nicht mehr bis nächste Woche warten, bis ich Sie wieder spreche, und ich weiß doch, daß Sie gern wissen würden, vor welcher Situation ich stehe. Als ich mit Larry von Urlaub sprach, war er gerade von einem Besuch bei seiner Mutter zurückgekehrt, und was ich nicht wußte – da er mir ja nie etwas erzählt –, ist, daß der Besuch bei ihr schiefgelaufen war ...

Th: Mary, darf ich Sie eine Sekunde unterbrechen. Ich danke Ihnen, daß Sie mich anrufen, um mir Bescheid zu sagen, doch leider gehöre ich zu den Leuten, die am Telefon schlecht verstehen, und außerdem bin ich nicht imstande, am Telefon Therapie zu treiben. Da Sie sagen, es sei wichtig, verdient die Sache mehr als ein Telefongespräch. Ich könnte Sie schon vor dem festgelegten Termin sehen. Dann könnte ich dem besser gerecht werden.

In beiden Fällen entschied sich der Therapeut dafür, Zeit zu gewinnen; so befindet er sich in einer besseren Position, um dem Patienten bei der Lösung seines Problems sinnvoll helfen zu können.

Manchmal, wenn der Patient bei aller Weitschweifigkeit nur vage Informationen liefert, gerät der Therapeut unter Druck und läßt sich zu einer Intervention auf der Grundlage unzureichender und irreführender Angaben verleiten. Ebenso kann der Therapeut, wenn er vage Antworten erhält, bestimmte Gebiete hinterfragen wollen; er mag sich dann immer angestrengter bemühen, den Patienten zu klaren Aussagen zu bewegen, während sich der Patient immer weniger darum bemüht. In solchen Situationen ist es schwerer, Zeit zu gewinnen, weil dies die Einsicht voraussetzt, daß man sich *zu* angestrengt bemüht und nichts damit erreicht, und daß es nur unproduktiv wäre, dieses Verfahren fortzusetzen. An diesem Punkt angelangt, kann sich der Therapeut vom Druck befreien, indem er sich ein bißchen ungeschickt stellt: »Ich verstehe nicht«, »Sie haben mich nicht verstanden«, »In einer komplizierten Situation ist es manchmal besser, nicht so schnell weiterzugehen« und so fort. Dieses Verhalten zwingt den Patienten zu genauerem Ausdruck und damit dazu, die notwendige Arbeit zu leisten. Auch verlangt diese Position, daß der Therapeut der traditionellen Ansicht, er habe stets »Mitgefühl« und »Verständnis« zu zeigen, nicht Folge leistet. Jedoch wird der Therapeut für gewöhnlich – mit Worten oder indirekt – zu verstehen geben, daß der Mangel an Verständnis auf ein mutmaßliches Manko seinerseits zurückzuführen sei. Zum Beispiel kann er sich für seine Schwerfälligkeit entschuldigen, anschließend aber die Patientin sofort bitten, ihre Äußerung zu wiederholen.

Schließlich kann es entschieden von Nachteil sein, unter allen Umständen an der vereinbarten Behandlungszeit festzuhalten. Bisweilen kann der optimale Schlußpunkt schon nach zwanzig oder dreißig Minuten erreicht sein; fühlt sich der Therapeut dann gedrängt, den Rest der Sitzungszeit auszufüllen, kann dies die Wirkung des bereits Erreichten beeinträchtigen.

Kurzum so, wie wir den Patienten dazu ermutigen, sich mit der Lösung seiner Probleme Zeit zu lassen, sieht sich auch der Therapeut zum wohlüberlegten Umgang mit der Zeit verpflichtet, will er seine therapeutische Aufgabe erfüllen.

Neutral bleiben

Patienten stellen oft Fragen, die den Therapeuten dazu verleiten, einen Standpunkt zu beziehen, ehe er es wünscht, oder eine Position einzunehmen, die er nicht einzunehmen wünscht: »Meinen Sie nicht auch, daß mein Mann sich mir gegenüber unfair verhält?« Sagt der Therapeut dann »ja«, bestätigt er die Gültigkeit der Sicht der Patientin und verbündet sich mit ihr gegen ihren Mann; sagt er aber »nein«, muß er sich auf eine Auseinandersetzung mit der Patientin oder auf ihre Beschuldigung, es fehle ihm an Sachverstand, gefaßt machen. Reagiert er indes in qualifizierter Form, braucht er sich nicht festzulegen und kann seine Manövrierfähigkeit aufrechterhalten: »Nun, ich kenne

Ihren Mann nicht; doch nach dem, was Sie mir erzählt haben, neige ich dazu, Ihnen recht zu geben«. Durch diese Äußerung kann sich der Therapeut seine Bewegungs- und Entscheidungsfreiheit bewahren und gleichzeitig den Eindruck erwecken, als habe er sich schon eine feste Meinung gebildet.

Im Behandlungsverlauf ergeben sich oft Punkte, die im Therapeuten den Impuls wachrufen, definitiv zu intervenieren oder dem Patienten eine Auflage zu machen; doch fragt er sich, ob die Strategie, die seiner Intervention zugrunde liegt, ihre Wirkung tun wird. Er möchte vermeiden, daß seine Glaubwürdigkeit nach dem Erfolg oder Mißerfolg seiner Intervention beurteilt wird. Bei einem Fehlschlag wird er Zeit brauchen, um zu ermitteln, weshalb es nicht funktionierte; er muß eine neue Strategie oder Taktik zur Ergänzung der alten entwickeln. Deshalb sollte er seinen Vorschlag wie im folgenden in wertzuweisende Worte kleiden: »Ich möchte Ihnen etwas vorschlagen, frage mich aber, was dabei herauskommen mag. Es wird von Ihnen, von Ihrer Imaginationsfähigkeit abhängen wie auch von Ihrer Bereitschaft, einen Schritt zum Besseren zu tun.« Diese Wertzuweisungen sind etwas subtiler als im ersten Beispiel. Der zweite Teil des ersten Satzes modifiziert dessen ersten Teil. Der zweite Satz mißt der Eignung oder Berechtigung des zu befolgenden Vorschlags einen positiven Wert zu, und auch die in beiden Sätzen benutzten Wörter – *nicht sicher, wieviel, Fähigkeit zur Imagination nutzen* und *Bereitschaft zum Besseren* – enthalten Wertzuweisungen. Diese Wertungen lassen erkennen, daß der Vorschlag zwar richtig ist, sein Erfolg jedoch von den Anstrengungen der Patientin abhängt und weniger von der Eignung des Vorschlags an sich.

Diese Ausdrucksweise steht in deutlichem Gegensatz zu der folgenden, weniger wertzuweisenden Formulierung: »Ich mache Ihnen einen Vorschlag, der Ihnen helfen wird, sich in sozial schwierigen Situationen nicht aufzuregen, denn ich weiß ja, daß Sie bereit sind, an einer Besserung mitzuwirken.« Wenn die Patientin dann beim nächsten Besuch sagt, sie habe zwar die Anweisungen des Therapeuten, sich in schwierigen Situationen zu entspannen, genau befolgt, sei aber kein bißchen ruhiger geblieben, verringert das seine Glaubwürdigkeit und damit auch seine Manövrierfähigkeit. So wird er es beim nächsten Mal schwerer haben, einen anderen Weg zur Lösung ihres Problems vorzuschlagen. Wenn der Therapeut bewußt von Wertzuweisungen Gebrauch macht und seine Intervention dann scheitert, kann er geltend machen, daß die Fähigkeit der Patientin zur Imagination *nicht ausgereicht habe* oder daß sie im Grunde *nicht* willens sei, einen Wandel herbeizuführen. Umgekehrt kann der Therapeut, wenn die Patientin einen Erfolg meldet, den Faden aufgreifen: »Ich habe mir Sorgen gemacht, ob Sie mit meinem Vorschlag etwas anfangen könnten, doch offensichtlich habe ich Ihre Imaginationsfähigkeit unterschätzt.« Indem er die Patientin lobt, unterstreicht er zugleich den Wert seines Vorschlags und kann die Patientin auch weiterhin auf ihn festlegen.

Wir meinen indes nicht, daß ein Therapeut nie einen definitiven und wertenden Standpunkt haben darf, im Gegenteil ist ein solcher oft wichtig. Worum es uns hier geht: Der Therapeut sollte sich hüten, einen entschiedenen Standpunkt zu beziehen, ehe er nicht reichlich Zeit und Information für eine Urteilsbildung hatte; dann kann er beschließen, *welche* Stellung er beziehen will und *wann*. Für die Ausführung dieses Beschlusses ist die wertzuweisende Ausdrucksweise ein wichtiges Werkzeug.

Den Klienten zur Präzision bewegen

Ebenso wie der Therapeut fähig sein muß, eine neutrale oder flexible Position einzunehmen, sollte umgekehrt der Patient in der Lage sein, eine entschiedene und feste Position zu beziehen. Dabei muß man ihm helfen. Das heißt, daß die Manövrierfähigkeit des Therapeuten von der Starrheit des Patienten abhängt. Wenn man diesem nicht klare und präzise Antworten und Kommentare abverlangt, wird er nur unklare, verschwommene Informationen liefern und kann so seinen Standpunkt zum Nachteil seiner Lenkbarkeit und infolgedessen seiner Behandlung beliebig ändern. Vage Informationen können in jeder Behandlungsphase zum Problem werden. Oft geschieht das zum Beispiel, wenn die Patienten gebeten werden, ihr Behandlungsziel zu definieren. Ein Elternteil kann da zum Beispiel sagen: »Natürlich gilt unsere Hauptsorge den Schulschwierigkeiten unseres John. Unser Ziel wäre also eine vernünftigere Einstellung zu den Schularbeiten – daß er sich wirklich mal dahinterklemmt.« »Eine vernünftigere Einstellung« und »sich wirklich dahinterklemmen« ist ziemlich unbestimmt ausgedrückt. Wenn es bei diesen Zielformulierungen bleibt, besteht die Gefahr, daß die Eltern eine echte Verbesserung im Verhalten ihres Sohnes nicht wahrnehmen: »Ja, seine Noten haben sich von *Vier* auf *Drei* gebessert. Aber ich sehe darin keinen wirklichen Fortschritt. Er beschwert sich noch immer über seinen Lehrer und über die Hausarbeiten; ich bin überzeugt, daß diese Haltung unseren Sohn daran hindert, die Noten zu erreichen, die er tatsächlich bekommen könnte.« Zu dieser Schwierigkeit wäre es vermutlich nicht gekommen, hätte der Therapeut die Klienten von Anfang an festgelegt:

Th: Wenn Sie von »vernünftigerer Haltung« und »wirklich dahinterklemmen« sprechen, weiß ich nicht genau, was ich darunter verstehen soll. Können Sie das nicht etwas genauer formulieren?

Eltern: Sich mehr seinen Aufgaben widmen; mehr Interesse an der Arbeit zeigen.

Th: Woran wollen Sie erkennen, daß sich seine Haltung geändert hat? Das ist mir unklar.

Eltern: Nun, das würde sich an seinen Noten zeigen.

Th: In Ordnung. Momentan hat er lauter Sechsen. Welche Noten würden Ihrer Meinung nach anzeigen, daß sich seine Haltung geändert hat?

Eltern: Wenn er »Befriedigend« bekommt, natürlich.

Th: Ich glaube, in seiner Schule ist ein Vierer schon »befriedigend«. Ist es das, was Sie meinen? Oder lauter Einser, oder was sonst?

Eltern: O nein. Er braucht keine Einser zu haben. Wir würden sehr glücklich sein, wenn er im Durchschnitt eine Drei bekommt oder zumindest nicht unter Drei in allen Fächern.

Th: In Ordnung. Jetzt sehe ich klar.

Dieser Aspekt der Lenkbarkeit, die den Klienten zu klaren Äußerungen veranlaßt, wirkt sich hauptsächlich in den ersten Sitzungen aus, wenn der Therapeut den größten Teil der Informationen sammelt, die er für die Planung der Behandlung benötigt. Jedoch beschränkt sich dies keineswegs auf die erste Behandlungsphase, da der Therapeut ja stets klare und präzise Aussagen von seinem Klienten braucht, gleich ob es sich um die Beschreibung eines Problems handelt oder um eine Darstellung des Problemumfangs oder darum, welche Vorgänge sich zwischen den Sitzungen ereigneten, oder ob es sich um die Durchführung einer Auflage handelt. In bezug auf letzteres kann es einen enormen Unterschied ausmachen, ob der Therapeut auf einer genauen Berichterstattung beharrt oder nicht. Hat er dem Patienten »Hausaufgaben« gestellt, so kann dieser in der nächsten Sitzung behaupten, daß er getan habe, was ihm aufgetragen war, dies aber an der Problemsituation wenig oder gar nichts geändert habe. Bittet man ihn um präzise Angaben, *wie* er die Aufgabe ausführte, stellt sich oft heraus, daß die Durchführung von den Instruktionen stark abwich. Wird dies nicht klargestellt, dann kann sich der Therapeut irren, und der Patient wird den Rat des Therapeuten, weil wenig hilfreich, für gering achten und damit dessen Möglichkeiten einschränken. Wenn dagegen klargestellt werden kann, daß der Patient die Anweisungen nicht richtig befolgte, bleibt die therapeutische Lenkungsmöglichkeit bewahrt oder wird in der Tat noch erhöht, da der Patient nun stärker unter Druck steht, den Rat exakt zu befolgen.

Die Kunst, nicht überlegen zu wirken

Der Erfolg der Behandlung hängt weitgehend von der Fähigkeit des Therapeuten ab, strategisch wichtige Aufschlüsse vom Klienten zu bekommen und sein Entgegenkommen zu erhöhen, wenn es um die Befolgung von Vorschlägen oder die Erfüllung von Aufgaben geht. Manche Patienten reagieren auf demonstrative Autorität oder überlegene Sachkenntnis positiv – eine Haltung, die hilfreich sein kann. Jedoch ist unserer Erfahrung nach die Bereitwilligkeit zur Mitarbeit erheblich geringer, wenn der Patient den Therapeuten von vornherein in einer überlegenen Machtposition erlebt. Sie schüchtert so manche Patienten ein, die sich durch ihre Probleme ohnehin schon bedrückt fühlen; sie werden weniger bereit sein, Informationen zu geben, die in ihren Augen dazu angetan sind, sie noch mehr herabzusetzen. Auch deuten viele Patienten solches Auftreten als Zeichen besonderer Weisheit und Erkenntnis und geben daher oft keine Informationen preis, oder sie geben sie nicht präzise genug in der Annahme, daß der »neunmalkluge« Therapeut sie ohnehin verstehen werde. Ähnliche Mutmaßungen sind im Spiel, wenn der Patient bestimmte Ideen oder Vorschläge akzeptieren soll.

Viele nehmen an, daß ein Therapeut, wenn er eine Aura der Überlegenheit um sich verbreitet, dem Patienten Vertrauen einflößt und dadurch sein Widerstreben gegen eine Mitarbeit überwindet. Wir hingegen gehen davon aus, daß der Patient bereits hinreichend durch den Wunsch motiviert wird, von der Not seiner Probleme befreit zu werden, und schon insofern zur Mitarbeit bereit ist, es sei denn, der Therapeut verhindert solche Bereitwilligkeit, indem er zum Beispiel zu erkennen gibt, daß der Patient versagt habe, weil er nicht schon selber eine entsprechende Lösung fand. Ebenso kann er jede Aufforderung zur Kooperation als Befehl verstehen, oder annehmen, solche Mitarbeit liege eher im Interesse des Therapeuten und nicht unbedingt in seinem eigenen. Sicherlich wird kein Therapeut je etwas dieser Art sagen; er läuft aber Gefahr, diesen Eindruck zu erwecken, wenn er sich überlegen gibt. Diese Art Überlegenheit kann er schon durch bestimmte Bemerkungen vermitteln (»Ich habe schon viele solche Fälle (wie den Ihren) gehabt«) oder (»Ich kann nicht oft genug betonen, wie wichtig es ist, daß Sie ...«). Der Eindruck von Überlegenheit kann auch durch

durch einen ungeschickten Versuch, »Mitgefühl« zu bekunden, vermittelt werden (»Ja, ich weiß, wie weh es Ihnen tut, darüber zu sprechen«). Für gewöhnlich äußert sich die Überlegenheit subtiler, so daß man sie in der Praxis kaum bemerkt. Viele Therapeuten legen sich schon während ihrer Ausbildung automatisch ein überlegenes Auftreten zu. Sie sprechen und handeln nicht einfach wie Menschen im Gespräch; sie machen erst eine bedeutungsvolle Pause, ehe sie eine Bemerkung von sich geben. So wird zum Beispiel die dramatische Aufforderung »Erzählen Sie mir mehr darüber« von weisem Kopfnicken begleitet, wohingegen man sich dem Zorn des Patienten gegenüber indifferent zeigt, und so weiter.

Da die Therapeut-Patient-Beziehung eine vermeintliche Machtstellung impliziert, empfiehlt es sich, Überlegenheitsgesten unter allen Umständen abzubauen, und zwar nicht, weil man den Umgang auf gleicher Ebene für besonders effizient hält, sondern einfach deshalb, weil es der sicherste Weg zur Vermeidung einer (unbewußt oder bewußt) zur Schau getragenen Überlegenheit ist. Gleichzeitig unterbindet es die Neigung des Patienten, im Therapeuten den Überlegenen zu sehen. Natürlich wird sich der Patient nicht unbedingt kooperativer verhalten, nur weil der Therapeut Überlegenheitsgesten vermeidet; jedoch wird eine Haltung von gleich zu gleich sich wenigstens auf solche Patienten nicht negativ auswirken, die willens sind, mitzuarbeiten. Bei Patienten, die noch Widerstand erkennen lassen, muß der Therapeut versuchen, diesen Widerstand für die Mitarbeit nutzbar zu machen (dieses Thema wird im Kapitel 5 behandelt).

Obwohl wir die Notwendigkeit eines solchen Verhaltens von gleich zu gleich ausdrücklich hervorgehoben haben, heißt das nicht, daß ein überlegenes Auftreten unter allen Umständen vermieden werden sollte. Wie alle therapeutischen Positionen und Interventionen ist auch dieses dem jeweiligen Klienten und der speziellen Situation im Behandlungsverlauf anzupassen. Hat man es mit einem Klienten zu tun, der durch eine vertrauenerweckende Haltung in seiner Kooperationsbereitschaft bestärkt werden würde, ist eine solche Haltung auch angebracht. Wir halten den Umgang auf gleicher Ebene mit dem Patienten aus zwei Gründen für so wichtig: Unserer Erfahrung nach trifft man nur selten auf einen Patienten, der nicht auf Autorität reagiert, und wenn nicht von Anfang an klar ist, welche Haltung die beste sein wird, ist es immer noch leichter, von einem Umgang auf gleicher Ebene zu einem Verhalten überzuwechseln, das Überlegenheit durchblicken läßt, als umgekehrt. Der Therapeut erhält also mehr Bewegungs- und Manövrierfreiheit, wenn er nicht so überlegen wirkt.

Einzel- und Gruppensitzungen

Obwohl wir von einem interaktionellen Ansatz ausgehen, halten wir unsere Therapiesitzungen meist mit einer oder höchstens zwei anderen ausgewählten Personen, anstatt mit der ganzen Familie ab. Das hat strategische und taktische Gründe. Leute, die uns bei der Arbeit beobachteten, haben berichtet, daß sie sich, in der Meinung, wir seien familien- und systemorientiert, darüber gewundert hätten, daß wir nur wenige oder gar keine Gruppensitzungen anberaumten. Wir mußten ihnen erläutern, daß ein systemischer Ansatz vor allem einen *konzeptuellen* Rahmen braucht; worauf es ankommt, ist die *Sicht* der Probleme, nicht die Anzahl der Personen, die an einer Sitzung teilnehmen. Es gibt zum Beispiel »Familientherapeuten«, die vorwiegend Gemeinschaftssitzungen abhalten, das Problem jedoch monadisch anfassen und die Familienangehörigen als interaktionelle Einheit sehen. Obwohl sie gemeinsame Sitzungen abhalten, läuft ihre Therapie im Grunde auf Einzelbehandlung hinaus.

Wir selbst sind hauptsächlich an der sich im Umfeld des Problems abspielenden Interaktion interessiert, wobei wir darauf abzielen, das problembewahrende Verhalten der Beteiligten zu unterbinden. Dieser interaktionellen Sicht entsprechend gehen wir von der Überzeugung aus, daß ein Wandel im Verhalten eines Teiles einer interaktionellen Einheit – einer Familie oder irgendeiner anderen Gruppe – das Verhalten anderer Teile der Einheit beeinflussen kann. Meistens sehen wir die problemerhaltende Interaktion als beispielhafte Darstellung eines positiven Feedback, das heißt einer Rückmeldung in der bekannten Abweichungen verstärkenden »Schleifenstruktur« (Maruyama 1963; Wender 1968). Das bedeutet: Das problematische Verhalten des als Problemverursacher identifizierten Patienten fordert den anderen zu einem um Problemlösung bemühten Verhalten auf, doch ruft dieses beim Verursacher wieder eine Eskalation des abweichenden Verhaltens hervor, die ihrerseits wiederum die Gegenseite zu verstärkten Anstrengungen animiert, und so fort. Dieser Kreis kann durchbrochen werden, wenn sich der Input, das Verhalten des einen oder beider Patienten, verändert.

In diesem Zusammenhang kann ein Analogon dienlich sein. Faßt man beim Tennis einen schnellen Ballwechsel als unerwünschte Interaktion auf, die so bald wie möglich ein Ende haben sollte, wäre hierzu nicht mehr Aufwand vonnöten, als daß *einer* der Spieler den Ball nicht zurückschlägt. Es hieße die Effizienz des Intervenierenden (oder Vermittlers) reduzieren, wollte man ihn darauf beschränken, nur einen der Spieler zu beeinflussen, zumal wenn die Beendigung des schnellen Ballwechsels weniger im Interesse dieses Spielers liegt. Doch ebenso würde die Effizienz des Intervenierenden gemindert werden, wenn man von ihm verlangte, beide Spieler dazu zu bewegen, ihre Schläger gleichzeitig niederzulegen. Die Manövrierfähigkeit und die Effizienz des Therapeuten würden indes sichtlich gestärkt werden, wenn er die Wahl hätte, welchen der beiden Spieler oder ob er beide Spieler beeinflussen sollte, und entscheiden könnte, welcher von beiden leichter zu bewegen sein würde, den Schläger aus der Hand zu legen. Für uns ergibt sich nun die wichtige Frage: Welches Familienmitglied ist am meisten an der Lösung des Problems interessiert? Wahrscheinlich die Person, die am meisten unter dem Problem leidet, das heißt der Hauptleidtragende. Häufig ist der Leidende – zum Beispiel bei Problemen, bei denen es um Kinder geht – nicht mit der als Patient identifizierten Person identisch. Die meisten Eltern erwarten, wenn sie sich über ihre Kinder beschweren, daß der Therapeut das Kind behandelt, oder drängen ihn dazu. Andere fordern den Therapeuten auf, die ganze Familie in Behandlung zu nehmen. Wir pflegen hingegen, von wenigen Ausnahmen abgesehen, vor allen Dingen mit einem Elternteil oder mit beiden Teilen zu arbeiten, obwohl zum Zwecke der Informationsbeschaffung oder einer Intervention eine gemeinsame Sitzung notwendig wäre. Darüber hinaus beraumen wir auch einige gemeinsame Sitzungen mit Eltern und Kind oder eine Sitzung allein mit dem Kind an.

Einzelsitzungen können die Manövrierfähigkeit des Therapeuten auch dann vergrößern, wenn zwei oder mehr mit dem Problem belastete Angehörige annähernd gleich stark an seiner Lösung interessiert sind, jedoch miteinander in heftigem Konflikt stehen. Wenn die sich bekämpfenden Parteien – zum Beispiel ein Ehepaar – in den Sitzungen miteinander streiten, wird die Steuerfähigkeit des Therapeuten beeinträchtigt, da er zusätzlich mit der Abwicklung der Sitzung fertig werden muß. Ähnlich verhält es sich bei Gemeinschaftssitzungen, beispielsweise eines Halbwüchsigen mit seinen Eltern; dieser ist dann oft aggressiv seinen Eltern gegenüber, oder er sitzt, umgekehrt, schmollend da und weigert sich, auch nur ein Wort zu sprechen. Dies sind derart alltägliche Vorkommnisse, daß wir in der Regel so gut wie nie Gemeinschaftssitzungen mit Familienmitgliedern, die in heftigem Widerstreit miteinander stehen, abhalten. Die Manövrierfähigkeit des Therapeuten wird sehr viel größer, wenn er jeden einzeln anspricht.

Da der Therapeut die Mitarbeit der verschiedenen Familienmitglieder braucht, muß er sich außerdem in gemeinsamen Sitzungen hüten, bei Meinungsverschiedenheiten Partei zu ergreifen, insbesondere wenn die Auseinandersetzungen heftig und erbittert sind. Diese Bemühung wird seinen Äußerungen beträchtliche Grenzen setzen und die Reihe der Vernunftgründe, die er seinen Klienten anbieten kann, um sie für eine Mitarbeit zu gewinnen, beschränken. Zusätzlich wird er vielleicht einer der

Parteien einen bestimmten Schritt nahelegen wollen, und dieser wird eine andere Wirkung auf die anderen Parteien haben, wenn er in einer gemeinsamen Sitzung diskutiert und erarbeitet wurde und nicht spontan erfolgte. Diese Einschränkungen können vermieden und die Freiheit des Therapeuten vergrößert werden, wenn er frei ist, mit den streitenden Parteien jeweils getrennt zu arbeiten. Schließlich wird jeder von uns mehr mit jemandem zur Kooperation geneigt sein, der mit uns fühlt, und der Therapeut kann besser mit jeder Person mitfühlen, wenn er sie einzeln anspricht. Diese Möglichkeit ist ihm verschlossen, wenn er sich auf gemeinsame Sitzungen festlegt.

Kurz, wenn der Therapeut seine Klienten einzeln anspricht, steht es ihm frei, offen mit jedem ein Bündnis einzugehen und ihn so leichter für die Mitarbeit zu gewinnen. Praktikanten haben die berechtigte Frage gestellt: »Was passiert, wenn zwei Eheleute zwischen den Sitzungen ihre Notizen vergleichen? Würde das den Therapeuten nicht als inkonsequent bloßstellen?« Natürlich besteht ein gewisses Risiko, daß dies geschieht, doch halten wir es für gering. Erstens werden solche Sitzungen gewöhnlich mit Leuten abgehalten, die ohnehin in erbittertem Widerstreit stehen. Wenn es also zu einem Vergleich nach Art wie »Der Doktor hat gesagt, ich habe recht« kommt, wird die jeweilige Gegenseite dies einfach als eine Fehldeutung der Äußerung des Therapeuten abtun. Zweitens besteht nur geringe Chance, daß es zu einem »Notizenvergleich« kommt, da der Therapeut zwar auf einer Seite ist, diese jedoch anweist, das »Bündnis« geheimzuhalten. Zu einer Konfrontation dieser Art kann es indes kommen, wenn die eine oder die andere Partei versucht, den Therapeuten darauf festzunageln, was genau er zum Ehepartner gesagt oder nicht gesagt hat. Dann kann der Therapeut stets auf die Erklärung zurückgreifen: »Ich bin nicht in der Lage zu kontrollieren, wie mich die Leute interpretieren, nachdem sie mein Sprechzimmer verlassen haben.« Die fragestellende Partei wird dann erst recht dazu neigen, besagte Äußerung nicht ernst zu nehmen. Dem Therapeuten steht noch die Alternative offen, mit beiden »Kriegführenden« gemeinsam zu sprechen, sich zu seiner Doppelzüngigkeit zu bekennen und zu erklären, daß er sich genötigt sehe, sich mit ihnen beiden gutzustellen, da sie so stur an ihrer »Vendetta« festhielten, daß er keinen anderen Weg sehe, um sie zum Sprechen zu bekommen und dazu, den notwendigen Schritt zur Beendigung ihres Kampfes zu tun. So kann sein aufrichtiges Eingeständnis immer noch dazu dienen, Druck auf sie auszuüben, seinen Vorschlägen zu folgen und mit ihm zu kooperieren.

Umgang mit schwierigen Patienten

Es gibt zwei Hauptkategorien von Patienten, die am häufigsten die Manövrierfähigkeit des Therapeuten, wenn nicht gar die Behandlung selbst, oft ernsthaft behindern: (1) Patienten, die sich unter Zwang in Behandlung begeben, und (2) Patienten, die versuchen, der Therapie unmögliche Beschränkungen aufzuerlegen. Diese beiden Kategorien von Patienten bezeichnen wir als »schwierige Patienten«. Damit sind nicht jene gewöhnlichen Behinderungen gemeint, mit denen viele Patienten die Behandlung hinschleppen können, wie zum Beispiel durch unklare Äußerungen, durch Argumentieren oder durch Passivität. Der »schwierige Patient« in unserem Sinn droht zu verhindern, daß die Therapie überhaupt in Gang kommt.

Die »Schaufensterbummler«

Die meisten Patienten suchen den Therapeuten auf, wenn sie wirklich in innerer Not sind, wenn sie eigene Schwierigkeiten oder solche mit anderen Menschen haben und Hilfe brauchen. Eine ganze Anzahl anderer »Patienten« kommt jedoch vor allem auf Geheiß einer anderen Person und befindet sich aufgrund von Druck oder Zwang im Sprechzimmer. Solch ein Patient mag eine Beschwerde vorbringen, doch wenn er näher darauf eingeht oder wenn er gebeten wird, näher zu erklären, warum er sich gerade zum gegenwärtigen Zeitpunkt in Behandlung begibt, stellt sich heraus, daß dass worüber er klagt, gar nicht so sehr ihm zusetzt, sondern jemand anderem. Und dieser andere ist für gewöhnlich die Person, die ihn gedrängt hat, sich in Behandlung zu begeben. Diese Art Patient ist also nicht persönlich daran interessiert, einen Wandel der Lage herbeizuführen. Entgeht einem dieser Umstand, wird man stundenlange Bemühungen an eine Behandlung verschwenden, die nie wirklich begonnen hat.

Für diesen individuellen Typ haben wir den Ausdruck »Schaufensterbummler« gewählt, da er zur Charakterisierung dieser Situation ein prägnantes Bild aus dem Alltag vermittelt. Ein guter Verkäufer weiß, daß er nicht jedem Kunden, der seinen Laden betritt, etwas verkaufen wird. Aber er weiß auch, daß er so gut wie nie an einen Kunden etwas loswerden wird, der den Laden nur deshalb betritt, weil es draußen regnet. Um das Gesicht zu wahren, werden solche Personen sich wie interessierte Kunden verhalten, doch in Wirklichkeit denken sie nur an den Regen und daran, wann er wohl nachlassen wird. Sie sind nicht aus Interesse an einem möglichen Kauf in den Laden gekommen, sondern vom Wetter »genötigt«. Sie sind keine echten Kunden, wollen dies jedoch verbergen, indem sie so tun, als wären sie es. Ähnlich begibt sich die Art von Patienten, denen dieser Abschnitt gewidmet ist, nicht in Behandlung, um einen Wandel ihres Leidens herbeizuführen, sondern unter äußerem Druck.

Zu dieser Art von Patienten gehört der Teenager, der von seinen Eltern herbeigeschleppt wird, oder der »widerspenstige« Ehemann, der auf Drängen seiner Frau erscheint, wie auch der Gesetzesübertreter, der von seinem Bewährungshelfer auf Anordnung des Gerichts gebracht wird.

Häufig gehört dazu auch der Patient, der irgendeine Beschwerde vorbringt, sich aber versteckt zum Ziel gesetzt hat, den Therapeuten dazu zu bekommen, daß er ihm Arbeitsunfähigkeit und rechtmäßigen Anspruch auf irgendeine entsprechende Rente bestätigt: »Meine Brustschmerzen haben mich die letzten sechs Monate arbeitsunfähig gemacht; der Betriebsarzt meint, ich müßte *Sie* aufsuchen.«

Der Hauptfehler, den Therapeuten in dieser Situation begehen, besteht darin, daß sie in die Behandlung einsteigen, als ob der Patient willens wäre, zur Sache zu kommen, jedoch lediglich Schwierigkeiten hätte, dies zu tun. Dies kann leicht geschehen, wenn der Therapeut entweder versäumt, die Motivation des Patienten auf irgendein zwingendes Element hin zu überprüfen, oder es ignoriert, wenn es offenliegt, oder wenn er zu sehr darauf bedacht ist, mehr über das Problem herauszufinden, und versäumt, darauf zu achten, wieweit es dem Patienten *zu schaffen macht.*

Erkennt der Therapeut indes, daß der Klient zwangsweise in seinem Sprechzimmer erschienen ist, braucht er nicht gleich die Flinte ins Korn zu werfen und den Fall abzuschließen. Statt dessen kann er eine bestimmte Taktik anwenden, damit die Behandlung in Gang kommt, um am Ende doch noch ein gutes Resultat zu erzielen.

Zunächst einmal kann er *das Bündnis neu aushandeln.* Nach unserer Erfahrung haben nur wenige Patienten, die unter Druck in die Therapie eintreten, tatsächlich den Wunsch, etwas an ihren Schwierigkeiten zu ändern. Doch wenn sie gefragt werden »Wo fehlt's denn?«, kommen sie nicht gleich auf ihre Schwierigkeiten zu sprechen. Man kann also dem Patienten zunächst einmal die Gelegenheit bieten, sein Anliegen vorzubringen, das dann explizit oder implizit zum Fokus jeglicher therapeutischer Bemühung werden kann:

Th: Wenn ich Sie recht verstehe, macht Ihre Frau Ihnen großen Krach wegen Ihres Trinkens, doch was Sie betrifft, Ihnen macht das nicht ernsthaft etwas aus. Und wenn sie sich nicht immer wieder darüber aufregen würde ...

Pt: ... Ich glaube, sie meinte es ernst, als sie etwas von »den Rechtsanwalt aufsuchen« sagte.

Th: ... wären Sie nicht hier, zumindest nicht jetzt. Nun, ich kann verstehen, daß Ihnen das auf die Nerven geht, doch ich würde mir komisch vorkommen, wenn ich mit Ihnen an etwas arbeite, das für Sie kein Problem darstellt. Ich würde meine Zeit lieber auf etwas verwenden, das für Sie von Bedeutung ist und nicht bloß für Ihre Frau. So frage ich Sie: Gibt es da ein anderes Problem, mit dem Sie sich abmühen und das Ihnen zu schaffen macht? Etwas, wogegen Sie schon längst etwas tun wollten, das Sie aber immer wieder aufgeschoben haben?

Pt: Komisch, daß Sie mich gerade das fragen. Verstehen Sie ... Nun, ich weiß nicht, ob Sie sich auch mit diesen Dingen befassen. Zum Teufel, ich sollte es trotzdem sagen. Seit ein paar Jahren geht es beruflich mit mir nicht mehr voran. Ich bekomme nur noch Routine-Aufträge; einige dicke Aufträge gingen an Kerle, von denen ich genau weiß, daß sie nicht so gut sind wie ich. Und jetzt habe ich, verdammt, keine Ahnung, weshalb dies so ist, und weiß nicht, was ich dagegen tun soll.

Th: Und das versetzt Sie weit mehr in Schrecken als Ihre Trinkerei?

Pt: O ja. Sie befassen sich auch mit dieser Art von Problemen?

Der Klient hat ein »neu ausgehandeltes Bündnis« angeboten. Er ist nicht daran interessiert, sich mit seinem Hang zum Alkohol auseinanderzusetzen, vielmehr mit seiner beruflichen Situation. Er ist also kein »Schaufensterbummler« mehr, sondern »Kunde«. Der Therapeut hat sich nicht festgelegt, sich diesem neuen Problem zuzuwenden, aber auch nicht, *ausschließlich* an der Lösung des einen oder des anderen Problems zu arbeiten. Er kann sich zum Beispiel im Lauf der Behandlung zu einer Intervention wegen des Alkoholproblems entschließen und das Berufsproblem dabei als Vorwand benutzen. Den Terminus »modifiziertes Bündnis« verstehen wir nicht im gebräuchlicheren Sinn als Vereinbarung von Fokus und Ziel der Therapie, die dem Patienten vollständig offengelegt werden können, vielmehr als das Angebot an den »Schaufensterbummler«, mit der eigentlichen Schwierigkeit herauszurücken, an deren Beseitigung er interessiert ist.

Legt der Klient das Problem nicht offen, das er in Wahrheit behandelt zu sehen wünscht, kann der Therapeut ihm ein alternatives Problem vorschlagen. Er kann zum Beispiel ein – fast –

unstrittiges Problem ins Spiel bringen: die Tatsache, daß der Klient nur gekommen ist, weil ihn jemand unter Druck gesetzt hat. Abgesehen von Familienangehörigen, die von anderen Angehörigen – Ehepartner oder Eltern – dazu genötigt werden, kann dies auch Delinquenten geschehen, die vom Gericht oder von ihrem Bewährungshelfer zur Behandlung gezwungen werden:

Th: Sie glauben nicht, daß Sie ein echtes Problem haben, das Ihnen zu schaffen macht oder Behandlung braucht. Sie haben aber doch ein Problem.

Pt: Was denn für eins?

Th: Nun, Ihnen sitzt der Bewährungshelfer im Nacken. Er sieht es als seine Aufgabe an, dafür zu sorgen, daß Sie hier erscheinen, und er wird es wahrscheinlich nicht nur bei einer Sitzung bewenden lassen.

Pt: Ja, das stimmt.

Th: Nun gut. Sie mögen vielleicht nicht an dem interessiert sein, was Ihr Bewährungshelfer oder das Gericht für wichtig halten, doch dürften Sie immerhin daran interessiert sein, Ihren Bewährungshelfer abzuschütteln.

Pt: Zum Teufel auch. Daran wäre mir wahrhaftig gelegen.

Wenn der Patient diesem »Bündnis« zustimmt, heißt das noch nicht, daß der Therapeut sich auf dieses Ziel beschränken will oder gar dazu verpflichtet ist. Auf jeden Fall wird der Bewährungshelfer wahrscheinlich lockerlassen, sobald sein auf Probe freigelassener Häftling ein Leben führt, das dem Helfer gestattet, ihm mehr zu vertrauen. Dieser Patient mag zum Beispiel etwas gegen seine Schwierigkeiten bei der Arbeitssuche oder bei der Resozialisierung oder gar auf dem ehelichen Kampfplatz tun wollen; und all diese Fragen können in die Therapie einbezogen werden.

Eine zweite Interventionsebene – eine, die wir am meisten benutzen und am wirksamsten fanden – begreift die *Arbeit mit dem Ratsuchenden* ein. Ein signifikantes Element unserer Gesamtschau der Problematik besteht darin, daß das Problem von wenigen Ausnahmen abgesehen, durch spezielle Interaktion zwischen dem identifizierten Patienten und anderen in das Problem Verwickelten erhalten und sogar ausgeweitet wird. Solche Interaktion besteht vor allem in Bemühungen um Lösung des Problems, die dieses aber statt dessen aufrechterhalten. Denn nicht nur der identifizierte Patient unternimmt Anstrengungen zur Problemlösung, sondern auch andere Personen. Hat ein anderer Mensch mehr unter dem Problem des identifizierten Patienten zu leiden als dieser selbst, wird der andere wahrscheinlich derjenige sein, der die größten Anstrengungen zur Lösung des Problems unternimmt. Und diese Person ist dann die eigentlich Ratsuchende. Der Therapeut kann dazu überwechseln, mit ihr zu arbeiten anstatt mit dem identifizierten Patienten. Und der Leidtragende ist es gewöhnlich auch, der den identifizierten Patienten unter Druck setzt, sich behandeln zu lassen:

Th: Wenn ich Sie recht verstehe, ist das einzige, was Sie wirklich aufregt, der Krach, den Dorothy Ihnen wegen des Trinkens macht, und . . .

Pt: Sie macht geradezu eine Staatsaktion daraus.

Th: . . . alles andere ist also in Ordnung.

Pt: Ja, richtig. Ich wünschte, sie würde mich damit in Frieden lassen.

Th: Nun, es käme mir komisch vor, unsere Zeit an etwas zu verschwenden, das für Sie kein echtes Problem ist. Es wäre für uns beide eine Zeitvergeudung. Wenn sie so ein großes Aufheben um eine geringfügige Sache macht, dann wäre das einzige, was meiner Meinung nach einen Sinn hätte, wenn ich mit ihr sprechen könnte. Vielleicht würde ihr das helfen, sich wegen Ihres Trinkens nicht mehr so aufzuregen. Wäre Ihnen das recht?

Pt: O ja. Das könnte sehr viel ausmachen.

Dann wird der Therapeut die Frau des Klienten anrufen und einen Zeitpunkt für eine Einzelsitzung mit ihr vereinbaren, die er dann wie üblich mit der Frage eröffnet: »Was für ein Problem haben Sie? Wie haben Sie versucht, mit ihm fertig zu werden? Welches minimale Behandlungsziel haben Sie sich gesetzt?« Da die Frau ihren Mann vermutlich als denjenigen sieht, der eines Therapeuten bedarf, muß sich dieser etwas einfallen lassen, wie er den Telefonanruf und das erste Gespräch mit ihr einfädeln soll, damit sie seine Aufforderung, zu ihm zu kommen, als logische Folge seines Gesprächs mit ihrem Mann akzeptiert. Es ist auch von großem Vorteil, wenn der Therapeut sofort durchblikken läßt, daß er sie vielleicht mehr als einmal sprechen muß: »Kann ich Sie sprechen, mindestens einmal? Es könnte mir sicher helfen, das Problem Ihres Gatten in seinem ganzen Ausmaß zu überblicken.«

Eine dritte Taktik wäre, *den »Schaufensterbummler« zur Sache zu bringen.* In Ausnahmefällen (zum Beispiel, wenn der *Ratsuchende* durch Gerichtsbeschluß erscheint) kann es schwierig oder gar undurchführbar sein, ein Gespräch herbeizuführen. Bietet der identifizierte Patient in solchem Fall kein »neu ausgehandeltes« Problem an, kann der Therapeut versuchen, ihn wenigstens für die Behandlung zu interessieren. Wenn er dies schafft, dann *nicht,* weil er ihn eindringlich auf den Ernst seines Problems hingewiesen und ihn ermahnt hat, sich der Behandlung zu beugen, und dergleichen mehr. Dies ist der einzige Fallstrick, den man vermeiden muß. Dem Therapeuten stehen indes einige Erfolgschancen offen, wenn er den Druck andersherum, auf anderem Weg ansetzt: indem er zum Schein den Standpunkt seines »Klienten« übernimmt, daß eine Behandlung zwecklos sei. Damit erhält nun der identifizierte Patient Gelegenheit, den Therapeuten davon zu überzeugen, inwiefern es in seinem eigensten Interesse liege, etwas zur Beseitigung *seines* Problems zu unternehmen. Der Therapeut kann nun zusätzlich Druck ausüben, indem er damit noch weiter geht – vielleicht, indem er ihm Begründungen zur Vermeidung der Behandlung anbietet, die denen des »Schaufensterbummlers« voraussichtlich zuwiderlaufen werden. Hat der identifizierte Patient zum Beispiel erkennen lassen, daß er sich für einen gutmütigen, versöhnlichen Menschen hält, kann der Therapeut das Problem neu definieren: Darin sehe er eine mächtige Waffe, derer er, der Patient, nicht durch eine Behandlung verlustig gehen dürfe, sondern die er im gegebenen Fall nutzen sollte: »Was Sie gerade vorhatten, ob Sie es erkennen oder nicht, ist eine wunderbare Art, sich an Ihrem Mann (Ihrer Frau) zu rächen, wozu Sie weiß Gott das Recht haben.« Umgekehrt kann der Therapeut, hat ein »Schaufensterbummler« seinem Zorn auf den Partner Luft gemacht, durchblicken lassen, daß es für diesen Partner nachteilig sein würde, wenn der Klient sein Problem lösen sollte: »Nein, ich glaube nicht, daß Sie wegen Ihrer Schwierigkeiten etwas unternehmen sollten. Verstehen Sie? Wenn Sie noch mehr hinnehmen, würde das die andere Person in eine unterlegene Position Ihnen gegenüber bringen, und ziemlich sicher würde sie (er) sich nun erst recht aufregen.«

Wenn keine der angeführten Interventionen durchführbar oder erfolgreich ist, hat der Versuch, den Klienten bei der Stange zu halten, keinen Zweck mehr; er wäre Zeitverschwendung und frustrierend oder schlimmer noch: Der Klient kann später anderen Leuten gegenüber behaupten, daß die Behandlung nichts genützt habe. Daher ist es in diesem Fall das Richtige, die Behandlung abzubrechen. Doch fragt sich, *wie* man sie beendet. Sagt der Therapeut zum Beispiel rundheraus, er halte den Patienten, was seine Einstellung zu seinem Problem betrifft, für nicht ernsthaft genug, als daß sich eine Behandlung lohnen würde, kann der Klient zu einem anderen Therapeuten gehen und das »Spiel« von vorne beginnen. Statt dessen sollte der Therapeut den Klienten mit einer Herausforderung konfrontieren: »Nun, Sie sagen, Sie wollen es mit der Behandlung versuchen. Aber ich weiß, und Sie wissen es auch, daß Sie nicht bereit sind, auch nur das Geringste gegen Ihr Problem zu tun. Ich finde, es ist das Beste, wenn Sie sämtliche Behandlungsschritte mitmachen, ohne irgendeinen Therapeuten auch nur irgendwie mit Ihnen vorankommen zu lassen. Sollen die sich nur weiter die Zähne an Ihnen ausbeißen. So könnten Sie es natürlich auch mit mir machen, doch verschwende ich nur ungern meine Zeit mit Babysitting. Daher gebe ich Ihnen keinen neuen Termin mehr. Außerdem gibt es Scharen von Therapeuten, denen so was nichts ausmachen würde. Sie können ruhig die Nase rümpfen über das, was ich sage. Es macht mir nichts aus; wen Sie auch aufsuchen, es wird sich erweisen, daß ich recht habe.«

Der restriktive Patient

Manche Klienten versuchen, die Behandlung von Anfang an meist dadurch zu sabotieren, daß sie die Behandlungsbedingungen bestimmen wollen. Ginge der Therapeut darauf ein, dann würde dies seine konstruktive Manövrierfähigkeit erheblich beeinträchtigen. Solche Klienten sind sich nicht unbedingt dieses Versuches bewußt, der meist im Festhalten an einer von ihnen unbedingt für notwendig gehaltenen Therapiebedingung zu beruhen scheint.

In folgendem Beispiel versucht der Patient, Kontrolle über die Behandlung zu gewinnen; er hatte sich über die Vorschläge des Therapeuten geärgert, einige Veränderungen in den Beziehungen zu seiner Freundin einzuführen, auf die sich seine Klagen konzentriert hatten:

Pt: Es fällt mir schwer, eine gefühlsmäßige Beziehung zu Ihnen herzustellen. Ich bin wiedergekommen, weil ich es ernst meine, was meine persönliche Entwicklung betrifft, und das bringt es mit sich, daß ich hier kleben bleibe – hier bei Ihnen. Und ich weiß, wenn ich Sie anpissen würde, wäre es nur ein Teil von mir, der Sie anpißt. Und dennoch mache ich mir ernsthaft Gedanken, ob ich auch imstande sein werde, mit Ihnen, was die Lösung meines Problems betrifft, zusammenzuarbeiten. Es gibt noch andere Dinge, die auf mich zukommen, arbeitsmäßig, was die Zusammenarbeit mit Ihnen betrifft, Dinge, die mich interessieren, doch kann ich mir vorstellen, daß ich sie eines Tages begraben werde. Bevor ich jemals den richtigen Durchblick gewinnen kann, muß ich sie begraben haben. Und dies möchte ich in der Serie von fünf Sitzungen mit Ihnen schaffen, und ich habe Sorge, daß ich nicht zu Rande kommen werde mit dem, womit ich am dringendsten zu Rande kommen muß: mit der Beziehung zu der

Frau, an der ich interessiert bin, die im Augenblick eine Null-Beziehung ist. Dann könnte ich jetzt schon weitermachen und Ihnen mehr Informationen liefern, was, glaube ich, meine Sorge wegen eines Mangels an Kontakt mit Ihnen, daß Sie mich verstehen und dergleichen, nicht beschwichtigen wird. Und ich weiß nicht, woher es kommt, und was dazu nötig wäre, diesen inneren Kontakt herzustellen. Und wenn ich weiter darüber nachdenke, bin ich meinerseits absolut bereit und glücklich und entzückt, die Arbeit mit Ihnen fortzusetzen an dem akuten Problem, das ich gerade zu definieren versuchte – in Gestalt einer Wechselbeziehung – oder voll Zorn auf Sie, den ich als Zorn auf mich selbst interpretiere, oder noch ein Dutzend anderer Dinge, die passieren könnten. Doch würde ich das nur wollen, wenn mein Hauptgrund, dessentwegen ich Sie aufsuche, behandelt wird, und zwar so, daß es mir nicht so unangenehm ist.

Diese Art von Schwierigkeit kann besonders bei solchen Patienten auftreten, die schon vorher langfristige Therapien durchliefen und nun versuchen, bei dieser neuen Behandlung die gleichen Bedingungen herzustellen – trotz deren erwiesener Erfolglosigkeit. (»Mein früherer Therapeut ermunterte mich, zu schreien und mit Gegenständen zu werfen, wenn ich wütend bin.«) Andere dagegen, die echt nach Hilfe suchen, nehmen Anstoß an den Unannehmlichkeiten, die eine Behandlung nach sich ziehen kann. In jedem Fall sollte man die von diesen Patienten offen oder versteckt vorgeschlagenen Bedingungen geschickt überspielen; sonst binden sie dem Therapeuten die Hände und stellen den Behandlungserfolg in höchstem Maße in Frage. Diese restriktiven Bedingungen, die die Redefreiheit des Therapeuten und seine Freiheit, Termine und Tempo der Behandlung sowie die Einbeziehung anderer Familienglieder in die Therapie zu bestimmen, einschränken, lassen sich verschiedenen Kategorien zuordnen. Da sie uns vor bedrohliche Hindernisse stellen können, sollen hier einige effektive Interventionsmöglichkeiten erwogen werden.

Manche Patienten können die Therapie ernsthaft gefährden,

indem sie den Therapeuten in eine Verschwörung gegen ein anderes Familienglied, gewöhnlich den Ehepartner, miteinbeziehen. Wenn zum Beispiel der Therapeut mit dem Ehepartner allein ein Gespräch führt oder dies im Rahmen der Behandlung vorsieht, kann der restriktive Patient ankündigen, daß er ihm etwas mitteilen wolle, doch nur unter dem Siegel der Verschwiegenheit dem Partner gegenüber. In solchem Fall sollte der Therapeut ihn schon vor der »Enthüllung« unterbrechen und ihm klarmachen, daß er den Partner ohne irgendwelche Vorbedingungen sprechen muß:

Th: Ehe Sie mir sagen, was Sie mir sagen wollten, möchte ich Sie über folgendes aufklären: Wenn ich in irgendeiner Weise bei der Lösung Ihres Problems von Nutzen sein soll, muß ich die Freiheit haben, mit Ihnen oder Ihrer Partnerin jedes Thema aufzugreifen und durchzuarbeiten, das ich für die Lösung des Problems für relevant halte. Das gleiche werde ich ihr sagen, wenn sie zu mir kommt. Wenn ich mir also jetzt anhören soll, was Sie mir sagen wollten, dann nur unter der Voraussetzung, daß ich es auch mit ihr bespreche, und nur dann, wenn ich es für nötig halte. Können Sie mir diese Freiheit nicht einräumen, ist es besser, Sie erzählen mir nichts, zumindest nicht, ehe Sie sich die Zeit genommen haben, es noch mal zu überdenken.

In den seltenen Fällen, in denen der Klient bereits etwas verraten hat, jedoch im Hinblick auf den bevorstehenden Besuch des Partners beim Therapeuten um Schweigen bittet, kann der Therapeut seinerseits immer noch die Entscheidungsfreiheit für sich verlangen, ob er es zur Sprache bringt oder nicht. Sollte jedoch der Patient auf dem Schweigen des Therapeuten bestehen, gäbe es noch zwei andere Möglichkeiten für ihn. Erstens kann er dem Patienten klarmachen, daß die Last einer Schweigepflicht den Gewinn eines persönlichen Gesprächs mit dem Partner überwiegen würde und er deshalb den Partner nicht sprechen wolle, ehe der Patient sich die Sache noch mal durch den Kopf habe gehen lassen. Zweitens kann er dem Patienten einen Kompromiß vorschlagen: »Ich werde Ihre Frau zu mir bitten, werde ihr aber nicht sagen, was Sie mir berichtet haben. Ich werde höchstens bemerken, Sie hätten mir etwas erzählt, das ich ihr nicht vorenthalten wolle, doch wenn sie es wissen wolle, solle sie es von Ihnen direkt erfragen.« Sicher gibt es noch andere Arten, auf diese Einschränkungen der Bewegungsfreiheit zu reagieren; der Hauptgewichtspunkt bleibt, einer Verschwörung zum Schweigen nicht zuzustimmen.

Wieder andere Patienten werden versuchen, die Entscheidungsfreiheit des Therapeuten dahingehend einzuschränken, daß er andere Familienmitglieder, die für die Lösung des Problems von zentraler Bedeutung sein könnten, einzubeziehen hätte oder nicht. Am häufigsten kommt es zur versuchten Restriktion, wenn eine Patientin sich über ihren Mann beschwert, sich dann aber weigert, ihrem Therapeuten zuzubilligen, daß er ihren Mann in die Sprechstunde bittet. Anstatt diese Weigerung zu akzeptieren und die Behandlung fortzusetzen oder die Patientin lang und breit auf ihre Motivation hin zu befragen oder auf ihre Zustimmung zu drängen, kann der Therapeut den Wunsch der Patientin auch einfach zur Kenntnis nehmen. Er kann bemerken, daß es ihr gutes Recht sei, sich zu weigern, daß seine Einbeziehung jedoch sehr wichtig sei; infolgedessen werfe sich die Patientin selbst Steine in den Weg: »Doch Rom wurde auch nicht an einem Tag erbaut, es hat also keine Eile. Wir werden uns einfach vorankämpfen, so gut wir können, ohne die Teilnahme Ihres Mannes.« Damit gerät die Patientin unter Druck, um so mehr, wenn sich die Behandlung, wie vorausgesagt, unproduktiv dahinschlängelt. Es können sich weitere Gelegenheiten für eine nützliche Anwendung von Druck ergeben. Zum Beispiel kann sich der Therapeut bei so gut wie allen Bemerkungen, die die Klientin über ihren Ehemann macht, auf seine Forderung berufen: »Ohne daß ich Ihren Mann kenne, kann ich dazu wirklich nichts sagen.« Die Sitzungen können auch unter folgender Begründung in größerem Abstand festgesetzt werden: »Ihr heftiger Widerstand gegen einen Besuch Ihres Mannes bei mir könnte ein deutlicher Hinweis sein, daß Sie Ihr Problem nicht zu schnell lösen sollten. Ihr

Unbewußtes könnte uns etwas verraten, dem wir alle Aufmerksamkeit schenken sollten.« Scheitert auch dies, könnte es notwendig werden, mit dem Abbruch der Behandlung zu drohen.

Eine noch gefährlichere Restriktion besteht darin, daß der Patient den Therapeuten einzuschüchtern versucht, indem er mit Wutanfällen auf seine Bemerkungen oder Fragen reagiert. Nach solcher Explosivität befragt, verteidigt der Patient sie gewöhnlich mit der Begründung, daß eine uneingeschränkte Gefühlsäußerung während der Behandlung für die Lösung seines Problems nicht nur legitim, sondern sogar notwendig sei. Akzeptiert der Therapeut solche Argumentation, wird er feststellen, daß er zunehmend behutsamer vorgeht aus Furcht, eine »falsche« Frage oder Bemerkung könne eine Attacke auslösen, die ihn aus der Fassung bringen würde. Es liegt auf der Hand, daß eine Behandlung unter diesen Bedingungen nicht konstruktiv sein kann. Der Therapeut muß dem Patienten zu verstehen geben, daß diese Einschüchterungsversuche aufhören müßten, sonst würde er der Therapie ein Ende setzen. Er kann ganz einfach sagen: »Wenn Sie mich weiterhin mit Ihren Wutausbrüchen aus der Fassung zu bringen suchen, muß ich die Behandlung abbrechen.« Doch der Patient ist sich nicht bewußt, daß er diese Reaktion hervorruft. Er hält sein Verhalten für legitim. Infolgedessen empfindet er die Bemerkung des Therapeuten als ärgerlich. (»Warum üben Sie fortgesetzt Kritik an mir?«) Stellt also der Therapeut sein Ultimatum zu unverblümt, ruft das erst recht ein Wutgeheul hervor. Dies kann vermieden und der gute Wille des Patienten zur Mitarbeit gewonnen werden, wenn man das Ultimatum in einem Gesprächston auf gleicher Ebene hervorbringt: »Eines sollen Sie wissen, das ich für wesentlich halte: Natürlich weiß ich, wie wichtig es ist, seinen Gefühlen Luft zu machen, und dem versuche ich auch bei allen meinen Patienten Rechnung zu tragen. Doch bin ich leider nicht imstande, mit der notwendigen Intensität auf solche Gefühlsausbrüche einzugehen. Wenn Sie also laut werden und anfangen zu schreien, überschreitet das meine Kompetenz. Unglücklicherweise fühle ich mich dann wie gelähmt, und wenn ich wie gelähmt bin, tauge ich für niemanden. Wenn Ihnen so viel daran liegt, Ihre Gefühle dermaßen intensiv zu äußern, wäre es eine Verschwendung von Zeit und Geld, mit einem Therapeuten zu arbeiten, der sich dabei wie gelähmt fühlt. Wenn Sie dennoch mit mir arbeiten wollen, dann nur unter der Voraussetzung meinerseits, daß Ihre Gefühlsäußerungen weniger emotional vor sich gehen. Es tut mir leid, doch so bin ich nun einmal.«

Folgendes Beispiel zeigt eine weitere Variante dafür, wie man den Patienten in diesem Sinn aufklären kann; auch hierzu bedient sich der Therapeut einer Sprache auf gleicher Ebene:

Pt: (Schon mein früherer Therapeut) hat immer gesagt, diese Wutanfälle müßten unterbleiben; er könne dabei nicht praktizieren. Er sagte: »Verstehen Sie, manchmal ist Ihre Wut dermaßen erschreckend, daß ich nichts mehr zustande bringe. Ich kann nicht klar denken. Immerzu überlege ich, ob ich mich vielleicht noch gegen Tätlichkeiten werde zur Wehr setzen müssen.«

Th: Lassen Sie mich diesen Punkt aufgreifen, denn er ist der letzte, den ich zur Sprache bringen möchte, ehe wir zu etwas anderem übergehen. Vorige Woche haben Sie gesagt: »Nun, ich werde leicht böse; heute bin ich aber nicht böse.« *Ich* spürte Ihren Zorn und merkte, daß ich ... Verstehen Sie, vielleicht sah man es mir nicht an, doch innerlich krümmte ich mich irgendwie und reagierte, indem ich Sie mit Glacéhandschuhen anzufassen begann, wie zerbrechliches Porzellan. Und meine Kollegen machten mich darauf aufmerksam, daß ich Sie auf diese Weise ans Ruder lasse.

Pt: Nein. Das ist mir gerade recht. Es ist die einzige Möglichkeit, wie ich ...

Th: Denn wenn ich das tue, komme ich nicht zu den Dingen, zu denen ich kommen muß. Und so habe ich mich entschieden, lieber den Fehler zu begehen, zu energisch zu sein, als zuzulassen, daß dieses Gefühl der Schwäche von mir Besitz ergreift und ich dann zu passiv bin und Sie zu zart anfasse. Ist Ihnen das recht?

Pt: Ja, damit bin ich einverstanden.

Es gibt noch eine andere Form der Restriktion durch Einschüchterung, die sich hochgradig lähmend auswirken kann: die Androhung von physischer Gewalt. Diese Drohung, die um so ängstlicher macht, wenn sie unausgesprochen bleibt, widerfährt einem oft von Leuten, die unter »paranoid« eingeordnet wurden. Der Patient spricht die Drohungen nicht aus, statt dessen wird er ohne ersichtlichen Grund zunehmend erregter, erhebt sich vom Stuhl, rennt umher und hämmert mit der Faust an die Wand oder auf den Tisch. Andere wieder können ruhiger, aber noch bedrohlicher wirken, indem sie verhüllte Drohungen aussprechen (»Wissen Sie, wozu ich jetzt Lust hätte?«). Geschieht dies im Anschluß an eine Bemerkung des Therapeuten, wird er es vermutlich mit der Angst zu tun bekommen und sich mit dem, was er sagt oder tut in acht nehmen. Die Spannung kann auch sein Urteil trüben. Diese Situation ist therapeutisch unhaltbar und obendrein möglicherweise gefährlich. Der Therapeut muß dann intervenieren und einen weniger bedrohlichen Kontext in die Behandlung einführen.

So wie der zornige muß auch der gewalttätige Patient ermahnt werden, daß weitere Drohungen zum Abbruch der Therapie führen können. In diesem Fall sollte der Therapeut offen zu erkennen geben, daß ihn die Drohungen erschrecken. Unserer Meinung nach besteht der häufigste Fehler von Therapeuten darin, zu verbergen, daß sie sich bedroht fühlen. Wenn der Patient den Therapeuten absichtlich einzuschüchtern versucht, wird er es als Erfolg verbuchen, wenn der Therapeut über die Sache hinweggeht. Wenn dagegen die Drohungen des Patienten auf eine Abwehrhaltung zurückzuführen sind (so daß er nicht wie ein Löwe, sondern wie ein in die Enge getriebener Stier kämpft), wird er wahrscheinlich fortfahren zu drohen, da er die Zurückhaltung des Therapeuten als Mißbilligung oder als Rückzug auslegt. In jedem Fall kann der Therapeut weniger Fehler begehen, wenn er in aller Ruhe aber entschlossen zugibt, daß er sich durch das Verhalten des Patienten bedroht fühlt: »Tatsache ist, daß Sie mich zu Tode erschrecken, wenn Sie mich anstarren und plötzlich wutschnaubend aufstehen und im

Zimmer auf und ab rennen. Ich kann nicht vernünftig denken, wenn ich Angst habe. Und wenn ich nicht klar denken kann, kann ich Ihnen auch in keiner Weise nützlich sein. Ich weiß, es mag sich komisch anhören, doch wenn ich Ihnen irgendwie helfen soll, müssen auch Sie mir helfen.« Je nach der Antwort des Patienten kann es damit sein Bewenden haben; oder aber der Therapeut muß, wenn nötig, die Drohung, die Behandlung abzubrechen, noch unmißverständlicher formulieren.

Wir haben diese vier Kategorien von Restriktionen, die Patienten dem Therapeuten auferlegen können, deshalb erörtert, weil sie die häufigsten und potentiell destruktivsten sind. Natürlich kann es auch noch zu anderen Arten von Restriktionen kommen; mit ihnen kann man in ähnlicher Weise umgehen.

3 Die Behandlung vorbereiten

Eine Therapie gilt für gewöhnlich erst dann als begonnen, wenn der Patient zum Erstinterview erscheint, oder sogar noch später, sofern man die einleitenden diagnostischen Interviews als nicht zur Behandlung gehörend betrachtet. Das für ein Erstinterview notwendige Setting vorzubereiten, das heißt, den äußeren Rahmen und die Bedingungen für die Behandlung zu schaffen, wird meist nur als Routineangelegenheit aufgefaßt. Unserer Ansicht nach können sich jedoch die ersten Klientenkontakte durchaus auf die Behandlung auswirken. Wenn die Therapie erfolgreich durchgeführt werden soll, muß jedes Behandlungsstadium geplant werden. In einem solchen befindet sich der Patient bereits, ehe er das Sprechzimmer betritt. Mit nur wenigen Ausnahmen gehören schon die Telefonanrufe von Patienten dazu, die sich zur Behandlung anmelden oder Auskünfte über die Behandlung einholen wollen. Solche Kontakte mögen nicht in jedem Fall eine wichtige Rolle spielen. In bestimmten Situationen jedoch kommt es vor, daß ein Anrufer eine Frage hat oder versucht, von sich aus bestimmte Vorbedingungen für die Behandlung zu schaffen. Geht man darauf ein, können sich schon beim Erstinterview oder auch im späteren Verlauf der Therapie beträchtliche Schwierigkeiten einstellen. In diesem Kapitel sollen nun solche Situationen beschrieben und Hinweise gegeben werden, wie man sie in den Griff bekommt.

Terminvereinbarung mit Dritten

Es kann vorkommen, daß eine Person für eine andere anruft, um einen Besuchstermin zu vereinbaren, zum Beispiel ein Vater für seinen Sohn: »Wir haben eine Menge Schwierigkeiten mit unserem fünfzehnjährigen Sohn, und nun hat er schließlich eingesehen, daß er Hilfe braucht. Ich habe gehört, daß Sie auch

Halbwüchsige annehmen. Daher möchte ich einen Termin für ihn verabreden. Er muß wirklich mal mit jemandem sprechen, weil er es nicht fertigbringt, mit uns zu reden.« Aus diesen Bemerkungen des Vaters geht unmißverständlich hervor, daß er seinen Sohn als den Patienten betrachtet, daß aber er, und vielleicht auch seine Frau, mehr unter den Problemen des Sohnes leiden als dieser selbst; so gesehen sind sie die Kläger. Denn es gilt die Faustregel: Wer immer in einem System am meisten unter einem Problem zu leiden hat, ist auch derjenige, der am meisten an einem Wandel der Situation interessiert ist. Dementsprechend kann man bei der Behandlung am besten mit dem Kläger zusammenarbeiten.

In diesem Fall werden sich wahrscheinlich eine Reihe von Schwierigkeiten ergeben, wenn der Therapeut einfach der Bitte des Vaters entspricht und mit ihm einen Termin für den Sohn abmacht. Da die Motivation des Sohnes zumindest fraglich ist, wird er wahrscheinlich zu dem Termin nicht erscheinen; oder wenn doch, besteht alle Aussicht, daß er sich nicht kooperativ verhalten wird. Auf jeden Fall würde die Behandlung in der stillschweigenden Erwartung der Eltern beginnen, daß der Junge behandelt wird, während sie selber passiv darauf warten können, daß er »geheilt« wird, so wie man einen defekten Fernsehapparat zur Reparaturwerkstatt bringt und ihn nach der Reparatur dort wieder abholt. Es stimmt zwar, daß der Therapeut die Eltern später zur Behandlung hinzuziehen könnte, doch zu jenem Zeitpunkt und in dieser Reihenfolge ist das riskanter. Die Eltern könnten das Problem und seine Behandlung als etwas Gesondertes, von ihnen Getrenntes betrachten; und die Aufforderung zur Mitarbeit könnten sie auf einen Fehlschlag des Therapeuten zurückführen, dem es nicht gelungen sei, an ihren Sohn heranzukommen.

Anstatt auf den Vater einzugehen und damit seine therapeutische Entscheidungsfreiheit bei der weiteren Behandlung einzuschränken, kann der Therapeut ihm eine Alternative anbieten:

Th: Ja, ich arbeite auch mit Jugendlichen, doch ehe ich Ihnen einen Termin gebe, möchte ich erst fragen: Wieweit ist Ihr Sohn daran interessiert, mit einem Psychotherapeuten zu sprechen?

V: Wir haben es ihm schon seit längerer Zeit vorgeschlagen, und bis gestern abend hat er Widerstand geleistet. Wir hatten einen Riesenkrach und dann ein langes Gespräch. Doch ich habe das Gefühl, daß wir jetzt endlich zu ihm durchgedrungen sind. Er sagte, wenn wir es übernehmen würden, einen Therapeuten anzurufen, werde er vielleicht dazu bereit sein, zu ihm hinzugehen.

Th: In Ordnung. Da es mit seiner Motivation aber ziemlich fraglich auszusehen scheint, meine ich, daß wir auf die Dauer eine Menge Zeit sparen könnten, wenn ich Gelegenheit hätte, Sie und Ihre Frau bei mir zu sehen, zumindest beim Erstinterview. Einesteils könnte mir das einiges Hintergrundmaterial für Ihren Sohn liefern, doch wichtiger noch, ich könnte Mittel und Wege zu seiner besseren Motivierung erforschen, damit er nicht nur im Sprechzimmer erscheint, sondern auch das Beste aus jeder Sitzung macht.

Willigt der Vater ein, so wird der Therapeut in der Lage sein, die Behandlung auf einer ganz anderen Basis mit mehr Aussichten auf Erfolg zu beginnen. Die Eltern werden dann stillschweigend eingeräumt haben, daß sie es sind, die die Behandlung einleiteten, daß sie den Therapeuten wegen ihres Sohnes konsultieren und nun eine aktive Rolle bei der Behandlung spielen. Zugleich wird ihr autoritäres Gewicht innerhalb der Familie hervorgehoben. Und schließlich wird es jetzt einfacher, sie zu weiteren Sitzungen kommen zu lassen.

Was kann der Therapeut tun, wenn der Vater Bedenken gegen diesen Vorschlag anmeldet? (»Ich verstehe wohl, daß Sie mit meiner Frau und mir sprechen wollen, doch wir sind wirklich der Meinung, daß man das Eisen schmieden muß, solange es heiß ist. Wir haben lange gebraucht, bis wir ihm endlich dieses Zugeständnis abgerungen haben. Jetzt machen wir uns Sorge, daß wir ihn überhaupt nicht zu Ihnen bekommen, wenn wir diese Gelegenheit nicht sofort nutzen.«) In diesem Fall braucht der Therapeut nicht auf seinem Willen zu bestehen, indem er darauf beharrt, daß sie ohne den Jungen kommen. Er kann nach außen hin nachgeben und dennoch sein Ziel erreichen: »Nun gut. Vielleicht ist das am besten. Dann bringen Sie ihn mit. Es mag besser sein, wenn ich mich das erste Mal mit allen dreien zusammensetze. Da Sie aber angedeutet haben, daß er nicht gerade sehr motiviert ist, dürfen Sie sich nicht wundern, wenn er sich in letzter Minute weigert. Tut er das, dann machen Sie kein Aufheben, sondern kommen Sie allein, ohne ihn. Er darf ruhig wissen, daß Sie es ernst meinen.« In jedem Fall wird die Behandlung im gleichen Rahmen eingeleitet werden – ob sie ohne ihn kommen, wie ursprünglich vorgeschlagen, oder ihn als besorgte Eltern begleiten.

Was tun, wenn der Vater in seinem Willen hart bleibt, daß der Sohn allein kommen soll? (»Nein. Er braucht es dringend, mit jemandem zu sprechen, sich alles von der Seele zu reden. Unsere Anwesenheit würde dabei nur stören. Wenn Sie es wirklich für nötig halten, könnten wir ja später kommen.«) Auch in diesem Fall braucht der Therapeut nicht auf seinem Wunsch zu beharren. Ein Grundelement der Manövrierkunst besteht darin, sich Zeit zu lassen. Nicht alles muß auf der Stelle gelöst werden, und die Zeit arbeitet zugunsten des Therapeuten. Er kann der Forderung des Vaters liebenswürdig nachgeben, dann aber ihm die Last des Risikos für das Wagnis zuschieben: »Nun gut. Ich verstehe Ihre Gefühle in dieser Sache, gern werde ich ihm einen Termin einräumen. Sie sollten indes wissen: Ist ein Junge so schwach motiviert, wie ich Ihren Worten entnehme, kommt nur selten etwas dabei heraus, wenn es so anfängt. Ich vertraue natürlich auf Ihr Urteil und hoffe, daß er diese Gelegenheit nutzen wird, um sich helfen zu lassen. Wenn ja, dann ist es gut. Doch wenn ich merke, daß er alles nur über sich ergehen läßt und meine Zeit und Ihr Geld vergeudet, würde ich mich strafbar machen, wenn ich Sie das nicht wissen ließe, und dann wird es unbedingt nötig sein, daß ich Sie und Ihre Frau in der Sprechstunde sehe. Doch brauchen Sie sich darüber jetzt noch keine Sorgen zu machen. Schicken Sie ihn zu mir, und dann sehe ich, wie es geht.« Sollte sich der Sohn überraschend als kooperativ erweisen, um so besser. Wenn er, was wahrscheinlicher ist, Widerstand leistet, ist der Therapeut in einer Position, von der aus er den weiteren Verlauf beeinflussen kann, denn der Sohn lieferte den Beweis, daß der Therapeut recht hatte. Um so glaubwürdiger kann er nun die Eltern für die Mitarbeit gewinnen.

Diese Beispiele beleuchten einen Aspekt der möglichen Vorbehandlung: Mit wem soll das Erstinterview abgehalten werden, wenn der Anrufer nicht mit dem Patienten identisch ist? Das oben Beschriebene gilt, wenn ein Elternteil für ein Kind, erwachsene Kinder für einen Elternteil oder ein Ehepartner für den anderen um Behandlung ersucht. Ausnahmen von dieser Regel gibt es nur selten: Eine Ehefrau ruft aus Bequemlichkeitsgründen anstelle ihres Mannes an: »Mein Mann hat mich gebeten, mit Ihnen einen Termin für nächste Woche zu vereinbaren. Er hätte selbst angerufen, wenn er nicht unerwartet hätte verreisen müssen.«

Informationen eines früheren Therapeuten

Eine Anruferin bittet um einen Termin und schlägt dann vor, daß der Therapeut mit ihrem früheren Therapeuten Kontakt aufnehmen und ihn um Information über ihre vorangegangene Behandlung bitten möge; ferner könnte sie vorschlagen, daß diese *vor* ihrem ersten Besuch eingeholt und überprüft werde: »Ich bin drei Jahre bei Dr. X in Behandlung gewesen, doch vor kurzem bin ich hierhergezogen, und nun habe ich das Gefühl, daß ich die Therapie fortsetzen muß. Ich bin gespannt, ob ich Sie aufsuchen darf, doch ich glaube, Sie sollten Dr. X um seine Aufzeichnungen von meinem Fall bitten, ehe ich zu Ihnen komme. Er kennt mich so gut, und so glaube ich, es würde Ihnen nützen, wenn Sie seine Information schon haben.« Dieser Vorschlag läßt erkennen, daß die Patientin bestimmte Vermutungen hegt: zum einen, daß die Therapie des neuen Therapeuten einfach eine Fortsetzung der vorangegangenen Behandlung sein wird, zum anderen, daß beide die gleiche Arbeitsweise und gleiche Ansichten haben. Entspricht der Therapeut nun einfach ihrer Bitte, wird er damit ihre Mutmaßungen bestätigen, und die Behandlung erhält von Anfang an eine problematische Note. Zunächst einmal wird sich der Therapeut implizit nach dem früheren Therapeuten ausrichten, wenn er dessen Aufzeichnungen benutzt. Sollte sich herausstellen, daß die Patientin einen gewissen Groll gegen jenen Therapeuten hegt, ein Ressentiment, das bei ihrem ersten Anruf nicht ersichtlich wurde, wird es für den neuen Therapeuten später weit schwerer sein, sich davon zu distanzieren. Geht er auf ihre Bitte ein, kann daraus folgen, daß sein »Eindruck« von ihrer Person stärker von anderen geprägt oder beeinflußt wird als von ihr selbst. Dies könnte sie darin bestätigen, bei der Behandlung eine passive Haltung einzunehmen; sie würde sich dann weniger verpflichtet fühlen, sich ihrem jetzigen Therapeuten zu offenbaren: »Hat Doktor X Ihnen das nicht schon gesagt? Ich sehe nicht ein, warum ich das alles noch einmal durchgehen soll.« Schließlich ist die Patientin weniger bereit, Unterschiede in der Verfahrensweise ihres früheren und ihres jetzigen Therapeuten zu akzeptieren: »Ich weiß, ich soll jetzt von meinen Träumen berichten.« Dennoch werden solche Verfahrensunterschiede leicht erkennbar werden, denn ihr Problem war ja nach drei Jahren Behandlung noch nicht gelöst.

Solche möglichen Fallgruben kann der Therapeut umgehen, wenn er die Behandlung anders einleitet: »Gern würde ich Dr. X's Ansichten hinsichtlich Ihrer Behandlung kennenlernen, sie könnten sehr dienlich sein. Ich habe jedoch festgestellt, daß mir diese Art Informationen mehr nützt, wenn ich mich vorher mit dem Patienten zusammensetze und mir eine eigene Ansicht über einige grundlegende Daten zu seinem Problem bilde. *Danach* werde ich mich gern mit Dr. X's Beobachtungen und Überlegungen befassen.«

Therapie am Telefon

Manche Patienten, die schon vorher in Behandlung waren – zumal in einer, in der besonderes Gewicht auf gegenseitige Beziehung und »Unterstützung« gelegt wurde –, versuchen bisweilen, einen Telefonanruf wegen eines Termins in eine Therapiesitzung umzufunktionieren:

Ptin: Nehmen Sie noch Patienten an? Ich würde gern einen Termin vereinbaren. Dr. X hat Sie mir empfohlen, er lobte Sie in höchsten Tönen. Ich weiß nicht, welche Informationen Sie sofort brauchen, doch gibt es da ein paar Dinge, die Sie wissen sollten. Schon seit meiner Highschoolzeit leide ich an Depressionen, doch erst später erfuhr ich, daß sie ein Ausdruck meiner Männerfeindlichkeit sind. Und die Schwierigkeit besteht darin, daß mein Mann sehr dominant ist, und ich fürchte, daß ich wieder in Depressionen verfalle, wenn ich diese Sache nicht aufarbeiten kann. Ich weiß, ich stehe am Rande einer neuen Depression; ich habe stark zugenommen, und kürzlich stellten sie fest, daß ich zu hohen Blutdruck habe. Könnte das nicht einfach auch daher kommen, weil ich unbewußten Groll gegen Dr. Y hege? Er ist mein Internist und natürlich eine Respektsperson.

Hier will die Patientin dem Therapeuten einen Kommentar zu ihren Mitteilungen entlocken. Da sie sich bruchstückhaft und unklar äußert, kann er versucht sein, Gegenfragen zu stellen, um die Zusammenhänge zu klären oder sich direkt nach ihrem derzeitigen Hauptproblem zu erkundigen. Er könnte sogar versuchen, zu ihrer letzten Frage einen Kommentar abzugeben, zum Beispiel, daß ihre Vermutung zutreffen könnte. Ginge er auf dieses Material ein, würde er das Telefon damit zum legitimen Medium für Psychotherapiesitzungen erklären, während der eigentliche Zweck des Anrufs lediglich einer Verabredung galt. Solche Reaktion kann die Therapie zum Gegenstand zwangloser unpersönlicher Diskussion werden lassen und zu einer Transaktion, bei der die Patienten selbst Zeiten und Frequenz der Sitzungen bestimmen, indem sie zum Telefonhörer greifen. Vielmehr sollten Patienten in der Therapie eine aufgabenorientierte Tätigkeit erkennen, auf die man sich konzentrieren muß und deren Gestaltung an erster Stelle beim Therapeuten liegt.

Wir halten ein solches Gebaren nicht unbedingt für einen Manipulationsversuch des Patienten, vielmehr für die Folge einer früheren Behandlungsweise, bei der die Patienten darauf trainiert wurden, sich auf endlose Diskussionen mit dem Therapeuten zu stützen ohne Rücksicht auf Tag- oder Nachtstunde. Solche Patienten brauchen aus unserer Sicht alle Hilfe, damit sie sich darauf umstellen können, daß dem Therapeuten und dem Patienten bei der Behandlung eine jeweils unterschiedliche Rolle und Funktion zukommen. Hier sollte der Therapeut dem Anrufer klarmachen, daß therapeutische Sitzungen abseits von der Außenwelt im Behandlungszimmer stattfinden, daß Therapie eine Zusammenkunft zum Zwecke der Problemlösung und für beide, Patient und Therapeut, ein aktiver Prozeß ist und nicht bloß der übliche »Small talk«:

Th: (höflich aber bestimmt) Ich muß Sie unterbrechen. Was Sie mir da erzählen, mag durchaus wichtig sein. Nur fällt es mir nicht ganz leicht, wichtige und komplexe Mitteilungen über das Telefon aufzunehmen und darüber nachzudenken; ich könnte ihrem Inhalt nicht gerecht werden. Ich schlage vor, daß Sie jetzt einen Termin mit mir abstimmen, und wenn Sie dann zu mir kommen, werde ich in der Lage sein, Ihrer Information die Aufmerksamkeit zu widmen, die sie verdient.

Regelt man solche Angelegenheiten in dieser Form, kann man beträchtliche Telefonzeit sparen und zugleich dem Patienten beibringen, ein für allemal auf den Versuch zu verzichten, für die Therapie das Telefon zu benutzen.

Ersuchen um Familienberatung

Seitdem sich die Familientherapie zu einer ansehnlichen Bewegung entwickelt hat und ins öffentliche Bewußtsein eingegangen ist, erhalten Therapeuten oft telefonische Anfragen von

Patienten, ob sie mit ihrer ganzen Familie zur Beratung kommen könnten. Entweder geschieht dies auf Empfehlung durch Hörensagen oder weil der Anrufer selbst der Meinung ist, daß eine Beratung der ganzen Familie erforderlich sei. So sagt zum Beispiel ein Vater: »Unsere Familie hat eine Menge Unannehmlichkeiten durchgemacht, ich meine, wir alle hätten Beratung nötig. Vor allem müssen wir lernen, eine bessere Kommunikation herzustellen. Daher fragte ich mich, ob ich uns nicht alle zusammen anmelden könnte.«

Willigt der Therapeut gleich in die Abhaltung einer Familiensitzung ein, so kann dies zu bedeutenden Problemen führen. Erstens erklärt er damit stillschweigend die gemeinsame Familientherapie für ein legitimes Mittel zur Lösung von Problemen und reduziert damit seine Steuermöglichkeit, die er braucht, wenn er einen Wechsel der Modalität für angezeigt hält. Zweitens wird durch solch eine Sitzung viel Zeit verschwendet, wenn sich die Menge der beigebrachten Information als unnötig erweist. Auch kann es für den Therapeuten mühseliger sein, das Problem oder die Schwierigkeiten aus mehreren Personen herauszulocken als aus nur einer. Dies nicht nur wegen des unterschiedlichen Materials, das sie beisteuern, sondern weil die Familie den Fokus der Behandlung darauf einengt, worin sie das Problem sieht. Zum Beispiel fällt es einem Anrufer in diesem Fall viel schwerer, das vorzubringen, was speziell ihm zu schaffen macht; er sieht sich gezwungen, die Beschwerde ganz allgemein und in der Mehrzahl auszudrücken: »*Wir* fühlen uns nicht als eine zusammengehörende Familie« oder »*Wir* haben keine Kommunikation miteinander«. Darüber hinaus kann, wenn das eigentliche Problem des Anrufers ein Eheproblem und noch dazu vorwiegend sexueller Natur ist, eine Familiensitzung sich als peinlich und wenig informativ erweisen. Ähnlich ist es, wenn es um das Verhalten eines der Kinder geht. Im familiären Rahmen ist es für den Vater schwierig zu sagen, um welches Kind es sich speziell handelt, und konkret darzulegen, was an dem Kind ihm zu schaffen macht. Und schließlich haben viele Leute Hemmungen und empfinden es als schlechten

Stil, sich im Rahmen einer Familienkonferenz über ein anderes Familienmitglied negativ zu äußern.

Der Therapeut kann diese Schwierigkeiten umgehen, wenn er an den Vater schon beim ersten Anruf die direkte Frage richtet: »Was ist das *Haupt*problem, das Ihnen zu schaffen macht?« Fällt die Antwort vage aus, kann die Frage zugespitzt wiederholt werden: »Worum geht es Ihnen in erster Linie? Um Ihre eigene Person oder um Ihre Ehe oder um eines oder mehrere der Kinder?« Grenzt der Vater dann das Problem ein, kann der Therapeut vorschlagen, daß er nur mit seiner Frau zu ihm kommt, zumindest beim ersten Mal. Handelt es sich um ein oder mehrere Kinder, kann der Therapeut ebenfalls vorschlagen, daß er mit seiner Frau kommt und sie nur das eine Kind oder die Kinder mitbringen, um die sie sich Sorgen machen.

Wir sind uns darüber klar, daß dies der konventionellen Praktik der Familientherapie widerspricht. Indes geht man bei traditionellen Richtungen der Familientherapien von der grundlegenden Voraussetzung aus, daß die Symptome eines Kindes Ausdruck eines fundamentalen Mangels in der Familienstruktur oder -organisation sind. Die anderen Kinder auszuschließen würde also bedeuten, jenes Kind zum Patienten abzustempeln, anstatt in ihm den Symptomträger der Familie zu sehen. Da wir von anderen Prämissen ausgehen, ist auch unsere Praxis eine andere. Zunächst einmal ist für uns das problematische Verhalten eines Kindes nicht notwendigerweise oder primär eine Funktion tieferliegender Störungen im Familiensystem, vielmehr die Folge elterlicher Lösungsversuche, die das Kind unter Kontrolle bringen oder ihm helfen sollen. Auch will es uns scheinen, daß in solchen Fällen die Einberufung einer Familienkonferenz nur eine der möglichen »Lösungen« bringt. Zweitens: Machen sich Eltern Sorgen um ihr Kind – oder bereitet es ihnen Verdruß –, werden sie damit leichter und effektiver fertig werden, wenn sie diese offen zeigen können, anstatt sie zu verstecken. Wenn wir nur dieses Kind allein dabeihaben möchten, so nicht, um mit dem Finger auf es zu zeigen, sondern weil andere bereits auf es gedeutet haben. Und es ist besser, dies offenzulegen, als es zu verbergen. Dann kann sich der Therapeut beim Erstinterview mit den Eltern zusätzliche Daten verschaffen, die ihm helfen werden zu entscheiden, wen er in der nächsten Sitzung sprechen und wie er die Behandlung der Eltern aufziehen will, damit er sich seine Entscheidungsfreiheit und Lenkungsmöglichkeit im Hinblick auf spätere Sitzungen bewahrt.

Wunsch nach Sonderbehandlung

Es kommt auch vor, daß Patienten spezielle Behandlungswünsche äußern: »Ich brauche unbedingt Hypnose« oder »Ich möchte eine Langzeitbehandlung haben« oder »Ich brauche (die und die) Medikamente« und so fort. Im großen und ganzen kann man mit solchen Bitten verfahren wie mit dem Wunsch nach Familienberatung. Selbst wenn man verschiedene Heilmethoden benutzt, Hypnose oder auch medikamentöse Behandlungen, ist es Sache des Therapeuten, den äußeren Rahmen und die Behandlungsbedingungen zu bestimmen, und zwar auf eine Weise, daß er von Anfang an seine Manövrierfähigkeit behält und im Lauf der Behandlung nach bestem Wissen und Gewissen verfahren kann. Dem Anrufer, der Hypnose verlangt, kann also der Therapeut entgegnen, Hypnose wende er zwar an, doch nur, wenn er der Meinung sei, daß sie den besten Zugang zur Problemlösung biete; und das könne er am Telefon nicht entscheiden, sondern nur nach einem Gespräch in persönlichem Gegenüber. Damit läßt er erkennen, daß seine Bereitschaft, den Patienten zu sehen, nicht als ein implizites Versprechen verstanden werden darf, Hypnose anzuwenden.

Verlangt der Anrufer eine Therapie, die der Therapeut nicht anwendet – zum Beispiel Psychoanalyse –, haben Winkelzüge keinen Sinn. Besser sagt man es offen: »Es tut mir leid, aber ich arbeite nicht mit Psychoanalyse; wenn Sie gerade diese Art Behandlung suchen, kann ich Ihnen mehrere Ärzte nennen, die Psychoanalysen machen. Wenn Sie indes hauptsächlich an der

Lösung eines Problems interessiert sind, auch ohne Analyse, die vielleicht gar nicht nötig ist, dann wäre ich bereit, Sie in meiner Sprechstunde zu sehen.« Ist der Anrufer auf eine Analyse erpicht, wird er dem Therapeuten nicht weiter zusetzen. Ist er nicht absolut festgelegt, aber an der Lösung des Problems interessiert genug, wird er sich für seine Behandlung entscheiden – auf der Basis, daß der Therapeut die Form und den Verlauf der Behandlung bestimmt.

Terminprobleme

Manche Anrufer versuchen, ihren Termin unter Berufung auf restriktive Umstände durchzusetzen:

Anrufer: Ich möchte gern einen Termin für mich selbst haben; kann ich Sie wohl heute sehen?

Th: Es tut mir leid, heute bin ich völlig ausgebucht. Stecken Sie in einer Krise?

Anrufer: Nein, es ist ein altes Problem. Die Schwierigkeit ist die, daß ich nie weiß, wann ich beruflich frei sein werde, erst kurz bevor ich zur Arbeit muß, erfahre ich das. Heute wäre ich gerade frei, und so hoffte ich, daß Sie mich dazwischen nehmen könnten.

Auch wenn der Therapeut ihn gerne über die Mittagszeit oder noch abends nach Arbeitsschluß »zwischenquetschen« würde, so ginge er damit doch auf ein Arrangement ein, bei dem Zeitpunkt und Frequenz ganz in der Hand des Patienten lägen; schwerwiegender noch: Solch ein Arrangement würde überhaupt keine Planung erlauben. Die verschiedenen Aufgaben der Datengewinnung, die Bestimmung des Behandlungsfokus, die Verschreibung von Hausaufgaben und die Bewertung ihrer Auswirkung – das alles würde auf gut Glück geschehen müssen, da der Therapeut nie wissen wird, wann der Patient wiederkommt. Und es ist auch nicht zum Besten des Patienten, es auf ein solches Vabanquespiel anzulegen. Wenn er solchen beruflichen Zwängen unterliegt, wie er sagt, wäre er besser dran, wenn er entweder mit seinem Problem zu leben lernte oder einen

Weg fände, seine Arbeitszeit so einzurichten, daß sie eine planvolle Behandlung gestattet. Nur selten sind Arbeitspläne so restriktiv, wie der Anrufer andeutet. Öfter ist es das Individuum selber, das sich eigene Restriktionen auferlegt, die gar ein Teil gerade jenes Problems sein können, um dessentwillen er Hilfe beim Therapeuten sucht. Also darf der Therapeut keinen Zweifel lassen, daß er unter den vorgeschlagenen Bedingungen keine Behandlung beginnen wird: »Bedaure, ich kann Ihnen heute nicht den Gefallen tun. Manchmal ist es mir möglich, Patienten ganz kurzfristig dranzunehmen. Sie können mich ja noch einmal anrufen, ob ich vielleicht doch noch Zeit habe. Doch halte ich es nur für fair, Ihnen gleich zu sagen, daß Sie Ihrer Arbeit am Problem fast unüberwindliche Hindernisse entgegensetzen, wenn Sie nie einen Termin im voraus festmachen können.« Und selbst wenn man einen solchen Patienten annimmt, sollte die Behandlung nicht beginnen, ehe sich der Patient verpflichtet hat, für eine Alternative zu dieser unbestimmten Zeitplanung zu sorgen.

Eine Variante dieses Problems tritt auf, wenn ein Anrufer um einen Termin bittet, aber erwähnt, daß er sich nicht mehr als eine Behandlung im Monat leisten kann. In diesem Fall muß der Therapeut dem Anrufer klarmachen, daß man zwar in solchen Zeitabständen manche Probleme lösen kann, viele andere aber eine größere Flexibilität in der Terminplanung erfordern. Bei solchen finanziellen Schwierigkeiten kann man dem Anrufer eine Alternative anbieten: Der Therapeut vereinbart eine bestimmte Anzahl von Sitzungen mit ihm im voraus, am besten eine Reihe von fünf bis zehn, und auf wöchentlicher Basis; nach dieser Zeit wird die Behandlung ausgesetzt, auch wenn das Problem noch nicht gelöst ist. Sollte eine Fortsetzung der Behandlung notwendig sein, kann sie nach zwei bis drei Monaten mit einer weiteren Reihe von Sitzungen wiederaufgenommen werden, und so fort. Unserer Erfahrung nach sind Patienten, die Hindernisse dieser Art errichten, meistens bereit, die Behandlung auf dieser neuen Basis fortzusetzen.

Bitten um Auskunft

Gelegentlich mag ein Anrufer zu erkennen geben, daß er ernsthaft Hilfe sucht, sich jedoch zuerst über den Therapeuten und die Behandlung informieren möchte. Die üblichen Fragen lauten: »Sind Sie Psychologe oder Psychiater oder psychiatrischer Sozialarbeiter?« »Wieviel berechnen Sie für eine Therapie? Welche Einstellung haben Sie zur Behandlung, welche Richtung vertreten Sie?« »Welcher ist der früheste und welcher der späteste Termin am Tage, den ich bekommen kann?« »Behandeln Sie auch Kassenpatienten?« Der Therapeut hat keine Möglichkeit festzustellen, ob der Anrufer diese Fragen stellt, weil er hinsichtlich der Behandlung widersprüchliche Empfindungen hegt, oder ob er sie rein um der Information willen äußert. Wiewohl viele Therapeuten unterschiedlicher Richtungen angesichts solcher unverblümt praktischen Fragen Unbehagen befällt, würden wir solch einem Anrufer zumindest zu Anfang das Vorrecht des Zweifels einräumen und seine Fragen offen und kurz und bündig beantworten. Wenn er relevante Information erbeten hat und vom Therapeuten erhält, wird die Behandlung auf einer für beide vorteilhaften Basis beginnen: Das Verhalten des Therapeuten beim Informationsaustausch wird eine angenehm sachliche Note verraten haben, inbegriffen bei persönlicheren Auskünften, die dem Patienten anschließend abgefragt werden. Stellt sich beim Telefonanruf alsbald heraus, daß der Anrufer mit den erhaltenen Antworten nicht zufrieden ist und zu weiteren, weniger speziellen Fragen übergeht, kann der Therapeut das Telefongespräch so bald und so entgegenkommend beenden, wie es ihm beliebt.

Trotz der Gefahr von Redundanz werden wir in diesem Abschnitt anhand der Niederschrift einer Tonbandaufzeichnung zweier simulierter Telefongespräche eine Reihe von aufschlußreichen Situationen zu illustrieren suchen. Im ersten Beispiel handelt es sich um eine Ehefrau, die wegen ihrer Eheprobleme um Therapie ersucht und mit der Voraussetzung operiert, daß ihr Mann beim Erstinterview dabeisein soll, selbst wenn sie ihn »an den Haaren herbeischleifen« müßte:

Th: Hier Dr. French.

Ptin: Hallo. Hier ist Frau Cooper. Gute Freunde, die vor ein paar Jahren bei Ihnen in Behandlung waren, haben mich an Sie empfohlen, und nun wollte ich mal fragen ob Sie auch Eheberatung machen?

Th: Ich arbeite auch an Eheproblemen, aber ein Eheberater bin ich nicht. Ich bin ein Psychiater . . . den Unterschied kann ich Ihnen später erklären, wenn wir uns sehen.

Ptin: Aber Sie beschäftigen sich mit Eheproblemen?

Th: Ja.

Ptin: Nun, wir waren schon vor ein paar Jahren bei einer Eheberatung, aber es hat nicht viel gebracht. Aber nur deshalb, weil mein Mann von der Sache absolut nichts hielt. Daher ist er auch jetzt nicht gerade begeistert, daß er mitkommen soll. Aber wenn Sie uns einen Termin geben, werde ich ihn schon irgendwie zu Ihnen hinkriegen.

Th: Ich will Ihnen etwas sagen: Es könnte uns eine Menge Zeit ersparen, wenn ich Gelegenheit hätte – zumindest beim ersten Mal –, allein mit Ihnen zu sprechen, Frau Cooper. Denn wenn es für Ihren Mann damals eine negative Erfahrung war und er nicht sein Bestes versucht hat, könnte das jetzt noch einmal passieren. Und wenn ich wenigstens zuerst mit Ihnen allein sein kann, könnte ich mir ein klareres Bild machen, wie ich ihn für eine Behandlung motivieren könnte. Wollen wir nicht zunächst einmal einen Termin abmachen, so daß ich die Möglichkeit habe, Sie zumindest das erste Mal allein zu sprechen?

Ptin: Dann wollen Sie meinen Mann überhaupt nicht sehen?

Th: Nicht beim ersten Mal. Nun, wollen wir's so machen? . . . Bitte, erwähnen Sie ihm gegenüber, daß Sie einen Termin mit mir vereinbart haben und daß ich nur Sie sehen wollte und nicht erklärt hätte, zumindest nicht ausführlich, weshalb. Wenn er dann darauf besteht mitzugehen, so ist das in Ordnung. Wenn er sich weiterhin so ablehnend verhält, wie Sie es mir andeuten, dann kommen Sie einfach allein.

Ptin: Ich glaube, das könnte klappen.

Th: Nun gut. Wie wäre es mit kommendem Dienstag um zwei?
Ptin: Ja, das paßt gut.
Th: Fein. Ich freue mich darauf, Sie zu sehen.

Beim nächsten Beispiel handelt es sich um den Anruf eines männlichen Patienten, der um einen Behandlungstermin bittet und noch am Telefon versucht, sein Problem zu beschreiben und eine Verordnung von Medikamenten zu erreichen:

Th: Hier Dr. French.
Pt: Ich rufe an wegen eines Termins. Ich bin gerade von Chicago hierhergezogen und war schon seit etwa zwei Jahren bei Dr. James in Behandlung – kennen Sie ihn?
Th: Ich fürchte, nein.
Pt: Nun, er sagte, ich solle Sie aufsuchen, wenn ich hier angekommen bin. Er sagte, er würde mit Ihnen Kontakt aufnehmen, um Sie wissen zu lassen, was er mit mir gemacht hat. Haben Sie seinen Brief noch nicht bekommen?
Th: Nein, ich habe nichts von ihm erhalten. Und wie ist Ihr Name, bitte?
Pt: Oh, ich heiße Joe Smith.
Th: Okay, Herr Smith. Ich habe nichts von ihm bekommen.
Pt: Oh, dann hatte er wahrscheinlich noch keine Zeit zum Schreiben. Ich dachte, es würde inzwischen hier sein. Wie dem auch sei, ich habe dieses Problem schon mehrere Jahre und war, wie ich sagte, bei ihm in Therapie. Und so habe ich überlegt, ob ich nicht bei Ihnen hereinschauen und mit Ihnen sprechen könnte.
Th: Sie wollen also einen Termin haben, wenn ich Sie recht verstehe?
Pt: Ja, ich glaube, das wäre das beste. Dieses Problem plagt mich schon sehr lange, und ich würde gerne . . . vielleicht sollte ich Ihnen schon etwas darüber erzählen, damit man schon vorher etwas tun könnte, ehe wir einen Termin vereinbaren.
Th: Einen Augenblick, ich muß Sie unterbrechen. Ich gehöre zu den Menschen, die wichtige Informationen am Telefon nicht

verarbeiten können. Was immer Sie mir mitteilen wollen, ist natürlich wichtig, nehme ich an, aber ich kann Ihnen wirklich besser gerecht werden, wenn wir uns gegenübersitzen. Daher halte ich es für weit besser, uns das aufzusparen, bis wir uns sehen.

Pt: Dann würde ich gern so bald wie möglich einen Termin haben.

Th: Der letzte Termin, an dem ich Patienten empfangen kann, ist vier Uhr nachmittags. Ich fange um acht Uhr früh an, und um fünf habe ich meine menschlichen Grenzen erreicht, danach bin ich nicht mehr fähig, für andere etwas zu tun.

Pt: Gibt es eine Möglichkeit, Sie am Wochenende zu sehen?

Th: Nun, ich pflege meinen Patienten zu empfehlen, ihr Wochenende zu genießen, und ich will kein Heuchler sein. Nur im Notfall gebe ich Termine für das Wochenende. Ich fürchte, wir müssen uns auf eine Zeit zwischen Montag und Freitag beschränken. Etwa um acht Uhr früh herum oder nicht später als vier Uhr nachmittags. Wenn Sie berufstätig sind, wird es Ihnen am Ende des Tages besser passen. Stimmt's?

Pt: Ja, ja.

Th: Acht Uhr am Dienstag oder vier Uhr am Donnerstag.

Pt: Dann könnte ich gleich nächste Woche anfangen?

Th: Ja, dann können wir miteinander sprechen. In der nächsten Woche, ist das recht?

Pt: Soll ich nun Dr. James anrufen und ihn fragen, ob er die Berichte abgeschickt hat?

Th: Das können Sie tun, doch ist es mir lieber, die Dinge direkt von der Person zu beziehen, mit der ich zusammenarbeiten will, und mich erst nachher mit den Eindrücken anderer, wie Ihres früheren Therapeuten, zu befassen. Ich würde lieber meine Informationen direkt von Ihnen bekommen, weil ich dabei gleich mit Ihnen und Ihren Problemen unmittelbaren Kontakt habe. Erst danach wird für mich die Ansicht Ihres früheren Therapeuten vermutlich von Nutzen sein.

Pt: Aha, so soll ich es also machen.

Th: Meine Adresse haben Sie, glaube ich . . . Oh, ich habe ganz vergessen – welchen Tag haben wir abgemacht? Dienstag um acht oder Donnerstag um vier?

Pt: Dienstag um acht wäre mir wirklich lieber.

Th: Bis dann also. Ich bin schon gespannt, Sie kennenzulernen, und denke, daß wir mit den Dingen vorankommen werden.

Pt: Ich nehme an, daß Sie mir dann ein neues Rezept für das Medikament ausschreiben, das ich bisher bekommen habe?

Th: Das weiß ich noch nicht. Ich nehme an, daß ich mich erst mit Ihnen zusammensetzen muß, um mir erst einmal eine Vorstellung von Ihrem Problem zu verschaffen, und dann kann ich beurteilen, ob die Verordnung von Medikamenten angebracht sein wird oder nicht. Das kann ich jetzt einfach noch nicht sagen.

Pt: Also gut, lassen wir's dabei. Ich komme am Dienstagfrüh.

4 Das Erstinterview

Das Hauptziel des Therapeuten besteht beim Erstinterview darin, zweckdienliche Informationen über folgende, aus unserer Sicht in jedem Fall grundlegenden Elemente zu gewinnen: über die Natur des Problems und den Umgang mit ihm, über die minimalen Erwartungen oder Ziele des Klienten sowie über seine innere Einstellung und seine Sprache. Unter »zweckdienlicher« Information sind klare und eindeutige Aussagen zu verstehen und, verhaltensmäßig betrachtet, das, was bestimmte Patienten sagen und tun, wenn sie ihr Problem und ihren Umgang mit ihm *darstellen* wollen. Es sind aber keinesfalls allgemein gehaltene Aussagen oder eigene erläuternde Interpretationen wie zum Beispiel »Wir haben keinen Kontakt miteinander«, »Johnny hat Schulangst« oder »Mir fehlt es an Selbstvertrauen, weil meine Mutter mich vernachlässigt hat«. Zweckdienliche Informationen sind die Voraussetzung für eine kurze, aber effiziente Therapie, da sie das Fundament für die Planung und Durchführung von Interventionen liefern. Zur Gewinnung solcher Information bedarf es beträchtlicher Mühe, Ausdauer und Zeit, doch werden diese sich lohnen. Es ist viel besser, anfangs langsam vorzugehen, als auf eine aktive Intervention gleich welcher Form hinzudrängen, »etwas zu tun«, ehe nicht das Problem und der Umgang mit ihm klar und deutlich umrissen wurden.

Wie gelangt man zu solcher Information? Für gewöhnlich sollte man zuerst die einfache Frage stellen: »Was für ein Problem führt Sie zu mir?« Damit meinen wir das Problem *hier und jetzt*. Der Problemgenese messen wir nicht viel Bedeutung bei, obwohl es nützlich ist zu erfahren, wie lange ein Problem schon existiert und ob schon vorher eine Behandlung stattgefunden hat, und zwar hauptsächlich, weil letztere die Erwartungen des Patienten in bezug auf die jetzige Therapie beeinflussen kann. Wenn daher ein Patient sich auf einen langen historischen

Bericht einlassen zu wollen scheint, werden wir zu erkennen geben, daß unser Hauptinteresse dem gegenwärtigen Stand der Dinge gilt: »Jedenfalls kann ich Sie besser verstehen, wenn ich weiß, wie die Dinge jetzt liegen, und dann zeitlich zurückgehe, anstatt umgekehrt.« Die meisten Patienten werden das akzeptieren, da der Therapeut die Bedeutung der vergangenen Entwicklung nicht schmälert. Einige Patienten werden jedoch darauf bestehen, sich in die Vergangenheit zu versenken. Dann sind geduldiges Zuhören und Abwarten für den Therapeuten die bessere Alternative, bis er eine klare Vorstellung von dem Problem gewonnen hat. Das ist besser, als deswegen eine Diskussion zu entfesseln.

Zusätzlich zu diesem auf den derzeitigen Stand ausgerichteten Fokus zentrieren wir unser Forschen auf das *Hauptanliegen* oder die Hauptschwierigkeit des Ratsuchenden, wie sie sich im Verhalten ausdrückt: »*Wer* tut *was*, das Probleme bereitet, und *wem* gegenüber tut er das, und *inwiefern* ist das ein Problem?« Natürlich wird der Therapeut diese komplexen Fragen nicht alle auf einmal stellen; doch ist eine direkte Befragung, Schritt um Schritt, für den Anfang der beste Weg. In folgendem Fall hat eine Mutter ihre als Patientin identifizierte Tochter zu einem Erstinterview zu uns gebracht:

Th: Warum fangen wir nicht einfach an? Können Sie mir das Problem beschreiben, das Sie heute hergeführt hat? Ich möchte das von Ihnen beiden hören, also, wer möchte anfangen...?

M: Es ist eine lange Geschichte, und ich hab das Gefühl, daß es schon immer so war, wirklich. Blicke ich zurück, habe ich einfach nie – niemals – hat mir einer gesagt, was mit Barbara los ist. Ihr Zustand bessert sich nicht. Im staatlichen Hospital, in dem sie untergebracht ist und gut versorgt wird, fühlt sie sich wohl.

Th: Wie lange ist sie schon dort?

To: War es nicht seit Juni oder Juli? Ich hab's schon vergessen...

M: Ja, sie ist schon das zweite Mal innerhalb der letzten zwölf

Monate da oben – immer nur kurze Zeit, etwa vier Monate oder so. Aber dann fühlt sie sich ... wieder sehr gut, und hat auch wieder Lust auszugehen. Dann kann sie ihr normales Leben außer Haus aufnehmen – das haben wir vor drei Wochen herausgefunden ... und plötzlich geht's wieder abwärts. Sie wird sehr deprimiert und sagt – ich sag's mit ihren Worten: »Mam, ich werde paranoid. Zuerst habe ich das Gefühl, daß mich die Leute anstarren, dann habe ich das Gefühl, die Leute wollen mir etwas tun, und dann muß ich selbst etwas dagegen tun.« Und was sie dann tut, ist, zum Messer zu greifen oder zu einer Glasscherbe und sich zu schneiden.

Th: Sie schneidet sich selbst?

M: Ja, schlimm. Ihre Arme sind voller Narben. Oder sie greift andere an, wer ihr unglücklicherweise ... Dreimal mußte schon die Polizei eingreifen.

Th: Hat sie bei einem dieser Angriffe jemanden ernsthaft verletzt?

M: Nun, nicht ernsthaft bis jetzt, doch immerhin hat es geblutet. Und wenn sie nicht im Krankenhaus ist, habe ich jedesmal die gleiche Sorge, wenn das Telefon klingelt. Ich habe Angst, verstehen Sie?

Th: Wen hat sie angegriffen?

M: Sie hat ihren Berater angegriffen. Sie hat ihre Schwester angegriffen. Mich dagegen niemals direkt. Sie saß mir gegenüber mit einem Schraubenzieher in der einen und einem Messer in der anderen Hand. Aber sie hat mich nicht angegriffen. Ihre Schwester wohl. Und das war der Moment, daß ich das Gefühl hatte, daß es zu gefährlich ist, sie zu Hause zu haben ...

Th: Aber meistens wendet sie sich gegen sich selbst?

M: Meistens.

Fällt eine Antwort nicht klar und präzise aus, sollte der Therapeut nicht so tun, als ob sie es wäre, sondern lieber sagen: »Das ist mir nicht klar« und damit die Schuld auf sich nehmen (anstatt zu formulieren »Sie haben sich nicht klar genug ausgedrückt«) und sollte bitten, es noch einmal zu sagen. Solche Befragung muß oft nachdrücklich und bestimmt, wenn auch höflich geschehen. Ein Beispiel für das Problem zu erbitten ist oft der beste Weg, um eine spezifische und konkrete Verhaltensinformation zu erlangen, um herauszubekommen, *wer* in einen Konflikt involviert ist und welches Verhalten für wen eigentlich das Problem ist. Doch sollte solche Vielfalt zu einfachen Verhaltens- und Personenkategorien zusammengefaßt werden. Wenn der Therapeut es nicht fertigbringt, eine kurze und klare, alle Elemente des sich abzeichnenden Leidens zusammenfassende Darstellung zu geben (*wer* unter *was* durch *wen* und *wie* leidet), fehlt es ihm noch an zweckdienlicher Information, oder er hat sie noch nicht ausreichend verarbeitet. Und ohne eine klare Formulierung des Problems fortzufahren, bringt Schwierigkeiten mit sich. Weitgehend wird er ohne ein klares Bild arbeiten; und je mehr zusätzliche und verschiedenartige Information sich im Verlauf weiterer Interviews ansammelt, desto schwieriger wird es, eine knappe Formulierung für das Problem zu finden.

Selbst jene Therapeuten, die rundheraus fragen: »*Was* ist los? Worin besteht Ihr Problem?«, mögen versäumen, die Frage zu stellen: »Wieso ist die geschilderte Situation ein Problem?« Manchmal liegt das auf der Hand. Doch in jedem Fall von Unsicherheit sollte der Therapeut lieber den Eindruck machen, er sei etwas langsam, als vorzuspiegeln, er verstehe etwas, das ihm nicht wirklich klar ist. So kam einmal ein junges Paar wegen des Alkoholproblems der Frau zu uns, wiewohl sie nicht mehr als höchstens ein fünftel Liter Wein am Tag trank.

Th: Sie wollten gerade sagen, daß sich das Trinken schon in diesem geringen Ausmaß auf Ihr Leben auswirkt.

Ptin: hüstelt

Th: Und auch auf Ihre Gesundheit. Können Sie mir vielleicht auch noch sagen, *wie* es sich in dieser Hinsicht auswirkt?

Ptin: Nun, vor einem Jahr hat mir der Arzt gesagt, daß ich Fett in der Leber hätte und ich – manchmal, wenn ich einen Abend schwer getrunken habe, mich schrecklich mies fühle und trotzdem weiß, daß ich es wieder tue . . .

Th: Sind Sie noch einmal zur Nachuntersuchung gegangen, oder . . .

Ptin: Nein, ich sollte zwar noch mal wiederkommen, ich bin aber nicht hingegangen. Und seit zwei Jahren habe ich meine Periode nicht mehr regelmäßig, und jetzt habe ich schon vier bis fünf Monate keine gehabt. Eine Zeitlang haben mir die Ärzte Folsäure gegeben, und das schien sie wieder in Gang zu bringen. Und dann ging mir das Zeug aus, weil ich nicht wieder zum Arzt gegangen bin; ich habe es nicht wieder genommen. Ich habe etwa sieben bis acht Kilo zugenommen, das ist sehr deprimierend. Doch das sind gesundheitliche Probleme, verstehen Sie. Ich meine, mein Körper funktioniert einfach nicht richtig. Was mein Leben betrifft, bei meiner Arbeit macht es mir nicht viel aus, da ich nur zwei Tage die Woche beschäftigt bin und Unmengen von Zeit habe. Aber, hm, ich weiß, daß es meinem Mann eine Menge ausmacht. Es ist nicht gerade gut für unseren Sex, da ich oft schon halb im Schlaf bin, ehe es Zeit ist, zu Bett zu gehen, sehr oft . . . Wenn ich mich nicht gut fühle – oder ich mich über mich selbst ärgere, weil ich am Abend vorher wieder getrunken habe, oder was auch immer – ich glaube, ich bin dann oft zu streng mit den Kindern, fahre leicht aus der Haut. Wissen Sie . . ., wenn man nicht gerade sehr zufrieden mit sich selbst ist, behandelt man auch andere nicht so gut, wie man sollte. Manchmal bin ich ihnen gegenüber zu heftig, glaube ich.

Th: Nun gut. Wirkt es sich noch in irgendeiner anderen Weise nachteilig auf Ihr Leben aus?

Ptin: Hm . . .

Th: Gesellschaftlich, oder . . .

Ptin: Nun, lange Zeit ist nichts passiert, da ging es ganz gut. Aber es hat auch Zeiten gegeben, bevor wir Herrn X (einen früheren Therapeuten) aufgesucht hatten, und dann manchmal noch danach, zu denen wir zu einer Party oder zum Essen ausgingen, und ich dann auffällig wurde, weil ich motorisch die Beherrschung verliere, wenn ich trinke. Und meinem Mann ist das sehr peinlich, und . . .

Th: Was machen Sie dann?

Ptin: Es fällt mir schwer zu gehen.

Th: Fallen Sie um?

Ptin: Manchmal. Es fällt mir schwer zu essen, ohne mich zu bekleckern, verstehen Sie. Solche Sachen. Und ...

Th: Und das ist peinlich für ...

Ptin: Es ist *mir* sehr unangenehm.

Th: ... Ihren Mann. Und ich fragte mich gerade, ob es auch Ihren Freunden peinlich war, oder fanden sie es komisch?

Ptin: hüstelt

Th: Denn so etwas kann sehr komisch sein, wissen Sie.

Ptin: Hin und wieder war es vielleicht komisch, aber ich glaube, für gewöhnlich war es schon ein bißchen peinlich. Und ich meine, obwohl ich niemals mit irgend jemandem darüber gesprochen habe – ausgenommen mit meinem Mann und meinen Eltern –, daß ich eine Beratung aufsuchen wolle, sind sie sich doch darüber klar, daß das ein Problem für mich ist.

Aus diesem Interview geht hervor – obwohl eine weitere Überprüfung notwendig ist –, daß das Trinken für den Mann im täglichen Leben peinlicher und ärgerlicher war als für die Frau selbst.

Es gibt mindestens drei Situationen (die sich etwas überschneiden), in denen die Frage nach dem »Wie« kritisch werden kann. Zunächst einmal jene Fälle, in denen das gemeldete »Problem« geringfügig zu sein scheint. Eine sorgfältige Untersuchung ist dann erforderlich, um festzustellen, ob das Verhalten in irgendeiner Weise schwerwiegender ist, als es zunächst schien, oder ob der Klient übermäßig über etwas besorgt ist und sofort beruhigt werden kann, was ziemlich selten vorkommt; oder ob er in allem Ernst »aus einer Mücke einen Elefanten macht«. Letzteres bildet an sich schon ein schweres Problem, obwohl ein immer noch nicht so schlimmes, wie offensichtlich stark abweichendes Verhalten oder eines, das durch simple Beruhigung nur noch verschärft wird. Zweitens können Klienten Schwierigkeiten als »Probleme« darstellen, die andere, selbst wenn sie schwerwiegend sind, als unabänderliche Gegebenheiten des Schicksals verstehen, mit denen man leben muß. Dies zu erkennen trägt zumindest dazu bei, den Therapeuten daran zu hindern, daß er sich in Bemühungen verstrickt, Unabänderliches ändern zu wollen. Schließlich gehören manche Lebensprobleme nicht zum Therapeuten, sondern erfordern zum Beispiel die Hilfe eines Rechtsanwalts oder eines Arztes oder eines Finanzberaters. Die Frage: »Wie wirkt sich das als Problem aus?« trägt dazu bei, diesen Punkt zu klären; ihr könnte die Frage folgen: »Inwiefern glauben Sie, daß ich Ihnen bei der Bewältigung dieses Problems helfen kann?«

Zusätzlich zu der »Was ist Ihr Problem?«-Frage ist oft noch eine Zusatzfrage nötig: »Wie sind Sie darauf gekommen, mich gerade jetzt aufzusuchen und nicht früher oder später?« Wenn man sich Information über die Umstände verschafft, die den ersten Schritt auslösten oder ihn begleiteten, so wirft das oft ein neues Licht auf das Problem. Zum Beispiel kann sich herausstellen, daß der Klient oder die Klientin wegen des Problems selbst nicht so besorgt sind, sondern daß jemand anders sie unter Druck gesetzt hat:

Th: Wie sind Sie gerade jetzt darauf gekommen, einen Therapeuten um Rat zu fragen?

Pt: Mein Vater hat mir das vorgeschlagen. Mein Wagen ist in der Werkstatt, und ich habe mich bei ihm beschwert, weil er schon drei Wochen dort ist und nicht drei Tage, wie vorhergesehen. Und ich fragte ihn, was ich dagegen tun könne, oder ob ich mich zu sehr aufrege. Und er meinte, ich rege mich zu sehr auf.

Th: Nun gut. Er schlug es also vor. Und Ihre Mutter rief hier an. Da muß ich mich fragen . . .

Pt: Ich meine, sie hat erst angerufen, und dann hat sie mit ihm gesprochen.

Th: Hm-hm.

Pt: Und dann schlug er es vor. Verstehen Sie, manchmal haben sie solche kleinen Diskussionen, von denen man nichts weiß.

Th: Wenn sie es nicht vorgeschlagen hätten, würden Sie dann hier sein?

Pt: Nein. Ich hätte mir selbst etwas gesucht.

Th: Was wäre das gewesen?

Pt: Etwas, wovon mir meine Mutter schon vor einer Weile erzählt hat, in San Francisco. Eine Person für . . . Ich meine eine Stelle im Amt für Kindesmißhandlung, wo es nichts gekostet hätte. Und meine Mutter erzählte mir davon, als ich in der obersten Klasse war und eine Studienberaterin versuchte, mich zu verführen. Und so kam es dazu, daß ich jemandem davon erzählte, und da mußte sie die Schule verlassen. Und mir sind noch eine ganze Menge anderer Sachen dieser Art passiert. Und ich habe so etwa gedacht wie, es würde gut sein, wenn ich das in Ordnung bringe. Dachte, es könnte ganz gut passen zu der Art, wie ich zu Leuten stehe. Ich bin, meine ich, Menschen gegenüber etwas mißtrauisch.

Th: Hm-hm. Dafür haben Sie allen Grund. Sie stehen nicht alle da und warten auf Sie.

Pt: Ich weiß.

Th: Nun, ich weiß nicht, wir befinden uns in einer etwas komischen Situation, denn worüber sprachen wir gerade . . . In gewisser Weise sind Sie eher hergeschickt worden, statt von sich aus zu kommen.

Pt: Ja, so wie es mir jetzt vorkommt, weil ich hier sitze und das Gefühl hab, daß ich das gar nicht so dringend brauche.

Th: Nun, da mögen Sie durchaus recht haben. Und es könnte, in gewissem Sinn, etwas Schlimmeres sein als das. Woran ich denke, ist – obwohl ich mir keineswegs sicher bin –, die Information, die ich von Ihnen bekommen habe, reicht nicht aus, um umfassende Schlüsse zu ziehen. Einiges von dem, was Sie gesagt haben, klingt zumindest ein bißchen danach, daß Ihre Familie, wenn auch in bester Absicht, ein bißchen hinter Ihnen her ist, was Sie tun und wie Sie es tun sollen, und hier befinden Sie sich auch unter ihrer Leitung, und ich bin mir nicht sicher, daß das gerade der beste Ausgangspunkt ist.

Pt: Ja, ich meine auch, daß mein Vater mir irgendwie hier im Nacken sitzt und sagt »Wir erwarten von dir, daß du da hingehst, und daß du wieder normal wirst und wieder ebensoviel leistest wie deine Schwester und mit ihr gleichziehst« oder etwas dergleichen.

Ähnliche Situationen ergeben sich, wenn ein Straffälliger von einem Gesetzesvertreter zur Behandlung geschickt worden ist oder der eine Ehepartner vom anderen. Das Vorgehen unterscheidet sich in solchem Fall von dem, das man bei Selbst-Motivierten anwendet, wie schon in Kapitel 2 dargelegt.

Der nächste Schritt ist, zu erfragen, was all die in das Problem involvierten Personen unternahmen, um es zu lösen oder es zu bewältigen. Zu den eng von dem Problem Berührten können außer den Patienten Familienmitglieder, Freunde, Arbeits- und Berufskollegen usw. gehören, je nach den jeweiligen Umständen. Wieder zentriert sich die Befragung auf das aktuelle Verhalten, auf das, was die Leute *sagen* oder *tun* in ihrem Bemühen, ein Wiederauftreten des Problems zu vermeiden oder, wenn dies doch geschieht, mit ihm umzugehen:

Th: Wenn Ihre Tochter wieder Depressionen bekommt, ihr Äußeres vernachlässigt und so weiter, was tun Sie dann?

M: Nun, solange sie zu Hause lebte, versuchte ich, sie aufzuheitern oder mit ihr zu sprechen, was beides unmöglich war. Wenn es bei diesem Punkt angelangt ist, kann man nicht mehr mit ihr reden.

Th: Und was geschieht dann? Was tun . . .

M: Sie . . . Es war immer so. Wenn ich mit ihr zu sprechen versuchte, wandte sie sich ab von mir – so. Sie sagte: »Rede nur weiter. Was du sagst, interessiert mich nicht«; so ging das weiter, bis sie zum erstenmal ins Krankenhaus kam. Dann bemerkte ich eine Veränderung an ihr; plötzlich begann sie mir zuzuhören, mit mir zu sprechen. Sie öffnete sich einem, mehr oder weniger. Sie sagte Sachen zu mir, die sie nie zuvor gesagt hatte: »Ich hab dich lieb, Mutter, ich brauche dich.«

Th: Das war also, als sie das erstemal aus dem Krankenhaus entlassen worden war?

M: Ja. Vorher war sie ganz unzugänglich gewesen. Sie drehte mir einfach den Rücken zu, ich sprach gegen eine kahle Wand. Aber seit sie im Krankenhaus war, hat sie . . .

Th: Es ist mir immer noch nicht ganz klar. Was sagen Sie zu ihr, wenn sie wieder die ersten Anzeichen von Depression zeigt und Dinge sagt wie »Die Leute starren mich alle so an« und ähnliche Sachen?

M: Ich legte ihr die Arme um den Hals und versuchte, sanft und liebevoll zu sein. Ich weiß nicht mehr, was ich noch tat ...

Th: Und was haben Sie gesagt?

M: Ich sagte, daß ich sie verstehe, daß das durchaus wahr sein könne, weil ich der Meinung bin, daß man solch ein Gefühl haben kann, bei Leuten, die man kennt, wie bei Leuten, die man nicht kennt. Manchmal kann ich es überhaupt nicht verstehen. Manchmal hatte ich, als sie im Bezirkskrankenhaus war, ehe sie zwei Monate später ins Landeskrankenhaus kam, das Gefühl, ich müßte sie schütteln, verstehen Sie? Ich meine ...

Th: Sie taten das aber nicht?

M: O nein. Ich wußte nur, daß sie meine Gegenwart brauchte, und das war mehr, als je vorher zwischen uns gewesen war. Also blieb ich mehr oder weniger bei ihr, hielt ihre Hand, legte meinen Arm um sie ...

Th: Gut. Noch früher, als Sie mit ihr sprechen wollten und merkten, daß es mit ihr wieder bergab ging: Was für ein Gespräch war das? Haben Sie es nur mit leichter Konversation versucht, oder kamen Sie auf ihr Verhalten zu sprechen, oder ...

M: Nun, als sie noch klein war, bat ich sie immer, sich auf Mamas Schoß zu setzen und ganz still zu sein, doch sie wehrte mich immer ab.

Th: Und wie war es in letzter Zeit? Seit sie größer ist?

M: Einen Unterschied kann ich erst in den letzten sechs Monaten sehen – vorher war ich ihr böse.

Th: Sie kehrte Ihnen den Rücken.

M: Sie grollte mir einfach, und sie wollte nicht hören und drehte mir den Rücken zu. Und ich weiß, daß ...

Th: Was taten Sie, als sie Ihnen den Rücken kehrte? Sind Sie um sie herumgegangen, haben Sie sie an der Schulter gepackt? Haben Sie zu ihr gesagt: »Hör mal, hör mir mal zu«?

M: Das habe ich versucht. Doch es hat nicht funktioniert. Ich weiß nicht. Schließlich war ich so ... entmutigt und deprimiert, ich wußte einfach nicht mehr, wie ich mit ihr fertig werden sollte.

Th: Also was taten Sie?

M: Als sie noch jünger war, wurde ich meistens wütend. Und dann sagte ich mir: »Das ist wirklich nicht die richtige Art, damit fertig zu werden. Sie einfach anzubrüllen.« Sie konnte mich dazu bringen, sie anzuschreien. Und dann bekam ich Schuldgefühle, weil ich so aus der Haut gefahren war, weil ich sie sogar versohlt hatte. Weil ich, glaube ich, sie so erziehen wollte, wie ich erzogen worden war, sehr streng, nach europäischem Muster.

Was die Erforschung des Problems selbst betrifft, so werden manche Klienten ziemlich bereitwillig klar und eindeutig antworten, andere dagegen nur vage, allgemeine oder abschweifende Antworten geben und die Vorgänge mehr interpretieren, anstatt sie zu beschreiben. In solchen Fällen kommt man ohne hartnäckiges Befragen nicht aus. Da solche Hartnäckigkeit einem Klienten sehr zusetzen oder von ihm in dem Sinn verstanden werden kann, daß er nicht in der Lage sei, sich verständlich zu äußern, sollte der Therapeut diese Implikationen vermeiden, indem er sich selbst die Schuld für das »nicht verstehen« gibt: »Bitte helfen Sie mir ein bißchen. Ich bin sehr konkret. Können Sie mir nicht ein oder zwei Beispiele für Ihre Versuche geben?«

Wahrscheinlich wird es sich als schwieriger erweisen, das Mindestziel der Behandlung zu ermitteln, als das Problem und seine Therapie zu erforschen. Es ist das beste, diese Schwierigkeit, eine klare und eindeutige Antwort zu bekommen, hinzunehmen, anstatt sie als Zeichen des Widerstands oder pathologisch zu deuten. Unklare, ungenaue oder undetaillierte Antworten sind allgemein üblich, da Patienten Menschen wie wir alle sind: Wir sind uns klarer über das, was wir nicht wollen, als über das, was wir wollen. Trotz dieser voraussichtlichen Schwierigkeiten ist es wichtig, diese Fragen zu stellen und sie hartnäckig fortzusetzen: »Was würden Sie – wenn es dazu kommen sollte – als erstes Zeichen für einen wichtigen, wenn auch nur geringfügigen Wandel halten?« In einer stattlichen Zahl von Fällen wird hierauf bei einiger Bemühung eine sachdienliche Antwort zu erhalten sein. Selbst wenn nicht, erfüllt doch die Frage allein schon eine bedeutsame Funktion, da sie zu verstehen gibt, daß der Therapeut daran interessiert ist und darauf hinarbeitet, einen erkennbaren, wenn auch geringfügigen, Verhaltenswandel zu erzielen.

Wie bereits erwähnt, machen viele Klienten selbst in diesem frühen Behandlungsstadium der Informationssammlung schon Schwierigkeiten. Wir können hier nicht auf alle eingehen. Therapie ist stets eine Sache des wirksamen Anpackens dessen, was dem jeweiligen Klienten speziell zu schaffen macht, und das ist nie genau vorauszusagen, so daß man sich nie genau darauf vorbereiten kann. Nichtsdestoweniger wollen wir hier einzelne solcher Schwierigkeiten identifizieren und diskutieren.

Diese Diskussion können wir rund um die Antworten auf die einfachste Frage »Was ist Ihr Problem?« kreisen lassen, da diese zuerst gestellt wird und die Schwierigkeiten mit den anderen Fragen sowie die Mittel zu ihrer Bewältigung wahrscheinlich gleicher Natur sein werden. Zunächst einmal äußern viele Klienten, zumal psychologisch gebildete und solche, die bereits Therapie-Erfahrung haben, oft kausale oder dynamische Formulierungen *über* das Problem, anstatt das Verhalten zu spezifizieren, das dieses Problem ausmacht. Solche Formulierungen können spezifisch sein oder, wie im folgenden Beispiel, sehr generell:

Pt: Gut. Meiner Meinung nach bestehen neunzig Prozent des Problems darin, herauszubekommen, worin es besteht. Daher kann ich es Ihnen nicht so einfach darstellen, indem ich sage: ich mache ins Bett, oder etwas der Art. Ich fange also an, Ihnen alles zu erzählen. Hm, ich habe das Gefühl, daß ich in einem bestimmten Lebensstadium bin, das sehr wichtig für mein Leben ist. Es ist eine Art Wasserscheide oder so etwas Ähnliches; ich bin im Übergang in ein neues Stadium, und ich lerne allerhand über mich oder über die Person, die ich zu werden im Begriff bin, und über eine Menge von Dingen, die bisher für mich real waren. Die Werte, an denen ich mich bislang orientierte, entfallen oder geben mir nicht die Art von Halt, den ich brauche. So daß jetzt in diesem Augenblick in meinem Leben, so wie ich mein Leben sehe, und ich sehe es als eine Aufgabe vor mir, eine Menge Hindernisse auftauchen, gegen die ich ankämpfen muß, die ich sozusagen begreifen muß, um mit ihnen fertig werden zu können.

Th: Können Sie mir für diese Hindernisse ein Beispiel nennen?

Pt: Nein, ich meine . . . Für mich hängt das alles zusammen, ja? Alles in meinem Leben hängt mit allem anderen zusammen. Daher ist es – daher kann ich nicht, Sie verstehen, was ich meine . . .

Th: Nun gut, aber können Sie mir denn kein Beispiel geben?

Pt: Sicher.

Th: Was wäre das für ein Hindernis?

Pt: Zweierlei. Da gibt es zwei Bereiche, die für mich so etwas wie Schlüsselprobleme sind: meine Arbeit und mein sexuelles Leben. Aber alles . . . Ich meine, sie stehen zueinander in Beziehung, und das steht wieder in Beziehung zu meiner Diät und zu meinem – Sie verstehen . . . Jeder Aspekt meines Lebensstils hängt damit zusammen.

Th: Nennen Sie mir ein Beispiel. Inwiefern würde Ihre Arbeit ein Hindernis für Sie sein?

Pt: Die Arbeit an sich ist kein Hindernis. Arbeit ist ein Thema, verstehen Sie, und ich versuche herauszubekommen . . .

Th: Nun, Sie sagten, alles sei ein Hindernis, und Sie versuchten nur . . .

Pt: Nein, ich wollte nicht sagen, daß alles ein Hindernis ist; all das ist ein Thema, dem Hindernisse innewohnen.

Mit dieser Art von Schwierigkeit vermag ein Therapeut für gewöhnlich fertig zu werden, indem er erklärt, daß er eine klare Vorstellung davon haben müsse, wie sich das Problem äußere, ehe er zur tieferen Schicht der Ursachen vordringe. Er kann auch hartnäckig auf das Beibringen von Beispielen und genauen Einzelheiten bestehen: »Stellen Sie sich vor, ich wollte ein Foto von einer Szene machen, die repräsentativ für Ihr Problem ist: Welches Bild und welchen Dialog müßte ich mit der Kamera einfangen?« Gelegentlich haben wir unsere Klienten auch gebeten, sich einen kurzen Sketch auszudenken, der das Problem illustriert, wobei die Therapeuten die Familienglieder darstellen und der Klient als Regisseur fungiert, der den »Schauspielern« Text, Bewegungen und Tonfall vorschreibt. Wiewohl es Zeit kostet, kann solches Vorgehen dennoch Zeit sparen, wenn es sich um Klienten handelt, deren verbale Schilderungen unzureichend sind.

Andere Klienten beginnen mit der Darlegung eines Problems, um dann, anstatt kausale Begründungen anzuführen, mittendrin zu einem neuen Problem überzuwechseln, dann zu einem weiteren und so fort. Sobald sich ein solches Abschweifen abzuzeichnen beginnt, muß der Therapeut in Aktion treten, indem er dafür sorgt, daß der Klient sich auf einen einzelnen Fokus festlegt (oder, bei Familiensitzungen oder Sitzungen mit Eheleuten, einen Fokus pro Person). Wenn er das versäumt, wird er sich höchstwahrscheinlich bei der fruchtlosen Bemühung wiederfinden, einen Klienten therapieren zu wollen, der während der gesamten Therapie immer wieder von einem Thema zum anderen überwechselt. Der einfachste und meistens auch der beste Weg besteht für den Therapeuten darin, den Klienten zu bitten, seine Prioritäten zu definieren. Dies geschieht am besten auf gleicher Ebene: »Ich sehe, daß Sie eine Menge Probleme auf dem Herzen haben, doch meine Fähigkeit, die Dinge zu erfassen, geschweige denn zu beheben, reicht nicht aus, wenn es so viele auf einmal sind. Bitte, sagen Sie mir, was Ihnen gerade in diesem Moment als Hauptproblem in den Sinn kommt und für eine Veränderung Ihrer Lage vielleicht am wichtigsten wäre?« Hat der Klient eine Wahl getroffen, kann er immer wieder an sie erinnert werden, sobald er erneut abzuschweifen beginnt: »Anfangs haben Sie gesagt, X wäre das wichtigste Problem, an dem wir arbeiten müßten, doch jetzt scheinen Sie auf Y abzuheben. Natürlich können wir uns auf Y konzentrieren, wenn Ihnen das jetzt wichtiger erscheint. Doch müßten wir wieder ganz von vorn anfangen.« Wie dieses Beispiel erkennen läßt, kann schon die simple Aufgabe der Beschaffung von Information ein strategisches Vorgehen erfordern. Hartnäckigeres Abschweifen, wiewohl weniger häufig, wenn man die obigen Schritte unternimmt, macht eine scharfsinnigere Strategie notwendig. Der Therapeut kann zum Beispiel durchblicken lassen, daß der Gegenstand, von dem der Klient abwich, vermutlich der wichtigste, für ihn wahrscheinlich zu schwierig oder zu schmerzhaft sei, um darüber sprechen zu können. Oder der Therapeut kann selbst vom Fokus abschweifen, ehe der Klient es tut, so daß nun der Klient seinerseits versuchen muß, den Therapeuten bei der Sache zu halten.

Fragt man Klienten nach ihrem Behandlungsziel, bekommt man oft die hochtrabendsten Antworten zu hören. Es ist verblüffend, was manche Menschen als »Minimal«-Ziel ansehen; das gleiche trifft sogar auf die Beschreibung des Problems zu: »Alles ist verkehrt«, »Ich bin ein totaler Versager« oder, im Stil der Kalifornischen Schule, »Mir ist die volle Selbstverwirklichung noch nicht gelungen«. Hartnäckiges Nachhaken, wie sich das im Alltagsleben auswirke, und Fragen nach speziellen Details helfen für gewöhnlich weiter. In sehr schwierigen Fällen kann es notwendig und nützlich sein, mehr ins Extrem zu gehen und den Klienten nach dem gleichen Prinzip matt zu setzen und ihm zu verstehen zu geben, daß er, der Therapeut, die Dinge in ihren Zusammenhängen nicht so schnell erfassen könne, so daß der Klient wiederum darauf bedacht sein muß, den Therapeuten bei der Stange zu halten.

Bestimmte Klienten werden eventuell den gesamten Prozeß der Informationsbeschaffung unterbrechen. Aktive Unterbrecher sind neben anderen Schizophrene, die »irre reden«, sowie laute oder auf andere Weise störende Kinder. Passive Unterbrecher lassen erkennen, daß sie für viele Fragen zu unsicher und zu gefühlsbetont sind, um sie beantworten zu können; im Extremfall handeln sie stumm. Der beste Weg, mit dieser Situation fertig zu werden, besteht darin, sich von dem nicht-kommunikativen Individuum zu befreien, das ohnehin nur selten der

Haupt-Klageführende ist, und mit Familienangehörigen oder anderen, ernsthaft von dem Problem Betroffenen zusammenzuarbeiten. (Diese wichtige Frage, welche Personen der Therapeut für die Arbeit auswählen sollte, wurde in Kapitel 3 erörtert.) Sieht sich der Therapeut genötigt, mit einem verschlossenen Klienten zu arbeiten, sollte er klar und deutlich erklären, daß er gewisse Informationen brauche, wenn er ihm auch nur im geringsten helfen solle, und daß er in bezug auf diese Information von ihm, dem Klienten, abhängig sei. Dann heißt es abwarten und es zu unterlassen, den Patienten zu drängen oder zu ermuntern. Es kann sogar für den Therapeuten von Nutzen sein, wenn er dem Klienten rät, besser gar nichts zu sagen, und das auch begründet.

Im folgenden Beispiel handelt es sich um einen jungen Patienten von Anfang zwanzig; es ist seine zweite Sitzung:

Th: Heute müssen Sie nachsichtig mit mir sein, da ich gerade eine Grippe hinter mir habe, wie Sie vielleicht meiner heiseren Stimme entnehmen; das hemmt mich vielleicht ein wenig. Ich habe das Band von der letzten Sitzung noch einmal abgehört, und da ergeben sich noch Fragen, die ich an Sie richten wollte. Es ist mir nicht ganz klar, worin genau das Problem besteht, dessentwegen Sie uns aufgesucht haben.

Pt: (lange Pause) Nun, ich glaube, ich bin mir erst recht unklar darüber.

Th: In Ordnung.

Pt: (lange Pause) Nun, ich brauche jemanden, der mir Fragen stellt.

Th: Gut.

Pt: Fragen, die ich mir selbst nicht stellen kann oder die mir noch nicht in den Sinn gekommen sind. Eine Schallmuschel brauche ich, wie gesagt. Obwohl das natürlich nicht das Problem ist, oder doch?

Th: (Pause) Nun, natürlich könnte ich Ihnen Fragen stellen. Ich meine, ich könnte Standardfragen an Sie richten. Wo sollte das hinführen? Worauf sollte das abzielen, was würden Sie dabei gewinnen?

Pt: (lange Pause) Nun . . . (lange Pause). Einsicht in das, was ich tue. Vielleicht, warum ich es tue. (Pause) Ja, Einsicht in das, was ich tue. Und ob irgendwelche Gründe dahinterstecken.

Th: Gut. Könnten Sie mir eine Vorstellung davon geben, worin dieses Tun besteht, über das Sie sich klarwerden möchten? Was würden Sie gern daran ändern?

Pt: (lange Pause) Ich weiß es wirklich nicht.

Th: Da ist vor allem eine Sache, die ich zur Sprache bringen wollte; sie stand schon bei der letzten Sitzung zur Debatte und steht auch jetzt bei dieser auf dem Programm. Mir ist aufgefallen, daß Sie oft lange Zeit schweigen, wenn ich Sie etwas frage. Ich weiß, das ist Ihr gutes Recht, doch möchte ich, daß Sie erfahren, wie unbehaglich mir dieses Schweigen ist.

Pt: Hmmm, ich versuche darüber nachzudenken.

Th: Sie können auch laut denken, wenn Sie wollen.

Pt: Ich werd's versuchen. Bei mir ist manchmal Mattscheibe, wenn ich etwas gefragt werde. Ich muß erst rekapitulieren, was ich getan habe und was ich nicht getan habe.

Th: Hm-hm. Meine Kollegen, die uns beobachten, haben mich zu sich gerufen. Sie wiesen mich darauf hin, daß ich nach ihrer Meinung vom Kurs abweiche, was das Erfragen Ihres Problems betrifft, dessentwegen Sie hier sind. Daß ich zu gewissem Grade vom Kurs des dramatischen Gesprächs über Suizid in unserer ersten Sitzung abgekommen bin. Daß wir uns aber eine Zeitgrenze für unsere Arbeit gesetzt haben – zehn Sitzungen – und daß ich noch einmal von vorn anfangen und Sie fragen solle, was das für ein Problem ist, dessentwegen Sie sich die Mühe machten, uns anzurufen und zu uns heraus zu kommen. Was haben Sie für Schwierigkeiten? (Pause) Ohne diese Auskunft können wir wirklich nicht weiter. (Lange Pause)

Pt: Welche Probleme ich habe? (Lange Pause) Ich weiß es wirklich nicht. (Pause) Allgemeine Lebensuntüchtigkeit. (Pause) Was *sind* das für Probleme, die ich habe?

Th: Könnten Sie mir ein spezielles Beispiel für Ihre Lebensuntüchtigkeit geben?

Pt: (Pause) Nun, das Haus ist in einem wüsten Zustand, ich bin pleite, und ich möchte nichts anderes tun, als den ganzen Tag im Bett liegen.

Th: Inwiefern ist das ein Problem? Ich meine, es gibt eben Leute, die sich Zeit nehmen und mal ganz abschalten.

Pt: Hm-hm. (Lange Pause) Ich weiß nicht. (Pause) Ich bin nur . . . Ich muß Fehlanzeige melden. (J.W. tritt ein.)

J.W.: Ich wußte nichts (von dem ersten Therapeuten), aber einige von uns sind Realisten. Ich zum Beispiel. Wir haben echt mitempfunden, als wir hörten, daß Sie bankrott sind, daß Ihr Haus verkommt, und daß Sie sozusagen den ganzen Tag herumliegen.

Pt: Hm-hm.

J.W.: Damit beginnen Sie etwas über Ihr Problem auszusagen, das wir uns durch den Kopf gehen lassen können, und wir meinten, daß wir Sie das wissen lassen sollten. Natürlich wird der Mensch, wenn er Gutes tut, stets um mehr davon gebeten; so wissen Sie, wie es jetzt weitergeht.

Pt: Schon gut. Sie wollen's wissen. Das Haus ist in einem wüsten Zustand, ich bin bankrott, ich liege die ganze Zeit im Bett. (Pause)

Th: Nun, wie lange machen Sie das schon?

Pt: Seit Ende des Sommers. Ende September fing die Hochschule wieder an, und das machte diesem Zustand für ein paar Wochen ein Ende. Dann wurde mein Stundenplan vollkommen unmöglich. Ich mußte die Nacht durcharbeiten und hatte dann bis nachmittags Unterricht. Daher beschloß ich – ich beschloß noch nicht einmal – ich . . . Eines Tages schaffte ich es einfach nicht mehr, und dann – weil ich glaubte, ich könne es später wieder einholen – und dann auch am nächsten Tag. So ging es eine Woche lang, und Mikrobiologieunterricht im Laboratorium darf man nicht versäumen. Und so blieb ich sozusagen hängen und klappte zusammen. So habe ich mich noch nicht einmal offiziell abgemeldet. Ich zweifle, ob ich das im Augenblick schaffe. Ja, das hat mich geschafft, meine ich . . .

Th: Dies sind Schwierigkeiten, die mit Ihren Schulstunden zu tun haben.
Pt: Hm-hm. Ja.
Th: Nun, was war nun das Problem? Sie waren doch eingeschrieben . . .
Pt: Hm-hm.
Th: Und sind es tatsächlich noch.
Pt: Ja.
Th: Und sind nicht zum Unterricht gegangen?
Pt: Nein. Nein. Das war es. Ich habe damit aufgehört. Aber ich habe nicht offiziell aufgehört.
Th: Was Sie mit der Schulgeschichte gemacht haben, läuft etwa darauf hinaus, sich zu entscheiden, ohne sich zu entscheiden – Sie gehen einfach nicht hin.
Pt: Hm-hm.
Th: Haben Sie Kontakt mit einem Ihrer Professoren?
Pt: Nein. (Pause) Ich habe mich für dieses Semester erst am ersten Unterrichtstag eingetragen. In Wirklichkeit wollte ich nicht wieder in die Schule. Warum ich das tat? Oh, weil meine Mutter mich ständig löcherte, und weil ich doch wieder zur Schule gehen will.

Am schwierigsten sind schließlich Klienten, die nur zu gern reden, doch durchweg verschwommen bleiben:

Th: Was für ein Problem führt Sie heute zu uns?
Pt: Im Grunde war es so – ich las in einer Zeitung oder in einer Publikation der Universität von Kalifornien etwas über Ihr Programm – ich kann mich nicht mehr erinnern, wo das war. Daß ich mich davon angesprochen fühlte, war der Tatsache zuzuschreiben, daß ich interessiert war, jemanden aufzusuchen, jedoch die Untersuchung auf ein bestimmtes Gebiet beschränken wollte, anstatt mich auf ein ausgedehntes Behandlungsprogramm einzulassen. Und meine Frau war früher einmal bereits bei Psychotherapeuten gewesen. Ich hatte dabei den Eindruck gehabt, daß es mit der Situation immer so weiter ging, immer weiter und weiter, ohne je ein Ziel zu erreichen oder das Gefühl zu erwecken, daß ich Fort-

schritte mache oder nicht. Das Ganze war ziemlich verworren. Bei uns im Osten, ehe wir vor elf Jahren hierher nach Kalifornien kamen, bin ich kurze Zeit bei einem Jungianer gewesen. Und ich hatte manchmal das Gefühl, daß ich auf der Stelle trete. Das wäre sozusagen als Einführung zu verstehen – das, was mich hergeführt hat. An welches spezielle Problem ich dabei denke? Im Grunde möchte ich mir meiner persönlichen Ziele bewußter werden . . . möchte eine klare innere Stellungnahme zu meinem Leben haben, um zu entscheiden: »Ja, ich habe etwas geschafft« oder »Ich hab mich nur treiben lassen, von einem Ort zum anderen, habe Kämpfe ausgefochten und mich an Dingen versucht ohne Ziel und ohne Richtung.« Ich muß gestehen, oft wurde ich hin- und hergerissen zwischen meinen Verpflichtungen mir selbst gegenüber und meinen Verpflichtungen gegenüber meiner Frau, meinen Kindern, meinen Verpflichtungen gegenüber meiner hiesigen Familie und gegenüber meiner eigenen Familie in Südamerika. Und manchmal werde ich wütend über mich selbst, daß ich . . . Ich hab das Gefühl, daß ich in der Vergangenheit zu vielen Leuten den Vorrang eingeräumt habe, was die Einteilung meiner Zeit und meiner Mittel betrifft . . . Und manchmal bin ich sozusagen viel, viel zu nett gewesen, habe versucht, jedem gerecht zu werden und immer dabei zu bleiben, anstatt zu sagen: »Was ich gern tun würde, wäre dies.« Ich stehe an einem ziemlich interessanten Punkt: ich will meine Stellung wechseln, sozusagen meiner Laufbahn eine andere Richtung geben. Und ich bin der Meinung, daß die kommenden Jahre von größter Bedeutung für mein Leben sein werden. Und so würde ich gern an einen Punkt gelangen, wo ich wirklich das Gefühl habe, daß ich es erforsche . . . Was sind das für Dinge, was ist mein Ziel? Welches sind meine verschiedenen Rollen? Was hat Priorität? Wie kann ich die Situation mehr oder weniger regeln oder optimieren? Und der andere Punkt besteht darin, daß ich nicht . . . Ich bin mir dessen bewußt, wenn jemand nach mir sehen würde und herausbekommen könnte, was ich in der

Vergangenheit gemacht habe, könnte diese Person auf viele, viele Gebiete verweisen, auf denen ich an mir arbeiten muß. Darüber bin ich mir klar. Ich habe das Gefühl, daß ich weniger an der *Maximierung* der Situation interessiert bin als vielmehr an ihrer *Optimierung*. Und auf diesem Gebiet hatten meine Frau und ich einige Meinungsverschiedenheiten. Ich habe das Gefühl, daß ich, wenn ich mit ansehe . . . Ich habe das Gefühl, daß es viele Menschen gibt, die sehr gut vorankommen. Andere brauchen Hilfe. Und wieder andere Leute müssen . . .

Th: Wollen wir mal an der Situation festhalten und sehen, was wir aus ihr lernen können. Sie sagen, Sie wollen Ihrer Laufbahn eine andere Richtung geben.

Pt: Ich muß noch etwas erklären. Wahrscheinlich müßte ich eine Art Einführung geben. Geboren bin ich in Südamerika. 1959 kam ich in die Staaten. Ich ging hier zur Schule. Ich habe ziemlich spät geheiratet, am üblichen Standard gemessen; ich war 38, als ich heiratete, meine Frau 30. Von diesem Gesichtspunkt aus gesehen, und wenn ich in Rechnung ziehe, daß ich in einer völlig anderen Umgebung aufwuchs, und in Anbetracht der Jahre, die ich hier bin, hatte ich enorm viel aufzuholen. Mußte mehr oder weniger meine Denkweise ändern. Ich wurde sehr, sehr streng erzogen, es wurde auf sehr, sehr strenge Formen geachtet . . .

Kommt man mit den üblichen Fragen (»Das verstehe ich nicht ganz. Ich bin ein realistischer Denker. Können Sie dem Rechnung tragen und mir ein Beispiel geben für das, was Sie sagen?«) nicht voran, ist es zwecklos oder noch schlimmer, an diesem fruchtlosen Kurs festzuhalten: »Wenn man beim Spiel verliert, soll man immer die Taktik wechseln.« Eine mögliche Strategie, obwohl ihre Anwendung auf diese Situation relativ wenig erprobt ist und weiterer Erforschung bedarf, besteht darin, den Klienten mit seinen eigenen Waffen zu schlagen. Zum Beispiel kann der Therapeut noch mehr Konfusion und Unverständlichkeit an den Tag legen als der Klient, oder aber er kann sagen: »Aha! Jetzt geht mir auf, worin Ihr Problem besteht!« und munter etwas beschreiben, das, soviel er erraten kann, sicherlich *nicht* das Problem ist, um das der Klient herumredet. Letzten Endes mag der einzige Weg, mit diesem Problem umzugehen – in dem wir ein großes Hindernis für alle Arten der Psychotherapie sehen, nicht nur für die unsere –, darin bestehen, den verborgenen Gegenstand zu ignorieren und sich auf eine höhere Ebene zu begeben, das heißt, in der Verworrenheit als solcher das signifikanteste Problem zu sehen und nach Wegen zu suchen, dies zu ändern.

Das Erstinterview sollte auch dazu dienen, eine zumindest ungefähre Vorstellung von der Sprache und der Haltung des Klienten zu gewinnen. Doch ist diese Information, die wir im folgenden Kapitel erörtern werden, von anderer Natur und kann nicht in der Hauptsache durch direkte Befragung gewonnen werden.

5 Der Standpunkt des Patienten

Der Therapeut kann sich darüber klar sein, was der Patient zur Lösung seines Problems wünschenswerterweise tun sollte. Indes ist es eine andere Sache, seine Kooperation zu solchem Tun zu gewinnen, zumal – wie wir bereits hervorhoben – seine problem-erzeugenden »Lösungen« bestimmt werden von dem, was der Patient für das einzig Wahre und Vernünftige, ja, Lebensrettende hält, all seinen gescheiterten Bemühungen um Problemlösung zum Trotz. Den Patienten dazu zu bewegen, von seiner eigenen »Lösung« zu lassen und statt dessen in einer Weise vorzugehen, die er normalerweise für verrückt oder gefährlich halten würde, ist daher in der Kurztherapie ein entscheidender Schritt. Bei dieser Aufgabe spielt die Einstellung des Patienten eine ausschlaggebende Rolle. In diesem Kapitel werden wir auf diesen Aspekt der Information und seine Anwendung ausführlich eingehen und klarlegen, was wir unter dem »Standpunkt« des Patienten verstehen, welche Bedeutung er für die Therapie hat, wie man ihn ermitteln und schließlich dazu benutzen kann, die Kooperationswilligkeit des Patienten zu aktivieren und dadurch den Erfolg der Behandlung zu steigern.

Im wesentlichen besteht die Hauptaufgabe dieser Therapie darin, den Klienten dahingehend zu beeinflussen, daß er mit seinem Problem oder seinen Schwierigkeiten anders umzugehen lernt. Doch die Art, *wie* wir einen anderen Menschen beeinflussen, hängt weitgehend davon ab, *wen* wir zu beeinflussen suchen. Handelt es sich doch nicht einfach darum, verschiedene Vorschläge zu machen; es kommt vielmehr darauf an, wie man einen Vorschlag verpackt. *Wie* wir jemandem etwas beibringen, mag auf die eine Person überzeugend wirken, auf eine andere jedoch nicht. Zum Beispiel können sich ein Lebemann wie auch ein wirtschaftlich denkender Mensch einen Rolls-Royce anschaffen, doch offensichtlich aus unterschiedlichen Gründen –

der Lebemann aus Statusgründen, der Sparsame, weil die technische Ausrüstung und solide Qualität des Wagens auf die Dauer wirtschaftlicher sind. Im Hinblick auf diese unterschiedliche Attraktivität muß das Verkaufsgespräch des Verkäufers bei jedem Kunden anders sein. Wie er sein Verkaufsgespräch aufzieht, kann über Annahme oder Ablehnung seitens des Kunden entscheiden.

Auch Patienten sind Menschen und haben eigene, entschieden vertretene Überzeugungen, Wertzuschreibungen und Präferenzen, die ihr Handeln oder Nicht-Handeln bestimmen. Die Bedeutung des »Standpunkts« besteht darin, daß er einen inneren Hang des Patienten repräsentiert, dessen sich der Therapeut bedienen kann, will er die Befolgung seiner Weisungen erleichtern und begünstigen. Wenn der Rolls-Royce-Verkäufer dem wirtschaftlich denkenden Kunden auf die technische Ausstattung und die Stabilität des Wagens hinweist, macht er sich die Wertzuschreibungen dieses Kunden zunutze, um ihn zum Kauf zu bewegen. Hätte er statt dessen auf den Wert des Wagens als Statussymbol abgehoben, wäre es ihm nicht gelungen, die Entschlußkraft des Kunden für seine Zwecke einzuspannen. Er hätte den Kunden regelrecht vertrieben; denn er sprach nicht seine »Sprache«.

Es gibt viele Termini oder Wortverbindungen, die wir wählen könnten, um den Komplex von Meinungen und Überzeugungen eines Menschen zu bezeichnen, doch haben wir uns für das Wort Standpunkt entschieden, weil es in komprimierter Form die Wertvorstellungen umfaßt, denen sich der Klient verschrieben hat und für die er bekannt ist – nicht viel anders als eine Figur der Öffentlichkeit aufgrund eines Statements. Die Kenntnis der Einstellung des Patienten ermöglicht es, Richtlinien für eine bestimmte Formulierung – oder »Verpackung« – für einen Vorschlag zu finden, den der Klient dann ziemlich sicher akzeptieren wird. Wir glauben an die Kunst der Überzeugung, die stets eine signifikante Rolle in der Psychotherapie gespielt hat wie auch bei allen anderen Aspekten menschlicher Interaktion. Im Gegensatz zu der Behauptung, daß Überzeugung oder

Überredung im Behandlungskontext nicht vorkommen dürfen, sind wir der Meinung, daß sie nicht zu umgehen sind und außer ausdrücklicher Anerkennung eine disziplinierterere Nutzung verdienen. In diesem Kapitel werden wir über eine effizientere Überzeugung sprechen, eine, die den Standpunkt des Patienten *benutzt*, seine Mitwirkung gewinnen und die Lösung des Problems fördern kann.

Ermittlung des Standpunktes

Gehen wir davon aus, daß der Therapeut interessiert ist, diese Hebelkraft zu nutzen – wie kann er die Einstellung seines Patienten ermitteln, die dazu dienen soll, die Behandlung möglichst effektiv voranzutragen? Zunächst einmal ist es wichtig, wie stets beim Sammeln von Daten, dem Patienten zuzuhören: Welche speziellen Ausdrücke benutzt er, und in welchem Tonfall und mit welcher Betonung äußert er sich? Zwei sehr unterschiedliche Standpunkte lassen sich fast in ein und demselben Wortlaut ausdrücken: In Reaktion auf eine Bemerkung des Therapeuten kann ein Patient entweder sagen: »Ja. (Pause) Ich sehe es ein, das stimmt« oder »Ja, ich sehe es ein, das kann stimmen.« Mit der ersten Feststellung gibt der Patient zu erkennen: »Ich stimme mit Ihnen überein, ich akzeptiere Ihre Bemerkung«, mit der zweiten: »Ich bin nicht Ihrer Meinung, ziehe es aber im Augenblick vor, nicht darauf zu beharren.« Zumindest läßt er einen gewissen Zweifel oder Vorbehalt durchblicken. Achtet der Therapeut nicht auf den genauen Wortlaut und Tonfall, wird er leicht die zweite Erklärung als Zustimmung auffassen und dann verblüfft sein, wenn der Patient seinem Vorschlag nicht folgt.

Menschen können über alles und jedes unter der Sonne entschiedene Ansichten hegen, an denen sie dann eisern festhalten. (Praktisch gesehen ist auch jede entschiedene Unentschiedenheit in irgendeiner Frage ein Standpunkt. Wie Sam Goldwyn angeblich einmal auf einen geschäftlichen Vorschlag geantwortet hat: »Darauf kann ich Ihnen mit einem entschiedenen Vielleicht antworten.«) Es ist dem Patienten nicht möglich, all seine Ansichten zu äußern, doch zum Glück ist es auch nicht nötig, daß der Therapeut alle kennt. Zum Zweck der Behandlung muß der Therapeut auf die Einstellung des Patienten zu seinem Problem sowie zur Behandlung oder zum Therapeuten achten. Da Patienten ihren Standpunkt in bezug auf andere Facetten ihres Lebens erkennen lassen – zum Beispiel, ob sie sich für einzigartig halten oder sich als guten Durchschnitt betrachten – und da diese anderen Einstellungen ebenfalls zur Förderung der Kooperation genutzt werden können, werden diese beiden Hauptbereiche für die Formulierung von Plänen zur Steigerung der Kooperation des Patienten am wichtigsten sein. Die beiden Bereiche werden oft ineinander übergreifen; doch werden wir sie der Klarheit zuliebe getrennt erörtern.

Im allgemeinen bedeutet für den Patienten schon das Aufsuchen eines Therapeuten ein Eingeständnis, daß ihm sein Problem zu schaffen macht, er allein nicht mit ihm fertig wird und nun Hilfe vom Therapeuten braucht. Nichtsdestoweniger werden viele – wenn nicht die meisten – Patienten bestimmte Auffassungen über die Natur ihres Problems und seine mutmaßliche Ursache haben und auch irgendwelche allgemeinen oder speziellen Ideen, wie es gelöst werden könnte. Oft werden sie diesen Vorstellungen schon bei der Darstellung ihres Problems und seiner Geschichte Ausdruck geben. Ignoriert der Therapeut diese »Standortaussagen«, kann er in eine Strategie hineinstolpern, die auf Widerstand stößt; dies wird zumindest viel unproduktive Zeit kosten und könnte sehr wohl den Patienten zum Feind machen. Zum Beispiel können zwei verschiedene Elternpaare ihre Nöte sehr unterschiedlich formulieren, obwohl sie im Grunde die gleichen Probleme mit dem Benehmen ihres Teenagers haben. Andererseits können sie die gleichen Nöte aus sehr verschiedenen Positionen beschreiben, die dem Therapeuten unterschiedliche »Verkaufsgespräche« abverlangen werden:

Elternpaar A: »Wir sind aus *Sorge* um unseren fünfzehnjährigen Sohn gekommen. Er hat extreme *Schwierigkeiten*, sich den *Anforderungen* der Schule anzupassen. Wir meinen, daß seine *Aggressivität* anderen Jungen und manchmal auch uns gegenüber nur ein *Ausdruck* ist dafür, daß er sich *innerlich unglücklich* fühlt. Wir haben *Angst*, daß er noch ganz *zusammenklappt.*«

Elternpaar B: »Wir sind gekommen, weil wir uns total *frustriert* fühlen in unserem Bemühen, unseren fünfzehnjährigen Sohn zu *kontrollieren.* Er *arbeitet* auch *kein bißchen* für die Schule, selbst wenn er sich dazu *entschließt*, hinzugehen, und jetzt sucht er Händel und *Schlägereien* mit anderen Kindern in unserer Nachbarschaft. Er ist auch zu Haus so *ungezogen* geworden, daß wir beschlossen haben, *Hilfe zu suchen.*«

Wie die kursiv gedruckten Worte erkennen lassen, verrät die Sicht des Elternpaares A Mitgefühl. Dem Wesen nach halten sie das Fehlverhalten ihres Sohnes für »krankhaft«. Das Elternpaar B dagegen ist zornig. Sie halten ihren Sohn für böswillig, indifferent gegen andere und im Grunde für »schlecht«. Während die Behandlungserwartungen weitgehend dieselben sein werden – Verbesserung der Schulleistungen und der familiären Beziehungen – und die spezifischen Empfehlungen in beiden Fällen die gleichen sein mögen, werden sich Strategie und »Aufmachung« ganz voneinander unterscheiden. Denn obwohl beide Elternpaare sich ein besseres Benehmen ihres Kindes wünschen, sind sie doch »unterschiedliche Kunden« mit unterschiedlichen Blickwinkeln, die unterschiedliche »Kaufanreize« brauchen, wenn die Behandlung Erfolg haben soll. Welche Instruktionen der Therapeut den verschiedenen Elternpaaren auch immer geben mag, er wird sie für Paar A als »Therapie« aufmachen, für Paar B als »Hilfe bei der Herstellung der notwendigen elterlichen Kontrolle«.

Während die konventionelle Psychotherapie großen Wert darauf legt, verborgener, untergründiger Bedeutung der Patientenäußerung nachzuspüren, halten wir es für besonders wichtig, auf die genaue Formulierung des Patienten zu lauschen, weil gerade der spezielle Wortlaut seine Einstellung verrät.

Ein Patient mag anfangs keinen klaren Hinweis auf seine Position bezüglich des Problems erkennen lassen. Seine Sätze sind wirr, oder sie enthalten offensichtliche Widersprüche – »Er hat sogar dem Therapeuten etwas vorgemacht, zu dem wir ihn geschickt hatten«. In solchen Fällen kann die definitive Position oft durch eine Frage ermittelt werden: »Sie haben mir jetzt eine Menge Material geliefert, was das Problem betrifft; es würde mir nun weiterhelfen, wenn Sie mir verraten würden, *warum* daraus nach Ihrer Einschätzung ein Problem geworden ist.« Oder: »Wie erklären Sie sich das Entstehen und das Fortbestehen des Problems in dieser Form?« Im einen wie im anderen Fall sucht der Therapeut die Meinung des Patienten zu dem Problem zu erforschen.

Die Bestimmung des Patientenstandpunktes erfordert keine besondere Konzentration oder angespanntes Warten auf das Auftauchen eines verborgenen Anhaltspunktes, da gerade jene Einstellungen die brauchbarsten sind, die mit großer Entschiedenheit vertreten werden. Gerade sie werden im Lauf des Gesprächs wieder und wieder Ausdruck finden. Der Therapeut müßte solche Botschaften schon absichtlich überhören, um sie zu verfehlen:

»Am besten beginne ich wohl damit, daß ich Ihnen erzähle, wann ich *den ersten Ärger hatte.* Ich war noch nicht einmal von der high school runter, da fing es mit den Schwierigkeiten an, und seitdem bin ich sie *nicht wieder losgeworden*, glaube ich. In meinem Seniorenjahr wurde es *schlimmer*, und als ich aufs College kam, *mußte ich einen Therapeuten aufsuchen. Vier Jahre* habe ich mit ihm gearbeitet, mußte aber aufhören, als ich graduierte und hierher übersiedelte. Dann ging ich bei einem Dr. Miller in der Stadt *in Behandlung*; bei ihm blieb ich *drei Jahre. Er war dann der Meinung, daß es besser sein würde*, wenn ich ihn nur noch einmal wöchentlich aufsuche. Das *schien* eine Weile zu funktionieren. Doch dann *klappte ich ganz zusammen und kam für zwei Monate ins Krankenhaus* in . . .« (Der Standpunkt des Patienten: »Ich halte mich für sehr labil, und ich sehe schwarz, ob ich je über diese Schwierigkeiten hinwegkommen werde. Auf jeden Fall ist es ein sehr ernstes Problem, und eines, das sehr lange Zeit brauchen wird, wenn es überhaupt zu lösen ist.«)

»Wir sind ganz *verzweifelt* über Johns *Depression*. Wir *kauften ihm ein Fahrrad* in der Hoffnung, daß ihn das *aus dem Haus bringen* und mit anderen Jungen zusammenführen würde, aber er hat es kaum je benutzt. Dann haben wir ihn bei der *Tanzstunde* angemeldet, weil wir dachten, er würde seine *Schüchternheit* überwinden und damit seine Depression. Aber er ist nie hingegangen, und wir hatten das Gefühl, daß es *das beste sei, ihn nicht zu drängen*. Wir haben *alles versucht*, um ihm zu zeigen, daß wir *ihn lieben*. Mein Mann begann mit Fischen, so konnte er John zum Camping mitnehmen. Und wir *machen es uns zur Regel, mindestens einen Tag in der Woche abzuzweigen*, an dem wir mit ihm etwas unternehmen, etwas, *das er gern möchte*. Aber nichts hat geholfen.« (Die Einstellung der Eltern: »Wir halten John für ernsthaft krank, und da ist uns kein Opfer zu groß, wenn es nur hilft.«)

»Er *macht mich* ständig *runter*, besonders in Gegenwart unserer Freunde, und so fühle ich mich *konstant* gedemütigt. Einmal *konnte ich es nicht mehr aushalten*, und ich verließ das Lokal und fuhr heim. *Wissen Sie, was er da tat?* Er übernachtete bei einem Freund, mietete sich einen Wagen und *kam am nächsten Abend nach Haus gerollt und tat, als sei nichts passiert*. Das *machte mich wild*. Ich gehe *auf die Palme*, und er *sitzt einfach da und raucht seine verdammte Pfeife*.« (»Ich brauche etwas Respekt von seiner Seite, doch ebenso bin ich wütend und brenne darauf, ihm überlegen zu sein.«)

»Wie ich Ihnen schon sagte, es ist sehr wichtig für mich, dieses Problem zu beherrschen. Nun gibt es aber leider gewisse Schwierigkeiten, einen neuen Termin festzusetzen, es sei denn, Sie behandelten Patienten auch abends. Heute habe ich gerade Glück gehabt, daß ich wegen eines Engpasses in der Arbeit kommen konnte; so konnte ich mich eine Stunde freimachen. Doch kann ich damit natürlich nicht immer rechnen, und noch schlimmer ist, daß ich eine Menge reisen muß, und das kann ganz plötzlich sein. Wenn es Ihnen recht ist, können wir einen neuen Termin ansetzen, obwohl ich Ihnen vielleicht nur kurzfristig vorher absagen kann. Oder wie wäre es, wenn ich Sie anriefe, wenn ich weiß, daß ich frei sein werde, und wenn Sie dann Zeit haben, könnte ich gleich kommen?« (»Obwohl ich betont habe, wie wichtig mir die Lösung meines Problems sei, ist es mir nicht eilig; wenn es darum geht, mein Problem durchzuarbeiten, haben die Alltagsgeschäfte jedenfalls den Vorrang.«)

Verschiedenartige Standpunkte

Einstellungen, die sich in signifikanter Weise auf den Kurs der Behandlung auswirken, gibt es nur in geringer Bandbreite. Zunächst einmal werden die Leute entweder sich selbst als Patienten definieren oder jemand anderen – für gewöhnlich ein Familienmitglied – zum Patienten erklären. Wenn sie jemand anderen als Patienten definieren, werden sie sich als wohlwollend besorgt um einen Menschen aufspielen, der entweder »krank« oder das Opfer einer »bösen« Person ist.

Ob der Klient sich als Patient identifiziert oder nicht, er wird entweder die Position einnehmen, daß das Problem außerordentlich schmerzhaft und eine Änderung dringend notwendig ist, oder er wird den Standpunkt vertreten, daß der Stand der Dinge wenig wünschenswert, aber nicht ausgesprochen lästig und ein Wandel nicht nötig oder zumindest nicht dringend nötig sei.

Letzteres wird am öftesten von Individuen vertreten, die sich unter Druck oder Zwang zur Therapie einfinden; zum Beispiel von Straffälligen, die sich auf Befehl des Gerichts als Vorbedingung für eine Bewährungsfrist einer Behandlung unterziehen; oder von einem »Alkoholiker«, dem seine Frau mit Scheidung droht, »wenn du dir nicht helfen läßt«; oder von einem Kind, dessen Verhalten anderen Anlaß zur Sorge gibt; oder von der Mehrzahl der »Schizophrenen«.

Darüber hinaus werden die Menschen – welcher Art auch

immer das Problem ist oder wer auch immer als Patient definiert wird – eine, auf das Problem bezogene, pessimistische Haltung erkennen lassen, oder sie werden die Einstellung vermitteln, daß das Problem, wiewohl schwierig, zu lösen sei. Im Gegensatz zu dem pessimistisch eingestellten Patienten mögen andere nicht einfach eine hoffnungsvollere Einstellung verraten, sondern das krasse Gegenteil der pessimistischen, nämlich eine hochgradig erwartungsvolle Haltung in bezug auf das haben, was man fertigbringen könnte und sollte – zum Beispiel »volle Selbstverwirklichung« oder sein Leben von den »Fesseln der Alltagssorgen« vollkommen befreien. Wiewohl diese Position der Dimension Pessimismus/Optimismus zugeschrieben werden könnte, haben wir sie einer separaten Kategorie zugeordnet, da sie für eine spezielle Gruppe von Patienten charakteristisch ist, die zu Opfern des paradoxen Gebots »Du *mußt* frei sein!« wurden.

Was die Therapie selbst betrifft, werden Patienten für gewöhnlich eine von drei Positionen einnehmen: (1) die eines passiven Rezipienten der Weisheit und des Rates des Therapeuten; oder (2) sie werden, umgekehrt, aktiv die Therapie selbst in die Hand nehmen und den Therapeuten zum passiven »Kopfhörer« degradieren; oder (3) sie werden in der Beziehung zum Therapeuten Hilfe suchen. In bezug auf eine andere Dimension der Aktivität werden die Patienten den therapeutischen Prozeß entweder als einen Vorgang betrachten, der beträchtliche Überlegungen und Erkenntnis erfordert (»Ich weiß nicht, warum . . .«), oder als einen, der ein Handeln von ihrer Seite (»Ich weiß nicht, was ich tun soll, wenn . . .«) verlangt. Diese letztere Haltung gibt es oft in Begleitung einer zusätzlichen, der zufolge die Lösung des Problems auf rationalem Weg oder durch den »gesunden Menschenverstand« erreicht wird, während andere zu erkennen geben, daß sie auf magische oder unerwartete Mittel bei der Problemlösung bauen. Dies sind in Wirklichkeit Versionen der beiden Generalthesen, daß man das Ziel entweder durch Überlegung oder aber durch intuitive Spontaneität erreicht.

Schließlich können auch bestimmte persönliche Wertzuschreibungen einen direkten Einfluß auf die Behandlung haben und, wenn als solche erkannt, dazu benutzt werden, den »Verkauf« zu fördern. Zum Beispiel halten sich manche Patienten für außergewöhnlich und dem Durchschnitt der Menschen überlegen; sie kann man durch eine Herausforderung oder ein Wagnis motivieren. Andere hingegen haben Angst, sich hervorzutun, sie würden vor einer Herausforderung zurückschrecken, eine *dem Anschein nach* kleine und unauffällige Aufgabe jedoch begrüßen. Manchen wird man anmerken, daß sie sich für »treusorgende« oder »beispielhafte« Erzieher halten; sie werden durch konstruktive, jedoch scheinbar mit Aufopferung verbundene Aufgaben (»Du mußt auch mal an dich selbst denken«) motiviert.

Wie bereits erwähnt, kann sich die Einstellung zu einem Problem mit der Einstellung zum Behandlungsprozeß decken. Ein Patient, der sich pessimistisch über sein Problem äußert, spricht sich zugleich auch pessimistisch über Ablauf, Dauer und Resultat der Behandlung aus. Dennoch halten wir die weitere Erörterung von Einstellungen zur Behandlung für wichtig, damit der Therapeut den Fortgang der Therapie vorantreiben und kostspielige Reinfälle vermeiden kann.

Vermutlich die wichtigste Einstellung zur Behandlung ist, wieweit sich der Betreffende überhaupt als Klient betrachtet, was nicht bedeutet, wieweit er sich als Patient definiert oder nicht. Während die Bezeichnungen »Klient« und »Patient« aus der Sicht des Therapeuten austauschbar sind, muß doch in diesem speziellen Zusammenhang eine Unterscheidung getroffen werden. Ein »Klient« ist in unserem Sinn ein Mensch, der aktiv Hilfe bei einem Therapeuten sucht; er ist ein »Kläger«. Unter »Patient« ist in diesem Sinn der Mensch zu verstehen, den der Kläger als abweichende oder belastete Person bezeichnet, und das kann entweder er selbst oder jemand anders sein. Also kann einer sich selbst als Klient definieren, obwohl er als Kläger auftritt und über das Verhalten einer anderen Person klagt, die er als »Patienten« identifiziert. In der Tat ist dies meist dann der Fall, wenn Eltern wegen eines Kindes beim Therapeuten Hilfe suchen. Sich selbst als Klienten zu definieren bedeutet, daß man ernsthaft an einer Veränderung, an einer Befreiung von der Beschwerde interessiert ist, ob diese Beschwerde einen selbst betrifft oder jemand anderen. Dem Wesen nach begreift diese Definition drei Elemente in sich: (1) »Ich ringe mit einem Problem, das mir schwer zu schaffen macht.« (2) »Es ist mir nicht gelungen, es aus eigener Anstrengung zu lösen.« (3) »Um es zu lösen, brauche ich Ihre Hilfe.« Von den meisten Klienten kann man indes nicht erwarten, daß sie das so klar und deutlich erkennen. Für gewöhnlich wird dieser Zusammenhang bei der Schilderung des Problems und der zu seiner Lösung unternommenen fruchtlosen Anstrengungen indirekt oder aber durch die Reaktion auf den Kommentar des Therapeuten übermittelt: »Ich war jetzt wirklich lange Zeit schwer deprimiert. Ich meine, es begann vor vier Monaten. Zuerst versuchte ich, es einfach zu ignorieren. Aber es wurde immer schlimmer, je mehr ich es versuchte. Letzte Woche kriegte ich es richtig mit der Angst zu tun. Ich ertappte mich dabei, daß ich darüber nachdachte, wie ich mich umbringen könnte. Und das rüttelte mich auf. Mir wurde klar, wie schlimm ich dran war, und so sprach ich schließlich mit meinem Vetter, der etwas Ähnliches durchgemacht hat. Er sagte mir, daß er Sie aufgesucht hätte und daß Sie ihm sehr geholfen hätten, und so rief ich Sie am nächsten Tag an.« Genau mit dieser Einleitung identifizierte sich der Sprecher als Klient und zusätzlich auch als Patient.

Ob eine Person sich als Klient definiert oder nicht, kann von großer Bedeutung sein, da der Nicht-Klient nicht wirklich an einer Veränderung der Dinge interessiert ist, selbst wenn er klagt. Er ist eben nicht in dem Maße beunruhigt über das Problem, oder, wenn doch, so ist er noch nicht überzeugt, seine eigenen Mittel erschöpft zu haben, um es zu lösen. Selbst wenn er damit am Ende ist, hält er die Psychotherapie nicht für die geeignete Alternative. Meistens ist der Mensch, der diese Haltung einnimmt, unter Druck in der Sprechstunde des Therapeuten erschienen – dem Druck seiner Eltern, des Ehepartners, des Gerichts oder seiner erwachsenen Kinder.

Der Therapeut wird feststellen, daß er beträchtliche Schwierigkeiten hat, den Nicht-Klienten zur Sache zu bringen. Die Antworten auf seine Fragen werden abweisend knapp sein oder umgekehrt sich liebenswürdig weitschweifig in philosophischen Gemeinplätzen über Tagesereignisse und dergleichen bewegen. In jedem Fall wird sich der Therapeut anstrengen müssen, um brauchbare Informationen zu bekommen. Dementsprechend schwierig wird es mit Verabredungen sein: »Diese Woche kann ich mich absolut nicht mehr freimachen. Kann man auch abends einen Termin bekommen?« oder »Ich möchte nicht gleich einen neuen Termin vereinbaren. Ich wollte nur sehen, ob wir miteinander auskommen. Ich möchte nächste Woche noch andere Therapeuten ausprobieren.« (Weitere Erörterungen über Anerkennung durch den Klienten und Interventionen bei dem Nicht-Klienten siehe Kapitel 2 und 4.)

Es ist wichtig, auch eine andere Haltung so früh wie möglich bei der Behandlung zu identifizieren und sie mit einzubeziehen. Der Klient mag echt unter seinem Problem zu leiden haben, am Ende seiner Weisheit angelangt und aktiv um Therapie bemüht sein. Jedoch hat er so entschiedene Meinungen über die geeignete Behandlungsstruktur, daß er dem Therapeuten nicht einräumen will, fundamentale Verfahrensentscheidungen zu treffen; statt dessen versucht er, ihm Bedingungen aufzuerlegen, die jede Aussicht auf eine Lösung des Problems zunichte machen würden. Was immer er für Absichten haben mag, im Grunde versucht er dem Therapeuten die Hände zu binden: »Ich muß mich in bezug auf meine Ehe entscheiden. Ich möchte aber ausdrücklich betonen, daß meine Frau unter keinen Umständen wissen darf, daß ich Sie aufsuche.« Oder: »Da mein Problem damit zusammenhängt, daß ich meine Gefühle unterdrückt habe, kann ich nur mit Ihnen arbeiten, wenn Sie mir zusichern, daß ich meinen Gefühlen freien Lauf lassen kann. Mein voriger Therapeut hat mich immer dazu ermuntert, und ich werde auch alles bezahlen, was ich in Ihrem Sprechzimmer kaputtmache.«

Oder: »Ich kann Sie vielleicht nur einmal im Monat sehen.« Genau wie bei der Position des Nicht-Klienten sieht man sich vor der Alternative, solche Klienten zu verabschieden oder ein unmögliches Arrangement durchzustehen. Diese beiden Möglichkeiten wurden in Kapitel 2 behandelt.

Den Standpunkt des Patienten nutzen

Wie kann der Therapeut, nachdem er die Haltung des Patienten in bezug auf sein Problem und in bezug auf die Therapie bestimmt hat, diese nutzen? Zunächst einmal hat der Therapeut im Interesse einer Abkürzung der Behandlung nicht den Wunsch, Bemerkungen zu machen, die auf seiten des Patienten Widerstand hervorrufen werden, es sei denn, dies gehört zur geplanten Strategie. Zweitens wird er im selben Interesse die Compliance des Patienten zu maximieren trachten. Die Position des Patienten kann dazu benutzt werden, diese Ziele zu erreichen. Doch während ersteres den Therapeuten aus den Schwierigkeiten heraushalten wird, ist letzteres äußerst relevant für eine beschleunigte Lösung des Problems. Aus diesem Grund werden wir zu diesem zweiten Punkt noch mehr zu sagen haben.

Widerstand vermeiden

Ein Therapeut kann durch Bemerkungen, die den Patienten aufregen oder seine Glaubwürdigkeit mindern können, Widerstand erzeugen. Legt der Patient zum Beispiel eine pessimistische Haltung an den Tag: »Das Problem besteht nun schon so lange, und die frühere Behandlung hat nicht geholfen, aber mein Arzt meinte, Sie seien in der Lage gewesen, einer Menge von Leuten mit dem gleichen Problem wie meinem zu helfen«, wird der Therapeut beträchtlichen Widerstand wecken, wenn er durchblicken läßt, daß er selbst die Sache optimistisch sieht: »Es hört sich ein bißchen mutlos an, was Sie da über sich und Ihre frühere Therapie sagen, aber ich meine, Sie haben das nicht nötig. Vielleicht sollten wir uns zuerst auf den Grund für Ihre Mutlosigkeit konzentrieren.« Obwohl eine positive Absicht hinter diesen Worten steckt, läuft sie doch der pessimistischen Einstellung des Patienten zuwider, und es läßt sich voraussehen, daß sie die Kooperation des Klienten hemmen und den Erfolg der Behandlung aufhalten wird, zumal der Klient durch frühere Therapeuten entmutigt wurde, die ihre Behandlung ebenfalls mit einer positiven, optimistischen Note begannen, und ohne die geringste Besserung abbrachen. Der Therapeut könnte sich heraushalten, indem er nicht darauf eingeht; doch sein Schweigen würde als Zustimmung fehlgedeutet werden, daß er »Wunder wirken« könne. Auf jeden Fall ist es stets nützlicher – auf eine Weise zu reagieren, die eine Bewegung zum Günstigen auslöst. Zu diesem Zweck wird der Therapeut seinen Kommentar auf den des Patienten abstimmen wollen: »Ich kann Ihre Hoffnung, daß ich Ihnen helfen kann, nur zu gut verstehen; doch in Anbetracht dessen, was Sie alles durchgemacht haben, sowie des Scheiterns Ihrer bisherigen Bemühungen halte ich es für weit angebrachter, daß Sie sich auf der Basis einer gesunden Skepsis statt der eines blinden Optimismus bei mir in Behandlung begeben.« Mit solcher Darstellung seiner eigenen Position kann der Therapeut paradoxerweise den Pessimismus des Patienten verringern, da er ja versteckt zu erkennen gibt, daß er die Mutlosigkeit des Patienten als berechtigt anerkennt und daß er nicht die Absicht hat, ihn in falschen Hoffnungen zu wiegen. Zudem, trotz der pessimistischen oder zumindest warnenden Worte des Therapeuten, ist doch seine Anspielung auf mögliche *Resultate*, da sie versteckt erfolgt und daher nicht bestritten werden kann, von Optimismus geprägt.

Bei anderen Formen des Austauschs kann der Therapeut seine Glaubwürdigkeit verringern, indem er Kommentare abgibt, die ungewollt provozierend wirken:

Ehemann (in gemeinsamer Sitzung mit Frau): Unser Bengel ist der Nagel zu unserem Sarg. Wenn er nicht wäre, hätten wir keine Probleme. Wir führen eine gute Ehe, haben ein schönes Heim und erfreuen uns an vielerlei Aktivitäten, er aber treibt uns zur Verzweiflung.

Th: Nun, John, Sie sagen, Sie führen eine gute Ehe. Doch Sandy hat gesagt, Sie schlafen in getrennten Schlafzimmern, gehen kaum jemals zusammen aus und haben noch nicht einmal die üblichen Unstimmigkeiten. Mir scheint, daß Ihre Klagen über Ihren Sohn Ihre Eheprobleme verschleiern sollen.

Diese Bemerkung ist dazu geeignet, den Ehemann zu provozieren. Zunächst einmal hat dieser in Gegenwart seiner Frau gesagt, daß er ihre Ehe als gut betrachte; die Zuschreibung des Therapeuten beinhaltet, daß der Klient entweder lügt oder offensichtliche Schwierigkeiten bemäntelt. Da zudem sein Hauptanliegen seinen Sohn betrifft, nicht seine Ehe, kann der Kommentar des Therapeuten beinhalten, daß seine Klage unberechtigt ist und daß der Therapeut mit Sohn und Frau gegen ihn Partei ergreift. Auch diesmal hätte sich der Therapeut aus den Schwierigkeiten heraushalten können, wenn er sich seine Bemerkung zur Ehe gespart hätte – zumindest noch zu diesem Zeitpunkt. Mehr noch, er hätte die Position des Vaters dazu nutzen können, dessen Kooperation zu stärken: »Zumal da Ihre Ehe gut ist, kann man sicher sein, daß Sie alles in Ihren Kräften Stehende tun, um die Schwierigkeiten mit Ihrem Sohn zu beseitigen, so daß Sie beide noch mehr von Ihrer Ehe haben.«

Um die Erregung überflüssigen Widerstands beim Patienten zu vermeiden, sollte der Therapeut die Erklärungen des Klienten zunächst akzeptieren und die Wertvorstellungen, die sie repräsentieren, anerkennen, also kränkende und wertende Kommentare unterlassen. Natürlich macht es die Sache leichter, wenn man weiß, was man *nicht* sagen soll, weil man dann weiß, was man sagen kann, welchen Zeitpunkt und welches Tempo der Therapeut auch wählen mag. Manchmal wird ein einfaches Kopfnicken genügen, um dem Patienten zu zeigen, daß man seine Aussage akzeptiert. Man braucht dann nichts weiter zu tun, zumindest nicht zu diesem Zeitpunkt.

Die Mitarbeit des Patienten verbessern

Bei der Behandlungsphase, mit der wir es hier zu tun haben, wird der Therapeut eine Aufgabe formuliert haben, die, wenn der Patient sie ausführt, die Chancen für eine Lösung des Problems verbessern sollten. Er muß nun dem Patienten diese Aufgabe in einer Weise nahebringen, welche der inneren Einstellung entspricht, die dieser zu erkennen gab. Angenommen zum Beispiel, die Klienten hätten ein Kind, das zu Hause ein schweres Fehlverhalten an den Tag legt – Wutanfälle, Desorganisation des Tagesablaufs, mangelnde Zusammenarbeit bei der Hausarbeit und dergleichen mehr. Jedoch halten sie dieses Benehmen nicht für Trotz oder einfaches Fehlverhalten, sondern für eine Manifestation tieferliegender psychologischer Probleme: »Er hat zuwenig Selbstachtung« oder »Es quält ihn etwas, über das er mit uns nicht reden kann.« Aufgrund dieser Ansicht versuchten sie, sein Verhalten zu korrigieren, indem sie ihn bedrängten, sich ihnen gegenüber »zu öffnen«, es unterließen, ihn zu bestrafen oder bei Geboten oder Verboten festzubleiben, und indem sie ihn von einer Beratungsstelle zur anderen schleppten. Diese Bemühungen stimmten alle mit der Ansicht überein, daß er »nichts dafür kann« und unfähig ist, sich zu beherrschen. Je mehr sie sich auf diesen Weg festlegten, desto abschreckender wurde für sie die Vorstellung, ihn zu strafen oder ihm für sein Fehlverhalten unangenehme Konsequenzen aufzuerlegen. Aus ihrer Sicht handelte es sich bei ihrem Sohn um ein schwerwiegendes emotionales Problem, gegen das weitere Anstrengungen ihrerseits nichts fruchten würden; ihre einzige Hoffnung bestand darin, einen Experten zu finden, der den Jungen zur Behandlung zu bewegen vermochte und »ihn da herauszieht und das Kind irgendwie von irgendwelchen verborgenen Konflikten befreit«.

Der Therapeut ist sich jedoch darüber klargeworden, daß das Problem gerade aufgrund dieser Sicht und der von den Eltern dementsprechend unternommenen Schritte erhalten bleibt. Es ist nicht nötig, daß sie ihre Ansicht ändern, sondern nur, daß sie bereit sind, ihrem Sohn ein gewisses Maß an Disziplin aufzuerlegen und daß sie aufhören, ihren Sohn in seiner Entwicklung zu hemmen. Der Therapeut riskiert einen Fehlschlag, wenn er einfach erklärt, daß sie das tun müßten, da sie dies als eine Aufforderung deuten würden, die »Krankheit« ihres Jungen zu ignorieren und ihn für Dinge zu bestrafen, für die er »nichts kann«. Doch sind Disziplin und Konsequenz anerkannte Formen der Strukturierung und der Führung und sind daher auch in der Therapie angebracht. Außerdem könnten die Eltern die Idee akzeptieren, daß »selbst wohltätige Medizin bitter schmecken kann, es jedoch eine grobe Verantwortungslosigkeit wäre, sie deswegen nicht zu verabreichen«. Schon seine »Aufmachung« nach diesen Richtlinien planend, kann der Therapeut es arrangieren, daß er das Kind allein bei sich sieht und dabei ankündigt, nach dieser »diagnostischen Sitzung« eine Sitzung mit den Eltern zu vereinbaren, um ihnen seine Erkenntnisse mitzuteilen:

Th: Es war sehr wertvoll, Sean hierzuhaben, weil ich dadurch in der Lage war, Dinge festzustellen, die er nicht so recht in Worte fassen konnte. Zunächst einmal, Sie haben ganz recht, daß ihm etwas zu schaffen macht, und das, was ihn plagt, wirkt sich, wie Sie richtig schätzten, nachteilig auf seine Selbstachtung aus. Am wertvollsten war, daß ich erfassen konnte, was ihm die meisten Sorgen macht und seiner Konfliktsituation zugrunde liegt. (Der Therapeut hält inne, um zu prüfen, ob die Eltern akzeptieren, was er bis jetzt gesagt hat.)

Der Konflikt besteht essentiell in Folgendem: Nach *außen hin* sieht er sich gezwungen zu tun, was ihm gefällt, zu fordern, was er will und wann er es will, ohne Rücksicht auf Unannehmlichkeiten für andere. Jedoch tief *in seinem Innern* – und das ist äußerst wichtig – verachtet er sich selbst wegen dieses egozentrischen Zwanges und fürchtet, daß er zu mächtig und sein Hedonismus unbesiegbar geworden ist. Am meisten Angst hat er davor, daß er gerade die Menschen, von denen er in seiner Geborgenheit und seinem Wohlergehen abhängt, zu sehr schikanieren oder sogar zugrunde richten könnte. Diese tödliche Angst vor seiner Allmacht ist es, die als alleiniger, mächtiger Faktor den immer größer werdenden Teufelskreis aufrechterhält. Sein aufrührerisches Verhalten ist in erster Linie als beschwörende Bitte zu verstehen, ihn von seinem Tun abzubringen und ihm auf diese Weise beruhigend vor Augen zu führen, daß er gar nicht soviel Macht besitzt.

(Hier hält der Therapeut wieder inne; da er gerade einen wichtigen Punkt berührt hat, möchte er überprüfen, wieweit er akzeptiert wurde oder nicht. Die allgemeine Regel hierfür lautet über den Daumen gepeilt: Alles, was weniger ist als ein unzweideutiges verbales oder nonverbales »Ja«, hat als »Nein« zu gelten; in solchem Fall sollte der Therapeut nicht auf dem gleichen Gleis fortfahren. Hier in unserem Beispiel wollen wir davon ausgehen, daß die Eltern positiv reagieren.)

Ich kann Ihnen das nicht zum Vorwurf machen, was Sie getan haben, um Ihrem Sohn zu helfen. Sie taten Ihr Bestes und das, was Sie für richtig hielten. Doch wie Sie sehen, hat seine »beschwörende Bitte«, ihn zu stoppen, das Gegenteil bei seinen Eltern bewirkt – was ihn natürlich noch mehr erschreckt. Nein, die lebensrettende Medizin, die er braucht, besteht darin, ihm zu seiner Beruhigung beizubringen, daß er alles andere als allmächtig ist, daß er nicht mit seinen Eltern machen kann, was er will, und daß in jedem Fall sie das Steuer in der Hand haben. Dies wird jedoch nicht einfach sein, da es einiges Handeln Ihrerseits erfordert, das zunächst willkürlich oder schroff erscheinen mag, aber keineswegs so gefühllos, als wollten Sie ihn verkommen lassen. Das, was er braucht, wird jedenfalls ein Opfer von Ihnen verlangen.

Wenn an diesem Behandlungspunkt ein Elternteil sich folgendermaßen äußert: »Nun, das hängt davon ab, was Sie von uns verlangen – was wir tun sollen«, so ist dies eine Äußerung, die Widerstand verrät. Der Therapeut sollte sich dann am besten verschanzen und nicht weiter mit seinem Plan vorwärts drängen. Widerstand macht sich meist nicht bemerkbar, wenn die Klienten die Grundprämisse der »Allmachtsangst« akzeptiert haben. Dann kann er dazu übergehen, im Detail darzulegen, wie die Eltern dem Sohn zu der »therapeutischen Einsicht« verhelfen können. Tatsächlich wird er ihnen raten zu tun, was Eltern normalerweise tun, wenn ein Kind sich schlecht benimmt: nachdrücklich darauf hinzuweisen, daß es fähig ist, dieser dringenden Bitte zu entsprechen und, wenn es nicht folgt, dies mit Strafmaßnahmen zu ahnden.

Auf diese Weise hat sich der Therapeut die Position seiner Klienten zu ihrem »kranken« Kind zunutze gemacht und sie zu einer effektiveren Zusammenarbeit mit ihm bewegt – und das, ohne sie durch Einschüchterung, Konfrontation oder Überredungskunst zu einer Änderung ihrer Einstellung bringen zu müssen. Es wird ihm auch gelungen sein, sie innerhalb von zehn Minuten zur Kooperation zu gewinnen, indem er der »Krankheit« des Kindes und dementsprechend dem Handeln einen neuen »Rahmen« gab.

Ein zweites Beispiel:

Eine Ehefrau beschwert sich, daß ihr Mann sich nichts aus ihr mache und ihren Bedürfnissen keine Beachtung schenke. Sie habe bereits an Scheidung gedacht, fürchte diesen Schritt jedoch und würde viel lieber verheiratet bleiben, wenn man nur die »Kälte« ihres Mannes beheben könnte. Sie bitte daher um »Eheberatung«: »Ich bin mir darüber klar, daß die Ursache für den Zusammenbruch unserer Kommunikation in seiner Indifferenz mir gegenüber zu suchen ist. Ich versuche immer, mit ihm ins Gespräch zu kommen, aber er sagt, er habe nichts zu erzählen, und versteckt sich dann hinter seiner Zeitung. Ich sollte mich darüber nicht wundern. Schließlich ist er in einer Familie aufgewachsen, in der bis zum heutigen Tag Vater und Mutter nie irgendwelche Zuneigung füreinander gezeigt haben – fast so, als sei es ein Zeichen der Schwäche, Liebe zueinander zum Ausdruck zu bringen. Ich hatte gehofft, Sie würden es fertigbringen, daß er mit mir käme und Sie ihn zu der Einsicht bringen, wie sehr mich seine Gleichgültigkeit schmerzt. Dann könnten wir gemeinsam an unserer Kommunikation arbeiten.«

Der Therapeut hat bereits erkannt, daß sie, obwohl sie ihre

Bedürfnisse deutlich zu machen sucht, sich in Wirklichkeit sehr unklar ausdrückt oder ihre Äußerungen auf konfuse und frustrierende Weise von sich gibt. Oft verbindet sie ihre »Bitten« mit kritischen Bemerkungen über all seine früheren Versäumnisse. Sie räumt zwar ein, daß sie in der Formulierung ihrer Wünsche ihm gegenüber nicht immer präzise sei, rechtfertigt sich aber mit der Bemerkung: »Es sollte ihm vollkommen klar sein, was ich möchte. Schließlich lebt er schon siebzehn Jahre mit mir.«

Während sie meint, der Mangel an Zuvorkommenheit ihres Mannes rühre daher, daß er »sich nichts aus ihr mache«, sieht der Therapeut darin ein Ergebnis ihrer ständigen Krittelei sowie ihres Unvermögens, klar auszudrücken, was sie von ihm will. Ziel des Therapeuten ist, sie dazu zu bekommen, sich ihrem Mann gegenüber präziser zu äußern, ohne ihn zu kränken. Er weiß indes im voraus, daß er wohl kaum mit ihrer Mitarbeit rechnen kann, wenn er ihr klarmacht, daß sie selbst am meisten zum traurigen Stand der Dinge beiträgt. Sie hat freilich ihre Position bereits erkennen lassen: Ihr Mann ist der Schuldige, ihm gebührt der Schwarze Peter. Diesen Fehler besaß er schon immer, bevor sie ihn überhaupt kennengelernt hatte; welches Manko er auch immer aufweisen mag, auf ihren Einfluß ist es nicht zurückzuführen.

Wenn der Therapeut diese Einstellung erkennt und berücksichtigt, kann er die Klientin für die Mitarbeit gewinnen und damit die Chancen für eine Lösung des Problems vergrößern:

Th: Letzte Woche habe ich, wie Sie wissen, Ihren Mann bei mir gehabt, und während ich mit ihm sprach, erhielt ich einige deutliche, wenn auch schwer deutbare Eindrücke. Da ich mir aber nicht ganz sicher bin, und da Sie ihn besser kennen, als es mir je möglich wäre, würde ich sie gern mit Ihnen durchsprechen. Zunächst einmal – sage ich zuviel, wenn ich behaupte, daß seine Eltern kühle und übermäßig beherrschte Menschen sind?

Ptin: Oh, nein. Das ist sogar derart unerfreulich, daß ich es kaum abwarten kann, bis sie wieder gehen, wenn sie bei uns zu Besuch sind.

Th: So habe ich mir das gedacht. Nun, soviel ich weiß, ist Ihr Mann Techniker, doch wieweit ist er an musischen Dingen interessiert?

Ptin: Ach, es ist lächerlich. Ich habe die größte Mühe, ihn dazu zu bewegen, mal mit mir in die Oper oder ins Museum zu gehen. Am liebsten guckt er in die Röhre, besonders beim Football- oder Baseballspiel.

Th: (nachdenklich) Okay. Das paßt genau. Ich frage mich, ob Sie – wenn Sie zurückblicken – jemals auch nur andeutungsweise bemerkt haben, daß er Sie um Ihre Wärme und Ihr Interesse an Menschen beneidet hat. Nicht, daß das sehr auffällig gewesen sein muß – haben Sie je so etwas bemerkt?

Ptin: Nun, wenn ich jetzt darüber nachdenke, hat es Zeiten gegeben, in denen er unerklärlicherweise an einigen Dingen interessiert war, die mich interessierten – einmal bin ich fast in Ohnmacht gefallen, weil er mir ein Buch über die Oper mitgebracht hatte.

Th: Hmmm (mit nachdenklichem Kopfnicken, das eine gewisse Befriedigung verrät, weil nun alle Teile zusammenstimmen). Eine letzte Frage: Wenn Sie ihn darauf angesprochen haben, daß er Ihnen gegenüber sowenig aufmerksam sei, ist er da böse geworden, zorniger als normal, wenn man mit einem solchen Vorwurf konfrontiert wird?

Ptin: Zornig? Er schimpft und schreit, mit nichts könne er es mir recht machen. Manchmal stürzt er fort aus dem Haus und kommt erst nach Stunden zurück.

Th: (nickt mit dem Kopf, als habe er den endgültigen Beweis.) Verstehen Sie, alles, was Sie mir erzählt haben, bestätigt den Eindruck, den ich hatte, als ich mit Bob sprach. Ich war mir nicht sicher, weil ich dem nur bei wenigen Männern begegnet bin, und es ist auch ein schwer zu deutendes Phänomen. Doch es existiert nun einmal, und ich hoffe, daß ich es Ihnen richtig erklären kann. Was Sie mir zu erkennen halfen, ist, daß Bob sozusagen in gewissem Sinne menschlich verkrüppelt ist, höchstwahrscheinlich aufgrund seiner frühkindlichen Erziehung, und zwar auf seltsame Weise. Er kann durchaus ein sehr intelligenter Mensch sein, verstehen Sie, aber es fehlt ihm an einem bestimmten Empfindungsvermögen in bezug auf die Bedürfnisse und Sensibilitäten anderer, und das um so mehr, je näher sie ihm stehen. Ich verstehe es selbst nicht, doch kann er mit Menschen, die ihm weniger bedeuten, geringere Schwierigkeiten haben. Je enger und wichtiger die Beziehung ist, desto mehr wird dieses Manko spürbar. Was das Problem um so kniffliger macht, ist, daß er sich seiner gar nicht bewußt wird; und deshalb wird er so böse, wenn man ihm vorwirft, daß er gleichgültig und lieblos sei, selbst wenn es zu Recht geschieht, da er es einfach nicht merkt, daß er sich kümmern sollte. Man könnte es so ausdrücken: Er ist fast so etwas wie retardiert, natürlich nicht intellektuell, doch was sein Empfindungsvermögen betrifft.

(An diesem Punkt angelangt, wird der Therapeut innehalten. Er hat eine wichtige Aussage lanciert, die er nur dann weiter ausbauen will, wenn die Patientin sie so weit akzeptiert. Der Hauptpunkt besteht in der *Umbenennung* des Mangels an Zuvorkommenheit ihres Mannes: er beruht nicht auf »Gleichgültigkeit«, sondern auf »Unfähigkeit«. Auf diese Weise braucht sie sein Verhalten nicht als persönlichen Affront aufzufassen; vielmehr kann sie es nun als Zeichen für eine höchst bedeutsame Beziehung betrachten, eine Beziehung, bei der sie sich ihm überlegen fühlen kann.)

Das müssen Sie zu verstehen lernen: Obwohl er sich durchaus etwas aus Ihnen macht, ist er einfach nicht imstande, dem so spontan Ausdruck zu verleihen wie der erste beste, der über mehr Empfindungsvermögen verfügt. Und aufgrund dessen könnten Sie sich entscheiden, ihn zu verlassen. Wenn Sie sich jedoch entschließen, bei ihm zu bleiben, kann man ihm helfen, seine Gefühle für Sie besser zum Ausdruck zu bringen; aber es wird auch etwas von Ihnen erfordern. In erster Linie müssen Sie lernen, Ihre Bedürfnisse und Wünsche peinlich genau zu äußern. Beim Durchschnittsmenschen genügt es zu sagen: »Oh, was für schöne Blumen sind in diesem Heft abgebildet.« Einem so beschränkten Menschen wie Bob muß man es deutlicher zu verstehen geben: »Wie würde ich mich über ein paar Rosen zum Wochenende freuen. Gelbe mag ich am liebsten.« In diesem Fall also klagt die Frau darüber, daß ihr Mann ihre Bedürfnisse und Wünsche in einem für sie demütigenden und schmerzlichen Maß ignoriert. Dieses Verhalten schreibt sie einem Defizit seinerseits und nicht ihrerseits zu und definiert es als »Gleichgültigkeit«. Außerdem fühlt sie sich ihm unterlegen und grollt darüber. Der Therapeut sieht das Problem natürlich anders und hält es für lösbar, wenn sie ihre Kritik an ihrem Mann unterlassen und statt dessen deutlicher äußern würde, was sie sich wünscht. Offensichtlich steht seine Formulierung in direktem Gegensatz zu ihrer Meinung, daß sie als Opfer frei von Tadel sei. Daher macht sich der Therapeut ihre Position »Es ist sein Fehler« zunutze, wandelt aber das Defizit »Indifferenz« in »vermindertes Empfindungsvermögen« um. Auch nutzt der Therapeut den Wunsch, ihrem Mann überlegen (oder zumindest nicht unterlegen) zu sein, indem er sie implizite als ihm im Bereich des »Empfindungsvermögens«, der »Sensitivität« und »musischen Kreativität« überlegen etikettiert. Auf diese Weise hat der Therapeut ohne großen Zeitaufwand die Chancen, sich ihrer Mitarbeit zu versichern, maximiert.

Ein letztes Beispiel:

Ein vierzehnjähriger Junge tat in der Schule ganz und gar nicht gut. Er schwänzte den Unterricht, weigerte sich, Hausarbeiten zu machen, und brachte schlechte Zensuren nach Hause. Schließlich wurde er, wegen illegalen Drogenverkaufs auf dem Schulgrundstück, von der Schule verwiesen. Der Schuldirektor teilte ihm mit, es sei ihm erlaubt, mit dem Klassenpensum Schritt zu halten: Klassenarbeiten und Tests würden seiner Mutter für ihn mitgegeben werden. Es sei zu seinem eigenen Nutzen, daß man ihn von der Schule verweise – eine Bemerkung, die den Jungen in die Opposition trieb, anstatt ihn zu ihrer Anerkennung zu bewegen. In den folgenden Wochen lehnte er es zornig ab, die Hausarbeiten, die seine Mutter ihm brachte, zu machen, und ignorierte ihre beschwörenden Bitten, »das Anerbieten des Direktors zu nutzen«. Nichtsdestoweniger fuhr sie fort, den Jungen anzuflehen, und wies darauf hin, daß er sich selbst schade, wenn er die Arbeiten nicht mache, und daß er mit der Klasse Schritt halten und im Herbst wieder eintreten könnte. Angesichts dieser Ermahnungen blieb der Junge steinhart: »Ich will verdammt sein, wenn ich auch nur einen Strich für diesen verdammten Direktor tue.« Verzweifelt konsultierte die Mutter einen Therapeuten.

Nach einigen Interviews, bei denen ihre Einstellung bald identifiziert und vom Therapeuten genutzt wurde, sah sie ein, daß sie mit dem Versuch, an den »gesunden Menschenverstand« ihres Sohnes zu appellieren, unwissentlich die Partei des Direktors ergriffen hatte, was ihren Sohn noch mehr erbitterte. Ebenso wurde ihr klar, daß seine Unnachgiebigkeit durch die Wut auf den Direktor und von dem Verlangen motiviert war, nun erst recht, in selbstzerstörerischer Weigerung, keine Schularbeiten zu machen. Mit Hilfe des Therapeuten beschloß die Mutter, sich die Einstellung ihres Sohnes *zunutze* zu machen, anstatt sich ihr zu widersetzen wie bisher. Daraufhin sprach sie mit ihrem Sohn: Für ihn sei es vielleicht wirklich nicht richtig, irgendwelche Hausaufgaben zu machen, im Lichte dessen, was sie neuerdings gehört habe. Bei Elternversammlungen und anderswo habe der Direktor verkündet, Schüler könnten nur dann Gewinn aus der Schule ziehen, wenn sie den Unterricht besuchten, und das regelmäßig. Wenn ihr Sohn also die aufgetragenen Schularbeiten mache, und zwar *mindestens ebenso gut*, als ob er dem Unterricht beigewohnt hätte, müßte der Direktor einen roten Kopf bekommen. Schlimmer noch, der Sohn würde ihn zum Narren stempeln, wenn er zu Hause *bessere* Leistungen erziele als in der Schule: »Obwohl ich es gerne sähe, daß du mit der Klasse versetzt wirst, kann es für dich immer noch besser sein, auf deine Bildung zu verzichten, als darauf, einen angesehenen Schulleiter in den Augen anderer Studenten und Lehrer zum Idioten zu machen.«

Wie erhofft, konnte der Junge der Aussicht auf eine bessere Rache als die seine nicht widerstehen; doch diese Rache forderte harte Arbeit. Er tat das mit einem Eifer, der seine Zensuren in die Höhe trieb und ihm ermöglichte, zum Herbst wieder in seine Klasse zurückzukehren. Aufgrund dieser Leistung – allein aufgrund eigener Verdienste – vergaß er seine Rache am Schulleiter und schloß die Schule ohne weitere Zwischenfälle ab.

Dieser Fall beleuchtet einen anderen wichtigen Punkt, wenn man die Haltung des Patienten nutzt. Wir neigen zu der Annahme, daß jemand nur dann nutzbringend und effektiv motiviert werden kann, wenn er die »richtige Einstellung« hat. Wenn also einer die »falsche Einstellung« hat, versuchen wir sie ihm auszureden, um ihn »richtig motivieren« zu können. In unserem Rahmen besteht dies in dem Versuch, den Klienten dazu zu bekommen, daß er »unsere Sprache spricht«, sich unsere Sicht zulegt und unsere Position akzeptiert, anstatt daß wir auf seine Sprache eingehen und seine Position nutzen. Im vorangegangenen letzten Beispiel waren Wut und Rachsucht das Motiv des Jungen – zugegebenermaßen keine besonders löblichen Motivationen. Nichtsdestoweniger gelang es der Mutter, seine »ungute« Haltung zugunsten eines positiven Resultats zu nutzen – ironischerweise eines Resultats, das gerade die Einstellung, die ihn in erster Linie beseelt hatte, beseitigte.

Der Therapeut darf *keinerlei* Motivation übersehen oder unterdrücken, welche die Aussichten auf eine erfolgreiche – und möglichst kurzfristige – Lösung des Patientenproblems vermehren könnte. Er *braucht*, was der Klient ihm bietet. Das Schwierigste an der ganzen Sache ist nicht die Technik, vielmehr dies: die Versuchung zu überwinden, den Klienten zu konfrontieren, mit ihm zu »rechnen« und zu argumentieren. Darüber hinaus ist es eine Sache des Zuhörens; er muß *hören*, was der Klient sagt. Die Richtlinien an sich sind relativ einfach: (1) Welche Position (Einstellung, Meinung, Motivation) hat der Klient zum Problem? (2) Wie kann der Therapeut dies am besten auf eine kurze Formel (seiner Grundtendenz oder Wertzuschreibung) bringen? (3) Wenn ihm glücklich klar ist, was der Klient seiner Meinung nach tun sollte, um sein Problem zu lösen, wie kann er es ihm dann so darlegen, daß es sich mit seiner Position verträgt?

6 Planung des therapeutischen Verlaufs

Die Planung ist für gewöhnlich der uninteressanteste und unangenehmste Teil der Therapie, zumal dann, wenn der Therapeut allein und nicht im Team arbeitet. Obwohl die Planung nicht übermäßig viel Zeit beansprucht, haben die meisten Therapeuten eine Aversion gegen sie. Will man indes seinen Einfluß effizient nutzen und zu einer schnellen Problemlösung gelangen, ist Planung leider eine Notwendigkeit. Versäumt man es, sich ausreichend Zeit für die Planung zu nehmen, mindert dies die Aussichten auf Erfolg erheblich, und oft entwickelt sich die Behandlung zu einem sich im Zickzackkurs dahinschlängelnden Prozeß, der schließlich durch Verschleiß im Sand verläuft. Der Therapeut gibt am Ende auf, oder der Patient verliert das Interesse und bleibt fort. Bei der Überprüfung unserer eigenen Fehlschläge kamen wir zu dem Schluß, daß unzureichende Planung die wichtigste Ursache für ein Scheitern zu sein scheint.

Wie in den vorangegangenen Kapiteln beschrieben, gibt es für alle Aspekte und Behandlungsphasen bestimmte Verfahrensmethoden – den richtigen Rahmen schaffen, strategische Daten ermitteln, und so fort –, doch keine kann zweckvoll genutzt werden, solange sich der Therapeut darauf verläßt, einfach »aus der Hüfte zu schießen«, indem er die Dinge von einer Sitzung zur anderen abhandelt, ohne systematisch zu planen. Stets ist man versucht – und nicht nur, weil das Planen eine schwierige Sache ist, sondern auch deshalb, weil die traditionelle Therapie den Therapeuten weitgehend dazu ermutigt –, abzuwarten, was der Patient tut, und dann darauf zu reagieren. Dieser oder jener langzeit-therapeutischen Schule zufolge darf darüber hinaus jede Sitzung weitgehend als in sich geschlossene Einheit gelten und weniger als Abschnitt einer geplanten Behandlung.

Natürlich unterliegen auch andere Behandlungsansätze der Planung. Jedoch bei erkenntnis- oder erlebnisorientierten

Methoden wird die Planung in einer generellen Verengung des Brennpunktes bestehen, zum Beispiel auf das Durcharbeiten eines speziellen Konflikts und seines »Entstehungsbereichs«. Bei unserem strategisch orientierten Verfahren erfordert die Planung weit größere Präzision, zumal in bezug auf die Ziele, auf die Behandlungsstrategie und die für ihre Durchführung notwendigen Interventionen. Es liegt auf der Hand, daß selbst die sorgfältigste Planung nicht jeden Aspekt des Behandlungsverlaufs voraussehen kann. Wir wollen hier einen allgemeinen Umriß der Planung geben, wobei sich von selbst versteht, daß jedweder Plan im Verlauf der Behandlung oder bei unvorhergesehenen Schwierigkeiten – oder gar positiven Wendungen – eine Änderung bzw. Überprüfung erfordert.

Die Klage des Klienten einschätzen

Es ist wichtig, daß man sich von Anfang an über die eigentliche Ursache, die den Klienten hergeführt hat, klar wird. Dies mag als selbstverständlich gelten, doch in einer Anzahl von Fällen, die fehlschlugen, stellte sich bei der retrospektiven Untersuchung heraus, daß wir uns zu keiner Zeit über die eigentliche Ursache zur Klage klar gewesen waren; die Fallplanung war unbrauchbar gewesen, da sie von falschen Voraussetzungen ausging, die auf Fehlinformationen oder auf unzureichendem Ausdrucksvermögen des Patienten beruhten. Meistens läßt sich die geäußerte Klage unschwer ermitteln: »Wenn ich hinter dem Lenkrad sitze, gerate ich derart in Panik, daß ich nicht einmal mehr von Ferne eine Autobahn sehen mag.« Doch in einer signifikanten Zahl von Fällen kann die einleitende Beschwerde (»Wir haben keine Kommunikation mehr untereinander«) oder eine Aussage über die mutmaßliche Ursache des Problems (»Unser Sohn hat Probleme, weil wir ihm zuwenig Aufmerksamkeit schenken«) unbestimmt und ausweichend formuliert worden sein. Im allgemeinen gilt die Regel: Über je mehr psychologische Bildung ein Klient verfügt, desto mehr verbirgt er das Wesen seiner Probleme, und zwar meist, indem er sich in Spekulationen über die ihnen seiner Meinung nach zugrundeliegenden Schwierigkeiten ergeht, anstatt das Problem einfach beim Namen zu nennen. Umgekehrt, je weniger Bildung ein Patient besitzt, desto klarer versteht er seine Klage zu äußern, freilich nicht immer mit der notwendigen Ausführlichkeit: »Wir können unsern Bengel nicht dazu kriegen, sich zu benehmen. Das ist alles.« Beruht eine Klage auf vagen Äußerungen, sollte der Therapeut die Sache sofort klären, ehe er auch nur einen Schritt voran tut. Da generell das Ziel der Therapie darin besteht, die Ursache zur Klage, derentwegen der Klient kam, zu beheben oder ausreichend zu reduzieren, ist Klarheit in diesen Fragen von entscheidender Bedeutung.

Den Lösungsversuch des Klienten bewerten

Da aus unserer Sicht das Problem oft gerade durch die Bemühungen des Klienten und anderer zum Problem beitragender Personen aufrechterhalten wird, ist es eine Notwendigkeit, sich über ebendiese Bemühungen (»Lösungen«) Klarheit zu verschaffen, zumal über derzeit unternommene. Manche Leute mögen sich in der Vergangenheit bemüht, es aber mittlerweile gelassen haben: »Vor zwei Jahren haben wir ihn für eine Weile in medikamentöse Behandlung gegeben.« Solche Information kann von gewissem Wert sein, aber entscheidend ist, was *heute* geschieht. Darüber hinaus ist es wichtig, die *grundlegende Richtung* der verschiedenen Anstrengungen auszumachen, die unternommen wurden. Während ein Klient eine Reihe von Dingen aufzählen mag, die er oder andere gesagt oder getan haben, sind sie doch meist allesamt Varianten eines zentralen Themas oder der gleichen »Richtung«, das nach einiger Überlegung für den Therapeuten erkennbar wird. Zum Beispiel kann sich ein Elternteil über seinen Teenager folgendermaßen beschweren: »Ich habe alles Erdenkliche getan, ich habe ihn verwarnt, habe sein Taschengeld gestrichen, habe ihn ein paarmal geschlagen. Wir haben ihm gut zugeredet, uns mit ihm zusammengesetzt und ihm erklärt, daß das unser Haus ist und daß er sich an unsere Regeln zu halten hat. Wir haben versucht, ihn von den Punks fernzuhalten, die auf der anderen Seite der Stadt wohnen, und vergangenes Jahr haben wir ihn aus der Schule genommen und ihn in ein Internat gegeben. Dort hielt er es nicht länger als zwei Monate aus. Sie sehen, wir haben alles getan, was Eltern nur tun können.« Jedoch »alles«, das sind Variationen des einen Zentralthemas: »Wir verlangen, daß du gehorchst.« Ein an Schlaflosigkeit leidender Patient könnte folgendes von sich geben: »Wie ich mich zum Schlafen zu bringen versuchte? Nun, zuerst bin ich lange aufgeblieben, um wirklich müde zu werden. Dann, als das nicht funktionierte, ging ich früh zu Bett, weil ich meinte, vielleicht würde ich doch zur gewohnten Zeit einschlafen. Dann hörte ich auf, Kaffee zu trinken, und aß abends nur leichte Mahlzeiten. Nichts schien zu nützen; da fiel mir ein, daß ich mich durch Gymnastik vorm Zubettgehen müde machen könnte. Ich unterließ auch das Fernsehen am Abend, weil ich merkte, daß mich manche Programme aufregten. Dann versuchte ich es mit rezeptfreien Schlafmitteln. Damit konnte ich nicht mehr als ein bis zwei Stunden schlafen, und so ging ich zu meinem Arzt und ließ mir Barbiturate verschreiben. Mit ihnen kann ich nun drei oder vier Stunden schlafen, doch manchmal nicht einmal diese.« Obwohl diese Maßnahmen einen weiten Bereich zu umfassen scheinen, sind sie alle Varianten der gleichen Stoßrichtung: »Ich gebe mir die größte Mühe einzuschlafen« oder »Ich versuche, mich zum Schlafen zu zwingen.«

Nicht immer ist es möglich, alles aufzuzählen, was ein Klient in einer bestimmten Richtung unternommen hat. Für gewöhnlich fallen alle Bemühungen jedoch unter die gleiche Kategorie, zumal die am hartnäckigsten unternommenen. Ausnahmen werden von sekundärer Bedeutung sein und können zur Erörterung, wenn nötig, auf einen späteren Zeitpunkt verschoben werden. Ist erst einmal die Grundrichtung der Anstrengungen des Patienten ermittelt, kann der Therapeut den nächsten Schritt planen.

Entscheiden, was zu vermeiden ist

Aller Wahrscheinlichkeit nach besteht der wichtigste Schritt der Behandlung darin, sich völlig klar darüber zu werden, was man *vermeiden* muß; wir bezeichnen das als das »Minenfeld«. Ein Großteil der Planung zwischen oder vor den Sitzungen zentriert sich auf die Frage: »Was muß ich am dringendsten vermeiden?« Die Antwort wird sich in erster Linie aus der Grundrichtung der Bemühungen des Klienten (und anderer) um die Bewältigung des Problems ergeben. So muß man zum Beispiel unbedingt vermeiden, dem Vater, der gewohnheitsmäßig Gehorsam von seinem Sohn verlangt, vorzuschlagen: »Sie müssen sich mehr bemühen, Ihren Sohn zur Fügsamkeit zu bewegen«, und ebenso wird man dem Schlaflosen nicht sagen: »Sie müssen sich noch mehr anstrengen, um einzuschlafen.«

Wenn er genau weiß, was er *nicht* tun darf, wird der Therapeut zumindest nicht zur Erhaltung des Problems beitragen. Wichtiger noch ist, daß das Wissen, was man nicht tun darf, die Grundlage für die Formulierung der in diesem Fall angezeigten Strategie liefert.

Das strategische Vorgehen

Wenn er weiß, was er meiden muß, wird das den Therapeuten aus kritischen Situationen heraushalten, doch kann ein Fall nur dann in Bewegung geraten, wenn der Therapeut entsprechend den Richtlinien seiner Behandlungsstrategie aktiv wird. Effektive Strategien wirken für gewöhnlich um 180 Grad der Anstrengung des Patienten entgegengesetzt. Zu einer neutralen Position »überzuwechseln«, reicht nicht aus. Zum Beispiel könnte der Therapeut jenen Eltern, die weiterhin auf Fügsamkeit ihres Sohnes bestehen, empfehlen, es einfach ihm zu überlassen, ob er gehorchen wolle oder nicht. Doch auf diesen offenkundig entgegengesetzten Druck hin bleibt die alte Richtung noch intakt, da die Eltern ihrem Sohn bereits eingeimpft haben, daß sie auf Gehorsam bestehen. Also werden die Eltern vielleicht versuchen, dies wiedergutzumachen und zu schweigen, was indes nicht den gewünschten Erfolg bringen würde. Der Sohn wird ihr Schweigen als eine vorübergehende Kampfpause deuten: »Sie sagen im Moment nichts, aber sie denken es noch.« Ein tatsächlich entgegengesetzter strategischer Druck würde sich ergeben, wenn man den Eltern vorschlägt, mit Unfügsamkeit zu rechnen: (Vater zum Sohn) »Während ich weg bin, wirst du deiner Mutter doch wieder Schwierigkeiten machen!« Gleicherweise entstünde beim Schlaflosen kein entgegengesetzter Druck, wenn man ihm einfach empfähle, mit all den Maßnahmen aufzuhören und »der Natur ihren Lauf zu lassen«. Hier müßte sich der entgegengesetzte strategische Druck in folgende Worte kleiden: »Zwingen Sie sich, wach zu bleiben.«

In der Regel gibt es keine brauchbaren »neutralen« Positionen oder Strategien. Was eine neutrale Position zu sein scheint, ist vielmehr eine Fortsetzung der Grundrichtung, die der Klient eingeschlagen hat, oder scheint in ihr zu resultieren. Patienten werden oft folgenden Fehler begehen: »Zuerst habe ich meinen Mann ständig ermahnt, nicht soviel zu trinken. Aber das ging nicht gut, und so beschloß ich, den umgekehrten Weg einzuschlagen und überhaupt nichts mehr zu sagen, wenn er trank. Ich ignorierte es einfach.« Würde der Therapeut sie nun fragen: »Haben Sie jemals das Gegenteil versucht und ihn zum Trinken animiert?«, würde die Antwort voraussichtlich lauten: »Um Himmels willen! Das wäre der glatte Wahnsinn.«

Einzelne Schritte planen

Bis zu diesem Punkt war es eine generelle Planung – ein Wegweiser sozusagen. Jetzt wird der Therapeut in spezifischeren Begriffen denken müssen, da er dem Klienten etwas empfehlen oder vorschlagen muß. Da die Lösung eines Problems den Verzicht des Patienten auf seinen eigenen Lösungsversuch erfordert, muß die bisherige Handhabung durch eine andere ersetzt werden. Als Analogon: Man kann nicht einfach aufhören zu stehen; man kann sich setzen, hinlegen, springen und so weiter, und während man eines davon tut, hat man aufgehört zu stehen. Also sieht sich der Therapeut unausweichlich mit der Frage konfrontiert: »Was muß ich tun, vorausgesetzt ich könnte den Klienten dazu bekommen, etwas zu tun (oder zu sagen), damit er von seinen vorherigen Bemühungen läßt?« Wenn er darauf verschiedene Antworten bekommt, muß sich der Therapeut fragen: »Bei welcher dieser Handlungen würde sich strategisch am wirksamsten die frühere ›Lösung‹ von selbst verbieten?« Wenn sich der Klient über sich selbst beschwert, ist es leichter, einen strategischen Fokus zu formulieren. Hier werden die versuchten Lösungen voraussichtlich weniger variieren als bei Beziehungsproblemen. Auch werden sie sich wohl wiederholen, bisweilen in ritueller Form, wobei Probleme des Leistungsdrucks dafür ein erstes Beispiel sind. Bei Beziehungsproblemen – Eheproblemen, Erziehungsproblemen, »Schizophrenie« – ist es schwieriger, sich strategisch zu entscheiden. In diesen Fällen kann dies dem Therapeuten durch Überprüfung seiner Daten gelingen: Welche Vorgänge wiederholen sich beim problematischen Geschehen und bei den Lösungsversuchen am häufigsten? Und was an diesen Vorgängen würde, wenn der Klient sie vollzöge oder etwas Derartiges sagte, am erkennbarsten von seiner früheren Haltung abweichen? Zum Beispiel wiederholen sich die Schwierigkeiten eines Ehepaars täglich aufs neue, wenn die Frau ihren Mann am Arbeitsplatz anruft und ihn ermahnt, nicht zu spät nach Haus zu kommen, und damit die Voraussetzungen für dementsprechende Angriffs-/Rückzugsmanöver schafft, wenn er nach Hause kommt. Was diese nachfolgenden Manöver betrifft, könnte der Therapeut intervenieren, aber er wird wohl eine größere strategische Wirkung erzielen, wenn er im Hinblick auf den Telefonanruf der Frau eine Intervention setzt. Eine Umkehrung ihrer früheren Position könnte in einem Telefonanruf bestehen, bei dem sie ihren Mann drängt, sich ja Zeit zu lassen mit dem Nachhausekommen: »Hetz' dich nicht ab. Es ist mir klar, daß du entspannen mußt. Die Kinder und ich können früher essen.«

Dieses Beispiel erhellt noch eine andere Erwägung wenn

eine spezifische Intervention ausgearbeitet wird: Zu welchem Handeln könnte man den Klienten am leichtesten bringen? Hierbei spielt ein Faktor eine Rolle: bei welcher Gelegenheit er handeln soll. Wenn der Therapeut die Wahl zwischen einer seltenen und einer in den gewohnten Tagesablauf eingefügten Handlung hat, wird er sich wahrscheinlich für die zweite entscheiden. Eine Ausnahme kann ein besonderes Ereignis bilden, das sich im voraus einplanen läßt, wie zum Beispiel ein Geburtstag, ein Jahrestag oder ein anderer Feiertag. Doch in gewissem Sinn bewegen sich diese Gelegenheiten noch im Rahmen des Üblichen im Leben des Menschen, wenn sie auch nicht alltäglich sind.

Eine erhebliche Wirkung kann der Therapeut schon erzielen, indem er den Patienten auffordert, etwas zu tun, das scheinbar in einer nur geringfügigen Veränderung im Umgang mit dem Problem besteht. Eine kleine Änderung wird mühelos akzeptiert, weil sie sich leicht in die gewohnten Tagesgeschäfte einfügen läßt. Zum Beispiel: Einem Ehepaar, das sich stets im selben Zimmer, sagen wir im Wohnzimmer, streitet, wird er vorschlagen, seinen Streit fortzusetzen, jedoch dazu in ein anderes Zimmer zu gehen. Das werden beide anstandslos akzeptieren, da es keine Rolle zu spielen scheint, wo sie sich streiten. Doch durch den vorsätzlichen Zimmerwechsel wird ihnen die Lächerlichkeit ihres Streitens bewußt, und dies wiederum verändert den Charakter des Streitens. Ein Ehepaar, das sich über die Schalheit ihrer Beziehungen und die Zwecklosigkeit ihrer Bemühungen um »Spontaneität« beklagt hatte, wurde vom Therapeuten angewiesen, gemeinsam zu untersuchen, wie es dazu gekommen sei, daß sie keine Freude mehr miteinander hätten. Dazu sollten sie sich im Wohnzimmer einander gegenübersetze, sich ansehen und nichts sagen oder tun, das spaßig sein könnte. Bei dem Versuch, dies zu befolgen, kam ihnen mehr und mehr zu Bewußtsein, wie »herrlich komisch« das war; sie begannen zu kichern, dann zu lachen, und von Spannung befreit, wurden sie zärtlich.

Wenn wir hier das Gewicht auf Vorschläge legen, die ein Handeln einbeziehen, wollen wir damit nicht implizieren, daß wir verbale Aufgaben für unwichtig halten. Bei den meisten Familienproblemen geht es hauptsächlich um Äußerungen oder verbale Auseinandersetzungen und weniger um ein bestimmtes Handeln. Bei vielen Erziehungsproblemen liegt die Schwierigkeit zum Beispiel nicht darin, daß die Eltern versuchen, den Kindern gewisse Restriktionen oder Vorschriften aufzuerlegen, sondern daß sie dies angesichts der Proteste des Kindes, sie seien ungerecht, zu legitimieren versuchen. Der Kampf eskaliert dann, da die Eltern anderer Meinung sind und ihre Bemühungen nicht aufgeben, dem Kind die Anerkennung abzuringen, daß das, was sie von ihm verlangen, in Wirklichkeit richtig und nur vernünftig sei. In solchen Fällen ist eine nonverbale Änderung weder notwendig noch relevant. Statt dessen kann das Problem gelöst werden, indem man die Eltern dazu bringt, die Beschuldigung der »Ungerechtigkeit« auf sich zu nehmen: »Du hast recht. Ich bin ungerecht, und ich sehe das auch ein. Dennoch wünsche ich, daß du es tust.«

Eine Schlußbetrachtung: In vielen Fällen, wenn nicht den meisten, sind eine ganze Anzahl von Menschen in das Problem verwickelt und erhalten es aufrecht. Der Therapeut sollte sich fragen, wer von den involvierten Personen seinem Einfluß am zugänglichsten sein könnte. Höchstwahrscheinlich ist es der Kläger, und wenn es, wie bei vielen Eheproblemen, mehr als einen Kläger gibt, werden beide zugänglich sein.

Zusammenfassend läßt sich sagen: Der Therapeut wird bei der Planung spezifischer Interventionen abschätzen müssen, welches Tun oder Handeln am deutlichsten vom Lösungsversuch abweicht, welcher der mit dem Problem verbundenen Vorgänge die zentralste Stellung einnimmt, welche Handlungen sich am leichtesten in das Alltagsleben des Klienten eingliedern lassen und welche Person (oder Personen) strategisch am meisten zur Erhaltung des Problems beitragen.

Widerstände vermeiden: »Refraiming«

Einen Vorschlag oder eine Aufgabe zu formulieren ist eines; etwas ganz anderes ist es, den Klienten dazu zu bekommen, daß er sie befolgt. Patienten halten für gewöhnlich an ihren eigenen Bemühungen fest, die sie als das einzig Sichere, Vernünftige ansehen, das man tun kann. Würde der Therapeut dem Klienten einfach sagen, er solle aufhören, das zu tun, was er bisher getan habe, und etwas Entgegengesetztes machen, würde der Klient heftigen Widerstand leisten und möglicherweise aus der Behandlung aussteigen. Aufgrund seines kulturellen Bezugssystems würde er solche Anregungen für verrückt, gefährlich oder gar für einen Witz halten. Wenn also der Therapeut seine Aufgabe für den Klienten formuliert hat, braucht er einen Plan, dem zufolge er den Klienten dazu bewegen kann, sie zu akzeptieren. Wie schon erwähnt, versucht der Therapeut bei einigen Langzeittherapien für gewöhnlich, den Bezugsrahmen des Klienten so zu modifizieren, daß er seinem eigenen entspricht. Bei der Kurzzeittherapie hingegen macht man sich das Bezugssystem des Klienten zunutze. Die »Einstellung« des Patienten versieht uns hier mit einem wichtigen Hebelwerk, da sie ein Ausdruck seines Bezugssystems ist. Sie liefert die Richtlinie für das, was in den Augen des Klienten einen »Sinn« hat oder nicht.

Neufassung und Umdeutung spielen daher eine signifikante Rolle für die Abkürzung der Behandlung, da sie allgemein – wenn auch nicht ausschließlich – gebräuchliche Mittel sind, um Klienten dazu zu bewegen, einen Aktionskurs einzuschlagen, den sie sonst ablehnen würden. In dem Musical *Anatevka* (Fiddler on the roof) fühlt sich der junge Freier vom Vater seiner Geliebten so eingeschüchtert, daß er es nicht wagt, ihn um die Hand seiner Tochter zu bitten: »Schließlich, wer bin ich denn? Ich bin nur ein armer Schneider, der nicht das Recht hat, deinen Vater um deine Hand zu bitten.« Die Tochter hätte sich gegen seine »Armer-Schneider-Position« auflehnen können: »Du wirst nicht immer ein armer Schneider sein« oder »Du brauchst meinen Vater nicht so zu fürchten, er wird schon ja sagen.« Statt dessen akzeptiert sie seine Position, deutet aber seine Aufgabe anders: »Nun, es stimmt; du bist ein armer Schneider. Doch selbst ein armer Schneider hat ein Recht auf Glück.« Und da dies im Rahmen ihrer Subkultur unleugbar die Wahrheit ist, hellt sich das Gesicht des Freiers auf; er geht zum Vater. Als armer Schneider mochte er nicht das Recht haben, um ihre Hand anzuhalten; doch war es durchaus legitim, auf das Recht auf Glück zu pochen, das in diesem Fall mit der Eheschließung mit seiner Tochter identisch war.

Die Eltern eines »schizophrenen« Sohnes, der seine Eltern ausnutzt, werden nicht geneigt sein, dem Vorschlag des Therapeuten zu folgen, ihm gewisse Verhaltensgrenzen zu setzen, wenn der Vorschlag auf die »Notwendigkeit, ihm gegenüber streng zu sein«, hinausläuft. Indes werden sie dem Vorschlag folgen, wenn man ihn anders deutet, nämlich auf die Notwendigkeit hinweist, »seinem sonst desorganisierten Leben eine Struktur zu geben«. Ein Ehemann, der seiner Frau zürnt, wird eher geneigt sein, eine Anregung zu befolgen, wenn man sie ihm als einen Weg nahebringt, sich »ihr überlegen« zu erweisen, und nicht als einen Weg, »ihr zu helfen«. Eine Person, die sich für einzigartig und über die Menge erhaben hält, wird eher einem Vorschlag zugänglich sein, wenn seine Befolgung eine besondere Persönlichkeit voraussetzt und nicht in einer leichten Aufgabe besteht, die jeder ausführen kann. Wenn jemand sich als »cool« betrachtet und als einer, der »weiß, was Sache ist«, kann man ihn mit folgender Formulierung zur Erfüllung einer Aufgabe bewegen: »Ich weiß, daß Sie sich der Bedeutung dieser Aufgabe bewußt sind, also brauche ich Ihnen das nicht näher zu erklären.« Eine zu Scherzen aufgelegte unkonventionelle Person mag mit einem als »vernünftig« bezeichneten Vorschlag weniger anzufangen wissen als mit einem, den man anders darbietet: »Ich weiß, es hört sich verrückt an, vermutlich hat es für Sie keinen Sinn. Aber vielleicht würden Sie gern sehen, was passiert, wenn Sie es tun.«

Manche Patienten lassen ein Interesse erkennen, den Therapeuten ins Hintertreffen zu setzen, den Wunsch, »über« ihm zu sein, indem sie ihm den Teppich unter den Füßen wegziehen. Wenn man bei einem solchen Patienten darauf dringt, daß er eine Aufgabe erfüllt, die der Therapeut für wichtig hält, wird man voraussichtlich scheitern. Wenn man dies indes als von vornherein aussichtslos an ihn heranträgt, wird er eher geneigt sein, sie zu erfüllen: »Ich kenne Leute, die das getan haben (was immer der Therapeut vom Patienten getan zu sehen wünscht), aber ich glaube wirklich nicht, daß auch Sie das tun könnten. Es ist einfach nicht Ihr Stil.« Andere Patienten, die um Hilfe bitten, werden unerschütterlich an Überzeugungen festhalten, wie diese Hilfe auszusehen hat, und werden jede Anregung ablehnen oder disqualifizieren, die von ihren Vorstellungen abweicht, unabhängig davon, wie man sie »aufzieht«. Solche »Metaposition« kann man jedoch nutzen, indem man »negativen« Rat anbietet: »Ich weiß jetzt nicht, was ich Ihnen vorschlagen soll, das Ihnen helfen könnte, Ihre Probleme zu lösen. Und am allerwenigsten darf ich Ihnen einen Rat geben, der Ihr Problem bestimmt verschlimmern würde.« Der Therapeut beginnt nun aufzuzählen, was der Klient in seinem Bemühen, die Probleme zu lösen, alles unternommen hat, und schließt: »Wenn Sie so weitermachen, werden Sie aus Ihrer ohnehin schon miserablen Situation eine unmögliche machen. Sie brauchen mich nicht beim Wort zu nehmen. Probieren Sie es aus, und Sie werden es selbst sehen.«

Die »Aufmachung«, die man wählt, um den Klienten dazu zu bewegen, eine Aufgabe anzunehmen, muß nicht immer ausgeschmückt werden. Sie darf auch ganz einfach sein: »Ich habe jetzt eine besondere Bitte an Sie und würde gern sehen, was dabei herauskommt.« Indes, sogar hier bedeuten die Worte »eine besondere Bitte«, daß das Versäumnis, der Bitte zu entsprechen, vom Therapeuten als ein Akt der Zurückweisung betrachtet werden könnte. Diese versteckte Bedeutung wäre nicht gegeben, wenn der Therapeut einfach sagte: »Ich bitte Sie jetzt, etwas zu tun ...«

Bei einem Klienten, der »passiven Widerstand« erkennen

läßt, wird eine deutliche Anspielung des Therapeuten auf einen möglichen aggressiven Widerstand nötig sein: »Mir ist klar, daß ich Ihnen mit meiner Aufgabe schwer zugesetzt habe, und insofern steht Ihnen das Recht zu, es mir zu vergelten, indem Sie sich weigern, meinem neuen Vorschlag zu folgen.« Die Bereitwilligkeit von Klienten, die schon früher Vorschläge und Aufgaben passiv nicht befolgten oder verweigerten – »Ich habe es vergessen«, »Ich hatte diese Woche einfach zuviel zu tun«, »Ich konnte mich nicht mehr erinnern, was ich tun sollte« –, kann der Therapeut erhöhen, indem er die verschiedenen Versuche, die ein Klient unternehmen wird, um sich dem neuen Vorschlag zu entziehen, voraussagt, oder indem er den Klienten dazu veranlaßt, sie selbst aufzuzählen. (Eine weitere Erörterung wie die Haltung des Patienten genutzt werden kann, steht in Kapitel 5).

Die Ziele und die Ergebnisbewertung festlegen

Das generelle Ziel unseres Ansatzes ist, die Beschwerden des Patienten zu beseitigen. Verfahrensweisen und Vorgehen des Therapeuten sollten zu seinem Behandlungsziel in enger Beziehung stehen. Daher werden wir hier 1. unsere Ausgangsbasis bei der Wahl des Ziels erörtern sowie 2. die Anzeichen, auf die man sich stützen kann, wenn man Erfolg oder Mißerfolg in der Erreichung dieses Ziels, oder die Aussichten, es im Lauf der Behandlung zu erreichen, abschätzen will.

Jede Art von Psychotherapie geht üblicherweise von der Beschwerde oder Klage aus – der mehr oder weniger eingehenden Darstellung von Kummer oder Sorge aufgrund eines Verhaltens, das als unerwünscht betrachtet wird und sich dennoch nicht ändert. Viele Behandlungsverfahren weichen indes bald von dieser Ausgangsbasis ab und kehren nie wieder zu ihr zurück. Sie verlegen sich auf etwas, das sie als tiefer oder bedeutsamer ansehen: auf eine diagnostische Kategorie, eine vermutete Grundursache, auf Einzel- oder Familien-»Pathologie«. Demzufolge werden bei solchem Vorgehen Ziele und Fortschritte anhand eines offen oder versteckt vertretenen Konzepts von »Normalität«, »Gesundheit«, »funktioneller Homöostase« und dergleichen formuliert und bewertet. Wollte man auf dieser Grundlage Resultate bewerten, so käme das aus unserer Sicht der Errichtung eines Standards für das gleich, was unter »richtig« leben zu verstehen sei. Wir haben nichts dagegen, wenn ein Therapeut *wissentlich* einem Klienten seine eigene Meinung aufzwingt. Bei bestimmten Gegebenheiten mag dies für die Behandlung sehr wesentlich sein, zum Beispiel, wenn der Therapeut versucht, den Patienten von Handlungen abzubringen, die nach seiner Meinung unweigerlich sein Problem noch verschärfen würden. In jedem Fall ist der Therapeut *verantwortlich* für solche vorsätzliche Beeinflussung. Die größere Gefahr besteht indes darin, daß die Standards eines Therapeuten als objektive Kriterien für die geistige Gesundheit angesehen werden, wiewohl sie nichts anderes sind als der Ausdruck seiner persönlichen, kulturell und sozial bedingten Wertzuschreibungen. Viele Therapeuten stammen zum Beispiel aus der oberen Mittelschicht und neigen dazu, von der entfernteren Verwandtschaft Abstand zu halten. Die Klienten dieser Therapeuten erfahren dann, daß ihnen von nahen Beziehungen zu entfernten Verwandten abgeraten wird, zumal wenn es um Eheprobleme geht. In manchen Fällen wird dieser Rat befolgt werden, selbst wenn der Klient betont, daß engere Beziehungen zu entfernteren Verwandten für ihn völlig problemlos seien. Der Therapeut ist sich nicht klar, daß er dem Klienten seine eigene soziale Werthaltung auferlegt, und wähnt, daß er lediglich bemüht sei, in einer »pathologischen« Beziehung eine Veränderung herbeizuführen.

Aus unserer Sicht gibt es, was die Lebensführung von Einzelpersonen und Familien betrifft, viele gangbare Wege, und nicht nur den einen richtigen Weg. Daher gilt unsere ungeteilte Aufmerksamkeit während der ganzen Behandlungszeit der Klage des Klienten – seiner Darstellung eines hartnäckigen Problems, das ihn daran hindert, mit dem Leben auf seine Weise fertig zu werden. In manchen Fällen wird eine Modifikation dieser schlichten Kriterien notwendig, doch muß sie innerhalb des gleichen allgemeinen Rahmens erfolgen. Das bedeutet, daß manche Klienten mit vagen Beschwerden oder hochtrabenden oder widersprüchlichen Aussagen über ihre Ziele daherkommen. In solchen Fällen muß sich der Therapeut anhand der zugänglichen Anzeichen, mögen sie noch so verworren sein, ein Urteil bilden, das alles Ungewisse und Widersprüchliche beseitigen und dem Klienten helfen könnte, mit seinem Leben fertig zu werden. (Da der Patient selbst oft über sein Verhalten nichts zu klagen hat, sondern eine andere Person, ist der »Klient« hier für gewöhnlich mit dem »Kläger« identisch.)

Mit anderen Worten, so fragwürdig und unerwünscht ein Aspekt im Leben des Klienten erscheinen mag, sind wir doch abgeneigt zu intervenieren, es sei denn, der Klient habe darüber zu klagen oder, natürlich, ein in die Behandlungssituation involviertes Familienmitglied klage darüber. Dementsprechend ist unser *Behandlungs-Grundziel*, einen Zustand zu erreichen, in dem der Klient nichts mehr zu klagen, oder zumindest nicht genügend zu klagen hat, um eine Fortsetzung der Therapie zu rechtfertigen.

Aufgrund welcher Anzeichen kann der Therapeut im gegebenen Fall beurteilen, ob eines dieser Ziele erreicht wurde oder im Lauf der Behandlung näher rückte? Für uns ist das wichtigste Zeichen einer erfolgreichen Behandlung die *Aussage* des Klienten, daß er mit dem Behandlungsergebnis einigermaßen oder gar restlos zufrieden ist – entweder weil das beanstandete Verhalten oder seine Bewertung des Verhaltens sich geändert hat, so daß er es nicht mehr als Problem empfindet. Das heißt, wir legen großes Gewicht auf den Bericht des Patienten, ergänzt durch gewisse andere Informationen, als wichtigstes Anzeichen für den Erfolg. Da der Patient als Klagender kommt, muß er als Nicht-Klagender gehen. Wiewohl es verlockend ist, eine vom Klientenbericht unabhängige Möglichkeit zu suchen, die Besserung zu bewerten, liegt uns nicht daran zu verifizieren, ob er zu Anfang »wirklich« zu klagen hatte. Wir glauben ihm, was das Problem betrifft, und auch in bezug auf die Einzelheiten aufs Wort. Es würde daher von Grund auf inkonsequent erscheinen, ihm zwar zu glauben, daß er ein Problem hat, dann aber auf halbem Weg andere Maßstäbe anzulegen und eine »objektive« Verifizierung für den Therapieerfolg zu fordern.

Doch versuchen wir, seinen Bericht noch auf verschiedene Weise substantiell zu ergänzen und zu belegen. Erstens formulieren wir, so wie wir die Lösungsversuche einschätzen, in jedem Fall ein konkretes Ziel der Verhaltensänderung – ein spezifisches Verhalten, dessen Realisierung nach unserem Ermessen mit dem Fortbestand des Problems unvereinbar sein würde und das sich ideal auf einfache »ja«- oder »nein«-Antworten abzielend überprüfen läßt. Zum Beispiel: In einer durch das angeblich unkontrollierbare Verhalten zweier Teenager-Söhne schwer belasteten Familie hatten die Eltern seit vier Jahren in keiner Form am gesellschaftlichen Leben teilnehmen können. Das Verhaltenskriterium, auf das man sich einigte, bestand darin, daß die Eltern *einmal* ins Kino gehen und die Jungens allein zu Hause lassen durften.

Zweitens können wir jegliches uns gemeldete Überwechseln von der Position des Klagenden zu der des Nicht-Klagenden überprüfen, indem wir den Klienten hinsichtlich seiner neuen Position befragen: Was ist geschehen, das diese Veränderung bewirkte? Beruhte die erste Bewertung auf der Voraussage, daß das vorhergesehene Verhalten mit dem Fortbestand des Problems nicht zu vereinen sein würde, bringt diese Frage die Rückmeldung von einem Wandel aufgrund von Verhaltens- oder Meinungsänderungen mit sich. Wie wichtig diese Aussage ist, wird in beiden Fällen davon abhängen, ob sie dem Problem in allen Einzelheiten gerecht wird. Als Hauptkriterium dient die Richtung des »Wechsels«, also entweder im Problemverhalten oder im Lösungsversuch oder in der Definition des Problems seitens des Patienten. Einen besonders signifikanten Wechsel würde die Meldung des Klienten anzeigen, daß er imstande war, etwas zu *tun*, das er während seiner Verstrickung in das Problem nicht zustande brachte. Dies ist noch wichtiger als die allgemeine Aussage, daß sich das Problem verringert habe. So würden wir bei depressiven Patienten zum Beispiel mehr an der

Bemerkung, daß er wieder zur Arbeit gehe, interessiert sein als an der Meldung, er »fühle sich wohler«.

Ebenso würden wir wir nicht zufrieden sein, wenn nicht das Problem sich verändert hat, sondern die Meinung des Klienten, der in ihm kein Problem mehr sieht: »Ich glaube, ich brauche jetzt keine Behandlung mehr. Mein Problem macht mir anscheinend nicht mehr soviel aus.« Wir würden es lieber sehen, daß der Klient seine frühere Klage als Nicht-Problem *neu definiert*: »Mein Leben lang habe ich mich wegen meiner Fettleibigkeit aufgeregt, habe es mit Diäten probiert, habe Spezialisten aufgesucht, habe Dinge vor mir hergeschoben, bis mein Gewicht heruntergehen würde. Inzwischen sehe ich ein, daß mir der Ärger mehr zu schaffen gemacht hat als mein Gewicht an sich. Ich bin jetzt zu der Entscheidung gelangt, daß ich mit meinem Leben fertig werden muß und daß es keinen Grund dafür gibt, daß ich nicht auch mit meiner Fettleibigkeit fertig werden kann. Ich esse gern, und ich möchte mein Essen genießen, anstatt mich schuldig zu fühlen oder deswegen in Panik zu geraten. Eine Fortsetzung der Behandlung ist also nicht mehr relevant.« (Unseren Erfahrungen zufolge ist es durchaus möglich, daß der Klient nun *auch* an Gewicht verlieren wird.) Oder: »Ich habe mich immer selber gestraft, daß ich es nicht fertigbrachte, in meiner Stellung zu bleiben. Aber die einfache Wahrheit ist die, daß ich nicht gerne arbeiten gehe. Ich fühle mich wirklich ganz wohl, wenn ich daheim bleibe und mich um den Haushalt kümmere, das Kochen besorge und Zeit für mich habe. Meine Frau hat einen Beruf und ein gutes Einkommen, und sie ist damit glücklich und läßt mich gern den Hausmann spielen. Als mir das klar wurde, haben wir beide aufgeatmet.«

In vielen Fällen ist es wahrscheinlicher, daß der Klient, obwohl er sein Problem als »kein Problem« neu definieren konnte, nicht eher zufrieden sein wird, bis es sich selbst verändert hat, zum Beispiel wenn es um schwere Depressionen oder um sexuelle, künstlerische oder berufliche Schwierigkeiten geht. Nichtsdestoweniger – ob sich das Problem verändern oder ob es als »kein Problem« neu definiert werden soll – sehen wir in *qualitativen* Veränderung den zuverlässigsten Indikator für eine Lösung des Problems zur Zufriedenheit des Klienten, unabhängig davon, ob diese vorher angestrebt oder in Zusammenhang mit Problemänderungen zum Ausdruck gebracht wurde.

Und schließlich: Verfolgt man einen Fall nach seinem Abschluß weiter, kann man sich erkundigen, ob der Klient noch einen anderen Therapeuten wegen der gleichen oder einer ähnlichen Beschwerde aufgesucht hat.

Obwohl nicht einer dieser Indikatoren einen sicheren Beweis liefert und sie sogar in manchen Fällen zueinander in Widerspruch stehen – zum Beispiel kann ein Klient unter Umständen keine Veränderung seines Problems melden und dennoch Veränderungen in seinem Leben vornehmen und nicht mehr zur Therapie erscheinen –, glauben wir doch, daß sie insgesamt eine geeignete und zuverlässige Grundlage für die Zielsetzung und die Bewertung der Behandlungsresultate ergeben.

7 Interventionen

Ziel der Kurztherapie ist es, den Klienten auf eine Weise zu beeinflussen, daß sein ursprüngliches Leiden zu seiner Zufriedenheit behoben wird. Dies kann entweder durch Verbot des problemerhaltenden Verhaltens des Klienten oder anderer Personen geschehen oder, je nach Fall, indem die Sichtweise des Klienten von seinem Problem so verändert wird, daß er sich nicht mehr bedrückt oder beunruhigt fühlt und keine Behandlung mehr braucht. In jedem Fall, früher oder später, muß der Therapeut handeln, um einen entsprechenden Wandel herbeizuführen: Er muß intervenieren. Das heißt nicht, daß er bei der Behandlung nicht schon früher interveniert hätte. Da (theoretisch) der Therapeut sich nicht *nicht* verhalten kann, kann er aus dem gleichen Grund nicht *nicht* intervenieren. Er interveniert beim Klienten vom allerersten Kontakt an, selbst übers Telefon. In diesem Kapitel werden wir jedoch über jene *geplanten* Interventionen sprechen, die der Therapeut benutzt, um die Grundstrategie anzuwenden oder die Behandlungsrichtung zu ändern.

Viele der weiter unten beschriebenen Interventionen werden dem Leser als zu komplex, umständlich oder gar »paradox« erscheinen, wiewohl unserer eigenen Ansicht nach eine Anwendung von Paradoxa als Intervention relativ selten nötig ist; auch wird die Bezeichnung »paradox« zu unverbindlich und beiläufig auf alle möglichen Interventionen angewandt, die den traditionellen Therapeuten lediglich als neuartig, witzig oder dem »gesunden Menschenverstand« widersprechend erscheinen. *Da viele unserer Interventionen komplex und ungewöhnlich sind, ist es wichtig, hier ausdrücklich zu betonen, daß wir in Komplexität oder Neuartigkeit um ihrer selbst willen keineswegs eine Tugend sehen.* Wenn ein Wandel durch einfache und direkte Interventionen, wie Vorschläge oder Aufforderungen zur Verhaltensänderung, herbeigeführt werden kann, um so besser. Manche Klienten mögen sich durchaus willig zeigen, obwohl wir in unserer Praxis nicht vielen von ihnen begegnet sind. Solche Bereitwilligkeit wird um so wahrscheinlicher vorhanden sein, 1. wenn der Klient deutlich zu verstehen gibt, daß er verzweifelt des Therapeuten Rat und Hilfe sucht, und 2. wenn er seine Bereitwilligkeit schon bewiesen hat, indem er sich den Fragen des Therapeuten gegenüber aufgeschlossen zeigte. Doch sogar unter diesen günstigen Umständen ist es wichtig, mit direkten Verhaltensvorschlägen vorsichtig umzugehen und vorher zu prüfen, ob der Klient nicht schon früher therapeutischen Rat erhielt, den er ignorierte. So sollte man auch zu sofortigem Zurückstecken bereit sein, falls sich der Klient widersetzt, und lieber indirekt vorgehen, anstatt stärkeren Druck auszuüben.

Es gibt zwei Kategorien der planmäßigen Intervention. Zur einen gehören die *Haupt*-Interventionen, die nur angewandt werden, wenn ausreichend Daten gesammelt und – zu einem Plan zusammengestellt – maßgerecht auf die Bedürfnisse des speziellen Falls zugeschnitten worden sind. Diese großen Interventionen sollen hier im Kontext von fünf Grund-Lösungsversuchen, wie sie in der klinischen Praxis üblicherweise vorkommen, vorgestellt und diskutiert werden: 1. wenn versucht wird, mit Absicht zu tun, was nur spontan geschehen kann; 2. beim Versuch, eine gefürchtete Arbeit zu bewältigen, indem man sie aufschiebt; 3. wenn versucht wird, durch Widerstand zur Eintracht zu gelangen; 4. beim Versuch, Freiwilligkeit zu erzwingen, und 5. wenn versucht wird, den Verdacht des Anklägers noch zu bestätigen, indem man sich dagegen verteidigt. Durch diese fünf Grund-Lösungsversuche werden die meisten Probleme aufrechterhalten, die die Menschen zum Therapeuten treiben. Die Interventionen, die zu diesen Lösungsversuchen gehören, haben wir wiederholt mit Erfolg praktiziert. Es muß indes erwähnt werden, daß diese nur Demonstrationszwecken dienen. Wir möchten zum Beispiel nicht den Eindruck erwekken, daß jedesmal, wenn zwei Leute versuchen, durch Widerstand Übereinstimmung zu erzielen, man eine der Parteien, den Kläger, dazu bringen muß, die Sache wohlmeinend zu sabotieren. Unsere allgemeinen Richtlinien, Interventionen zu setzen, sind ganz einfach. Interventionen dienen im Grunde dazu, Lösungsversuche zu unterbrechen. Wir haben nichts dagegen, wenn Sie von den in diesem Buch angeführten Interventionen Gebrauch machen, und erst recht nicht von anderen, die Sie selbst erfinden oder entdecken und die dazu beitragen, dieses Ziel zu erreichen.

Im Gegensatz zu den Hauptinterventionen finden die *allgemeinen* Interventionen eine viel breitere Anwendung. Von ihnen kann in jeder Behandlungsphase Gebrauch gemacht werden; auch sind sie allgemein genug gehalten, um eine große Vielfalt von Problemen abzudecken. In manchen Fällen reicht die Intervention als solche schon aus, das Problem des Klienten zu lösen.

Spezifische Interventionen

Wenn versucht wird, vorsätzlich zu tun, was nur spontan geschehen kann

Bei dieser Kategorie von Interventionen klagt der Patient über sich selbst, nicht über jemand anderen. Die meisten Probleme mit Körperfunktionen oder körperlichen Leistungen fallen in diese Klasse: sexuelle Störungen (wie Impotenz, vorzeitige Ejakulation, Anorgasmie, Schmerzen beim Verkehr, sexuelle Apathie), Störungen der Darmfunktion (Verstopfung, Durchfälle) oder der urinalen Funktion (Harndrang, Häufigkeit, Unfähigkeit, in einer öffentlichen Einrichtung zu urinieren), Tremor und Tics, Muskelspasmen, Appetitlosigkeit, Stottern, unstillbare Schmerzzustände, Atmungsschwierigkeiten (Hyperventilation), Schlaflosigkeit, exzessives Schwitzen, Stimmungsprobleme (Depression), Obsessionen und Zwangshandlungen, eingeschränktes Phantasieleben und Gedächtnisstörungen.

Obwohl viele dieser Beschwerden nicht in Zusammenhang zu

stehen scheinen, sind sie doch alle menschliche Funktionen, ob man sie als geistige oder als körperliche betrachtet. Normalerweise schwanken diese Funktionen, so daß fast alle Menschen temporär über Schlafstörungen oder sexuelle Störungen oder Stimmungseintrübungen und so weiter zu klagen haben. Gewöhnlich machen sie von diesen Störungen nicht viel Aufhebens, das heißt, sie definieren sie nicht als Problem, das spezieller Aufmerksamkeit oder ärztlicher Hilfe bedarf. Und in relativ kurzer Zeit korrigieren sich diese Störungen *von selbst*. Der Patient dagegen wird solche Fluktuationen als Problem beschreiben und Schritte zu ihrer Korrektur und zur Verhinderung ihrer Wiederholung unternehmen. Solche Schritte beinhalten für gewöhnlich willentliche Anstrengungen zur Sicherung normaler oder effizienter Leistung. Durch sie wird der Patient in schmerzhafte Lösungsversuche verstrickt, in den Versuch, eine Leistung zu erzwingen, die nur unwillkürlich erfolgen kann, also wenn man nicht daran denkt. An diesen problemerzeugenden Bemühungen können auch andere beteiligt sein und damit unwissentlich zur Eskalierung des Problems beitragen. Eine Frau hat Schwierigkeiten, beim sexuellen Verkehr zum Orgasmus zu gelangen. Im Bemühen, ihr bei der Überwindung des Problems zu helfen, mag ihr Partner beim Verkehr Fragen an sie richten nach dem Grad ihrer Erregung oder ob er die richtige Technik benutze, um sie genügend zu stimulieren. Damit fordert er sie indirekt auf, sich noch stärker um eine Reaktion zu bemühen, was aus unserer Sicht die Dinge nur noch schlimmer macht.

Diese Art von Problemen können sich aller Voraussicht nach erst dann lösen, wenn der Patient von seinen willentlichen Anstrengungen läßt und nichts zu erzwingen sucht. Zum Beispiel: Ein junger Mann, der über Angst in bestimmten gesellschaftlichen Situationen klagt und nun um eine Lösung des Problems bemüht war, berichtet folgendes:

P: ... Ich stellte fest, daß ich leicht sehr nervös werden, sogar... Oh, nun, noch etwas Interessantes. Am Samstag... Ich glaubte immer, daß ich mich in der Nähe von

Leuten mit Kontaktlinsen viel wohler fühle; ich meinte, das hinge mit dem Wort Kontakt zusammen. Und dann entdeckte ich, daß vieles nur an mir liegt ... am Samstag, als ich mit dem Mädchen, Susan, zusammen war, merkte ich, daß ich eine Menge Gefühle hatte, die aus mir heraus wollten. Und vorher hatte ich immer sozusagen versucht, nichts zu empfinden. Daher war ich nervös oder verlegen, und irgendwie passierte diesmal etwas anderes; ich sagte mir einfach: »Ich bin nervös«, und habe das immerzu wiederholt, und es war gut, nervös zu sein; es erlaubte mir, dazubleiben und es wahrhaftig zu genießen, daß ich nervös war. Nun, ich habe keine Ahnung, ob das einen Sinn hat ...

Th: Hm, es hat tatsächlich einen Sinn. Und ...

P: ... Also so war's ... ungefähr so, ich merkte, daß mir all diese verschiedenen Dinge im Kopf herumgingen, verstehen Sie, als ob ich nervös wäre, oder als ob ich Angst bekäme ... Aber jetzt, anstatt zu versuchen, keine Gefühle zu haben, werde ich es forcieren und es einfach aussprechen: »Ich habe Angst«. Und es ist dann, als ob ich es bin, der Angst hat. Und ich es bin, der nervös ist. Und es ist sogar ganz nett. Und es ist angenehm, daß ich es nicht immerzu empfinde. Und es ist fast eine Beruhigung, wenn ich mir sage: »Ich bin jetzt nervös«.

Es ist wenig wahrscheinlich, daß etwas dabei herauskommen wird, wenn man dem Patienten einfach sagt, er solle aufhören, sich so krampfhaft anzustrengen. Erstens hält er seinen Lösungsversuch ohnehin für den einzig vernünftigen und meint, etwas anderes zu versuchen würde die Dinge nur noch verschlimmern. Zweitens, wenn man einem Menschen einfach befiehlt, ein bestimmtes Verhalten zu unterlassen, macht man ihm dieses Verhalten erst bewußt und er verliert seine Unbefangenheit, so daß es ihm noch schwerer fällt, damit aufzuhören. In der Regel werden wir einen Patienten indirekt auffordern, von einem bestimmten Verhalten zu lassen, indem wir ihn ausdrücklich anweisen, sich ein Verhalten zuzulegen, das jenes andere Verhalten ausschließt, das wir beseitigen wollen. Zum

Beispiel könnte man einem Patienten, der an Schlaflosigkeit leidet, nahelegen, die Zeit, die er sonst damit verbringt, sich zum Schlafen zu zwingen, besser auf eine lästige Aufgabe zu verwenden, wie zum Beispiel, den Küchenherd zu putzen. Wird diese Empfehlung befolgt, wird der Patient sich nicht wie sonst mit seinem Problem beschäftigen, nämlich den Schlaf herbeizwingen zu wollen. Er kann nicht absichtlich einschlafen wollen, wenn er sich wachhalten muß, um die therapeutische Verordnung zu befolgen. Beide Verhaltensweisen schließen einander aus.

Die allgemeine Strategie, derer wir uns im Umgang mit Leistungsproblemen häufig bedienen, zentriert sich darauf, den Lösungsversuch des Patienten in sein Gegenteil zu verkehren, indem wir ihm rationale Erklärungen und Begründungen liefern, die es ihm empfehlenswert erscheinen lassen, an der ihm erteilten Aufgabe zu *scheitern*. Solche Begründungen lassen sich in zwei Hauptkategorien aufteilen: Zunächst kann man dem Patienten erklären, daß es aus diagnostischen Gründen für ihn wichtig ist, ein Symptom zu erzeugen. Das heißt, der Therapeut gibt indirekt zu verstehen, daß es noch immer an wichtigen Informationen für eine Lösung des Problems mangelt. Und diese vermag nur der Patient zu liefern, und das erfordert, daß der Klient das Symptom *absichtlich* hervorruft, denn wenn er das Symptom spontan erlebt, ist er zu sehr in den Kampf mit dem Problem verstrickt, um erschöpfende Beobachtungen anstellen zu können. Wenn er es indes vorsätzlich hervorrufen will, wird er in der Lage sein, subtile aber in höchstem Maße aufschlußreiche Dinge wahrzunehmen, die zuvor seiner Aufmerksamkeit entgangen waren. Zum Beispiel:

Th: (zu einem an Impotenz leidenden Patienten) Es gibt eine Möglichkeit, Ihre Behandlung abzukürzen, vorausgesetzt Sie sind imstande, entsprechend zu handeln. Ich halte es für höchstwahrscheinlich, daß ein geistig-seelischer Zusammenhang besteht zwischen Ihrer Unfähigkeit zu einer anhaltenden Erektion und der mehr oder weniger großen Bedeutung, die eine bestimmte sexuelle Begegnung für Sie hat. Doch dieser Zusammenhang kann Ihnen nur ins Bewußtsein treten, wenn Sie unter diesen Schwierigkeiten leiden. Das Problem besteht darin, daß Sie dann zu sehr in den Kampf mit ihnen verstrickt sind und es Ihnen Ihrer Partnerin gegenüber zu peinlich ist, als daß Sie irgendwelche aufschlußreichen Assoziationen haben könnten. Legen Sie es indessen darauf an, impotent zu sein – und wenn Sie dafür sorgen, daß dem nichts weiter im Wege steht –, werden Sie geistig weit eher zu einem Bewußtseinszustand gelangen, den ich zwar für vorübergehend, aber für entscheidend halte. Wenn Sie jedoch bemerken, daß Sie unvorhergesehenerweise dennoch eregieren, müssen Sie alles tun, damit es wieder abklingt. Denn das Erkennen der entscheidenden gedanklichen Verbindung kann nur im Zustand völliger Impotenz geschehen.

Meldet der Patient nachher, daß er trotz aller Bemühungen seine Impotenz nicht aufrechterhalten konnte, statt dessen einen vollkommenen Liebesakt genossen habe, dann sollte der Therapeut nicht der Versuchung unterliegen, ihm zu gratulieren. Vielmehr sollte er an seiner Strategie festhalten und nun dem Patienten Vorwürfe machen, daß er an der ihm aufgetragenen Aufgabe gescheitert sei, und ihm zusetzen, es in der nächsten Woche noch einmal und noch angestrengter zu versuchen. Die Behandlung wird dann möglicherweise auf Insistieren des Patienten abgebrochen werden, da diesem sicherlich mehr daran gelegen sein wird, sein Liebesleben zu genießen, als daran, zu erkennen, warum er damit immer Probleme hatte.

Die zweite Art von Begründung gibt dem Patienten zu verstehen, daß er als ersten Schritt zur Kontrolle seines Problems das Symptom absichtlich hervorrufen muß:

Th: (zu einem Patienten, der an Zwangsvorstellungen leidet) Sie versuchen also, Ihre Gedanken unter Kontrolle zu bekommen. Doch gelingt es Ihnen nicht. Es bleibt Ihnen nichts anderes übrig, als abzuwarten, bis sich die beunruhigenden Gedanken spontan einstellen. Und dann versuchen Sie, sie loszuwerden; doch sie bleiben, bis *sie* sich entschließen, zu verschwinden. Wenn Sie jemals selbst die Kontrolle gewinnen wollen, müssen *Sie* als erstes selber bestimmen, wann diese Gedanken zu kommen und wann sie zu gehen haben und wie lange sie bleiben sollen, zumindest zum Teil. Nun, Sie sagen, diese quälenden Gedanken pflegen nicht vor etwa neun Uhr morgens aufzutauchen. Für gewöhnlich erscheinen sie erst gegen Mittag. Das aber können *Sie* unter Kontrolle bekommen. Um neun Uhr rufen Sie sie absichtlich herbei und halten mindestens bis halb zehn an ihnen fest. Die Zwangsvorstellungen könnten versuchen, Ihren Geist früher zu verlassen, doch sollten Sie dafür sorgen, daß sie bleiben. Wenn Ihre Gedanken abschweifen, zwingen Sie sie wieder herbei. Ein andermal mögen spontane Vorstellungen auftreten. Nun gut, lassen Sie sie nicht los, wenn sie bleiben wollen. Hängen Sie diesen Gedanken mindestens noch mal fünf bis zehn Minuten nach. Die Gedanken dürfen entscheiden, wann sie kommen. Sie aber müssen bestimmen, wann sie verschwinden sollen.

Ein verwandter Fall: Eine perfektionistisch veranlagte Frau, die an ihren Leistungen sehr viel auszusetzen hat – inbegriffen an denen auf dem Gebiet der Keramik, ihrem Hobby –, wird von uns angewiesen, vorsätzlich Fehler zu machen, zu diagnostischen Zwecken:

Th: Lassen Sie mich laut denken. Einiges betrifft die Diskussion, die der Mitarbeiterstab vergangenes Mal führte, und stützt sich andererseits auf das, was Sie mir gerade klarzumachen versuchen. Es mag zu einfach klingen – Sie sind wegen Ihres tyrannischen Perfektionismus zu uns gekommen, mit dem Sie nicht fertig werden.

Ptin: Hm – hm.

Th: Und da wir nicht über ausreichend Zeit verfügen, um in aller Ruhe zurückzugehen bis auf Ihr Sauberkeitstraining im Kleinkindalter und zu den Erlebnissen Ihrer Vorfahren auf einem Schiff bei ihrer Ankunft in Amerika und so fort . . ., können wir vielleicht einige Erkenntnis gewinnen, indem wir etwas *tun*. Und dazu gehört zum einen, daß Sie ein klein wenig immun gegen Unvollkommenheit werden. Und ich würde meinen, daß sich die künstlerische Arbeit dafür besonders eignet; es wäre die naheliegendste und angemessenste Art des Tuns. In bezug auf die Details fühle ich mich nicht sicher. Darf ich sie eben mal umreißen? Wenn etwas nicht machbar ist, so kann man das ändern, da die Details als solche nicht entscheidend sind. Soeben haben Sie gesagt, daß Sie je nach Ihrem Stundenplan am Tag ein Gefäß drehen können. Und daß das je nach Ihrem Plan mal morgens, mal nachmittags geschieht. Ich möchte daraus lieber ganze Tage machen. Wenn Sie also ein Gefäß hochziehen wollen, welcher Tag würde dafür der beste sein?

Ptin: Der Sonntag.

Th: In Ordnung. Morgens oder nachmittags?

Ptin: Der ganze Tag. Morgens wäre vielleicht am besten. Oder aber am frühen Nachmittag – oder am späten Vormittag.

Th: Okay. Sagen wir etwa elf Uhr.

Ptin: J-a.

Th: Ich möchte gern, daß Sie dabei die Größe ausprobieren ... Der Grund dafür, daß ich das auf einen Tag legen möchte, ist, daß ich glaube, wenn Sie gegen etwas immun werden sollen, es am besten ist, langsam vorzugehen. Ich möchte, daß Sie am Sonntag vormittag um elf bereit sind, einen Topf oder mehrere Töpfe zu drehen. Sie sagten etwas von »eine Stunde«. Ich sähe es gern, wenn Sie um zwölf fertig wären.

Ptin: Okay.

Th: Auf jeden Fall sorgen Sie dafür, daß es ein nicht *ganz perfekter* Topf wird – gleich, ob es einer oder ob es zwei oder drei sind. Ich bin mit Ihrer Praxis nicht vertraut, ob Sie nur einen machen können oder vielleicht auch fünf. Ob einer oder fünf, darauf kommt's nicht an.

Ptin: Aber sie werden alle nicht gut werden.

Th: Sie sollen *alle* nicht gut werden, egal, wie viele Sie zwischen elf und zwölf Uhr schaffen. Jedenfalls machen Sie das auf einer Töpferscheibe, und ich möchte, daß Sie sie zu keiner anderen Zeit anrühren.

Ptin: O. In Ordnung.

In manchen Fällen kann man den Patienten dazu bringen, daß er aufhört, um Leistung oder Stimmung zu ringen, indem man das unerwünschte Symptom als heilsam definiert, obwohl der Patient dies zuvor in gewisser Hinsicht nicht erkannte. Diese Art der Umdeutung erfordert sorgfältige Überlegung, da sie dem Patienten vollkommen glaubhaft sein muß. Zum Beispiel: Ein an Depressionen leidender Mann bezeichnete sich als »arbeitssüchtig«. Er gab zu, sich erbarmungslos voranzutreiben, nie mehr als zwei bis drei Tage Urlaub gemacht zu haben und auch das nur selten, und so fort. Dem Therapeuten gelang es nun, seine Depression umzudeuten: sie sei eine wohltätige Kraft, da sie ihn nötige, nicht zur Arbeit zu gehen und sich zu Hause zu entspannen – ein Luxus, wenn nicht eine Notwendigkeit, die er sich sonst nicht gegönnt hätte. Dem Patienten erschien diese »Interpretation« begründet und nützlich, und er hörte auf, sich besser fühlen zu wollen. Wie vorauszusehen, klang seine Depression ab.

Die meisten als »Sucht« etikettierten Probleme gleichen nach unserer Meinung den Leistungsproblemen. Wenn es sich jedoch gleichzeitig mit dem Leistungsproblem um Sucht (oder Angewohnheit) handelt, muß der Patient sich zusätzlich bemühen, nicht an den »verbotenen« Stoff zu denken, dessen Konsum er zu kontrollieren wünscht, ob es sich um Essen, Alkohol, Narkotika oder Zigaretten handelt. Allgemein kämpft man am besten dagegen an, indem man den Stoff meidet. Geflissentliche und wiederholte Bemühungen um Enthaltsamkeit bringen dem Patienten jedoch erst recht zum Bewußtsein, wie schwer ihm der Verzicht fällt, und bald hat der Stoff in seinen Augen mehr Macht als er. So kämpft er fortwährend auf verlorenem Posten und kann nur aufhören, an das Verbotene zu denken, nach ihm zu gieren, wenn er dem vermeintlich unbezähmbaren Drang nachgibt. Der einzige Weg, davon zu lassen, besteht seiner Meinung nach darin, nicht in Versuchung geführt zu werden.

Vielleicht wird die Technik der Selbsthypnose nach Spiegel (1970), die er bei Rauchern anwendete, die Grundlagen der Kurztherapie bei derartigen Problemen am besten verdeutlichen. In Verbindung mit einer leichten Selbsthypnose nimmt der Therapeut eine Umdeutung des Verlangens zu rauchen vor: es sei die absolut notwendige Voraussetzung für die schließliche Kontrolle. Dabei empfiehlt er dem Patienten, sich häufig und mit voller Absicht der Versuchung auszusetzen, erlegt ihm aber ein rituelles Verhalten auf, das ihm helfen soll, der Versuchung besser zu widerstehen. Die gleiche Strategie kann bei den verschiedensten Süchten, auch ohne Hypnose, angewandt werden. Doch in welcher Form oder in welchem Zusammenhang auch immer – das Wichtigste ist, daß der Therapeut eines nicht tut: er darf den Patienten keinesfalls drängen, sich unter Einsatz seiner Willenskraft entwöhnen zu wollen. Statt dessen wird er ihn anweisen, sich zwar der Versuchung auszusetzen, ihm aber gleichzeitig eine Art Ritual oder »Mechanik« vorschreiben, die verhindern sollen, daß der Patient erst überlegen muß oder mit sich kämpft, ob er der Versuchung widerstehen soll oder nicht.

Während die Mechanik oft einfachster ritueller Natur ist, wie bei der Methode von Spiegel, kann bei manchen Klienten die Anwendung eines *aversiven* (Abneigung erzeugenden) Rituals besser wirken. Zum Beispiel wurde einem Raucher, bei dem Hypnose nicht fruchtete, empfohlen, einfach einen Vertrag mit sich selbst abzuschließen, den er jedoch eisern einhalten müsse: Er durfte rauchen, wann immer er Lust hatte; doch wenn er dann nur einen einzigen Zug tat, mußte er, selbst mitten in der Nacht, eine ganze Packung Zigaretten hintereinander Kette rauchen. Aus diesem Kontrakt ergab sich eine »kampflose« Situation angesichts der Versuchung. Der Gedanke daran, mitten in der Nacht aufzustehen und Kette rauchen zu müssen, war derart abschreckend, daß der heimliche Zug nicht der Mühe wert zu sein schien. Diese »kampflose« Struktur enthob ihn des *Ringens* mit der Versuchung – eines Ringens, das meist zur Kapitulation führte. Dieses Beispiel beleuchtet noch einen anderen Aspekt des aversiven Rituals: Die Wirksamkeit der Intervention erhöht sich, wenn der Klient die Auflage erhält, übermäßige Dosen des gewohnten Stoffs zu sich zu nehmen, insbesondere zu Zeiten, in denen es dem Klienten nicht paßt.

Auf solche Weise verwandelt sich dieser »Handel« in eine »Behandlung«.

Wenn man versucht, eine gefürchtete Arbeit zu bewältigen, indem man sie hinausschiebt

Patienten, die sich in diesem Widerspruch verfangen haben, werden gewöhnlich über Angst oder Ängstlichkeit klagen – über Phobien, Schüchternheit, Phantasielosigkeit beim Schreiben oder anderen Tätigkeiten (bei öffentlichen Reden), über Lampenfieber und dergleichen. Hierbei beschwert sich der Patient über sich selbst. Jedoch unterscheiden sich diese Beschwerden etwas von der vorangegangenen Beschwerdegruppe, da Furcht oder Angstzustände ohne die Mitwirkung anderer entstehen und aufrechterhalten werden können. Der Patient vermag sich aufgrund seines eigenen kognitiven Systems in Panik zu versetzen und kann solche Verletzlichkeit ganz allein aufrechterhalten. Das heißt indes nicht, daß nicht andere zur Erhaltung solcher Probleme beitragen. Wir meinen, daß diese Art von Problemen auch ohne »Hilfe« entstehen und fortbestehen kann.

Beispiele dieser Kategorie sind die Phobien; sie bieten oft klare Muster dafür, wie Probleme dieser Klasse entstehen und erhalten werden. Phobien fangen oft ganz harmlos an. Der zukünftige Phobie-Patient hat zunächst keine Schwierigkeiten mit der Ausführung einer Aufgabe, aber an einem bestimmten Punkt stellen sich plötzlich und unerwartet unberechenbare Schwierigkeiten bei der Ausführung ein. Meistens ist die Aufgabe mit einem Risiko verbunden, obwohl dieses ganz geringfügig sein kann. Nachdem er einmal ihre Schwierigkeiten erkannt hat, denkt er immerfort über die Aufgabe nach und beunruhigt sich bei dem Gedanken, daß sie sich unter Umständen ergeben könnte, die gefährlich, verletzend oder demütigend sind. Wir nennen dies den »glücklichen Einfall des Was ist, wenn . . .?«: »Was ist, wenn mir beim Fahren schwindlig wird, das nächste Mal auf einer Brücke, wo ich nicht von der Straße herunter kann?« »Was ist, wenn der Fahrstuhl stecken bleibt und ich nicht raus kann und außer Fassung gerate?« Der problematische Stand der Dinge intensiviert sich in diesem Spiel gewöhnlich schon bald, wenn der zukünftige Patient findet, daß er ein Narr ist und daß er sich auf die Probe stellen sollte. Seine Befürchtungen bewirken gewöhnlich eine sich selbst erfüllende Prophezeiung. Er wird extreme Schwierigkeiten haben, mit dem befürchteten Vorgang fertig zu werden. Wenn sich seine schlimmsten Befürchtungen bestätigen, befindet er sich auf dem Weg in eine Phobie reinsten Wassers.

Ob das Problem phobische Ausmaße erreicht oder einfach eine »Angstreaktion« ist – der künftige Patient wird die gefürchtete Aufgabe als eine sehen, die zu meistern er nicht vorbereitet war. Methaphorisch gesprochen ist sie ein Drache, den er erschlagen muß, wozu ihm jedoch die »geheime« Waffe fehlt, über die alle anderen zu verfügen scheinen. Die antizipierte Konfrontation mit dem Drachen – mit Fahrstühlen, Flugzeugen, dem Autofahren oder das Mit-fremden-Männern-und-Frauen-Sprechen – hängt wie ein Damoklesschwert über ihm und kann viele Aspekte seines Lebens überschatten. Die Tatsache, daß die meisten Menschen keine Schwierigkeiten mit dem »Drachen« haben, ist ein Faktor, den der künftige Patient für seinen »Lösungsversuch« benutzt. Er sagt sich, wenn diese Aufgabe anderen ganz leicht fällt, dürfte er selbst auch keine Schwierigkeiten haben, damit fertig zu werden. Zugleich fühlt er sich aber verwundbar und nicht vorbereitet auf sie. (Hypothetisch müßte es extrem schwer sein, bei einer allgemein als gefährlich und schwierig geltenden Aufgabe, zum Beispiel der Fallschirmakrobatik, eine Phobie zu entwickeln. In solchem Fall wird jeder seine Angst für berechtigt halten und akzeptieren, daß sein Mut Grenzen hat.)

Auf diese Weise nimmt sich der Patient ein endloses Programm vor, um den »Kampf mit dem Drachen« hinauszögern zu können, indem er sich konstant darauf vorbereitet. Der Student, der sich vor dem Examen fürchtet, wird um Aufschub der Prüfung bitten, mag er sich auch noch so gut darauf vorbereitet haben. Der schüchterne Jüngling, der fürchtet, von einer Frau abgewiesen zu werden, wird nicht wagen, um ein Rendezvous zu bitten. Statt dessen wird er »auf die richtige Stimmung« warten oder bis er von erfolgreichen Freunden einen absolut sicheren »Tip« für sein Vorgehen bekommt.

Im wesentlichen liegt dem Lösungsversuch des Patienten die Idee zugrunde, sich auf die gefürchtete Aufgabe *vorbereiten* zu müssen, und zwar so, daß er sie schon im voraus meistert. Der Therapeut wird es vermeiden müssen, Interpretationen oder Instruktionen in Gestalt von Variationen dieser Lösung zu erteilen. Solche Interventionen würden das Problem nur am Leben erhalten. Gebraucht werden Direktiven und Erläuterungen, die den Patienten mit der Aufgabe konfrontieren, aber nicht von ihm fordern, daß er sie meistert, wie das nächste Beispiel zeigt:

Th: (zu einem Studenten mit Examensangst) Was Ihr bevorstehendes Examen betrifft, bin ich nicht an Ihrer Zensur interessiert, sondern daran, bei dieser Gelegenheit ein Bild von Ihrem Problem zu gewinnen. Tatsächlich garantiere ich Ihnen, daß Sie 90% der Punkte erhalten werden, unabhängig davon, wieweit Sie sich vorbereitet haben. Wenn Sie Ihre Prüfungsarbeit bekommen möchte ich, daß Sie Ihre 10 Fragen prüfen. Suchen Sie sich eine Frage aus, die Sie unbeantwortet lassen, unabhängig davon, wieweit Sie dieses Thema beherrschen. Ich bin außerordentlich daran interessiert, wie Sie bei der Auswahl der Frage vorgehen werden, denn dabei können Sie etwas lernen, das für die Lösung Ihres Problems von Bedeutung ist.

Oder:

Th: (zu einem Patienten mit einer Auto-Phobie) Während Sie mir sagen, daß Sie zuviel Angst vorm Fahren haben, scheint es mir eher, daß Sie in Wirklichkeit diese Gefahren zu leicht genommen haben. Wenn Sie Ihre Furcht loswerden wollen, müssen Sie als erstes die Gefahren, die beim Chauffieren auftreten können, richtig einschätzen. Damit Sie in Stimmung kommen, bitte ich Sie, über diese Fragen nachzudenken, während Sie in Ihrem geparkten Wagen sitzen. Unter keinen Umständen dürfen Sie Ihre Gedanken abschweifen lassen und an die Freuden und Annehmlichkeiten des Autofahrens und Autoreisens denken. Ich bitte Sie, jeden Tag mindestens eine halbe Stunde für diese Übung aufzubringen. (Sollte der Patient wiederkommen und wie erhofft Ungeduld äußern wegen des langsamen Tempos der Therapie – zum Beispiel, daß er der Versuchung kaum noch widerstehen könne, den Motor anzulassen –, dann muß der Therapeut an seiner »Brems-Masche« festhalten. Alles über Autofahren läßt sich »bremsend« formulieren: »Ich möchte, daß Sie *nur um die Ecke* fahren, egal wie gut Sie das zustande bringen; dort lassen Sie den Wagen stehen und laufen zu Fuß nach Hause.«)

Wenn man versucht, durch Widerstand zur Eintracht zu gelangen

Die Probleme, bei denen dieser Lösungsversuch angewandt wird, begreifen Konflikte auf zwischenmenschlicher Ebene mit ein, bei denen es um eine wechselseitige Kooperation geht. Zu diesen Problemen gehören u. a. eheliche Auseinandersetzungen, Konflikte zwischen Eltern und rebellierenden Kindern oder Heranwachsenden, Auseinandersetzungen mit Angestellten oder Probleme erwachsener Kinder mit ihren bejahrten Eltern.

Selten sind es bei solchen Streitigkeiten beide Parteien, die den Therapeuten aufsuchen. Gewöhnlich wird diejenige Person mit ihm Kontakt aufnehmen, die ihre legitime Position für bedroht hält oder meint, daß sie ihr von der anderen Partei streitig gemacht wird. Das kann der Elternteil sein, der sich von seinem oder ihrem Kind nicht respektiert sieht, oder der eheliche Gefährte, der sich »im Stich gelassen« fühlt. Obwohl der Kläger versuchen wird, die Partei, die im Unrecht ist, zu zwingen, Hilfe zu suchen oder sich in die gleiche Behandlung zu begeben, schlagen diese Bemühungen meistens fehl oder resultieren bestenfalls in einem einmaligen Besuch.

Über diese Probleme Klagende engagieren sich für einen Lösungsversuch, indem sie die andere Partei zu überzeugen versuchen, ihren Forderungen nach einem besonderen Verhalten zu entsprechen, und verlangen, wichtiger noch, daß die andere Partei sie mit Respekt, Zuneigung und Aufmerksamkeit behandelt, die sie ihm oder ihr nach ihrer Meinung schuldig ist. Kurz, der Lösungsversuch besteht darin, zu verlangen, daß die andere Partei ihre »Überlegenheit« anerkennt und sie entsprechend behandelt.

Diese Form der Problemlösung provoziert genau das Verhalten, das der Klagende zu verhindern wünscht, ob der Anspruch auf »Überlegenheit« zu Recht besteht oder ob er nur ein vermeintlicher ist und ob er mit Drohungen, Gewalt oder aber mit logischen Argumenten verfochten wird.

Ein Weg, der diese Lösung nicht zuläßt, besteht darin, den Kläger dazu zu bekommen, sich »unterlegen« zu geben, das heißt eine Position der Schwäche einzunehmen. Angesichts der Intensität der zwischenmenschlichen Kämpfe wird es dem Kläger schwerfallen, den notwendigen Umschwung im Lösungsversuch zu vollziehen. Er wird vermutlich ein Zeichen der Schwäche darin sehen, sich zu ducken, oder es als einen endgültigen Schritt zur Abtretung elterlicher oder ehelicher Rechte verstehen. Jedoch ist solch ein Umschwung gewöhnlich in diesen Fällen unabdingbar: Gibt der Kläger seinen Lösungsversuch ohne Begründung einfach auf, wird die andere Partei voraussichtlich nichts anderes darin sehen als eine Fortsetzung von »mehr desselben«. Anstatt sich zu beschweren, wartet er schweigend die Zeit ab. Infolgedessen wird die andere Partei weiterhin in der Defensive bleiben und den Kläger dadurch wieder veranlassen, weiterhin seinen problemkonservierenden Lösungsversuch zu praktizieren.

Da der erforderliche Umschwung im Lösungsversuch dem Klienten gewöhnlich Schwierigkeiten macht, verlangt das

Intervenieren bei solchen Problemen, daß der Therapeut sich mehr um die »Aufmachung« oder das »Verkaufen« dieses Aspekts der Intervention bemüht als um die Identifizierung der spezifischen Handlung, die der Klient vollziehen muß und die auf der Hand liegen mag. Im allgemeinen wird der Klient einer Begründung bedürfen, die ihm erlaubt, seine Forderungen in einer nichtautoritären Form zu stellen wie, »Ich wäre dir sehr dankbar, wenn du...«, statt »Du solltest...« oder »Du mußt...« oder »Das wenigstens kannst du für mich tun«.

Auf dem Gebiet der Kindererziehung, zumal der Erziehung der Halbwüchsigen, versuchen Eltern oft durch Überbetonung ihrer Macht Fügsamkeit zu erreichen: »Es ist unser Haus, und solange du hier lebst, hast du dich nach unseren Vorschriften zu richten.« »Tut mir leid, du kannst jetzt nicht ausgehen; wenn du es doch tust, bekommst du zwei Wochen Hausarrest!« Für gewöhnlich lassen Eltern diesen Drohungen keine echten Konsequenzen folgen, entweder weil sie es nicht können oder nicht wollen. Was immer sie unternehmen, es ist meist zuwenig – zum Beispiel ihnen für ein oder zwei Wochen das Taschengeld zu sperren. Unserer Erfahrung nach wirken leere Drohungen provozierend und werden bald als »Papiertiger« erkannt. Interessanterweise machen viele Eltern keinen Gebrauch von ihrer Macht, Sanktionen aufzuerlegen oder wichtige Vergünstigungen zu entziehen und so fort.

In diesen Fällen beginnt die eigentliche Intervention in dem Augenblick, da der Therapeut die Eltern zunächst allein zu sich bittet. Hiermit läßt er durchblicken, daß er die Eltern als die Kläger betrachtet; zugleich versetzt er sie in die Lage, den Therapeuten über den Umgang mit ihrem Kind zu konsultieren. Dies steht in betontem Gegensatz zur konventionellen Therapie, wo der Therapeut oft mit dem Kind beginnt, das in erster Linie zum Fokus der Behandlung wird, selbst dann, wenn die Eltern späteren Sitzungen beiwohnen.

Wiewohl der Therapeut die provozierende Wirkung des elterlichen Verhaltens auf das Kind erkennt, wird er sich voraussichtlich nicht darüber äußern, da er sich damit die Eltern zum

Feind machen und ihre Kooperation vermindern würde. Der Bezugsrahmen der Eltern besteht darin, daß sie aufgrund ihrer legitimen autoritären Stellung in der Familie zu Recht auf der Erfüllung ihrer Wünsche bestehen: »Er muß doch endlich einsehen, daß wir als seine Eltern verlangen können, daß er sein Zimmer aufräumt.« Statt dessen wird der Therapeut die Situation zwischen Eltern und Kind auf eine Weise umdeuten, daß es den Eltern möglich wird, sich als die Unterlegenen zu geben und sich dennoch dabei ihrer autoritären Stellung nicht beraubt zu fühlen.

Eine recht hilfreiche Umdeutung kann bei solchen Problemen darin bestehen, den Eltern zu erklären, ihr Kind höre niemals wirklich auf sie, wenn sie mit ihm sprechen. Denn längst sei ihr Verhalten vorhersehbar geworden, so daß das Kind schon von vornherein wisse, was sie sagen wollten, und automatisch abschalte, wenn sie es ansprechen. Wollten die Eltern ihr Kind wirklich erreichen, müßten sie seine Aufmerksamkeit auf sich ziehen, und eine Möglichkeit, dies zu tun, bestehe darin, sich *unvorhergesehen*, das heißt überraschend zu verhalten. In folgendem Beispiel dient diese Umdeutung dazu, die Eltern dazu zu bringen, sich »unterlegen« zu geben:

Th: Ich habe nichts dagegen, daß Sie das von Ihrem Sohn verlangen. Wenn überhaupt, verlangen Sie zuwenig. Doch wie dem auch sei, schlimmer ist, daß Sie unterschätzen, wie genau Ihr Sohn Ihr Verhalten vorausberechnen kann. Schon nach den ersten Worten weiß er, wie es weitergeht, und dann schaltet er einfach ab. Soweit ich beobachten konnte, haben Sie ihn in dieser Hinsicht auch nie enttäuscht. Nein, wenn Sie ihn wirklich erreichen wollen, müssen Sie ihn auf sich aufmerksam machen, und das kann nur durch ein unerwartetes Verhalten Ihrerseits geschehen.

P: Nun, ich habe keine Ahnung, wie wir das anstellen sollen: unberechenbar zu sein (damit ließ er erkennen, daß er die Notwendigkeit einer Verhaltensänderung einsah, ohne zu wissen, auf welche Weise diese erfolgen sollte). Vielleicht könnten wir ...

Th: Nun, wir wollen mal überlegen. Wollen mal sehen. Wenn er abends ausgeht, werden Sie vermutlich immer das gleiche sagen: »Sorge dafür, daß du um zehn Uhr wieder zurück bist. Länger darfst du nicht wegbleiben.« Könnte man da nicht etwas anderes sagen, das für Sie untypisch und daher für ihn überraschend ist?

P: Wie wäre es, wenn wir ihn fragten, welche Uhrzeit er für fair halten würde?

Th: Das wäre zwar mal etwas anderes, doch was tun Sie, wenn er dann sagt »um Mitternacht«? Nein, ich glaube nicht, daß das gutgehen würde. Aber Sie haben mich auf eine Idee gebracht. Wie wäre dies: »Wir würden es sehr gern sehen, daß du um zehn Uhr zu Hause bist, wir können dich aber nicht dazu zwingen«?

P: Ja (lacht), das wäre gewiß mal etwas anderes. Aber wie wird er reagieren?

Th: Nun, das kann man wirklich nicht wissen, ehe man es nicht versucht hat. Würden Sie dabei das Gesicht verlieren, wenn Sie es noch in dieser Woche mal ausprobieren?

In folgendem komplizierteren Fall diente die angewandte Umdeutung einer Mutter dazu, ihr Kind auf das Erwachsenenleben vorzubereiten:

Beobachter (betritt den Behandlungsraum): Ich komme wegen Dr. X (der behandelnde Therapeut, der sich mit den Eltern auseinandersetzen mußte), der Ihnen beizubringen versucht ... Wie Sie sich denken können, hatten wir eine heftige Auseinandersetzung, und meiner Meinung nach war es unfair, ihn zu bitten, so genau wie möglich zu schildern, wie das Gespräch unter uns im Hinblick auf gewisse Punkte verlief. Und der Bemerkung, die Sie soeben gemacht haben, glaube ich zu entnehmen, daß Sie nicht so deutlich gewesen sind, wie es nötig gewesen wäre. Auf die Gefahr hin, mich zu wiederholen: Was wir meinten, war, daß Jills unverantwortlicher Umgang mit sich selbst – daheim, in der Gemeinschaft, in der Schule – auf der Basis dessen geschah, was Dr. X meinte, nämlich, daß sie noch aus der Perspektive einer Vierjährigen handelt, die tun kann, wie ihr beliebt, weil ihre Mutti sie beschützen wird, was auch geschehen mag. Daher braucht sie nicht aufzupassen, wohin sie tritt. »Mutti wird mich in letzter Minute vor Schaden bewahren.« Dies ist schon für eine Vierjährige eine gefährliche Richtschnur für das Handeln, und erst recht, wenn man so alt ist wie sie und bald volljährig wird. Dr. X hat recht mit seinem Beispiel: »Du bist von der Polizei festgenommen worden, hast im Jugendgefängnis eingesessen, bist verhört worden, wurdest auf Bewährung nach Hause entlassen, und nun mußt du zur endgültigen Entscheidung ins Gericht, und du lachst und kicherst.« Das ist die Psychologie einer Vierjährigen. Sie hegt noch immer die Illusion, daß Sie sie retten können und wollen, und drängt Sie in die Rolle der restriktiven vernünftigen »guten Mutter«. Und wenn Sie solch eine »gute Mutter« bleiben, endet Ihr Kind garantiert in der Gosse.

Mutter: Also, was Sie mir da sagen, bedeutet im Kern, daß ich eine Art »Hände-weg-Politik« betreiben soll.

Beobachter: O nein. Noch schlimmer. Man muß ihr den so nötigen konstruktiven Schock einjagen – einen Schreck, weil sie zu der wichtigen Einsicht gelangen muß, daß die Nabelschnur längst durchtrennt ist. »Mama kann mich *nicht* schützen. Mehr als mir und Ihnen wahrscheinlich klar ist – und als dem Gericht klar ist –, bin ich jetzt auf mich selbst gestellt. Die sind naiv: Geh zur Schule und sei brav. Oder wir schicken dich irgendwohin, wo man dafür sorgen wird, daß du brav bist. Das ist naiv.« Besser wäre es, ihr durch die konstruktive Einsicht einen Schreck einzujagen: »Ich muß jetzt selbst auf mich aufpassen. Mama kann nicht für mich aufpassen. Mama kann mich nicht schützen.« Nicht, Mama *will* mich nicht schützen – Mama *kann* mich nicht mehr schützen.

M: Hm-m. Aber was soll ich tun, um sie zu dieser Einsicht zu bringen?

Be: Ich will Ihnen zunächst etwas ganz Allgemeines sagen und dann genauer werden. Sie müßten eine »schlechte« Mutter sein, sich wie eine »schlechte« Mutter verhalten. Wenn Sie ihr helfen wollen, möglichst bald zu jener so notwendigen Einsicht zu gelangen, müssen Sie sich so verhalten, wie es vermutlich eine »schlechte« Mutter tun würde. Zum Beispiel, nicht zu fragen: »Wie sieht es mit deinen Hausaufgaben aus? Bist du fertig damit?« Das würde sie in Sicherheit wiegen, daß ihre Mama sie schon schützen wird. Und auch anstatt einer »Hände-weg-Politik« besser so: »Hoffentlich bist du mit den Hausaufgaben fertig. Auch wenn nicht, heute abend ist etwas Schönes im Fernsehen. Warum kommst du nicht rüber und siehst es dir an?« Übrigens, machen Sie nicht den Fehler, daß Sie ... Ich meine, Sie hätten erwähnt, daß Sie ihre Aufsichtsperson sind, zumindest vorläufig, und daß Jill das nicht weiß.«

M: Hm, sie ... Ich habe mich da wahrscheinlich nicht klar genug ausgedrückt. Sie ist sich darüber klar, daß ich zumindest für die nächsten zwei Wochen die alleinige Aufsichtsperson bin. Ist sie erst ihrem regulären Bewährungshelfer zugeteilt worden, wird das mehr seine Sache sein. Doch worüber sie sich nicht klar ist – daß im Alltagsleben zu Haus ich wahrscheinlich diejenige bin, die an ihr »herummeckert«, wie sie es ausdrückt.

Be: Das hat sie aber schon in den ersten fünf Minuten im Jugendgefängnis kapiert.

M: Nein, zumindest hat sie es nicht gesagt! Ich bin aber sicher, daß Sie recht haben.

Be: Und in der sechsten Minute hat sie gelernt: Man hält dicht.

M: Auf diesen Gedanken wäre ich nicht gekommen.

Be: Der Informationsaustausch geht im Jugendgefängnis sehr schnell vor sich. Darum sollten Sie unbedingt mit ihr darüber sprechen.

M: Ja-a.

Be: Man erwartet, daß Sie die Aufsicht übernehmen; sie weiß das. Sie können dazu beitragen, daß sie in der Gosse endet, wenn Sie eine gute Aufsichtsperson sind. Wenn Sie aber eine ganz schlechte sind, können Sie ihr helfen, besser mit sich selbst fertig zu werden – reifer und selbstbeherrschter. Als

»schlechte« Mutter werden Sie sich nicht um sie kümmern; Sie vergessen sie; Sie machen sich nichts aus ihr: »Ich weiß, daß du weißt, daß ich rüberging und mit einem meiner verbotenen Freunde gesprochen habe. Ich nehme an, du mußt das meinem Bewährungshelfer berichten.« »Mag sein, aber davon weiß ich nichts. Tatsache ist, daß ich es nicht an die große Glocke hängen werde, denn es gibt eine Menge Sachen bei diesem Gericht und dem Richter, über die ich nicht gerade glücklich bin. Aber ich werde dir nicht sagen, worin meine Differenzen bestehen. Ich bin alles andere als glücklich darüber. Manchmal finde ich, daß sie lauter Unsinn reden.« Sie sind eine miserable Staatsbürgerin. Und eine schlechte Mutter. Jawohl.

M: So werde ich's machen. Ich finde Ihren Vorschlag großartig.

Be: Es wird sehr, sehr schwer sein, und Sie werden dieser Rolle kämpfen müssen mit, die so anders ist als die, an die Sie gewöhnt sind. Sie ziehen Kinder auf, und zur Erziehung gehört, daß Sie sie lenken, kontrollieren und disziplinieren und sie behüten. Und mit Vierjährigen können Sie das machen. Ein Vierjähriges läßt sich einschüchtern. Und die Gesellschaft wird Sie darin unterstützen: »Was machst du denn hier? Geh sofort nach Haus.« Sie können eine Gruppe von Vier- bis Achtjährigen sprengen, ganz leicht. Kommen sie erst in die Teens, halten sie zusammen wie die Kletten: Sie haben Unterstützung von ihresgleichen, sie haben Geld, und man hat sie dazu ermuntert, ihre Flügel zu erproben – alles, was zum Erwachsensein gehört. Es geht um das schwierige Geschäft, einen anderen Gang einzulegen, das Kind nicht mehr zu behüten und dabei einzusehen, daß Sie es ohnehin *nicht mehr können*. Wo steckt sie jetzt? Wo mag sie sein? In der Schule?

M: Zu Haus.

Be: Zu Haus?

M: Sie müßte zu Haus sein.

Be: Wie können Sie das wissen?

M: Ich weiß es ja gar nicht.

Be: Achtjährigen können Sie sagen: »Bleib zu Haus, bis ich zurück bin«, und sie werden zu Haus bleiben. Sie sind eingeschüchtert. Aber es geht um die schwierige Einsicht, daß ... Sie brauchen nicht aufzuhören, Ihre Kinder zu lieben – Sie werden sie immer lieben –, vielmehr weil Sie sie lieben, müssen Sie dazu übergehen, dafür zu sorgen, daß sie sich selbst schützen. Sie sind am Ende Ihrer Möglichkeiten, sie zu schützen, angelangt. Nun geht es darum, sie dazu zu bekommen, daß sie auf sich selbst aufpassen. Und Ihr Heim verwandelt sich nun gewissermaßen in eine Art Survival-Trainingscamp.

M: Ja, das stimmt.

Be: Die Truppen überleben nicht ... Sie möchten nett sein zu ihnen. Also warum ihnen diese Strapazen auferlegen, und die Gefahren ... Warum läßt man sie durch den Stacheldrahtzaun kriechen? ... Das ist gefährlich. Und dann schicken Sie sie in die Schlacht? Sie werden hingemetzelt werden.

M: Das ist wahr.

Be: Ihr Haus ist also jetzt ein Survival-Trainingslager für eine Menge Teenager, doch besonders für solche, die wie Jill nichts Vernünftiges mit sich anzufangen wußten. Sie müssen noch einige Lektionen lernen, deren wichtigste lautet: »Die Nabelschnur ist jetzt durchtrennt, mein Kind. Und du weißt, wann immer deine Mutter auftaucht, ist sie unfähig, vergeßlich, verantwortungslos ... Du solltest dich nicht darauf verlassen, daß sie dich schützt.«

M: Ja, ich verstehe. Und ich sehe auch die Logik darin. Das leuchtet mir sehr ein. So werde ich's machen.

Be: Nun, bereiten Sie sich innerlich darauf vor, es wird schwierig sein. Sie werden gegen Ihren Mutterinstinkt ankämpfen müssen ... Und Jill wird es Ihnen auch schwermachen, manchmal, ich sage Ihnen das voraus, sie wird versuchen, Sie wieder in die »Du darfst nicht«-Position zurückzudrängen. Und das wird ihr wahrscheinlich gelingen. Also warum sehen Sie nicht einfach zu, wie sie es versucht? Aber lassen Sie sich, wenn irgend möglich, nicht wieder ins Bockshorn jagen.

M: Ja-a.

Th: Meine Kollegen im Nebenraum (hinter der Einwegscheibe) haben mich darauf aufmerksam gemacht, daß es nicht klappen könnte – das erste Mal vielleicht nicht, erst das zweite Mal. Die Mutter mag etwas sagen von Fernsehen und von Hausaufgaben-machen-nicht-nötig, und schon läßt sie die Hausaufgaben für immer sein. Sie werden es vielleicht fünf- oder sechsmal wiederholen müssen; der Wechsel braucht Zeit.

Be: Natürlich, ich hoffe, ich habe nicht den Eindruck erweckt, als ob ich über Nacht einen Erfolg erwarte.

M: Das ist mir klar.

Be: Verstehen Sie, es ist der Anfang, dieses Insistieren auf einen neuen Kurs – einen grundlegend anderen Kurs – das braucht seine Zeit.

M: Das ist mir klar, glauben Sie mir. Sie hat fünfzehn Jahre gebraucht, um dorthin zu gelangen, wo sie jetzt ist. Ich weiß nur zu gut, daß sich das nicht über Nacht ändern kann.

Manche Eltern werden nicht einen Zoll von ihrer überlegenen Haltung lassen, schon aus Angst, sie könnten die Kontrolle über ihr Kind *gänzlich verlieren*. Die soeben beschriebene Umdeutung mag sie nicht überzeugt haben, daß ihre Machtposition erhalten bleibt. In solchen Fällen kann der Therapeut ihnen ein »magisches Schwert« anbieten. Er klärt sie darüber auf, daß sie über ein weit mächtigeres Mittel verfügen, um die Willfährigkeit ihres Kindes zu erreichen: das Mittel der unvorhersehbaren und daher unerwarteten Konsequenzen. Jedoch muß dieses »Zauberschwert«, um wirksam zu sein, von unten her, aus der Position des »Unterlegenen« geführt werden. Kurz, diese unsere Taktik der »wohlwollenden Sabotage« besteht in einem Appell an die Eltern, sich des Mittels der fühlbaren Konsequenzen zu bedienen, anstatt Strafpredigten zu halten. Solche Konsequenzen müssen sich scheinbar »aus Versehen« ergeben, und die Eltern sollten sich für sie entschuldigen, wenn das Kind sich beklagt: »Es tut mir furchtbar leid, daß gestern abend Krümel in deinem Bett waren. Ich muß während des Frühstücks mit dem Toast in der Hand umhergelaufen sein, als ich dein Zimmer aufräumte. Ich werde mir Mühe geben, daß es nicht wieder passiert.«

Bei manchen Eltern genügt es, immer wieder anzudeuten, daß die überlegene Haltung die »schwache« und die unterlegene die »starke« ist. Der Therapeut wirft ihnen vor, sie seien ihrem Kind gegenüber zu »schwach«, und weist sie an, die »starke« Haltung anzunehmen, nämlich eine unterlegene. Solch eine simple Taktik wird bei der Mehrzahl der Eltern nicht ankommen, doch kann der Therapeut sie zum Vorteil bei Eltern anwenden, die nicht mehr weiterwissen und, am Ende ihrer Weisheit angelangt, bereit sind, alles zu versuchen, was nur irgendeine Aussicht auf Erfolg haben könnte – wie im folgenden Beispiel die Eltern einer schwierigen, aufsässigen Halbwüchsigen.

Th: Wollen Sie mich bitte über den Stand der Dinge informieren?

M: Wir haben furchtbare Aufregungen hinter uns, weil wir taten, was Sie uns geraten hatten. Susi war die ganze Woche in Tränen – total frustriert. Wissen Sie, vor ein paar Tagen sagte sie zum Beispiel zu mir: »Ist es warm genug, wenn ich heute zur Schule nur den Pullover anziehe?« Da sagte ich: »Nun, es ist heute furchtbar kalt, Susi. Der Mantel wäre besser.« Dann sagte sie: »Aber es könnte heute nachmittag wieder warm werden, und dann muß ich den Mantel nach Hause schleppen.« Also sagte ich: »Dann ist der Pullover besser.« Darauf sagte sie: »Du machst mich krank. Ich spreche nie wieder mit dir« und ging.

Th: Was bedeutet das Ihrer Meinung nach?

M: Ich weiß es nicht. Es bedeutet, daß ich nicht mehr mit ihr streite, überhaupt nicht, wegen gar nichts, und das macht sie verrückt.

Vater: Sonst hat sie (die Mutter) immer gesagt: »Du ziehst den Mantel zur Schule an. Es ist eisig kalt, und sollte es wärmer werden, dann nimmst du ihn über den Arm, und damit hat sich's.« Und es gab Widerreden: »Warum soll ich ihn über den Arm nehmen, wenn ich nicht will? Ich bin diejenige, der es kalt wird.« Aber heute, wenn sie (die Mutter) etwas sagt, dann so: »Ich werd's mir überlegen, Susi. Mal sehen.« Und ähnliches Zeug.

M: Nun, das mit der Nähmaschine zum Beispiel...

V: Sie geht einfach weg. Als wüßte sie nicht, was sie sagen sollte, weil niemand mit ihr streiten will. Sie versucht mit den verschiedensten Manövern, andere in Streit zu verwikkeln. Und wenn niemand sich mit ihr streiten mag, wird sie einfach frustriert und weiß nicht, was sie machen soll, verstehen Sie.

Th: Also haben Sie in der vergangenen Woche versucht... Sie haben Ihre Sache gut gemacht, indem Sie ihr keine Information gaben. Die Wirkung würde jedoch noch viel stärker sein, wenn Sie ihr einfach deshalb, weil sie so deprimiert und außer sich ist, keine Information erteilen... Ich möchte, daß Sie sich ein noch weit effizienteres Verhalten zulegen. Es mag Ihnen absurd vorkommen, doch die wirksamere Haltung, die ich gerne an Ihnen sähe, besteht in offensichtlicher Hilflosigkeit, darin, daß Sie ganz außer sich sind.

Bei Eheproblemen wird die Ehefrau gewöhnlich versuchen, dem Gatten Rücksicht abzuringen, indem sie sich beschwert, anstatt ihn zu bitten. Was noch schlimmer ist, die Beschwerden werden oft in einer rhetorisch besonders verletzenden Form geäußert: »Warum kannst du jedem verdammten Fremden gegenüber rücksichtsvoller sein als zu mir und den Kindern?« »Wann wirst du auch mal an mich denken, anstatt immer nur an deine eigene Bequemlichkeit?« Werden Bitten vorgetragen, sind sie oft vage oder doppeldeutig formuliert: »Weißt du, es wäre nett, wenn du mal hin und wieder mit mir essen gehen würdest.« »Ich brauche keinen Schmuck, aber es wäre dennoch nett, wenn du mir welchen schenken würdest.« Der Therapeut wird das Von-oben-herab-Fordernde und den Mangel an Eindeutigkeit beanstanden. Er wird von der Klägerin verlangen, ihre Bitten konkret und spezifiziert zu äußern: »Es würde mich sehr freuen (oder »Liebend gerne würde ich...), morgen abend mit dir auswärts essen zu gehen.« Damit die klagende

Ehegattin sich dieser Form bedient, bedarf es gewöhnlich einiger Umdeutung. Sonst wird der jeweilige Partner das Gefühl haben, er lasse sich zu sehr unterkriegen. Am ehesten wird eine Umdeutung akzeptiert werden, die dem Klienten das *Gefühl* gibt, dem Ehepartner überlegen zu sein.

Das folgende Beispiel ist simuliert:

Th: Wissen Sie, es ist interessant. Sie sagen, Sie erwarten mehr Rücksicht von Ihrem Mann. Doch durch die Art und Weise, wie Sie ihm dieses Bedürfnis zu erkennen geben, entlasten Sie ihn ja gleichzeitig.

P: Aber nein. Ich halte ihm vor, wie schlecht er mich behandelt, und daß die meisten Männer ihre Frauen viel besser behandeln. Das habe ich ihm ganz klargemacht.

Th: Das ist es ja gerade. Genau mit dieser Eindringlichkeit geben Sie zu erkennen, daß Sie in ihm einen Halbgott sehen, daß Sie eingehen würden, wenn die Sonne seiner Aufmerksamkeiten Ihnen nicht mehr schiene. Damit räumen Sie ihm eine viel zu wichtige Position ein, die ihm das Gefühl gibt, daß einige Krumen von seinem Tisch, in Ihre Richtung gestreut, durchaus genügen.

P: Ja. Die paar Mal, da er etwas für mich getan hat, geschah es so betont, als ob er mir seinen rechten Arm reicht.

Th: Wenn Sie es ernst meinen, wenn Sie wirklich Ihre bisherige Rolle verändern wollen, so müssen Sie ihn von dem Sockel herunterholen, zu dessen Errichtung Sie selbst beigetragen haben. Und dazu wird in erster Linie nötig sein, daß Sie Ihre Bitten viel beiläufiger vorbringen. Doch müssen Sie dabei Würde bewahren, damit er merkt, daß er nicht im Mittelpunkt Ihres Universums steht. Wenn Sie das fertigbringen, werden Sie entdecken, daß Sie Ihre Wünsche unbekümmerter aussprechen – etwa »Wie wär's, wenn du mir die Freude machtest ...« und dann Ihre Bitte genau umreißen, damit er sich nicht drücken und behaupten kann, er hätte nicht genau verstanden, was Sie wollten.

Es gibt sogenannte Dreieckskonstellationen, bei denen zum Beispiel ein Elternteil mit einem halbwüchsigen Kind in Konflikt steht, während der andere Elternteil versucht, den Frieden zu wahren. Fast jede Bemerkung von seiten des einen der Opponenten, und besonders, wenn sie mangelnde Übereinstimmung verrät, beschwört sofort eine hitzige Debatte herauf, die damit endet, daß eine der beiden Parteien wutschnaubend aus dem Zimmer stürmt. Unwissentlich wird das Problem durch den Friedensstifter erhalten. Er würde gern ein besseres Verhältnis zwischen den beiden sich bekriegenden Parteien herbeiführen und fühlt sich persönlich beunruhigt durch die Lautstärke und Erbitterung, mit denen diese Auseinandersetzungen geführt werden. Er versucht die Differenzen beizulegen, indem er mit dem einen oder anderen zu argumentieren beginnt, meistens kurz nach solch einem »Krach«. Anstatt aber die Wogen zu glätten, gießt er Öl ins Feuer. Der Friedensstifter wirft dem anderen Elternteil vor, zu ungeduldig oder zu heftig zu seinem Kind gewesen zu sein, oder er habe kein Verständnis für die Bedürfnisse oder die Situation des Kindes bewiesen zu haben. Auf diese Weise geht er mit ihm ins Gericht und ruft damit unbeabsichtigt den Eindruck hervor, daß zwischen ihm und dem Kind ein geheimes Einvernehmen besteht. Dem Kind erklärt er, daß der andere Elternteil es »in Wirklichkeit sehr liebt«, und bittet es um Geduld oder Nachsicht. Auch dies hat eine aufreizende Wirkung, weil es Kritik am Kind und ein Einvernehmen zwischen Mutter und Vater beinhaltet.

So gut sie gemeint sein mögen, führen solche Friedensbemühungen doch nur zur weiteren Polarisierung der Beziehung zwischen den Streitenden und überzeugen den Friedensstifter erst recht, daß die Beteiligten fachmännischen Beistands bedürfen. Meistens drängt der Friedensstifter, der auch der Hauptbeschwerdeführer ist, den Therapeuten, die kämpfenden Parteien zu sich zu bestellen und sich als der bessere Experte in diesen Dingen zu erweisen, das heißt »mehr desselben« zu tun, nur besser.

Es liegt auf der Hand, daß der Therapeut dieser Aufforderung nicht folgen möchte, und so wird er die Behandlung so darstellen, als ob sie der aktiven Teilnahme des Friedenshüters

»zumindest zu Anfang« bedürfe. Dem Friedenshüter schlichtweg zu sagen, er möchte sich »raushalten« und die beiden die Sache selbst ausfechten lassen, ist eine Versuchung, der der Therapeut widerstehen sollte. Selbst wenn die Klägerin das akzeptiert, würde sie es bald schwierig finden, es durchzuhalten, da die Kämpfe zwischen dem Ehepartner und dem Kind sich eventuell auf einer Ebene abspielen werden, die zu laut und zu beängstigend für sie sind, als daß sie sie ignorieren könnte: man wirft mit Gegenständen, stößt und schlägt sich und so fort. Vielmehr wird der Therapeut ihre Stellung als Vermittler ausbauen und nutzen, doch auf andere Weise:

Th: Nun, Sie können versuchen, sich rauszuhalten. Aber ich glaube nicht, daß es was bringt. Ich glaube, die beiden werden den längeren Atem haben. Verstehen Sie, die beiden verlassen sich darauf, daß Sie stets dazwischentreten und sie retten. Jedenfalls haben Sie gesagt, Sie hätten versucht, sich rauszuhalten, es hätte aber nicht funktioniert.

P: Das stimmt. Ich bin aus dem Haus gelaufen. Doch konnte man das Schreien und Kreischen den ganzen Block entlang hören. Ich mußte einfach umkehren. Aber ich habe es wirklich satt, immer dazwischen zu sitzen.

Th: Das kann ich verstehen. Doch Sie kommen da nur raus, wenn Ihr Mann und Ihr Kind Sie in Ihrer Funktion nicht mehr brauchen.

P: Das sehe ich noch nicht. Sie kämpfen immer nur.

Th: Sie können aber nur deshalb weiterkämpfen, weil sie auf Sie als den *verständigen* Mittler bauen. Die Stimme der Vernunft sind Sie, und die beiden irren sich, wenn sie meinen, daß Sie ihnen die Verhandlungen abnehmen könnten und sie auf diese Weise keine eigenen Ideen zu entwickeln brauchten, um selbst zu verhandeln. Sie müssen etwas ganz anderes tun, um dies zu ändern, und es wird Ihnen seltsam vorkommen: Sie müssen zum *unvernünftigen* Mittler werden.

P: Unvernünftig? Wie das?

Th: Sehen Sie, wenn Sie immer gleich hinlaufen und ihnen vorhalten, wie unvernünftig sie sich verhalten, hören die überhaupt nicht mehr hin. Für sie zählt nur, daß Sie sich die Mühe machen, vernünftig zu sein; sie verlassen sich darauf, daß Sie sich beiden gegenüber vernünftig verhalten und sich so als der nüchterne Vermittler erweisen. Wenn Sie indes durchblicken lassen, daß Sie gar nicht so vernünftig und sachlich sind, wie Sie scheinen, werden sie vielleicht erkennen, daß sie selbst ihre eigenen Unterhändler sein müssen. Einen unvernünftigen Eindruck können Sie am besten hervorrufen, wenn Sie nicht nur jeden von ihnen in seiner besonderen Situation bemitleiden, sondern es damit noch weiter treiben als sie, eventuell bis zum Absurden, so daß die beiden nun Sie zur Vernunft rufen müßten: Sie gingen damit zu weit. Wenn Sie es schaffen könnten, daß wenigstens einer der beiden das tut, würde es sich wohltuend auswirken. Wie Sie das formulieren wollen, überlasse ich Ihnen. Doch müßte es etwa lauten: »Ich kann dir keine Vorhaltungen machen, weil du ihn so scharf angefahren hast. Im Gegenteil meine ich, du bist noch nicht weit genug gegangen.«

Der Therapeut hat also die Rolle des Friedensstifters umgedeutet: als die des Vermittlers mit Vernunft, und zwar einer Vernunft, die das Gegenteil bewirkt. Akzeptiert die Patientin diese Umdeutung, kann der strategische Vorstoß ausgedehnt werden, so daß sie durch ihr Verhalten den Streit nicht mehr anheizt, sondern mit beiden Mitgefühl zeigt. Mitgefühl wirkt sich weit besänftigender aus als Opposition.

Wenn versucht wird, Freiwilligkeit zu erzwingen

Diese »Lösung«, ein Spiegelbild des Versuchs, mit Absicht spontan zu sein, läßt sich in folgender Äußerung zusammenfassen: »Ich möchte, daß er es tut, doch noch lieber möchte ich, daß *er* es von sich aus tun *will.*« Hierin scheint sich die Abneigung zu spiegeln, von jemand etwas zu erbitten, das ihm unangenehm sein könnte oder eine Anstrengung oder ein Opfer von ihm verlangt. Die Bitte direkt auszusprechen wird als unangebracht diktatorisch oder als ein Eindringen in den Intimbereich einer anderen Person empfunden, als ob man sie für überempfindlich oder für unfähig halte, selbst über das Ausmaß ihres Entgegenkommens zu entscheiden. Ebenso wie man von jemandem vermuten könnte, er sei nicht fähig, »nein« zu sagen, so daß paradoxerweise seine »Freiheit« durch den anderen gewahrt werden muß. Diese Art von Konfusion und Widersprüchlichkeit soll folgendes Zitat verdeutlichen: Eine Mutter beschreibt ihre Schwierigkeiten, ihren achtjährigen Jungen dazu zu bewegen, seine Hausaufgaben und andere alltägliche Verrichtungen zu erledigen (siehe auch Kapitel 6):

> Was ich sagen will, ist folgendes: Ich möchte, daß Andy lernt zu tun, was von ihm verlangt wird, aber ich möchte, daß *er* es von sich aus tun *möchte*. Ich meine, er könnte meine Anweisungen blind befolgen, ohne sie von sich aus befolgen zu wollen. Ich weiß, daß ich irgendeinen Fehler mache, doch ich komme nicht drauf, was ich falsch mache. Aber es will mir nicht in den Sinn, ihm einfach zu diktieren, was er tun soll. Dennoch, wenn man das einem Kind völlig überläßt, würde es in seinem Zimmer bald knöcheltief durch Kleider, Spielsachen und so weiter waten. Nein, da gibt es die zwei Extreme: Ich möchte, daß *er* es von allein tut, aber es ist mir klar, daß wir ihm das irgendwie *beibringen* müssen.

Dieses leidige Paradox wird in einer ganzen Reihe von klinischen Formen – Eheproblemen, Erziehungsproblemen und »Schizophrenien« – offenbar.

Zum Beispiel kann ein Vater über das bizarre Verhalten seines Sohnes, der an sogenanntem »Jugendirresein« leidet und nur mit Unterwäsche bekleidet umherläuft, beunruhigt sein. Er möchte, daß sich sein Sohn vollständig anzieht, sich normal verhält, und doch will er ihn nicht einfach dazu auffordern. Statt dessen wird er versuchen, seinen Sohn dazu zu veranlassen, dies »freiwillig«, von sich aus zu tun: »Ich weiß, dir ist kalt, wenn du so rumläufst. Du würdest dich bestimmt wohler fühlen, wenn du wärmer angezogen wärest. Aber natürlich will ich nicht, daß du es tust, wenn du es nicht für richtig hältst. Darüber mußt du selbst entscheiden.« Mit einer offenen Antwort könnte der Sohn das Problem entschärfen: »Hör zu. Wenn du von mir verlangst, Kleider anzuziehen, vergiß es. Zufällig fühle ich mich so recht wohl, wenn du das auch für verrückt halten magst.« Das Problem wird jedoch eskalieren, wenn die Entgegnung des Sohnes – was wahrscheinlich ist – ebenso indirekt ausfällt wie die Bemerkung seines Vaters: »Man muß tun, was man tun muß« (oder noch bizarrer: »Ich glaube, mich sticht der Hafer«).

Aus dem, was sonst eine schlichte Aufforderung zur Folgsamkeit wäre, auf die eine ebenso schlichte Weigerung (oder sogar Zustimmung) folgen würde, wird diese Situation zum problemerzeugenden Wortwechsel: Einer indirekten Aufforderung wird mit einer indirekten Weigerung begegnet, wobei der eine den anderen davon überzeugt, daß eine direkte Aufforderung zwecklos wäre. Je verschleierter oder bizarrer die Weigerung des Sohnes, desto überzeugter ist der Vater von dessen Verletzlichkeit; er vermehrt auf diese Weise noch den Eindruck, daß solche Indirektheiten auch bei späteren Handlungen notwendig sind. Das heißt, so manches, was unter der Bezeichnung »schizophren« läuft, kann sinnvollerweise als krankhaft übertriebene Höflichkeit auf seiten der Beteiligten *gesehen* werden: »Ich verlange von dir gar nicht, was ich wirklich von dir will«, »Okay, ich weigere mich ebenfalls nicht wirklich.«

Bei manchen Eheproblemen tritt das Paradox schon bei der Beschwerde zu Tage: »Mein Mann ignoriert meine Bedürfnisse – Bedürfnisse, die er von selbst bemerken sollte, ohne daß ich es ihm erst sagen muß. Wenn ich ihm sagen muß, was ich möchte, wäre es noch schlimmer, denn wenn er es dann täte, geschähe es nur, weil ich ihn darum gebeten habe, und nicht, weil *er* es *von sich aus wollte.*«

Schließlich ist diese »Lösung« bei allen Problemen im Spiel, wo die eine Person A die andere Person B gebeten hat, etwas Bestimmtes zu tun oder zu entscheiden, und wenn B dies ablehnt und A versucht, B's Widerstand durch den Hinweis zu begegnen, daß seine Bitte nur zu berechtigt oder verständlich sei. Im Endeffekt richtet A an B die Bitte, sich nicht mehr zu beschweren und Widerstand zu leisten, sondern freiwillig zu tun, was A von ihm erbittet. All diese Probleme haben eines gemein: Die eine Person versucht die andere dazu zu bringen, ihrem Wunsch zu entsprechen, will es aber nicht wahrhaben, daß sie darum bitten muß.

Für die Gesamtstrategie im Umgang mit solchen Problemen gilt, daß man die Person, die um etwas bittet, dazu bekommt, direkt darum zu bitten, selbst wenn sie ihre Bitte beiläufig äußert. Das Problem für den Therapeuten besteht in diesen Fällen darin, eine Umdeutung zu finden, die den Klienten zum Haltungswechsel veranlaßt.

Zum Beispiel haben solche Klienten häufig den Wunsch, Wohlwollen zu äußern – eine Position, die folgendermaßen fixiert werden kann: »Ich möchte nicht, daß er es tut, wenn er es nicht wirklich gern tut.« Der Therapeut kann diese Position nutzen, indem er das Wohlwollen des Patienten, seine indirekten Bitten, als ungewollt *destruktiv* umdeutet, und umgekehrt offene Bitten, die der Patient als destruktiv ansehen mag, für zuträglich zu erklären.

Th: (zum Vater bzw. zur Mutter) Alles in allem glaube ich, daß der Grund für die mangelhafte Anpassung Ihres Sohnes in seiner Angst zu suchen ist, er könnte die Macht besitzen, Schuldgefühle in Ihnen beiden zu erwecken. Unglücklicherweise bestätigen Sie ihn unwissentlich in dieser Meinung, wenn Sie behutsam und sanft mit ihm umgehen; und so wirken sich Ihre besten Absichten destruktiv aus. Was er braucht, ist, daß Sie ihm zeigen, daß er nicht soviel Macht hat, wie er meint. Sie können ihm das vermitteln, indem Sie beträchtliche Forderungen an ihn stellen und, wenn er nicht auf Sie hört, ihn auch die Folgen spüren lassen.

Der Therapeut kann es darüber hinaus noch mit »Überzeugung« versuchen und sagen: »Vielleicht verlange ich zuviel von Ihnen, doch wage ich nur deshalb darum zu bitten, weil ich das Gefühl habe, daß Sie bereit sind, zum Wohl Ihres Sohnes Opfer zu bringen.« Man kann sogar noch mehr Druck anwenden: »Natürlich, vielleicht ist es das beste, wenn Sie sich gar nicht um meine Vorschläge kümmern. Schließlich hat Ihr Sohn Ihnen nicht viel Freude gemacht, so daß Sie berechtigt sind, den einfacheren Weg zu wählen und so weiterzumachen wie bisher und ihn den Preis für seine Versäumnisse ruhig in seinem späteren Leben bezahlen lassen.«

Ähnlich kann das Widerstreben eines Mannes, seine Frau um Gunstbezeigungen zu bitten, umgedeutet werden: »Enthalten Sie Ihrer Frau nicht das vor, was sie sich am meisten von Ihnen wünscht: sie will fühlen, daß Sie bereit sind, die Führung zu übernehmen.«

Wenn durch Selbstverteidigung der Ankläger in seinem Verdacht bestätigt wird

Bei diesen Problemfällen verdächtigt gewöhnlich eine Person die andere eines Verhaltens, das in den Augen beider unrecht ist: Untreue, exzessives Trinken, Delinquenz, Unaufrichtigkeit. Im typischen Fall beschuldigt Person A die Person B, und B reagiert, indem sie die Beschuldigung abstreitet und sich verteidigt. Unglücklicherweise bestätigen B's Verteidigungen für gewöhnlich A's Verdächtigungen. Sie mehren nur A's Verdacht. Die Folge ist, daß A seine Anschuldigungen fortsetzt, B seine Verteidigungsanstrengungen vermehrt, und so fort.

Dieses interaktionelle Muster nennen wir das »Anklage-Verteidigungs-Spiel«. Man kann es bei Eheproblemen (»Ich bin sicher, daß er eine Affäre hat«), Erziehungsproblemen (»Wir sind überzeugt, daß sie in Schwierigkeiten geraten wird«) und berufsbezogenen Problemen (»Es ist uns bekannt, daß er bei der Arbeit trinkt«) beobachten.

Das »Spiel« würde enden, sobald eine der Parteien von ihrem repetitiven Verhalten abließe. Bisweilen kann man das erreichen, wenn man mit dem Beklagten allein spricht. Der Therapeut erklärt ihm, daß der Kläger im Unrecht ist oder das Problem verursacht. Und daß der Beklagte, der ebenfalls ein Ende des Spiels herbeiwünscht, imstande sein könnte, das Problem durch eigenes Handeln zu lösen. Doch dies habe insofern seine

Schwierigkeiten, als die nach Meinung des Therapeuten einzige Möglichkeit, den Kläger zur Einsicht seines Irrtums zu bringen, darin bestünde, daß der Beklagte den Anschuldigungen zustimmt, zumal wenn dies bis zur Absurdität ausgedehnt werden würde.

Zum Beispiel behandelten wir ein älteres Ehepaar, das sich mit diesem Spiel seit mehr als 30 Jahren befaßte. Sie beschuldigte ihn, »ihr nicht das geringste Vergnügen« bereitet und ihr eine nur mittelmäßige finanzielle Existenz geboten zu haben. Er nahm zu seiner Verteidigung in Anspruch, er habe sein Bestmögliches getan, habe in Europa seinen Beruf aufgegeben, um nach Amerika überzusiedeln und sie zu heiraten; sie sei blind für die vielen Opfer, die er ihr gebracht habe.

Nach ein paar gemeinsamen Sitzungen zur Sammlung von Daten und zur Behandlungsplanung hatten wir uns auf eine Grundrichtung geeinigt: Wir wollten den Mann allein sprechen und ihn dazu überreden, jedesmal, wenn seine Frau ihm Vorwürfe mache, zwei Antworten zu geben. Erstens solle er sagen: »Du hast recht. Es war nicht das geringste Vergnügen mit mir. Darüber hat mich der Arzt aufgeklärt.« Zweitens: »Sie haben mir gesagt, ich bin zu alt, um mich zu ändern.« Natürlich waren wir bereit, diese Aussage zu unterstützen im Fall daß die Frau uns um unsere Prognose bitten sollte. Indes trat dieser Fall nicht ein. Nach ein paar Runden weiterer Anklagen und Zustimmungen hörte das Spiel auf.

Auch durch die Anwendung einer Intervention, die wir als »Abwürgen« bezeichnen, kann das Anklage-Verteidigungs-Spiel beendet werden. Diese Intervention wurde dazu entworfen, den Informationswert menschlicher Kommunikation zu reduzieren, womit man den verbalen Austausch zwischen zwei Parteien in gewisser Hinsicht nichtig macht, da es keine Möglichkeit gibt zu erfahren, ob sie *wirklich* zum Kern der Sache vordringen.

Wenn zum Beispiel eine Frau ihren Mann des exzessiven Trinkens beschuldigt, was dieser abstreitet, kann der Therapeut die Bühne für die Abwürge-Intervention vorbereiten, indem er eine unparteiische Stellung bezieht: »Ich spiele hier nicht die Rolle eines Detektivs, der feststellt, wer von Ihnen recht oder unrecht hat. Meine Rolle beschränkt sich darauf, Ihnen beiden zu einer Kommunikation miteinander zu verhelfen, da eine solche offensichtlich nicht mehr besteht. Ich kann mich also nicht darum kümmern, wieviel Sie wirklich trinken oder nicht trinken.« Wenn die Patienten nicht energisch gegen diese Definition der Rolle des Therapeuten opponieren, kann er dazu übergehen, das Spiel »abzuwürgen«:

Th: (zum Ehemann) So viel oder wenig Sie trinken mögen, für die endgültige Lösung des Problems wäre es wichtig, daß Ihre Frau eine weit genauere Vorstellung vom Ausmaß Ihres Trinkens bekommt. Ich glaube, sie ist darin nicht so genau, wie sie es gerne wäre, und das muß ich testen. Und Sie werden ihr dabei helfen müssen. In dieser Woche möchte ich zum Beispiel, daß Sie einen Abend nur ein Glas trinken, aber den Betrunkenen spielen, wenn Sie zu Hause zur Tür hereinkommen. Am nächsten Abend verhalten Sie sich genau umgekehrt. Und so fort. Dann sollen Sie anfangen, darüber Buch zu führen, wieviel Sie täglich getrunken haben und wie Sie sich verhielten. (Wendet sich an die Frau) Ihre Aufgabe besteht darin auszuprobieren, wieweit Sie hinter seine Fassade blicken und abzuschätzen vermögen, wieviel er getrunken hat. Auch Sie sollten eine eigene Liste führen. Ich möchte nicht, daß Sie Ihre Aufzeichnungen vergleichen; das werden wir gemeinsam in unserer nächsten Sitzung tun.

Durch die Bitte um diesen Test hat der Therapeut das Paar gegenseitig in eine interessante Position gebracht. Die Aufgabe bringt ein Element der Ungewißheit über das Ausmaß an »Trunkenheit« des Ehemannes ins Spiel. Ist er tatsächlich betrunken oder tut er auf Verordnung des Therapeuten nur so? Für die Klägerin ist es jetzt sehr schwierig geworden, ihrem Mann entgegenzutreten. Gleichzeitig steht dieser nicht mehr so unter Druck, sich verteidigen zu müssen, da er ja absichtlich den Betrunkenen spielt. Er ist jetzt ermächtigt, sich selbst anzuklagen, doch kann man sich auf diese Anklage nicht stützen. In diesem Sinn hat der Therapeut das Anklage-Verteidigungs-Spiel »abgewürgt«.

Ähnlich kann man auch bei anderen Problemlösungen verfahren, wobei die Grundstrategie dieselbe bleibt. In einer Gemeinschaftssitzung wird der »Beklagte« aufgefordert, etwas zu tun, doch wird dieses Handeln auf eine Weise umgedeutet, die seine tatsächliche Durchführung und seinen Bericht fragwürdig machen. So kann man zum Beispiel einem der »Unglaubwürdigkeit« bezichtigten Halbwüchsigen vorschreiben, etwas zu tun, das seine Eltern aufrichtig begrüßen würden, ihnen aber nicht zu sagen, was er getan hat. Die Eltern dagegen werden angewiesen, ihm dies nach Möglichkeit zu entlocken, ganz gleich mit welchen Mitteln. Schließlich instruiert man den Jungen, er solle, wenn er nicht mehr durchhalten kann und im Begriff ist, es zu verraten, sich eine Lüge ausdenken und ihnen vormachen, daß er etwas Böses getan habe. Wenn also die Eltern beginnen, den Jungen mit Fragen zu bedrängen, und er ihnen dann erzählt, der Lehrer habe ihm heute eine Rüge gegeben, wissen sie nicht, ob er die Wahrheit spricht oder den Instruktionen des Therapeuten folgt, und so hat es keinen Sinn mehr, daß sie Druck auf ihn ausüben, zu gestehen.

Eine zusätzliche Anwendungsmöglichkeit: Bei Orgasmusschwierigkeiten der Frau kommt es nicht selten vor, daß der Mann sie während des Akts über den Grad ihrer Erregung befragt oder wissen will, ob sie zum Orgasmus gekommen sei. Unserer Ansicht nach setzt dieses gutgemeinte Bemühen die Frau nur noch mehr unter Druck, den Höhepunkt zu erreichen. Die Abwürge-Strategie kann sehr wirksam sein, um solche Bemühungen unangebracht erscheinen zu lassen.

Der Therapeut kann damit beginnen, daß er der Frau in Gegenwart des Mannes erzählt, dieser Aspekt ihres Problems rühre aus ihrem Bedürfnis her, sich ihrer Gefühle und Empfindungen bewußter zu werden, besonders während des Geschlechtsverkehrs. Daher sollte sie, als ersten Schritt zur Überwindung des Problems, bei jedem weiteren sexuellen Akt nur noch auf ihre körperlichen Gefühle achten, *ohne Rücksicht darauf, wieviel oder wiewenig* Genuß sie dabei empfindet. Und da dieser Prozeß nicht gestört werden sollte, dürfe ihr Mann nicht nach dem Stand ihrer Erregung fragen. Sollte er diese Anweisung jedoch aus irgendeinem Grund vergessen und damit in die Behandlung eingreifen, möge sie ihm stets das gleiche antworten: »Ich habe überhaupt nichts gespürt.« Dieses Gebot macht seine Befragung irrelevant, da er keine wirklich informative Antwort erhält. Gleichzeitig wird die Frau von seinem versteckten Drängen auf den Orgasmus befreit.

Allgemeine Interventionen

Es gibt Zeiten, in denen der Therapeut, um die Bühne für eine spezifische Intervention vorzubereiten, einen Standpunkt allgemeiner Natur vermitteln möchte. Oder er wird vielleicht einen solchen Standpunkt dazu benutzen wollen festzustellen, ob er allein ausreicht, das Problem zu lösen, selbst wenn er keine spezifische Weisung für den Patienten enthält. Aus der Erarbeitung solcher »Standpunkte« besteht die allgemeine Intervention, und wegen ihrer umfassenden Brauchbarkeit schließen wir sie hier mit ein, obwohl sie noch nicht einmal von der speziellen Lösung des Problems, in dem der Klient steckt, abhängen.

Laß dir Zeit

Die bei unseren Interventionen wohl am häufigsten angewandte Taktik besteht darin, dem Patienten dringend nahezulegen, sich für die Lösung des Problems Zeit zu lassen. In manchen Fällen war dies die einzige Intervention. Welche Instruktionen auch gegeben werden mögen, sie sind allgemeiner und unbestimmter Natur: »Es ist sehr wichtig, daß Sie diese Woche nichts weiter für Ihre Besserung unternehmen.« Überwiegend besteht die Intervention darin, glaubhafte Begründungen für die Maxime »Laß dir Zeit« anzubieten: weil selbst eine Wendung zum Besseren Anpassung erfordert; oder weil man Schritt für Schritt bestimmen muß, wieviel Veränderung optimal – im Gegensatz zu maximal – sein würde: »Mit 75 Prozent Besserung dürften Sie besser dran sein als mit 100 Prozent«; oder »Langsame und schrittweise Veränderung führt zu einem dauerhafteren Wandel als eine allzu plötzliche.«

Hierfür ein Beispiel: Ein Patient ist dabei, sein Haus zu verkaufen, und steckt in einer tiefen Depression. Er hat seinen Job verloren und hat mit seiner Freundin Streit. Am Ende des ersten Patientengesprächs beruhigt man ihn: »Nur langsam.«

Th: Da ist noch etwas, worauf ich Sie aufmerksam machen möchte. Sie haben uns soeben geschildert, wie Sie eine ganze Reihe von Schlägen einstecken mußten. Mir ist klar, daß es sich hierbei um reale Vorgänge handelt, doch gibt es noch eine andere Möglichkeit: sie von der psychologischen Seite zu betrachten. Und sie kamen unerwartet und schnell, alle auf einmal. Es kam alles überraschend. Sie haben Ihren Job verloren, Ihre Beziehung zu Ihrer Freundin ist geplatzt, Sie verlieren Ihre Freunde, und alles gerät durcheinander. Sie haben keine Aufgaben, und Sie verlieren Ihr Selbstgefühl. Wir haben stark den Eindruck, daß Sie die Wirkung all dessen, das auf Sie zukam, unterschätzen. Sie leisten sich selbst beinahe einen Bärendienst; wir sind nämlich überrascht, daß Sie sich nicht noch viel elender fühlen, daß Sie nicht noch deprimierter sind in Anbetracht dessen, was Ihnen alles passiert ist. Wir wundern uns, wie gut Sie damit fertigwerden.

P: Zeitweise geht es mir sehr viel schlechter.

Th: Das überrascht uns nicht. Das ist nur natürlich.

P: Es geht schon zu lange. Ich muß etwas dagegen tun. (Anruf aus dem Beobachtungsraum.)

Th: Meine Kollegen sind überzeugt, daß Sie die Situation unterschätzen, insbesondere im Blick auf das Tief – die Zeit, die man zur Erholung braucht. Und wenn es auch unangenehm ist, braucht doch alles seine Zeit. Genauso brauchen Sie, wenn Sie überfahren worden sind, eine gewisse Zeit, ein Tief, um sich zu erholen, auch körperlich. Außerdem waren einige

Schläge dicht am Knockout, und Sie haben im Augenblick kaum Reserven, was sich in den Worten ausdrückt »Ich komme mit mir nicht klar« und so weiter. Daher sollten Sie es wirklich nicht so schwer nehmen und ganz langsam machen und nicht versuchen wollen, alles sofort zu regeln. Halten Sie diese Woche Ruhe. Tun Sie nur das Nötigste. Sie brauchen Zeit, um sich zu erholen.«

Das ausdrückliche Gebot, langsam voranzugehen, wird oft schon sehr früh ausgesprochen – unter Umständen schon in der ersten Sitzung – bei Klienten, deren Lösungsversuch vorwiegend darin besteht, die Dinge »zu sehr zu forcieren«, oder bei solchen, die dem Therapeuten mit dringenden Bitten um heilende Aktionen zusetzen, während sie sich selbst passiv oder unkooperativ verhalten. Von wenigen Ausnahmen abgesehen, sollte dieser Kurs auch eingeschlagen werden, wenn der Klient, nachdem man bei ihm spezifisch intervenierte, wiederkommt und bei diesem neuen Interview hocherfreut Besserung meldet. Unter solchen Umständen würden wir, auch dann, wenn man von dem Gebot keinen Gebrauch gemacht hat, optimistische Äußerungen und erneute Ermutigungen vermeiden. Vielmehr würden wir es entschieden vorziehen, die gute Nachricht zwar zu würdigen, dann aber ein besorgtes Gesicht zu machen und zu erklären, so sehr diese Veränderung auch zu begrüßen sei, wäre sie doch zu schnell erfolgt; solche rapide Besserung beunruhige den Therapeuten eher. Auf dieser Basis sehen sich die Patienten genötigt, eine weitere Besserungsmeldung wenigstens bis zum nächsten Termin zurückzuhalten. Der Therapeut darf sogar durchblicken lassen, daß eine derart schnelle Besserung mit einer Verschlimmerung des Symptoms rechnen lasse. In Übereinstimmung mit der Strategie des langsamen Vorgehens wird das nächste Gespräch erst in zwei Wochen anberaumt und nicht wie zuvor in der Woche darauf. Dies ist im Sinne der Idee, langsam voranzugehen, nur konsequent und obendrein eine stillschweigende Belohnung, da der Patient dabei weniger Zeit und Geld für die Behandlung aufzuwenden braucht. Um dies zu illustrieren, kehren wir zu dem Fallbeispiel des depressiven

Patienten zurück, der eine Woche später wiederkam und meldete, daß er »weniger deprimiert« sei und sogar einige Angelegenheiten erledigt habe:

Th: Ich freue mich, von Ihnen zu hören, daß Sie diese Woche verschiedenes erledigen konnten und sich weniger deprimiert fühlen. Doch grundlegend meinen wir, daß Sie zu schnell vorankommen. Es ist wichtig, daß Sie das Tempo bremsen. Das ist eine große Falle für jemanden mit Ihrer Art von Problemen – es geht einfach zu schnell. Es ist verständlich, daß Sie schnell darüber hinwegkommen wollen; Sie fühlen sich nicht wohl, doch da ist die Fallgrube – der Treibsand –, und eine Reihe von Dingen spricht dafür, das Tempo zu bremsen. Zunächst einmal, Sie sind noch immer depressiv, und Sie sind noch nicht darüber hinweg. Es ist eine Falle, wenn Sie – vorzeitig – denken, Sie sind aus dem Schneider. Wie wir bereits vergangene Woche feststellten, brauchen Sie das Tief, um sich zu erholen. Also müssen Sie das Tempo drosseln. Zweitens, die Angelegenheiten, mit denen Sie jetzt zu tun haben – Job, Beziehungen, Übersiedlung an einen anderen Ort –, sind kompliziert und im Augenblick noch gar nicht geklärt. Sie stolpern in eine regelrechte Fallgrube, wenn Sie jetzt schon handeln, ehe diese Dinge alle geklärt sind. Drittens, einige meiner Kollegen sind mit mir der Meinung, daß Ihr Stil analytisch ist und Sie die Dinge klar durchdenken, ehe Sie handeln. Doch können Sie sich in dieser Zeit damit zu Fall bringen. Solange die Dinge noch ungeklärt sind, muß man warten, bis sich alles entscheidet, ehe man zur Tat schreitet. Natürlich ist das nicht leicht, dieses »etwas tun wollen«. Wenn Sie unbedingt etwas tun müssen, dann sollte es, wie ein Kollege vorschlug, etwas sein, das für Ihr Problem vollkommen irrelevant ist.

P: Doch eine Sache, mit der ich mich jetzt befassen muß, ist dieses Haus. Ich muß Zeit und Arbeit auf die Übergabe des Hauses verwenden, die etwa um den Zwanzigsten herum stattfinden soll.

Th: Unser Zweiter Direktor ruft gerade an. Er sagt, wenn es

Dinge gibt, die Sie tun müssen, sollten Sie sie tun, aber nicht mehr als ein absolutes Minimum. Ich meine, alles, was ich gesagt habe, läßt sich zu einem Hauptthema zusammenfassen: Die hauptsächliche Weisung für Sie lautet, daß Sie ein langsameres Tempo brauchen und Sie sich jeder größeren Aktion enthalten sollten. Und damit Hand in Hand und um zur Verlangsamung des Tempos beizutragen, möchte ich Sie statt in der nächsten erst in der übernächsten Woche wiedersehen.

Diese Taktik ist unserer Meinung nach insofern von Nutzen, als sie erkennen läßt, daß der Therapeut nicht auf eine schnelle Veränderung festgelegt ist und daher den Patienten versteckt unter Druck setzt, kooperativ von allen Vor- oder Ratschlägen, die der Therapeut fortan erteilen mag, Gebrauch zu machen. Gleichzeitig kann man mit dieser Taktik beim Patienten das Gefühl der Dringlichkeit beseitigen, das ihn vermutlich bei seinen hartnäckigen Versuchen zur »Lösung« seines Problems antrieb. Das heißt, der Klient versuchte zu angestrengt, sein Problem zu beseitigen. Nun wird die Wahrscheinlichkeit größer, daß er sich lockert und von seinen problemerhaltenden Bemühungen läßt, wenn man ihm klarmacht, daß eine befriedigende Lösung nur zustande kommen kann, wenn er sich Zeit läßt.

Die Gefahren der Besserung

In gewisser Weise ist diese Intervention eine Erweiterung der vorangegangenen »Nur langsam«-Intervention. Wir behandeln sie getrennt, da sich ihre Ziele etwas von den anderen unterscheiden können und bei bestimmten Formen von Patienten-Widerstand oft von ihr Gebrauch gemacht wird.

Man fragt den Patienten, ob er irgendwelche, der Lösung des Problems innewohnenden Gefahren erkennen kann. (Er wird nicht gefragt, *ob* es Gefahren geben könnte.) Meist wird der Patient sofort antworten, er könne keine Gefahr sehen, die Lösung des Problems würde ihn einfach glücklicher machen usw. Ohne großen Aufwand an Phantasie kann der Therapeut indes stets mit einer möglichen unangenehmen Folge der Besserung aufwarten – wenn nicht für den Klienten selbst, dann für jemanden, der ihm nahesteht: Kriegt man sein Gewicht herunter, muß man seine ganze Garderobe ändern oder neu kaufen. Empfindet man mehr Selbstvertrauen, halten andere nicht mehr mit schonungsloser Kritik zurück, wie sie es taten, »als Sie ganz down waren«. Wird man besser beim Sex, kann man sich genötigt fühlen, all die verlorene Zeit nachzuholen und andere notwendige Aktivitäten zu vernachlässigen, oder der Partner ist vielleicht nicht in der Lage mitzuhalten, und so fort. Schon eine einzige dieser angedeuteten glaubhaften Kehrseiten geben der Position des Therapeuten recht, daß die Besserung tatsächlich – und nicht bloß möglicherweise – Nachteile mit sich bringt. Auf diese Weise legitimiert, kann der Therapeut diese Position für eine ganze Reihe von Zwecken nutzen: Er kann seine »Laß dir Zeit«-Maxime ausweiten, denn langsamer kann man nicht sein, als wenn man erst überlegt, ob man überhaupt etwas verändern soll. Er kann sie zur Steigerung der Motivation benutzen: »Wenn es Ihnen jetzt bessergeht, kann das eine negative Wirkung auf Ihren Gatten haben. Er könnte Sie nicht mehr rumkommandieren, und das könnte nun ihn depressiv machen. Ich weiß nicht, ob Sie ihm das antun wollen.« Er kann mit dieser Taktik Druck auf den Patienten ausüben, damit er die darauffolgenden Anweisungen befolgt, nachdem er die vorige nicht erfüllte: »Sie brauchen sich nicht zu entschuldigen, daß Sie meine Anweisung vergangene Woche nicht befolgten. Verstehen Sie, vielleicht wird uns Ihr Unterbewußtes etwas darüber verraten. Lassen Sie mich also fragen: Sehen Sie irgendwelche negativen Folgen für Ihre Besserung?« Der Therapeut gibt dem Patienten stillschweigend zu verstehen: Wenn er seine »Hausaufgabe« nicht macht, wird der Therapeut keinen Schritt tun, um ihm bei der Lösung des Problems zu helfen – das heißt: »Wenn Sie sich auf Ihren Lorbeeren ausruhen wollen, werde ich das auch tun. Ich kann mich nicht für uns beide ins Zeug legen.« Dies alles wird indirekt zu verstehen gegeben, indem man den Patienten, nachdem er versäumt hat, die Vorschriften des Therapeuten zu befolgen, über die Nachteile einer Besserung befragt.

Im folgenden Beispiel sucht ein Ehepaar einen Therapeuten wegen der Trunksucht der Frau auf. Der Therapeut bezieht das Thema – negative Folgen der Besserung – mit ein, um den Mangel an Bereitwilligkeit des Patienten zu beheben, sich um die Einhaltung von Vorschriften zu bemühen, die er in einem früheren Interview erhielt:

Th: Meine Kollegen, die gleichermaßen beeindruckt sind, wie geschickt Sie dieses Programm zu unterminieren und zu sabotieren verstehen, waren der Meinung – und ich fragte mich –, ob es da bei der Problemlösung etwas geben mag, das Ihnen beiden unbewußt oder halbbewußt als Bedrohung oder Gefahr erscheinen mag. Nun habe ich ja diese Frage schon vorher angeschnitten, habe Sie beide gefragt, wieweit Sie sich irgendwelcher Nachteile durch die Lösung des Problems bewußt sind, dessentwegen Sie zu uns gekommen sind und schon vorher ein Jahr lang einen anderen Therapeuten aufsuchten. Wir sind allesamt der Ansicht, daß dem Zufall zuviel Raum bleibt. Und ich muß zugeben – ehe wir zu irgendeinem weiteren Punkt übergehen, sollten Sie beide sehr gründlich über folgende Frage nachdenken: »Bei der Lösung des Problems, wie auch immer sie ausfallen mag – womit würden Sie sich dann voraussichtlich konfrontiert sehen? Worin würde es sich voll und ganz auswirken?« Ich möchte Ihnen empfehlen, Ihr Denken nicht zu sehr durch konkrete oder rein praktische Erwägungen einzuengen, weil Ihnen dabei wichtige Gesichtspunkte entgehen könnten. Besser gehen Sie die Frage an, wenn Sie Ihrer Vorstellungskraft freien Lauf lassen. Sollten Sie zu wild phantasieren, können wir das unterbinden. Dennoch – die Phantasie frei laufen lassen, so daß wir nichts übergehen, was möglich sein könnte. Wir sind alle einer Meinung, daß wir dies versuchen sollten. (Der Therapeut erzählt dann von einem Fall, bei dem mögliche unerfreuliche Folgen einer Besserung vorher nicht in Betracht gezogen worden waren, sowie von einem anderen Fall, dessen unselige Konsequenzen aus der erfolgreichen Lösung der vorliegenden Schwierigkeit resultierten.)

Ehemann: Können Sie uns ein paar Anregungen geben? Ich finde, wir sind beide ganz durcheinander.

Ehefrau: Ja. Nachdem Sie dies mit uns beiden vier-, fünf-, sechsmal durchgesprochen haben – geben Sie uns irgendeinen Hinweis, was Sie meinen . . .

Th: Ich habe keine spezielle Idee. Meine Kollegen und ich könnten das vielleicht diskutieren. Wenn wir die Daten noch einmal rückwärts durchgehen, werden wir am Ende draufkommen. Aber in diesem Moment kann ich nichts sagen. Zumindest würde, wenn Sie das problematische Trinken lassen, für Sie ein Rollenwechsel notwendig werden. Das ist nichts Besonderes; deshalb möchte ich, daß Sie beide darüber nachdenken. Sie kennen Ihr Leben am besten. Ich kann nur raten, doch die Information, die Sie brauchen, finden Sie in Ihrem Innern. Wenn ich es versuche, würde ich Sie nur beeinflussen.

Frau: Mir fällt einfach nichts Vernünftiges ein.

Th: Ihnen fällt einfach nichts ein – gerade deswegen würde ich Ihnen empfehlen, mal zwei Wochen lang Ihre Phantasie frei spielen zu lassen, vielleicht kommen Sie dann auf eine Idee.

Mann: Ich möchte sichergehen, daß ich verstanden habe, was wir diskutieren sollten. (Ehemann wiederholt die Anweisung.)

Th: (Setzt noch einmal die Hauptidee auseinander, daß neue Probleme entstehen könnten, wenn das Problem gelöst ist.)

Frau: Glauben Sie, daß ich die Problemlösung unbewußt blokkiere, weil sich die Dinge ändern könnten?

Th: Diese Gefahr besteht ebenso, wie sich die Änderung auch auszahlen würde. Ich könnte Ihnen ein Beispiel nennen, habe aber Angst, daß ich Ihr Denken beeinflusse.

Frau: Möchten Sie, daß wir eine Reihe von Dingen aufschreiben?

Th: Sie können sie niederschreiben, aber hauptsächlich denken Sie darüber nach, diskutieren Sie darüber. Auch möchte ich noch dringend empfehlen, nichts zu unternehmen, was das Alkoholproblem abschwächen könnte. Diese Verschreibung geht allen anderen voran.

In manchen Fällen löst diese »Kehrseite der Besserung« – Intervention einen bedeutenden Wandel aus oder erweist sich als das einzige, was zur Lösung der Schwierigkeit überhaupt nötig ist – zumal wenn es sich um Angstprobleme handelt, und speziell um Leistungsangst (siehe Fallbeispiel Kap. 10). Wenn der Klient erkennt, daß er mit der Besserung nicht auf Rosen gebettet wird, mag er sich weniger genötigt fühlen, sich abzuquälen, seine Sache gut zu machen, und wird sich entspannen. Der Klient hat damit einen Wandel herbeigeführt, er hat von seinem zu angestrengten Lösungsversuch gelassen, und wir können nun voraussagen, daß im Gefolge dieses Wandels sein Leiden gemildert oder gar beseitigt wird.

Eine Wendung vollziehen

Unter einer »Wendung« verstehen wir das Überwechseln des Therapeuten von einer Strategie zu einer anderen, wobei er dem Klienten eine Erklärung für diesen Umschwung anbietet. Oft, aber nicht notwendigerweise, beinhaltet die Wendung einen Umschwung in den entgegengesetzten Kurs, eine Kehrtwende, die ein Überwechseln auf eine andere Fahrspur erfordert, wie beim Autofahren auf der Straße. Sobald man erkennt, daß man in der falschen Richtung fährt, muß man die umgekehrte Richtung einschlagen – will man das angestrebte Ziel erreichen.

Eine solche Wendung ist gewöhnlich erforderlich, wenn der Therapeut unbeabsichtigt, ohne sich darüber klar zu sein, mit dem Klienten zu streiten beginnt. Dieser Stand der Dinge äußert sich gewöhnlich darin, daß der Klient den neuen Kurs kritisiert, auf den ihn der Therapeut zu bringen versucht, oder ihm Widerstand leistet, und auch der Therapeut wird sich dadurch voraussichtlich frustriert fühlen. Eine Wendung muß er auch dann vollziehen, wenn der Klient mit dem vom Therapeuten eingeschlagenen Kurs einverstanden ist, dieser sich jedoch als unproduktiv erweist. Beim Klienten kann sich das in der Beschwerde äußern: »Ich glaube nicht, daß uns das irgendwohin führt.« Oder der Therapeut mag erkennen, daß trotz seiner Empfehlungen nichts zur Problemlösung geschieht. Je früher der Therapeut einsieht, daß eine Wendung notwendig wird, desto leichter wird er diesen Umschwung vollziehen. Rechtzeitig erkannt, kann diese Kehrtwende während der Sitzung vor sich gehen: mit der einfachen Antwort des Therapeuten auf die Unmutsbekundungen des Patienten: »Oh, ich verstehe«, und daraus resultierend, mit der Aufgabe seiner bisherigen Position. Das heißt, der Therapeut spielt mehr oder weniger deutlich den Unterlegenen und spricht das Verdienst dem Patienten zu, ihn vom falschen Kurs auf einen besseren gebracht zu haben.

Am besten geht der Therapeut so vor, daß er sagt: Auch zwischen den Sitzungen habe er sehr viel über die Sache nachgedacht, er habe einen Punkt übersehen oder einem früher erörterten nicht genügend Bedeutung beigemessen. Jetzt sehe er ganz deutlich, daß er auf der falschen Spur gefahren sei und es ja doch einer ganz anderen Vorgehensweise bedürfe:

Th: In der vorigen Sitzung hatte ich das Gefühl, daß wir festsitzen und einander entgegenarbeiten. Darum habe ich viel über die Sitzung nachgedacht und bin meine Notizen von den vorigen Sitzungen durchgegangen. Dabei ist mir klargeworden, daß ich den Zug verpaßt habe.

Ptin: Ja, das war's, worauf ich Sie letztes Mal aufmerksam zu machen versuchte.

Th: Ich bin froh, daß Sie das sagen, weil ich der Meinung war, daß Sie sich um Ihren Mann Sorgen machen – bis mir klar wurde, daß Sie sich über Ihren Sohn viel mehr aufregen. Es wäre demnach völlig unproduktiv, sich auf die Beziehung zu Ihrem Mann zu konzentrieren. Mehr würde dabei herauskommen, wenn wir untersuchen würden, wie Sie besser mit Ihrem Sohn fertig werden könnten.

Ptin: Ja. Sie haben die Situation erfaßt.
In manchen Fällen jedoch mag der Therapeut tiefer in Schwierigkeiten geraten sein, mag vielleicht wiederholt und zu ungestüm »mehr desselben« gesagt haben. Dann ist es nicht so einfach, elegant den Rückzug anzutreten. Doch selbst unter schwierigen Umständen kann ein Überwechseln auch mitten in der Sitzung vor sich gehen, wenn ein erfahrener Ko-Therapeut oder Beobachter zugegen und in der Lage ist, dem Therapeuten beim Kurswechsel zu helfen.

Zum Beispiel hatten wir einmal den folgenden Fall: Ein überängstliches Ehepaar hatte zwei, gelinde gesagt, schwierige Knaben. Überraschenderweise behauptete die Mutter, daß sie aufgrund übersinnlicher Fähigkeiten sogar über beträchtliche Entfernungen wahrzunehmen vermöge, ob ihre Jungen sich »kontrolliert« verhielten oder nicht. Der Therapeut war zunächst alarmiert, daß seine Klientin sich auf das wenig verläßliche Gedankenlesen anstatt auf die Beobachtung von Tatsachen stützen wollte, und versuchte, der Mutter diese Idee auszureden, indem er das Vorhandensein solcher Fähigkeiten bestritt. Wie zu erwarten war, hielt sie nur um so hartnäckiger an ihrer Meinung fest. An diesem Punkt rief ein Beobachter aus dem Beobachtungsraum an und erinnerte den Therapeuten an ein Grundprinzip der Kurztherapie: »Gehe auf alles ein, was der Klient dir bietet, und überlege, wie du es nutzen kannst, anstatt mit ihm zu argumentieren.« Der Therapeut folgte diesem Rat und vollzog eine scharfe Kehre: er betonte der Klientin gegenüber nun, er glaube durchaus, daß es Menschen mit übersinnlichen Fähigkeiten gäbe. Er habe nur deshalb mit ihr gestritten, um zu erproben, wie groß ihr Vertrauen in diese Fähigkeiten sei.

Gleich darauf behauptete auch der Vater, er könne aus der Ferne feststellen, ob sich seine Jungens anständig benähmen: indem er die Ohren spitze, ob sie sich ruhig verhielten oder lärmten. Hier rief der Beobachter noch einmal an.

Im folgenden Beispiel berichtet der Therapeut, was der Beobachter zu sagen hatte, und schildert dann, wie er den

Haken schlug, und zwar aufgrund der Voraussetzung, daß die Eltern – speziell die Mutter – mit ihren ständigen verbalen Ermahnungen ihre Angst auf die Kinder übertrugen und damit deren Fehlverhalten provozierten, und weil er als Therapeut meine, daß eine Einschränkung dieses Wortschwalls zu mehr Fügsamkeit führen würde:

Th: John hat gesagt: »Wir haben hier ein Sonar- und Radargerät.« Sie (zum Vater) besitzen eine Art Schallortungsgerät und Sie (zur Mutter) eine Art Sichtgerät.

M: Dem haben wir wohl zu verdanken, daß wir es fertigbrachten, das Schlimmste zu verhüten. (Anm.: Die Mutter läßt hier – und auch später – erkennen, daß sie jetzt den neuen Kurs des Therapeuten akzeptiert. Bei Interventionen jeglicher Art bedeutet das »Weiter so«. Umgekehrt bedeutet das Ausbleiben von positiven Signalen oder jegliche Form von »nein« oder »ja, aber«, daß die neue Richtung des Therapeuten nicht angenommen wurde und er langsamer vorgehen und sie noch einmal überprüfen sollte. Bei komplexen und umfangreicheren Interventionen kommt es erst recht darauf an, allmählich und nur schrittweise vorzugehen und die Aufnahme durch den Klienten genau zu verfolgen.)

Th: Ich werde Ihnen jetzt berichten, welche Idee ich dabei hatte. Sie mag ziemlich weit hergeholt erscheinen, daher möchte ich nicht auf ihr beharren; doch möchte ich sie erwähnen, was immer sie wert sein mag. Ich würde sagen, man kann wohl ziemlich sicher davon ausgehen, daß Sie beide einen unterschiedlichen Wahrnehmungsstil nutzen, wenn Sie feststellen wollen, was Ihr Kind gerade tut oder zu tun im Begriff ist. Es ist gewissermaßen erkennbar, daß Sie beide über gut abgestimmte, gut trainierte Empfänger verfügen. Es wäre schön, wenn Sie diese Empfänger gleichzeitig zu Sendern ausbilden könnten, womit Sie Ihre übersinnlichen Fähigkeiten nicht nur dazu benutzen könnten zu hören, woher der Wind weht, sondern auch um zu bestimmen, woher der Wind wehen soll. Das Interessante ist, daß mir Ihre übersinnlichen Kräfte tatsächlich ein weit mächtigeres

Werkzeug zu sein scheinen als jenes, das Sie gewöhnlich bei Robby vergebens anzuwenden suchen, nämlich Worte. Sie haben ein fabelhaftes . . .

M: Worte nützen nichts . . . (wiederholt das und pflichtet ihm bei)

Th: . . . Empfangsgerät für die Kommunikation. Doch leider keines, um ihn zu kontrollieren.

M: Ich weiß eben nicht, wie.

Th: Der einzige Grund, weshalb ich das erwähne, ist der, daß ich die Möglichkeit nicht ausschließen möchte, daß Sie von Ihren intuitiven Kräften nicht bloß zum Empfangen, sondern auch zum Senden Gebrauch machen könnten; es wäre ein Jammer, wenn sie ungenutzt blieben. Dann würden Ihre Möglichkeiten nicht darauf beschränkt bleiben, sich verbal mit Robby auseinanderzusetzen, der, so deutlich Sie sich auch ausdrücken mögen, doch nur tut, was ihm gefällt. Und darüber hinaus hätte es den zusätzlichen Vorteil, daß Sie ihm helfen könnten, sein Benehmen zu kontrollieren, auch wenn er nicht bei Ihnen ist.

M: Ja, aber dazu muß er ja ein Empfänger sein. Wieviel Intuition besitzt denn er?

Th: Nun, jetzt hätten wir zunächst einen Sender und einen Empfänger . . .

M: Das muß umgekehrt sein.

Th: . . ., die Wellen aussenden, die Sie empfangen können, um festzustellen, ob er sich vernünftig verhält oder im Begriff ist, die Kontrolle zu verlieren. Ich sage ja nur, es würde schön sein, wenn man dieses Instrument auch andersrum nutzen könnte.

M: Umgekehrt, ja . . .

Th: . . . um es konkret auszudrücken: Sie könnten Ihre übersinnlichen Kräfte dazu nutzen, Robby nicht nur mit Worten zu sagen, sondern . . . Wenn Sie ihn in den Laden schicken – natürlich werden Sie immer noch Worte brauchen –, könnten Sie ihm außer Haus, unterwegs die Botschaft übermitteln: Geh gleich in den Laden und hole Eier, oder . . .

M: Das würde Spaß machen, das müßte man mal probieren.

Th: ... geh Brot holen, komm aber gleich wieder.

Eine Wendung in etwas anderer Form, doch mit den gleichen Elementen kann man zustande bringen, wenn man sich auf den Rat eines anderen, »erfahreneren« Therapeuten bezieht. Sein Name wird dabei gewöhnlich nicht fallen, jedoch wird erklärt, daß dieser Experte viel zu beschäftigt ist, als daß man ihn selbst bei diesem Fall einschalten könnte. Die Beschreibung seiner Qualifikation beschränkt sich dann darauf, daß er weit mehr Erfahrung gerade in jenem Problembereich besitzt, dessentwegen der Patient den Therapeuten aufgesucht hat:

Th: Wie Sie vielleicht merken, habe ich mich etwas unsicher gefühlt, ob ich die wesentlichen Punkte richtig erfaßt habe, die Sie mir mitzuteilen versuchten. Inzwischen habe ich mich entschlossen, einen erfahreneren Kollegen zu konsultieren. Ihren Namen und Ihre Identität habe ich nicht enthüllt, nur das mit ihm besprochen, worin ich mich unsicher fühlte. Er hat mir die Gründe für meine Unsicherheit dargelegt und mich auf eine Reihe von Dingen hingewiesen, die ich übersehen hatte, und nun möchte ich Ihnen mitteilen, was er denkt.

Mit dieser Art Wendung kann man noch mehr ausrichten, wenn der Therapeut hinzufügt: »Nun ist hier noch ein Punkt, den ich wirklich nicht verstehe, den aber Sie verstehen würden – so sagte mir der Fachmann.« Diese Redewendung vermehrt die Aussichten, daß der Patient den Punkt akzeptiert, da ihm das erlaubt, auf gleicher Ebene im Bund mit dem respektierten Experten dem Therapeuten hier überlegen zu sein.

Wie man das Problem verschärft

Wenn ein Therapeut einen Vorschlag macht, läßt er gewöhnlich durchblicken, daß die vorgeschlagene Handlung einer Entschärfung des Problems förderlich sein wird. Manchmal vermag er indes mehr zu erreichen, wenn er seine Empfehlung so formuliert, daß sie die Dinge verschlimmert. Gewöhnlich geschieht das, wenn ein Klient sich bereits seinen früheren Vorschlägen widersetzte oder erkennen ließ, daß es ihm widerstrebt, etwas Neues zu versuchen. Der Therapeut verläßt seinen »Es könnte nützlich sein«-Ton und eröffnet ihm seinen Vorschlag statt dessen folgendermaßen: »Wenn Sie tun, was ich Ihnen jetzt vorschlage, kann ich Ihnen garantieren, daß Ihr Problem sich verschlimmern wird.« Oder: »Ich weiß Ihnen nichts vorzuschlagen, das Ihnen helfen könnte; was ich Ihnen jedoch definitiv sagen kann, ist, wie Sie die Dinge verschlimmern.« Dann beginnt er detailliert und gründlich alles aufzuzählen, was der Patient bisher unternommen hat, um sein Problem zu »lösen«, es damit indes nur verschärfte. Die Folge ist, daß er es umgekehrt – so wie es der Therapeut wünscht – besser begreifen und leichter befolgen kann. Dem Patienten wird nicht befohlen, was er tun soll; es wird ihm lediglich empfohlen. Zugleich kann ein Hinweis auf eine mögliche Verschärfung des Problems dem Patienten sein früheres Verhalten deutlicher bewußt machen, wenn er noch immer daran festhalten sollte, und zudem das Faktum hervorheben, daß der Patient *aktiv* am Fortbestehen seines Problems mitwirkt.

Einen ähnlichen Weg kann man in Frageform einschlagen: »Wissen Sie eigentlich, wie Sie das Problem verschärfen können?« oder »Was, meinen Sie, würde Ihr Problem mit Sicherheit verschlimmern?« Dies kann schon früh therapeutisch von Vorteil sein, wenn sich Klienten unklar äußern oder widerspenstig sind, oder aber kurz vor dem Abschluß der Behandlung, um die erzielten Fortschritte zu sichern.

Ein Beispiel für diese »Verschärfungs«-Strategie liefert der Fall einer Patientin, die über »unkontrollierbare, völlig unbegründete Wutausbrüche« klagte; nach einigen Interviews ließen sie indes nach. Dann sagte sie, sie begreife nicht, wie diese Besserung zustande gekommen sei, sie fühle sich jetzt ganz unsicher. Unserer Ansicht nach gehörte dieses Bedürfnis der Patientin, zu »begreifen« und sich »zu überzeugen«, zu ihrem bisherigen, vergeblichen Lösungsversuch, der sie zu uns in die Sprechstunde geführt hatte. Daher wollten wir sie davon abbringen, darauf zu beharren, und gleichzeitig ihre erfreulichen Verhaltensänderungen sichern. Dies gelang, indem wir ihr beibrachten, wie sie ihr Problem noch verschlimmern konnte.

Ein Beobachter, der ihre Äußerungen in diesem Zusammenhang mitangehört hat, betritt das Behandlungszimmer und bietet ihr ein Rezept an, sich selbst in Wut zu versetzen. Sie solle die Kontakte zwischen den Menschen untersuchen, anstatt sie als unvermeidlich hinzunehmen. Und wenn ihr etwas Angenehmes begegne, möge sie stets an der Motivation des anderen zweifeln und nach dem verborgenen schlechten Grund forschen, warum jemand nett zu ihr ist:

Beobachter: Da die Zeit knapp ist und Sie vielleicht länger darüber nachdenken möchten, lassen Sie mich Ihnen wenigstens aus dem Schatz meiner Erfahrungen bei der Arbeit mit Menschen, die solche Wutausbrüche haben, ein paar Hinweise geben. Das werde ich so knapp, aber auch so klar wie möglich zu tun versuchen, und wenn Sie dem Folge leisten, kann ich Ihnen weitgehend garantieren, daß Sie imstande sein werden, sich aus einem Zustand der Ruhe in einen des Zorns zu versetzen. Dazu brauchen Sie nicht nach dem Schlechten Ausschau zu halten. Das beste ist, nach etwas anderem zu suchen, am besten nach etwas Erfreulichem, dem Sie aber etwas Schlechtes zuschreiben, um sich dann selbst einzureden, daß solchem Verhalten letztlich ein feindseliges Motiv zugrunde liegt. Sie *wollen* also partout einem geschenkten Gaul doch ins Maul schauen, damit Sie sich ärgern können. Suchen Sie also nicht nach dem Negativen. Sie können es benutzen; aber das beste ist, wenn Sie nach etwas anderem, vorzugsweise etwas Angenehmen suchen. Doch legen Sie dem eine letztlich böse, arglistige Absicht zugrunde. Das ist der erste Schritt.

Th: Hier möchte ich Sie unterbrechen; ich meine nicht, daß das schon der erste Schritt ist, ich meine, es gibt schon einen vorher.

Be: Und was sollte das sein?

Th: Der erste Schritt besteht darin, das Gesamtverhalten eines Menschen sehr genau zu befragen und es nicht nur nach der Außenseite zu beurteilen.

Be: Ja, gewiß.

Ptin: Ich würde niemals entspannen können. Ich meine, ich würde ... oder es würde so sein, als ob ich die ganze Zeit dasitze und aufpasse und horche.

Be: Nein – ich meine, es ist ein Weg, der Ihnen offensteht, wann immer Sie wollen. Wie Sie sich auch entscheiden mögen, wir müssen jetzt ihren Weg zur Beserung verlangsamen. Und dazu wird es nötig sein, daß *ich* böse werde. Bringen Sie mir darum um Himmels willen bei – da ich im Augenblick keineswegs böse bin, eher friedlich – bringen Sie mir bei, wie ich das machen soll. Und (*Th:* mischt sich ein) ... Jetzt werde ich versuchen, Ihnen beizubringen, wie man mit Absicht böse werden kann. Sie legen erst einmal los, indem Sie sich verschiedene Anlässe vor Augen rufen, die Emotionen werden dann folgen ... Da die Zeit knapp ist, muß ich mich kurz fassen ... Ich würde meinen – wenn Sie wollen, können Sie Ihren Ärger auch aufputschen, indem Sie sich darüber auslassen und indem Sie das Eintreten eines bestimmten Verhaltens prophezeien. Doch zunächst schreiben Sie diesem Verhalten, das sich höchstwahrscheinlich wiederholen wird, unerfreulichen Charakter zu. Um es ins Lächerliche zu steigern, damit Sie besser verstehen, was ich meine: »Die oder der Soundso atmet bestimmt nur deshalb, weil er mich mit dem Geräusch ärgern will.« Das Rezept müßte also lauten: »Nimm ein Verhalten, irgendeines, das sich aller Voraussicht nach wiederholt; lege ihm eine möglichst üble Absicht zugrunde; dann stelle dir das Verhalten vor. Das wird Ihnen bestimmt helfen, wütend zu werden. Es sind also drei Dinge; ich bin mir nicht sicher, wie man sie schrittweise ordnen soll; ich würde sagen, der erste Schritt sollte darin bestehen, nicht nur die Oberfläche der Dinge zu betrachten, sondern sich zu sagen »Ich will dahintergucken«. Der zweite Schritt: Was immer es für ein Verhalten ist, die Ursache muß böswillig sein. Und drittens, wenn Sie die erwähnte Prophezeiung hinzufügen, könnten Sie mit Sicherheit nicht nur in Zorn geraten, sondern sogar in eine beträchtliche Wut.

Ptin: Es kommt mir so vor, als hätten Sie sozusagen genau das wiedergegeben, was mir vergangenes Wochenende passiert ist.

Be: Mag sein, doch wollte ich ja nur versuchen, Ihnen ein Rezept zu geben, und meiner Meinung nach ist es, wie bei jedem Rat, das beste, es mal auszuprobieren...

Eine Variante dieser Art von Intervention ist es, wenn der Therapeut dem Patienten verschreibt, jene frühere »Lösung« bis ins Extrem anzuwenden, wobei sich dieses Extrem ungünstig auswirken würde. Diese Intervention – eine umgekehrte Form seiner Empfehlung – wendet der Therapeut auch an, wenn der Patient direkteren Vorschlägen Widerstand leistete.

Th: Das Verhalten Ihres Sohnes war sehr wechselhaft, trotz Ihrer Bemühungen, ihn Ihrer Liebe und Sorge zu versichern. Ich meine, Sie sollten seinem negativen Verhalten Konsequenzen folgen lassen.

Pt: Nun, das leuchtet mir ein, aber ich glaube nicht, daß wir das fertigbringen; außerdem glaube ich nicht, daß es etwas nützen würde. Könnten wir ihm nicht einfach eine Belohnung versprechen?

Th: Hören Sie, damit ist nicht viel zu gewinnen. Ich habe das vorgeschlagen, weil ich meine, daß es helfen wird. Ich kann mich jedoch irren. Ich glaube es zwar nicht, aber ich weiß auch nicht alles. Wenn ich mich indes irre, und der Weg, den Sie eingeschlagen haben, der richtige ist, dann hat es einfach deshalb nicht funktioniert, weil Sie ihn nicht *weit genug* gegangen sind. Sie müssen sich mehr ins Zeug legen. Worum er Sie auch bitten mag, Sie müssen es ihm geben, ohne Argumente oder Fragen; was immer Sie auch gerade tun mögen, Sie müsen es beiseite legen, wenn er auf Ihre Zeit und Aufmerksamkeit Anspruch erhebt. Sein unverschämtes Auftreten, seine äußere Erscheinung und sein unaufgeräumtes Zimmer müssen Sie übersehen. Sie mögen recht haben: Was er hauptsächlich braucht, ist die Gewißheit, daß Sie für ihn sorgen, daß Ihre Liebe zu ihm grenzenlos ist, was auch immer er tun mag. Und wenn Sie zuvor nicht fähig waren, ihm das zu erkennen zu geben, so einfach deshalb, weil Sie sich nicht genügend darum bemüht haben. Diese Woche möchte ich nun, daß Sie vergessen, was ich Ihnen empfohlen habe und stattdessen zu dem Weg zurückkehren, auf dem Sie es zuvor versuchten. Ich glaube nicht, daß es klappen wird, doch wie ich schon sagte, ich könnte mich irren. Wir werden es sehen.

8 Abschluß der Behandlung

Bei längeren Therapien ist es üblich, die Schlußphase der Behandlung als einen gesonderten Vorgang zu sehen. Im Lauf der Zeit wird sich eine relativ enge Beziehung zwischen Patient und Therapeut entwickelt haben, und mit dem Ende der Behandlung endet auch jene Beziehung. Darüber hinaus legt die Behandlung den Gedanken nahe, daß die Therapie auf weit mehr abzielt als auf die Lösung des speziellen Problems: Der Therapeut soll dem Patienten dazu verhelfen, tieferen Einblick in sein Inneres und in sein Leben überhaupt zu gewinnen. So entsteht bei ihm das Gefühl, aus der sinnerfüllten Geborgenheit der Behandlung herausgelöst worden zu sein, und deshalb bereiten Therapeuten ihre Patienten gern manchmal schon Wochen vorher auf den Abschluß der Behandlung vor. Ob solche Vorbereitung tatsächlich nötig ist oder nicht, bei längeren Behandlungen halten Therapeuten sie gewöhnlich für angebracht.

Bei der Abkürzung psychotherapeutischer Behandlung hingegen betrachtet man den Abschluß nicht als gesonderten Vorgang. Die kurze Behandlungszeit und die Art und Weise des Vorgehens bei der Problemlösung lassen der Entwicklung einer »Beziehung« zwischen Therapeut und Patient wenig Raum; daher ist von einem »Abnabeln« des Patienten, der sich nun allein zurechtfinden muß, nicht viel zu spüren. Auch läßt das Vorgehen bei der Problemlösung die Behandlung einwandfrei als ein Mittel zur Lösung eines bestimmten Problems erkennen, so daß nur geringe Notwendigkeit besteht, beträchtliche Zeit darauf zu verwenden, die positiven Ergebnisse der Behandlung noch einmal zu rekapitulieren. Bei der Kürzung der Therapie macht man also am Schluß der Behandlung auch kurzen Prozeß. Da aber alle Aspekte der Therapiekürzung strategisch angewandt werden, ist es angebracht, auch hier über den Abschluß einiges zu vermerken.

Klienten finden sich meist deshalb zur Behandlung ein, weil sie über etwas zu klagen haben. Das mag sie selbst betreffen (»In Gesellschaft bekomme ich immer furchtbare Angst«) oder eine andere Person (»Mein Kind will einfach nicht zur Schule gehen«). Bei der Kurztherapie besteht das Behandlungsziel gewöhnlich darin, das der Beschwerde zugrundeliegende Übel zu beseitigen oder zumindest zu reduzieren, so daß der Klient eine Fortsetzung der Behandlung nicht mehr für nötig hält, wenigstens nicht aufgrund seiner ursprünglichen Beschwerde, und so ist die Beendigung der Behandlung, nachdem das Übel beseitigt oder verringert ist, nur noch ein logischer Schritt. Bei anderen therapeutischen Verfahren dagegen erfolgen die Fortsetzung wie auch der Abschluß der Behandlung völlig zwanglos. Bei Therapien, die zum Beispiel den Wiederaufbau der Persönlichkeit zum Ziel haben, kann das Erreichen eines unbestimmten Maßes an Normalität (wie »nicht-neurotische Anpassung«) oder an Wachstum den Anlaß zum Abschluß geben. Wo keine bestimmten Richtlinien vorliegen, wird der Abschluß der Behandlung voraussichtlich einfach deshalb hinausgeschoben werden, weil es nicht klar ist, wann dieses Ziel erreicht ist.

Jedoch wird der Therapeut, der eine Kürzung anstrebt, das eigentliche Übel und das Ziel der Behandlung im Auge behalten. Er wird sowohl darauf bedacht sein, das Ziel zu erreichen, als auch, auf ein Signal des Patienten zu achten, daß sich dessen Schwierigkeiten gebessert haben. Der Vorschlag, die Therapie zu beenden, wird meist vom Therapeuten ausgehen, und gewöhnlich erwartet er, daß der Klient damit einverstanden sein wird. Natürlich kann auch der Klient anregen, die Behandlung zu beenden. Am liebsten wird er darauf verweisen, daß sein Problem gelöst ist, und in diesem Fall wird der Therapeut höchstwahrscheinlich mit der Beendigung einverstanden sein. Aber auch das Umgekehrte kann passieren. Der Klient kann erhebliche Unzufriedenheit mit der Behandlung äußern und verkünden, daß er die Therapie nicht mehr fortsetzen will. Oder es können sich äußere Umstände ergeben, die eine Fortsetzung der Therapie verhindern: aufgrund einer beruflichen Veränderung muß der Klient fortziehen, oder finanzielle Probleme mögen die Fortsetzung einer privaten Therapie unmöglich machen. Schließlich wird eine zeitlich begrenzte Behandlung automatisch ein Ende nehmen, wenn die vereinbarte Anzahl von Sitzungen abgelaufen ist, obwohl hier der Therapeut gewöhnlich derjenige ist, der den Patienten auf diesen Umstand aufmerksam macht.

Wenn auch bei der Kurztherapie aus dem Abschluß der Behandlung nicht viel Aufhebens gemacht wird, kann es doch zu Situationen kommen, derer sich der Therapeut zu seinem und des Klienten Nutzen bedienen kann. Diese Situationen werden von den Bedingungen abhängen, unter denen die Behandlung abgeschlossen wurde. Die sich hier anschließende Erörterung soll sich mit diesen unterschiedlichen Bedingungen befassen.

Schließen, wenn das Problem beseitigt ist

Natürlich ist dies die beste Voraussetzung, die Behandlung zu beenden. Kommt der Klient zur Sitzung und sagt, daß sich das betreffende Problem in erfreulichem Maße gebessert habe, kann der Vorschlag, die Behandlung zu beenden, vom Therapeuten ausgehen. Jedoch sollte dies weder zu entschieden noch zu indifferent geschehen, da er ja die Reaktion des Klienten auf diese Idee erst einmal testen will. Manche Klienten werden zum Beispiel sagen, sie seien der Ansicht, daß die Behandlung nicht das erbracht habe, was sie sich erhofft hätten, und daß der Gedanke, einfach aufzuhören, sie nervös mache. Andere dagegen werden bereitwillig zustimmen, daß es an der Zeit sei aufzuhören, und wenig oder gar keine Betroffenheit äußern.

Ob Zweifel geäußert werden oder nicht, sicher ist, daß die Mehrzahl der Klienten sich Sorge macht, ob die Wirkungen der Behandlung noch anhalten werden, wenn die Behandlung vorüber ist, und manche Patienten werden dies auch aussprechen. Zu leicht kann sich das Problem zuspitzen, wenn sich der Klient aus Sorge darüber, ob die Besserung auch anhält, zu angestrengt darum bemüht, »daß alles weiter gutgeht«. Auf diese Weise kann er mittels der darin versteckten sich selbst erfüllenden Prophezeiung von sich aus dafür sorgen, daß die Dinge *nicht* gutgehen werden. Dieser Möglichkeit wird der Therapeut vorbeugen wollen, indem er dem Patienten dazu verhilft, sich keine Sorgen mehr zu machen, daß sich die Dinge nach Beendigung der Therapie wieder verschlimmern könnten. Eine einfache Zusicherung in dieser Hinsicht wird indes voraussichtlich nicht genügen, um die Befürchtungen des Klienten zu mildern. Schlimmer noch, der Klient könnte sein ermunterndes »Die Behandlung hat Ihnen sehr genützt« und »Es wird schon alles gutgehen« als »Pfeifen im dunklen Wald« auslegen, oder er könnte befürchten, daß der Therapeut sich nicht bewußt ist, wie dürftig der Gewinn ist. Der Klient kann dadurch sogar noch ängstlicher werden. Daher wird der Therapeut sich einfache Beruhigungssprüche verkneifen und statt dessen eine Zuspitzung des Problems als »normal« hinstellen, als etwas, mit dem man rechnen muß oder das man gar positiv deuten kann. So wird der ausscheidende Klient die Möglichkeit eines Rückfalls gelassener aufnehmen, anstatt ihn zu fürchten.

Eine sehr häufig angewandte Form der Umdeutung besteht darin, eine Teilmenge der »Immer-langsam«-Intervention zu verabreichen. Im wesentlichen wird der Therapeut zunächst anerkennen, daß sich die Dinge gebessert haben, dann aber die Bemerkung fallenlassen, der Wandel, so erwünscht er sein möge, sei zu schnell eingetreten. Eine langsame, schrittweise Besserung sei mehr dazu angetan, sich dauerhaft auszuwirken und eine allmähliche Anpassung herbeizuführen. Der Klient wird dann angewiesen, sich bis auf weiteres nicht mehr zu ändern, und das, obwohl die Behandlung ausläuft. Für Klienten, die ihre Furcht vor dem Abschluß unmißverständlich zum Ausdruck bringen, kann der Therapeut hinzufügen, daß es sogar gut sein würde, wenn der Klient Mittel und Wege finden könnte, das Problem »wenigstens vorübergehend« zu reaktivieren. Obwohl sich diese Botschaft beängstigend anhören mag, sind doch einige Züge gegeben, die sie zu einer angenehmen

Meldung umfunktionieren. Erstens läßt man dem Klienten gegenüber *durchblicken*, daß er überraschend gut auf die Behandlung angesprochen hat, so gut, daß es zunächst einmal genügt. Zweitens hat man das Problem als seiner Kontrolle unterstehend definiert, da man ihn auffordert, selbst eine Reaktivierung des Problems herbeizuführen. Und schließlich wird eine Reaktivierung als »Erfolg« und nicht als ein Mißlingen – die Besserung zu erhalten – definiert. Das Ziel all dieses Taktierens liegt auf der Hand: die Möglichkeit der Reaktivierung des Problems zu verkleinern, indem man dem Patienten hilft, dem Abschluß der Behandlung entspannter entgegenzusehen. Im schlimmsten Fall, sollte es tatsächlich zu einer erneuten Zuspitzung des Problems in einem Grade kommen, der die Wiederaufnahme der Behandlung rechtfertigen würde, bleibt auf jeden Fall die Glaubwürdigkeit des Therapeuten bestehen, wenn sie sich nicht gar erhöht: für jede erneute Behandlung eine bessere Basis. In der Praxis kommt es höchst selten dazu, zumal wenn der Patient zum Abschluß nochmals ermahnt wurde, sich Zeit zu lassen. Nicht in allen Fällen wird es nötig sein, diese Schlußintervention zu setzen, doch wird der Therapeut zumindest auf das aufmunternde Geleitwort: »Sehen Sie nur, was Sie alles geschafft haben; ich wußte, daß Sie es schaffen, und bin überzeugt, bei Ihnen geht alles glatt« verzichten können.

Bisweilen kann es indes für den Therapeuten schwierig werden, direkten Optimismus zu vermeiden, zumal wenn der Klient über das Behandlungsergebnis beglückt ist. Es erfordert beträchtliche Selbstbeherrschung, nicht in die Freudentöne miteinzustimmen und sich statt dessen einen skeptischen oder warnenden Ton zuzulegen. Jedoch kann dies in solchem Fall noch wichtiger sein, da der freudige Patient um so anfälliger für die Angst vor einer Verschlimmerung sein wird, je mehr ihm daran gelegen ist, seinen Therapeuten nicht zu enttäuschen. Ermahnungen, sich nicht weiter zu bessern oder sogar eine Verschlechterung herbeizuführen, befreien den Therapeuten indes von dieser Sorge.

Gelegentlich mag eine Patientin trotz ihrer Zufriedenheit mit den Behandlungsergebnissen ihr Unbehagen bei dem Gedanken an den Behandlungsabschluß zur Sprache bringen und ausdrücklich betonen, daß sie das Gefühl habe, die Dinge würden sich ohne Führung durch den Therapeuten verschlechtern. Dann könnte es nicht ausreichen, sie auf gleiche Weise zu instruieren, und das Ausmaß ihrer Ängste könnte sie dazu veranlassen, in der kleinsten Kleinigkeit ein Anzeichen für eine Verschlechterung der Lage zu sehen. In einem Anfall von Panik könnte sie dann den Therapeuten anrufen und ihn bitten, die Behandlung wiederaufzunehmen. Dies kann vermieden werden, wenn der Therapeut auf mindestens einer zusätzlichen Sitzung, etwa zwei bis drei Wochen nach Behandlungsabschluß, beharrt, doch mit der Auflage, daß die Patientin den Termin auch dann einhalten muß, wenn sie meint, daß sie »wirklich nicht noch einmal zu kommen« brauche. (So wie jemand seinen Beinen weniger vertraut, sobald man ihm die Krücke wegnehmen will. Umgekehrt wird er seinen Beinen mehr trauen, wenn man ihm nicht nur die Krücke reicht, sondern darauf besteht, daß er sich ihrer anstelle seiner Beine bedient.) In dem zwischen dem letzten und dem »endgültig letzten« Termin entstandenen Zeitraum wird die Klientin voraussichtlich weniger nach Beweisen für das Wiederaufleben des Problems Ausschau halten als vielmehr gegen den Gedanken ankämpfen, um einen nicht länger notwendigen Termin einzukommen. Doch selbst wenn sie einen »Beweis« entdecken oder sich das Problem tatsächlich zuspitzen sollte, werden die Glaubwürdigkeit des Therapeuten und sein Einfluß auf die weitere Therapie noch gewachsen sein.

Oft wird es vorkommen, daß eine Klientin keine klar umrissene Lösung des Problems bereithält, indes noch immer den Wunsch erkennen läßt, mit der Behandlung aufzuhören. Sie wird sich zufrieden über die therapeutischen Ergebnisse äußern, aber eher im Sinn einer quantitativen Besserung als eines definitiven oder qualitativen Wandels. Solch eine Klientin mag meinen, daß die Dinge jetzt besser laufen, daß sie sich besser fühle, daß sich jedoch bestimmte Aspekte des Problems von Zeit zu Zeit immer noch bemerkbar machen, sie es aber gern »eine Weile allein versuchen« möchte, »um zu sehen, wie es läuft. Ist Ihnen das recht?« Ist die Behandlung schon abgeschlossen, pflegen die meisten Therapeuten eine klare Lösung des Problems vorzuziehen, zumal wenn sie bei der Behandlung problemzentriert vorgehen. Dies kann jedoch zu Meinungsverschiedenheiten hinsichtlich des Behandlungsabschlusses führen. Für gewöhnlich wird diese Gegensätzlichkeit nicht offen bekundet, sondern darin geäußert, daß der Therapeut die Motive des Klienten für diesen Wunsch in Frage stellt: »Sie meinen, Sie möchten die Behandlung gerade jetzt beenden, obwohl Sie soeben andeuteten, daß das Problem immer noch auftaucht. So frage ich mich, ob Sie sich um einen dauerhaften Erfolg der Therapie Sorge machen. Immerhin sagten Sie, daß sich die Dinge gebessert hätten, und so erscheint es seltsam, daß Sie gerade jetzt aufgeben wollen.« Es fällt schwer, sich zurückzuhalten und einen Klienten nicht zu drängen, in Behandlung zu bleiben, wenn die Dinge wacklig stehen, doch sollte man es vermeiden. Zunächst einmal mag das Problem durchaus zur Zufriedenheit der Patientin gelöst worden sein, doch will sie es nicht wahrhaben. In diesem Fall ist eine Fortsetzung der Behandlung nicht angebracht. Sie würde ein unangenehmes und nicht wirksames Herumsitzen beim Therapeuten zur Folge haben. Andere Patienten können ihre Erfolgserwartungen herabgeschraubt haben und sind nun bereit, sich mit einer bescheidenen Besserung des Problems zufriedenzugeben. Schließlich haben Patienten oft ihre Gründe, sich nicht mehr behandeln zu lassen, über die sie nicht gern sprechen, und sie drücken es statt dessen höflich aus: »Es läuft jetzt besser, und ich würde es gern mal allein probieren.« Solche ungenannten Gründe können in Geldknappheit oder in Sorge vor zu großer Abhängigkeit vom Therapeuten bestehen oder in einer Änderung der Pläne im Zusammenhang mit dem Problem – zum Beispiel im Entschluß zur Scheidung, die man dem Sich-Herumschlagen mit den Eheproblemen vorzieht. In diesem Fall auf Fortsetzung der Behandlung zu drängen ist aller Voraussicht nach ein vergebliches Bemühen.

Akzeptiert man hingegen den Wunsch des Klienten, die Behandlung zu beenden, kann man sich in bestem Einvernehmen trennen und – ebenso wichtig – dem Patienten die Wiederaufnahme der Behandlung erleichtern, falls sich herausstellt, daß das »mal allein versuchen« nicht funktioniert. Setzt man die Behandlung in dieser Art fort, ist die Bewegungsfreiheit des Therapeuten vergrößert, da der Klient dem Therapeuten gegenüber einräumen wird, daß er die Bedeutung des Restproblems unterschätzt hat. Wenn der Therapeut dagegen dem Klienten seine Absicht, mit der Therapie aufzuhören, ausredet, wird sie indirekt auf der Grundlage fortgesetzt, daß der Patient zur Behandlung erscheint, weil der Therapeut es ihm geraten hat, und nicht, weil er sie braucht. Wenn der Therapeut meint, das Problem sei nicht ausreichend gelöst und der Klient werde dies im Lauf der Zeit und der Ereignisse erkennen, kann er den Wunsch des Klienten nach Abschluß der Behandlung akzeptieren, ihn jedoch zur vorübergehenden Pause deklarieren: »Es ist wahr, ich stimme mit Ihnen überein; im Augenblick ist es richtig, damit aufzuhören oder zumindest einen heilsamen Urlaub von der Behandlung zu nehmen.«

In folgendem Beispiel sagen die Eltern, die wegen ihres Sohnes gekommen sind, daß alles gut zu gehen scheint und die Sitzungen seltener – im Abstand von zwei Wochen – stattfinden könnten. Der Therapeut vermutet, daß sie sich höflich aus der Affäre ziehen und die Behandlung abbrechen wollen. Anstatt sie zu drängen, schon in der nächsten Woche wiederzukommen, schlägt er ihnen einen noch größeren Zeitabstand von vier bis sechs Wochen vor. Dies gestattet den Eltern, deutlicher zu werden und ihren Wunsch, die Behandlung zu beenden, auszusprechen, während es dem Therapeuten erlaubt, die Tür zur weiteren Behandlung offenzuhalten:

Th: Ich halte dies für die optimale Zeit, aufzuhören, anstatt durch langes Hinziehen das, was wir bis jetzt erreicht haben, zu verwässern. H-m-m, lassen Sie mich nachdenken, – anstatt uns, wie Sie vorschlagen, in vierzehn Tagen wiederzusehen, könnten wir es bis nach den Ferien lassen, um zu sehen, wie die Dinge dann stehen.

M: Hm-hm.

V: Hm-hm.

Th: Verstehen Sie, es wird vielleicht besser sein, erst dann weiterzumachen, wenn er sein eigenes Tempo gefunden zu haben scheint. Also sollten wir wirklich sehr viel langsamer machen.

V: Wir dachten, vielleicht wenn Ferien sind und keine Schule ist, wenn alle anderen Aktivitäten aufhören; vielleicht im Februar oder so. Und ich vermute, es ist unsere Sache; wenn er so weitermacht, wie es scheint . . . mit anderen Worten, wenn er nicht rückfällig wird und uns nichts auffällt – sonst können wir einfach anrufen und Ihnen Bescheid geben. Jawohl, wir nehmen an, daß es keinen Anlaß geben wird, uns zu sehen.

Th: So wollen wir es machen. Vier Sitzungen haben wir jetzt hinter uns . . .

V: Hm-hm.

Th: . . . und sechs haben wir noch in petto. Üblicherweise bestellen wir Sie drei Monate nach der letzten Sitzung zu einer Kontrollsitzung her. Wenn aber ein Problem auftaucht, können Sie uns auch schon eher anrufen . . .

V: Hm-hm.

Th: . . . dann können wir etwas verabreden.

Gelegentlich kommt es vor, daß Patienten behaupten, das Problem, dessentwegen sie zu uns gekommen seien, sei zu ihrer Zufriedenheit gelöst, dann aber hinzufügen, daß sie jetzt gern an einem anderen Problem mit uns arbeiten möchten. Auf dieses andere Problem mögen sie schon früher angespielt haben, oder es handelt sich schlicht um ein neues. In jedem Fall steht der Therapeut vor der Wahl: er kann die Aufforderung aufgreifen oder ablehnen. Im ersten Fall läuft er Gefahr, die Errungenschaften der vorangegangenen Behandlung zu einem Trittstein einer endlosen »Arbeit an Problemen« zu degradieren. Die Behandlung kann dann zu einer Tätigkeit um ihrer selbst willen werden, anstatt als Hilfsmittel für die Bewältigung des Lebens zu dienen. Daher meinen wir, daß nicht viel zu gewinnen ist, wenn man sich auf die Arbeit an »einem weiteren Problem« stürzt. Das soll nicht heißen, daß Klienten zur Lösung nur eines Problems berechtigt sind, sondern einfach, daß es seine Vorteile hat, wenn man eine Pause zwischen der einen Behandlung und der nächsten einlegt. In der Zwischenzeit kann der Klient zum Beispiel das Problem neu einschätzen und in ihm entweder überhaupt kein Problem mehr sehen oder zumindest nur eines, das einen weiteren Aufwand an Zeit, Geld und Mühe nicht mehr rechtfertigt. Oder aber, wenn er es weiterhin für ein Problem hält, wird die Zwischenzeit Gelegenheit geben, den speziellen Fokus zu verfeinern, den die Lösung eines Problems durch die Behandlung erfordert.

Eine Schlußbemerkung zu Fällen, in denen das Problem vollkommen oder teilweise gelöst wurde: Patienten, die sich über die Behandlungsergebnisse freuen, werden diese oft auf die Weisheit, Fürsorglichkeit, Achtsamkeit und Brillanz des Therapeuten zurückführen: »Sie haben mir so sehr geholfen, ich kann Ihnen nicht genug danken«, oder ähnliche schmeichelhafte Dankbarkeitsbekundungen. So erfreulich sie auch sein mögen, messen sie doch dem Therapeuten eine überlegene Position zu, und dies kann für den Klienten beim Abschluß nachteilig sein. Damit setzt man indirekt die eigenen Leistungen des Patienten herab und schreibt ihm eine ungenügende Kontrolle über sein eigenes Leben sowie eine größere Verwundbarkeit durch andere unvorhergesehene Probleme zu. Und solche Sicht beschwört die Problembildung geradezu herauf. Mag der Therapeut die Patienten nicht daran hindern können, ihre Dankbarkeit auszudrücken, und mag dies auch nicht nötig sein, kann er doch die Behandlungsergebnisse so uminterpretieren, daß er nicht mehr als der Überlegene erscheint. Der einfachste Weg dazu besteht darin, darauf hinzuweisen, wie sehr der eigene Beitrag des Patienten den Erfolg mitbewirkt hat: seine Informationsbereitschaft, seine Klarheit, seine Bereitschaft zum Ausprobieren und dazu, neue Umgangsweisen mit den

Geschehnissen und andere Familienangehörige zur Teilnahme an der Therapie zuzulassen, und so fort. Gleichzeitig kann der Therapeut seinen eigenen Beitrag herunterstufen: »Es liegt nicht an meiner Brillanz, sondern einfach daran, daß ich in der vorteilhafteren Lage bin: Ich befinde mich außerhalb des dunklen Waldes. Das ist alles.«

Schließen, wenn das Problem ungelöst bleibt

Bei ungelösten Problemen kann die Behandlung vor allem auf zweierlei Weise abgeschlossen werden: Zum einen wird, bei zeitlich begrenzter Behandlung, bei der das Maximum an Sitzungen von vornherein festgesetzt ist (meist sechs bis zwanzig), mit der Therapie aufgehört, wenn die vereinbarte Zahl von Sitzungen erreicht wurde, obwohl das Problem ungelöst blieb. Häufiger wird die Therapie zeitlich nicht begrenzt, und hier wird gewöhnlich der Klient die Beendigung anregen, wobei das Problem ungelöst bleibt. Da die zeitlich begrenzte Therapie seltener vorkommt, wenden wir uns zuerst kurz deren Beendigung zu. Manchmal kann eine zeitliche Begrenzung die Lösung des Problems beschleunigen, da sie den Klienten stillschweigend unter Druck setzt, mit dem Therapeuten zu kooperieren (und den Therapeuten, zur Sache zu kommen). In anderen Fällen wieder kann die zeitliche Begrenzung ein Hindernis bilden, weil der Therapeut nicht genug Zeit haben mag, seine Strategie umzuschalten, wenn er feststellt, daß deren ursprüngliche Richtung nicht anschlägt. So kann sich der Therapeut plötzlich vor der letzten Sitzung sehen, ohne daß es ein klares Anzeichen dafür gibt, ob das Problem gelöst ist. Dann wird er vor der Wahl stehen: Er kann versuchen, die letzte Sitzung zu einer letzten Gewaltanstrengung zur Lösung des Problems zu nutzen, oder aber sie auf die Bemühung verwenden herauszufinden, warum seine Strategie versagte. Wir meinen, daß das letztere das Bessere ist – aus zwei Gründen. Erstens: Hat die Strategie des Therapeuten zur Lösung des Problems bisher versagt, ist es höchst unwahrscheinlich, daß sie noch in elfter Stunde irgendwelche Resultate erbringt. Zweitens: Die meisten Interventionen bestehen darin, dem Klienten irgendeine Handlung aufzuerlegen, deren Erfolg der Therapeut ja überprüfen muß, wozu er eine weitere Sitzung brauchen würde: Ist der Patient der Verordnung gefolgt, und auf welche Weise und mit welchem Erfolg? Wenn er es also noch in letzter Stunde mit einer neuen Intervention versucht, kann er die unerläßliche abschließende Evaluation nicht mehr vornehmen. Und schließlich, wenn die Sache für den strategisch orientierten Therapeuten nicht gut gelaufen ist, wird er ohnehin eher zu hart als nicht hart genug daran gearbeitet haben.

Generell ist es am besten, die letzte Sitzung folgendermaßen zu eröffnen: »Wie Sie wissen, ist dies unsere letzte Sitzung. Soweit ich erkennen kann, hat sich an Ihrem Problem nichts wirklich geändert; ich bin Ihnen kaum von Nutzen gewesen.« Wird es so offen ausgedrückt, wird der Patient ihm zu versichern suchen: »O nein, das würde ich nicht so sehen. Es war für mich durchaus hilfreich, daß ich zu Ihnen sprechen konnte.« Anstatt diesen Faden weiterzuspinnen, mag der Therapeut entgegnen, die Antwort sei großzügig, doch in jedem Fall meine er, daß mehr Veränderung notwendig gewesen wäre. Das hilft ihm, zu einer nützlichen Schlußfrage überzugehen: »Was meinen Sie, nach bestem Wissen und Gewissen, was wurde getan oder nicht getan, Sie an der Lösung Ihres Problems zu hindern?«

In den meisten Fällen ist es der Klient, der darauf drängt oder gar darauf besteht, mit der Behandlung aufzuhören, wenn das Problem nicht gelöst worden ist. Ob dies am Telefon geschieht oder im trauten Visavis, der Klient wird seiner Unzufriedenheit mit der Behandlung Luft machen. Das kann sehr sanft geschehen: »Meiner Meinung nach ist es in letzter Zeit nicht viel vorangegangen, und ich meine, es wäre das beste, wenn ich es jetzt mal allein versuche. Wenn es Ihnen recht ist, möchte ich jetzt mit der Behandlung aufhören. Wenn sich herausstellt, daß es nicht klappt, würde ich mich wieder bei Ihnen melden.« Oder es wird etwas ungeschliffener ausgedrückt: »Ich finde nicht, daß wir wirklich etwas erreicht haben, und so wäre es Zeitverschwendung, damit weiterzumachen. Also bin ich heute zum letzten Mal hier, um Ihnen zu sagen, daß ich aufhören möchte. Wenn Sie allerdings einen Grund sehen dafür, daß ich weitermachen sollte, werde ich es mir überlegen.« In solchen Fällen sollte der Therapeut unter allen Umständen der Versuchung widerstehen, die Meinung des Klienten in Frage zu stellen oder ihn zum Ausharren zu drängen. Er darf nicht zu deutlich werden; vielmehr sollte er den Entschluß des Patienten behutsam in Frage stellen oder andeuten, daß sein Entschluß auf irgendeinem Widerstand beruhe. Es kann dem Therapeuten sehr schwer fallen, dieser Versuchung zu widerstehen, vor allem wenn er der Meinung ist, daß deutlich erkennbare Verbesserungen stattgefunden hätten. Wahrscheinlich wird er auf diese positiven Gewinne hinzuweisen versuchen und wird sich zunehmend frustriert fühlen, wenn der Klient nichts davon wissen will und hartnäckig an seinem Standpunkt festhält, es habe sich nichts geändert.

Anstatt sich auf einen so unproduktiven Kampf einzulassen, sollte der Therapeut den Wunsch des Klienten, die Behandlung zu beenden, akzeptieren. Zumindest wird eine Trennung im guten dem Klienten den Weg ebnen, sich später erneut in Behandlung zu begeben, wenn er meint, daß er sie braucht:

Pt: Ich glaube wirklich nicht, daß wir etwas erreicht haben, ich habe noch genausoviel Schwierigkeiten wie zu Anfang, als ich kam. Also, wenn Sie nichts dagegen haben, möchte ich dies heute als meine letzte Sitzung betrachten.

Th: Ja, ich halte das auch für das beste. Ich sehe auch keine Veränderung, und auch ich fühle mich frustriert, wenn das so weitergeht. Es ist nicht meine Art, auf diese Weise mein Honorar zu verdienen.

Gelegentlich mag der Klient, wenn der Therapeut sich flexibel verhält, seine Haltung mildern, indem er zum Abschluß um Ratschläge oder um eine Anweisung bittet: »Ist dies auch meine letzte Sitzung, frage ich mich doch, ob Sie noch irgendwelche Vorschläge haben. Kann ich noch etwas tun, das mir hilft?« Wie bereits erwähnt, haben Anstrengungen in letzter Minute wenig Sinn. Selbst wenn der Therapeut noch etwas Neues bieten könnte, wird der Klient voraussichtlich den guten Rat zum Abschied nicht akzeptieren und auch nicht danach handeln. Vorteilhafter ist, die liebenswürdige und »unterlegene«Haltung, von der man ausgegangen ist, beizubehalten: »In Anbetracht dessen, daß ich für Sie gar nichts tun konnte, schmeichelt es mir, daß Sie noch genügend Vertrauen in mich setzen, um mich um Rat zu bitten. Ich muß Sie leider enttäuschen, obwohl ich gerade jetzt eine glänzende Idee habe. Außerdem wäre ich skeptisch in bezug auf jeden Rat, den ich Ihnen gebe, da ich wahrscheinlich nur die früheren Irrtümer wiederholen würde.« Ähnlich sollte man sich verhalten, wenn der Klient um eine Überweisung an einen anderen Therapeuten bittet: »Es wäre gar kein schlechter Gedanke, jemand anderen um Hilfe zu bitten; ich möchte Sie da aber gar nicht beeinflussen, da meine eigene Parteilichkeit die Oberhand gewinnen könnte. Da ich Ihnen nicht helfen konnte, sollten Sie wirklich mit einem Therapeuten Ihrer eigenen Wahl ganz neu anfangen oder zumindest mit einem, den Ihnen jemand anders empfiehlt.«

In Fällen, in denen sich der Klient unkooperativ verhielt oder die Verschreibung auszuführen »vergaß« und andere Hindernisse errichtete, darf der Therapeut auf seine liebenswürdig-»unterlegene« Haltung verzichten. Äußert der Klient Unzufriedenheit mit der Behandlung und regt er selbst ihre Beendigung an, kann der Therapeut bereitwillig zustimmen, jedoch in anderer »Aufmachung« als zuvor. Er kann feststellen, daß es gut wäre, Schluß zu machen, nicht weil der Klient keine Fortschritte gemacht habe, sondern wegen des Risikos: daß das Problem bei Fortführung der Behandlung gelöst werden und eine unvorhergesehene Veränderung herbeiführen könnte – wenn er zum Beispiel heiraten würde –, die sich nachteilig für den Klienten auswirken würde. Zur Not kann der Therapeut die Auffassung des Patienten unterstützen, indem er sich auf Beispiele mangelnder Mitarbeit beruft, sie aber als »Weisheit des Unbewußten« des Klienten deutet, der damit eine Veränderung vermied. Wenn diese »Aufmachung« auch seltsam erscheinen mag, so hat sie doch zum Ziel, jede Chance selbst bei Beendigung der Behandlung zu vergrößern, daß der Patient doch noch mit seinem Problem fertig wird. Das kann geschehen, indem man den Patienten in die Lage versetzt, daß er dem unabänderlichen Beschluß des Therapeuten zustimmen oder ihn ablehnen kann. Stimmt er zu, käme das einer Umdeutung seines Problems zum »Nicht-Problem« gleich, oder zumindest zu einem geringfügigen, das eine weitere Behandlung nicht rechtfertigen würde. Wenn er es so umdeutet, wird er voraussichtlich weniger mit seinem Problem kämpfen und es deshalb als weniger drückend empfinden. Stimmt er nicht überein, nimmt er damit die stillschweigende Herausforderung an, sein Problem doch noch zu lösen. Setzt er die Behandlung dann mit jemand anderem fort, wird er sein Problem wahrscheinlich dadurch lösen, daß er seinen Therapeuten diesmal nicht zum Gegenstand seines passiven Widerstands gegen hilfreiche Vorschläge machen wird. So ist die Aussicht größer, daß er von seiner früheren Einstellung »Heil' mich oder stirb« lassen und zu einer aktiven, zielgerichteten Nutzung der Therapie übergeht.

Als Beispiel kann hier der abschließende Dialog mit einem Patienten dienen, dem es nicht gelungen war, in den zehn ihm von der Kurztherapie-Abteilung zugeteilten Sitzungen die geringste Besserung zu erreichen. Seine Leiden waren ursprünglich als »Unentschlossenheit im Beruf« bezeichnet worden. Während der ganzen Behandlung hatte er hartnäckig versucht, den Therapeuten in unfruchtbare Diskussionen über seine Lebensgeschichte und über unbewußte Faktoren zu verwickeln, die er im Zusammenhang mit seinem Problem für signifikant hielt. Als sich herausstellte, daß er jeder Aufgabe oder Verschreibung passiven Widerstand entgegensetzte – gewöhnlich durch Verzögerung –, wechselte der Therapeut zu einer Strategie des »Ändere dich nicht« über. In den letzten Minuten der letzten Sitzung bittet der Patient den Therapeuten, zu der Möglichkeit einer weiteren, auf Einsicht abzielenden Behandlung Stellung zu nehmen:

Th: Da wir nur noch neun Minuten Zeit haben, glaube ich, daß wir uns jetzt verabschieden sollten.

Pt: Gut. Doch bleibt für mich noch eine Frage: Welche Schlußfolgerung würden Sie ziehen? Spricht irgendein Argument deutlich zugunsten der ersten Diagnose?

Th: Nun, meiner Meinung nach sprechen alle Argumente dafür. Und vor allem sind meine Kollegen der Ansicht, daß vieles dafür spricht, daß Ihr Problem gar nicht gelöst werden sollte. (Anruf eines Kollegen aus dem Beobachtungsraum) Ja, das habe ich vergessen: In gewissem Sinn haben Sie es ja geschafft. Ihr Chef hat gesagt: »Nehmen Sie sich soviel Zeit, wie Sie wollen. Ich bin froh, daß Sie professionelle Hilfe bekommen.« Zwar keine Gehaltserhöhung, aber auch keine Kürzung.

Pt: Darum geht's nicht. Er erwartet, und ich meine, er verdient's auch, daß ... Sie verstehen, eine mögliche Besserung. (Anruf aus dem Beobachtungsraum) Ja, die haben recht, es ist Zeit, daß ich gehe. (Lacht.)

Th: Nun, worin besteht der Unterschied, wenn man zu jemandem sagt »Ich möchte gern, daß Sie das tun« oder »Ich möchte gern, daß Sie es versuchen«? Man würde es gern sehen, aber man rechnet nicht fest damit, daß etwas dabei herauskommt. Und das ist der Unterschied dieser Formulierung. Wie dem auch sei, viel Glück.

Und zu guter Letzt gibt es gelegentlich auch Patienten, die bei ungelöstem Problem um Beendigung der Behandlung bitten, aber überraschenderweise mit dem, was bei der Behandlung herauskam, zufrieden sind: »Die Dinge haben sich seit einer Weile durchaus gebessert, und so frage ich mich, ob ich die Behandlung nicht einschränken oder vielleicht ganz damit aufhören sollte. Es kommen einige Angelegenheiten auf mich zu, um die ich mich kümmern muß, und da wird mir die Zeit knapp werden.« Es gibt keine Möglichkeit herauszubekommen, ob der Patient mit der Behandlung unzufrieden ist und sich nur höflich zurückziehen will, oder ob er wirklich mit den Resultaten zufrieden ist, mögen sie auch nur bescheiden erscheinen. In beiden Fällen hat es wenig Sinn, gegen seinen Wunsch, Schluß zu machen, anzurennen. Ist der Patient unzufrieden mit der Behandlung, gerät der Therapeut in einen vergeblichen Kampf; ist der Patient mit dem Resultat zufrieden, wird der Therapeut sich ebenfalls vergeblich bemühen, ihn zur Verlängerung einer Behandlung zu bewegen, die er seiner Meinung nach nicht mehr braucht. Da letzten Endes die Unzufriedenheit mit ihrem Leben die Menschen dazu veranlaßt, sich in Behandlung zu begeben, ist die Befreiung von diesem Unbehagen – unserer Meinung nach – in jedem Fall das höchste Ziel.

9 Fallstudie

Die aufsässige Jugendliche

Nachdem wir die Grundzüge unseres Verfahrens kurz beschrieben und illustriert haben, werden wir uns nun – in diesem und den beiden folgenden Kapiteln – mit eingehenderen Fallstudien befassen, um zu einer Synthese zu gelangen, die verdeutlicht, wie diese unterschiedlichen Elemente in der Praxis zusammenwirken. Jedes der Kapitel besteht aus wörtlichen Niederschriften von Tonbandaufzeichnungen des Dialogs zwischen Therapeut und Patient. Eingestreut finden sich Notizen und Erläuterungen, die hauptsächlich aus retrospektiven Kommentaren zu der vom Patienten gelieferten Information sowie zu der strategischen Absicht bestehen, die sich hinter den Äußerungen, Fragen und Weisungen des Therapeuten verbirgt. Zur Behandlung gehörten beim ersten und beim dritten Fall je fünf Interviews, ein jedes von rund einer Stunde Dauer. Angesichts dieses umfangreichen Materials, mit dem man allein schon ein Buch füllen könnte, haben wir uns dafür entschieden, die Interviews nur auszugsweise wiederzugeben, um dem Leser einen komprimierten, dennoch umfassenden Überblick über die Behandlung zu geben. Beim zweiten Fall, dem des an Lampenfieber leidenden Violinisten, bestand die Behandlung nur aus einem langen Interview und einem kurzen Kontrollgespräch. Hier wurde das Material fast vollständig wiedergegeben. Anhand dieser drei Fälle – einem Jugendproblem, einem Erwachsenenproblem und einem Problem der zweiten Lebenshälfte – kann man sich ein Bild unserer Arbeit, auch an einer großen Bandbreite von anderen Problemen, machen.

Im ersten Fall handelt es sich um ein fünfzehnjähriges Mädchen, dessen Eltern sich auf Anraten seines Bewährungshelfers an unsere Kurztherapie-Abteilung gewandt hatten. Die Jugendliche war von zu Haus fortgelaufen und deshalb vorübergehend in ein Erziehungsheim eingewiesen worden, war aber jetzt wieder zu Hause. Die Eltern sind Anfang vierzig, ihre Tochter Susi ist das älteste ihrer vier Kinder. Wie es unserer Arbeitsmethode gewöhnlich entspricht, wurden die Eltern zunächst zu einer Sitzung allein ohne ihre Tochter gebeten. Susi war fünfzehn Jahre alt, die jüngeren Kinder (zwölf, zehn und acht) haben wir nie gesehen. Haupttherapeut war in diesem Fall Paul Watzlawick.

Erste Sitzung

Auszug 1

Th: Würden Sie mir bitte berichten – obwohl ich weiß, daß es sich um Ihre Tochter handelt, die gerichtliche Schwierigkeiten hat, – was Sie zu mir führt?

V: Wir beide finden, daß sie große Dummheiten macht, und ich glaube, auch *sie* ist dieser Meinung, und sie weiß noch nicht einmal, warum sie es tut. Verstehen Sie? Sie denkt zum Beispiel, jeder sei gegen sie. Sie sagt immer: »Jeder in dieser Familie ist gegen mich«, »Jeder haßt mich« und solches Zeug, und wir sehen nicht, daß wir das tun. Wir meinen, daß wir alle unsere Kinder gleich behandeln. Und sie leidet an einer Art von Verfolgungswahn, und es stimmt wahrhaftig nicht, daß wir ihr etwas tun, verstehen Sie. Es ist eher umgekehrt, sie ist es, die gegen uns und alles andere revoltiert.

M: Es ist ein beständiger Kampf, ein einziger, nicht-endender Kampf.

V: Über jede Kleinigkeit gibt es Verdruß. Sie streitet mit den Geschwistern und streitet mit meiner Frau. Streitet über all und jedes. Und so gerät sie von einer Schwierigkeit in die andere.

M: In *ernste* Schwierigkeiten gerät sie nie.

V: Wie jetzt diese Sache mit dem Gericht. Der Grund dafür, daß sie in das Erziehungsheim kam, war, daß sie immer wieder ausgerissen ist. Sie hat kein anderes Verbrechen begangen als fortzulaufen, und das ist schon das zweite Mal, daß sie's getan hat. Das erste Mal war im letzten Sommer. Und sie ging hinüber zum Strand, und ich bekam es heraus, wo sie war, und ging hin. Und dann kam dieser Kerl an, ein Freund von ihr, und noch etwas anderes ist mit ihr los: Es sieht so aus ... Jedesmal wenn ein Kerl auftaucht, ist sie gleich hinter ihm her, verstehen Sie? Als ob sie mannstoll wäre.

Bei diesem kurzen Gespräch geben die Eltern ein recht anschauliches Bild des Problems, das sich in erster Linie in dem gereizten Verhalten der Tochter in der Familie und in ihrem Ausreißen ausdrückte. Während sie anfänglich meinen, sie wisse nicht, warum sie solche Dummheiten mache, und sie leide an »einer Art Verfolgungswahn« – Äußerungen, denen man entnehmen kann, daß sie sie für »krank« halten –, ändern sie gleich darauf ihre Position und sehen ihr Verhalten als »schlecht« an: »Sie revoltiert gegen alles«, »streitet wegen jeder Kleinigkeit«, »ein einziger, nicht-endender Kampf«, »sie gerät in eine Schwierigkeit nach der anderen«.

Auszug 2

V: Mein Freund lebt in einer Stadt in Wyoming; er ist Geistlicher, und er besprach die Sache mit seiner Frau. Er hat vier eigene Kinder, mit denen er gut umgehen kann. Ich meine, er kommt gut mit seinen Kindern aus, und ich dachte, nun, vielleicht würde er ... sie sollte dort ein Jahr zur Schule gehen. Die Eltern meiner Frau leben dort, meine Eltern leben dort – zumindest meine Mutter –, und wir haben dort viele Verwandte. Wir dachten, vielleicht wird ihr das guttun. Also reisten wir im August zu den Ferien hinauf, und dann blieb sie da und ging zwei Monate zur Schule. Und im Oktober mußte ich schon wieder hinfahren und sie abholen, weil sie sich da genauso aufführte wie hier. Verstehen Sie, sie ging eines Abends aus und betrank sich und machte einen Riesenspektakel und all so etwas.

Auszug 3

V: Daraufhin fuhr ich einfach los und rief die Polizei an und ging hinüber und wollte sie abholen, und sie kam gerade an die Tür. Ich fragte: »Ist Susi hier?« Und einer dieser Burschen antwortete: »Ja, sie ist hier, sie ist gerade beim Fernsehen.« Sie kam also an die Tür: »Ich geh nicht nach Hause. Ich finde es furchtbar zu Hause.« Ich sagte: »Du fährst jetzt mit diesem Polizisten mit.« »Wohin?« fragte sie. Und ich: »Nun, wo man gewöhnlich solche Bälger wie dich hinbringt, in ein Erziehungsheim.« »Da gehe ich nicht mit«, und sie begann laut zu widersprechen und zu schreien. Schließlich stieg sie in den Wagen und fuhr mit ... Der Polizeioffizier brachte mich nach Haus. Da stieg sie mit aus dem Wagen und sagte: »Kann ich dich eine Minute sprechen? Ich weiß nicht, warum ich das getan habe – ich habe es nicht getan, um dir weh zu tun.« Und ich sagte: »Was meinst du damit, du wolltest mir nicht weh tun? Wie viele Male haben wir dir vertraut, und jedesmal hast du dieses Vertrauen enttäuscht und getan, was du tun wolltest.« Sie antwortete mir: »Alle anderen kann ich eben einfach nicht leiden; dich mag ich lieber, aber Mammi mag ich nicht. Warum läßt du dich nicht von ihr scheiden? Dann könnte ich bei dir leben.« Da wurde ich wütend: »Oh, das wäre ja wirklich entzückend, Susi. Good bye«, und schob sie in den Polizeiwagen.

Der Vater deutet an, was sie alles versucht haben, um mit ihrer maßlosen Ungezogenheit fertig zu werden. Sie hatten sich an »Sachverständige« gewandt: zuerst an seinen Freund, den Geistlichen (»der wirklich gut mit Kindern umgehen kann«, und das »hätte einen Tapetenwechsel mit sich gebracht«), und dann an die Behörden. Dieser Abschnitt enthüllt einen anderen wichtigen Punkt in der Kurztherapie: Man muß wissen, was man besser links liegenlassen sollte. Die Tochter verrät, daß sie sich mit dem Vater gegen die Mutter verbündet hat: »Warum läßt du dich nicht von ihr scheiden? Dann könnte ich bei dir leben.« Die Erwähnung einer solchen Koalition könnte den Therapeuten in Versuchung führen, sich mit dieser mutmaßlichen Ehe-Krankengeschichte näher zu befassen. Da der Vater jedoch in der Form reagierte, daß er ihren Vorschlag rundheraus abtat und auf seinem Vorhaben bestand, sie der Polizei zu übergeben, verfolgte der Therapeut die Untersuchung in dieser Richtung nicht weiter.

Auszug 4

V: Und noch eins, ich glaube, sie ist zu schnell herangewachsen. Sie ist entwickelt wie eine Frau von 25 Jahren. Das heißt, sie ist etwa 165 Zentimeter groß, wiegt mehr als 100 Pfund und hat 96 Zentimeter Oberweite. Ich meine, all dieses junge Volk, mit dem sie herumläuft – neben ihr sehen sie wie kleine Kinder aus, und so ist sie schon seit etwa zwei Jahren. Seit sie dreizehn Jahre alt ist.

M: Sie *meint*, daß sie wirklich schon so alt ist. Ich meine, wenn man mit ihr spricht, merkt man, daß sie glaubt, sie könne schon wichtige Entscheidungen selbst treffen und sei in der Lage, mit jedem Problem, das auf sie zukommt, fertig zu werden, und so . . . Wenn sie einen dann doch etwas fragt – sie fragt immerzu, müssen Sie wissen – »Kann ich dies«, »Kann ich das?« »Nein.« Das ist es, was ich gestern abend zu meinem Mann sagte: »Es sieht so aus als, sagten wir zu oft nein zu Susi.« Doch sie fragt einen tausend Dinge am Tag. Sie kommt morgens herein und fragt: »Kann ich dies? Kann ich das?« Manchmal überlegt sie sich bereits, was sie abends um sieben tun wird. Oder sie macht sich schon beim Frühstück Gedanken, was es morgen zum Abendbrot geben wird. Lauter solche Sachen. So kommt es zu einem endlosen »Nein«, oder es scheint zumindest so.

V: Es sieht so aus, als ob sie mit unserer Familie nichts zu tun haben will. Sie kommt heim. Sie kommt zum Essen, setzt sich zu Tisch, und sobald das Essen auf dem Tisch ist, greift sie sofort zur Gabel . . . vor lauter Nervosität.

M: Sie ist überaus nervös.

V: Und beim Essen tappt sie immer mit dem Fuß. Und sie ißt unglaublich schnell, verstehen Sie. Alle anderen fangen gerade an, da sagt sie »Ich gehe fernsehen« und steht auf und geht nach vorn ins Zimmer.

M: Und du sagst: »Oh nein, du bleibst. Setz dich hin und iß mit uns.« In dieser Hinsicht – so geht es schon lange – ist sie verrückt.

Die Eltern berichten eingehend über ihre Probleme mit Susi und machen aus ihrer Meinung kein Hehl, daß sie »böse« sei. Selbst wenn sie sie als »nervös« bezeichnen, deuten sie dies als Ungeduld und bestehen darauf, daß sie sich Zeit zum Essen nimmt und nicht vorzeitig vom Tisch aufsteht, um fernzusehen.

Auszug 5

M: »Ich höre, du hast die Schule geschwänzt.« »Woher weißt du das?« Ich sagte: »Die Schule hat angerufen.« Daraufhin sagte sie: »Nein, ich hab nicht geschwänzt.« Ich sagte: »Du hast doch geschwänzt. Sie haben mich angerufen und mich gefragt, ob du am Donnerstag krank gewesen seist.« »Also gut, ich hab geschwänzt.« Und dann sagte ich: »Nun gut, Susi. Jetzt möchte ich aber gerne wissen, wo du von mittags um 12 bis abends 6 Uhr 30 gewesen bist. »Nirgendwo.« Ich sage: »Wo warst du?« Und so geht es weiter. Sie sagt: »Ich war nirgends.« Darauf ich: »Ich will wissen, wo du gewesen bist und mit wem du warst und was du getan hast.« Und sie: »Ich war nirgendwo, mit niemandem, und habe nichts getan.« Also sage ich: »Nun gut. Es freut mich gar nicht, deinem Vater das berichten zu müssen; daß ich heute weiter nichts geschafft habe, als mich um dich zu kümmern und mit dir zu schimpfen. Dann gerät er außer sich, kriegt eine Wut.« Sie sagte: »Erzähl's ihm nur. Er wird mich einsperren, eine große Sache draus machen.« Da fuhr ich sie an: »Selbst wenn ich es ihm nicht erzähle, gebe *ich* dir Hausarrest ...«

Das ist ein gutes Beispiel für das Dilemma des »Mehr desselben«, das heißt, für das Festhalten an einer »Lösung«, selbst wenn sie nicht funktioniert. Die Mutter verhört Susi, erhält eine unbefriedigende Antwort, setzt aber das Verhör fort, selbst wenn sie weiterhin nur unbefriedigende Antworten erhält. Auch versucht sie Susi einzuschüchtern, indem sie droht, ihr Vater werde sie einsperren. Als das nichts nützt, sagt sie etwas ebenso Wirkungsloses zu ihr: »*Ich* gebe dir Hausarrest.« Dieser Ausschnitt ist auch exemplarisch für einen Teil ihres Lösungsversuches, Susi mit der Aufforderung zur Selbstanklage zu konfrontieren und ihr das Eingeständnis ihres Unrechts abzuringen.

Auszug 6

V: Nun, zum Beispiel am Erntedankfest. Sie ist zu Haus. Und wir hatten gegessen. Und Verwandte kamen zu Besuch, und ihr Bruder mit Familie und alle anderen kamen auch zu uns rüber. Susi sagte: »Ich brauche ein Paar Nylonstrümpfe, ich habe keine Nylons mehr. Ich möchte mich heute feinmachen.« Und Martha (die Mutter) sagt: »Hör mal, warum mußt du dich heute besonders anziehen? Alle Mädchen kommen einfach so herüber. Du wirst auffallen. Warum ziehst du nicht einfach ein Paar Jeans an oder lange Hosen oder so etwas?« »Dazu habe ich keine Lust. Heute ist ein Feiertag, und da könnte ich doch wenigstens ein Paar Nylons haben. Meine sind alle«. Und so weiter. Schließlich gab ich ihr Geld, und sie ging und holte sich Nylons. Am gleichen Tag macht sie die Nylons kaputt. Zwei Tage später rief sie mich an und sagte: »Kann ich ein Paar Nylons bekommen zum Anziehen für die Schule?« Da antwortete ich: »Ich kann dir nicht jeden Tag ein Paar Nylons kaufen.« »Nun, ich sehe nicht ein, warum ich nicht ein Paar haben kann, ich brauche sie für die Schule, wie du weißt. Ich kann kein Kleid ohne Nylons tragen. Ich muß sie haben, in der Schule muß ich welche anziehen.« Darauf ich: »Gut.« Hätte ich gesagt »Nein, Schluß jetzt. Erst nächste Woche bekommst du wieder ein Paar«, hätte sie den Hörer auf die Gabel geschmissen. Verstehen Sie, sie kann einfach kein Nein hinnehmen. Man muß einfach alles so machen, wie sie es will. Sonst kommt's zur Rebellion.

Auszug 7

M: Wir haben oft gesagt, sie bringt es fertig, jeden mit ihrer Hartnäckigkeit kleinzukriegen – sogar Kinder; wer sie kennt, wird es Ihnen bestätigen. Ich erinnere mich, wenn ich zurückblicke, habe ich ihr tausendmal gesagt: »Ja, du kannst. Nun laß mich in Ruhe.« Ich pflegte zunächst einmal zu sagen: »Nein, Susi«, und manchmal – ja, viele Male, muß ich zugeben – sagte ich »Nein«, weil sie jeden Tag mit tausend Sachen ankommt.

Auszug 8

Th: Da sie eine Art hat – anscheinend eine sehr wirkungsvolle Technik –, Sie beide weichzumachen, geht das offensichtlich nicht mit rechten Dingen zu. Sie reibt einfach Ihre Nerven auf. Sie kriegt Sie nicht durch Vernunft herum, sondern durch ihre Unvernunft.

An diesem Punkt beschließt der Therapeut zu intervenieren. Das geschieht relativ früh, bereits in der ersten Hälfte der allerersten Sitzung. Doch gibt es dafür eine ganze Reihe von Gründen. Auf eine minimale Befragung gaben die Eltern ein knappes aber klares Bild des Problems sowie der Art und Weise, wie sie mit ihm fertig zu werden versucht hatten. Zum einen Teil war diese Unzweideutigkeit ihrer einfachen Sprache zu verdanken, ihrer wörtlichen Wiedergaben, ihrer Beispiele und der Nachahmung von Susis Tonfall (was sich natürlich in der Niederschrift nicht wiedergeben läßt). Zweitens definierten beide das Verhalten ihrer Tochter unmißverständlich als »schlecht«, und so ist nicht anzunehmen, daß sie sich viel Gedanken um eine eventuelle »psychische Schädigung« des Mädchens machen würden, wenn man sie aufforderte, erzieherische Maßnahmen zu ergreifen, die für die elterliche Kontrolle notwendig sind, sich aber für Susi nachteilig auswirken könnten.

Der Therapeut beginnt damit, daß er die Klagen der Eltern zum Teil in deren eigenem Vokabular übernimmt, wie zum Beispiel »weichkriegen«. Dieses Vorgehen vermehrt die Glaubwürdigkeit des Therapeuten. Nun beginnt er, das Problem umzudeuten. Es war ihm aufgefallen, daß ein zentraler Faktor ihres Lösungsversuchs darin bestand, Susi die Stirn zu bieten und sie durch Strafandrohungen und Ermahnungen zum Gehorsam zu bewegen. Seine Umdeutung beginnt damit, daß er Susis Verhalten als »unvernünftig« bezeichnet und nicht als »aufsässig«.

Th: Ich frage mich, was Sie beide tun könnten, das dem etwa gleichkäme? Verstehen Sie, Sie müßten sich sozusagen ihrer eigenen Medizin bedienen. Offensichtlich gibt es auch bei ihr einen Punkt, wo sie weich wird; man kann genauso an ihren Nerven zerren, wie sie es mit Ihren macht. Und nun, haben Sie eine Idee – wie man das schaffen könnte?

V: Nun, ich meine, das haben wir schon letzte Woche gemacht. Man muß ihr einfach »Nein« sagen.

Auszug 9

V: Sie sagte: »Was soll das heißen? Nach dem Abendessen darf ich nicht mehr ausgehen; jetzt darf ich sogar vor dem Essen nicht mehr raus. Warum steckt ihr mich nicht gleich ins Gefängnis?«

M: »Mein Tag ist hin«, beklagte sie sich.

V: »Mein Tag ist hin, und alles andere auch«, und fängt an zu schreien. Und ich: »Keine Diskussionen mehr, du bleibst zu Haus.«

Th: Und was hat sie gemacht?

V: Sie blieb daheim.

Es war offensichtlich: Als der Vater »Nein« sagte und sich nicht mehr auf Diskussionen mit seiner Tochter einließ, war sie kuriert.

Auszug 10

Th: Nehmen Sie mal an, daß Sie beide eine Möglichkeit sehen, sie mit ihren eigenen Mitteln zu traktieren.

M: Das würde ich gerne tun, weiß aber nicht, wie.

Th: An ihre Vernunft zu appellieren, scheint nicht viel zu bringen, zumindest hört es sich so an.

M: Nein, überhaupt nichts.

V: Genau das haben wir vergangene Woche mal versucht.

Th: Nun gut, vergangene Woche haben Sie versucht, streng zu sein, aber mit Konsequenz.

M: Ich aber habe mich rausgehalten.

Th: Doch in gewissem Sinn sind Sie immer noch viel zu vernünftig. Und ich frage mich nach dem Zweck dieses Vorgesprächs mit Ihnen . . . Ich frage mich, ob Sie nicht eine Idee haben, auf welche Weise Sie beide selbst gegen jede Vernunft ihr gegenüber handeln könnten, wie Sie ihr die Dinge sehr, sehr erschweren könnten? Denn sie braucht nichts anderes zu tun, als Ihnen gegenüber unvernünftig zu sein, woraufhin Sie versuchen, mit Vernunft auf sie einzuwirken, und dabei kommt nichts heraus.

M: Ich möchte gern etwas wissen, ich würde gern . . .

Th: Nun, Sie denken an etwas Bestimmtes?

Hat er erst einmal das Problem Susi als »Unvernunft« umgedeutet, die alle fortgesetzten Bemühungen der Eltern zum Scheitern bringt, baut der Therapeut hierauf den nächsten Schritt auf. Er fragt sie jetzt, was sie tun könnten, das dem Grad ihrer Unvernunft entspräche. Als sie tastend und unsicher reagieren, faßt er sich deutlicher: »In gewissem Sinn sind Sie noch immer viel zu vernünftig. Können Sie sich nicht etwas ganz Unvernünftiges ausdenken?« Indem sie sich sofort dieser Aufgabe zuwenden, zeigen sie, daß sie es für wirksamer halten, selbst unvernünftig zu sein, anstatt sie wie bisher direkt zu konfrontieren. Im folgenden Abschnitt antworten die Eltern dem Therapeuten mit einem klaren »Ja« auf alle Fragen – ein Signal für freie Fahrt.

V: Verstehen Sie – wenn sie fragt: »Kann ich diese Geldbörse haben?« und Sie sagen einfach »Nein«, geht sie sofort zum nächsten über: »Kann ich dies haben?« oder »das haben?«. Dann sage ich: »Susi, wozu willst du das kaufen?« Und ich versuche, ihr das auseinanderzusetzen. Und ich denke dann, ich muß so werden wie sie, und wenn sie nach Haus kommt und sagt: »Kann ich zu Carols gehen«, muß ich einfach »Nein«

sagen. Und wenn sie dann fragt: »Weshalb nicht?«, muß die Antwort schlicht lauten: »Deshalb nicht. Weil ich nein gesagt hab«, und nicht »Du hast noch Hausarbeiten zu machen und du mußt noch dein Zimmer aufräumen«.

Th: Oder sie könnte auch lauten: »Weil heute Freitag ist« (in Wirklichkeit ist Mittwoch), oder etwas der Art.

V: Ja, man muß ihr die gleichen albernen Antworten geben, die sie uns gibt.

Th: Jawohl.

Der Vater hat endlich begriffen und bietet ein passendes Beispiel an, wie sie sich recht »unvernünftig« verhalten könnten. Der Therapeut unterstützt und akzeptiert diese Bemühung und bietet dazu noch eine Variante an, wie man durchblicken lassen könnte: »Du bist auf dem rechten Weg.« Der Vater wiederum bestätigt, daß er begriffen hat, wie der erwartete Wandel in ihrem Umgang mit Susi vor sich gehen soll. »Jawohl, man muß ihr die gleichen albernen Antworten geben.« Ungewiß bleibt, wieweit die Mutter diesen neuen Kurs akzeptiert. Doch der Therapeut ist lieber mit einem kleinen Plus zufrieden, als daß er versucht, die Mutter noch stärker bei diesem Manöver zu engagieren.

Auszug 11

Th: Ich möchte nicht, daß Sie etwas anders machen als bisher. Doch frage ich mich, ob Sie nicht vielleicht bis zum nächsten Mittwoch sich wenigstens vorstellen könnten, wie Sie in einer gegebenen Situation anders mit ihr fertig werden. Und mit anders meine ich möglichst unvernünftig. Tun Sie es nicht, aber versuchen Sie, sich in der Hitze der Schlacht vorzustellen, wie Sie sich anders verhalten könnten. Ohne es aber auszuführen. Sie sollen es nur üben oder im Geist immer wieder durchgehen.

Während diese abschließende Instruktion des Therapeuten die Realisierung des neuen Vorgehens zu bremsen scheint, vermehrt sie in Wirklichkeit die Aussicht, daß es in die Praxis umgesetzt wird. Indem er den Anschein erweckt zu bremsen, vermeidet er das Risiko, daß die Eltern nach der Sitzung die Idee wieder ablehnen könnten, was um so eher der Fall sein würde, wenn sie sich unter Druck gesetzt fühlten. Zweitens empfiehlt er ihnen, darüber *nachzudenken*, wie sie es durchführen könnten, und diese Überlegungen gerade dann anzustellen, wenn sie am ehesten versucht sein könnten, sie zu verwirklichen: wenn Susi sie provoziert.

Zweite Sitzung

Susi ist auf Ersuchen des Therapeuten jetzt miteinbezogen worden, und so spielt sich der erste Teil der Sitzung in Gegenwart von Vater, Mutter und Tochter ab.

Auszug 12

Th: (wendet sich an Susi) Was sollte nach deiner Meinung in eurer Familie anders sein? Selbst wenn du es nur ganz egoistisch von dir aus siehst, verstehst du, und nicht daran denkst, was für jeden von euch gut oder vorzuziehen sein könnte. Wenn du es also strikt von dir aus siehst, zu deinem Vorteil, was sollte nach deiner Meinung anders sein? Was würdest du dir wünschen?

T: Daß es keinen Krach mehr gibt.

Th: Daß es keinen Krach gibt? Könntest du das etwas genauer ausdrücken?

T: Das tue ich doch. Wir tun nichts anderes als uns zu streiten.

Da Susi nur widerstrebend an der Therapie teilnimmt, versucht der Therapeut sie zu gewinnen, indem er sich an sie wendet und sie fragt, was nach ihrer Meinung in ihrer Familie anders sein sollte. Unerwartet beklagt sie sich ausdrücklich über den Streit.

Auszug 13

Th: Du hast dir – ich weiß nicht wie – im Lauf der Zeit eine extreme Machtposition in der Familie geschaffen. Deine Eltern machen ziemlich viel Wind – du weißt genau, daß du bös bist, daß du dich ändern mußt. Insgesamt, finde ich, wirken deine Eltern eher hilflos. Nun, daß zwei Erwachsene hilflos sind, ist recht ungewöhnlich. Es beweist, daß du es besonders gut verstehst, sie außer Gefecht zu setzen. Nach dem Eindruck, den wir das vorige Mal erhielten, wird es für dich das beste sein, die Macht, die du offenbar über die ganze Familie hast, auf folgende Weise aufrechtzuerhalten: Wann immer du etwas forderst und sie antworten dir »Nein«, kann es sehr hilfreich sein, wenn du dann fragst: »Warum nicht?«

T: Das frage ich ohnehin schon immer.

Th: Nun gut. Ich weiß, daß du das tust. Ich möchte nur eines betonen: Indem du sie fragst »Warum nicht?«, zwingst du sie, ihre Gründe zu nennen.

T: Das tun sie eben nicht. Sie sagen einfach »Weil ich nein gesagt habe«.

Th: Nun, das letzte Mal hatte ich den Eindruck, daß deine Mutter es anders sieht. Und dein Vater auch. Offensichtlich ist ihnen sehr daran gelegen, dir zu erklären, warum du etwas nicht darfst. Und hier hast du deine wichtigsten Trümpfe in der Hand. Wenn du sie in irgendeine Auseinandersetzung – wegen des Warum – verwickeln kannst und dann lange genug stur bleibst, werden deine Eltern, meistens aber deine Mutter, wahrscheinlich aufgeben, aus schierer Verzweiflung: »Meinetwegen, dann tu's. Ich hab's satt, ich kann es nicht mehr ertragen.« Damit hast du die Macht, sie auf die Palme zu bringen. Sie mögen zuerst »Nein« sagen. Na wenn schon, du kennst das ja. Und du weißt, wie du mit einem Nein fertig wirst. Und ich meine, strikt von deinem Standpunkt aus gesehen, du wärst dumm, auf diese Macht zu verzichten. Und wenn du lange genug darauf beharrst, bekommst du auch, was du willst. Nun, du weißt ... Alles im Leben hat seinen Preis, so auch dies. Und hier mag der Preis darin bestehen, daß du ständig in Wut bist wegen all dem, was sie dir antun. Und ab und an landest du dann beim Jugendamt, woran du dich langsam gewöhnst. Nur die ersten paar Mal ist es unangenehm. Dann gewöhnt man sich dran. Und wer weiß, vielleicht kannst du es mit Methode machen, auch *sie* dort auf die Palme zu jagen? So bleibt mir nichts anderes übrig, als deinen Eltern zu helfen, damit fertig zu werden. Und dabei kann ich dich hier nicht gebrauchen. Es wird dir gewiß nichts ausmachen, dich nebenan ins Wartezimmer zu setzen. (Susi verläßt das Sprechzimmer; die restliche Therapie geht mit den Eltern allein vor sich.)

Der Therapeut ist von Susis Beschwerde wegen des »Streits« zu ihrer Rolle übergegangen: die Eltern zu ihrer charakteristischen Verteidigungshaltung, das heißt zum Schelten und Ermahnen zu provozieren; er illustriert dies mit Beispielen eines mutmaßlichen Dialogs, wie er sich zu Haus zwischen ihnen abgespielt haben könnte. Doch deutet er ihr provokatives Verhalten zur besonderen »Begabung« um, die ihr Macht verleiht. Dann drängt er sie, dieses wirksame Verhalten nicht aufzugeben, und schiebt scheinbar alle Bedenken über die Folgen, denen sie sich bei dem Versuch, ihre »Machtposition« zu erhalten, gegenübersehen könnte, beiseite. Mit alledem konfrontiert er das Mädchen mit einer »Symptomverschreibung«, die bewirken soll, daß sie ihr schwieriges Verhalten fortsetzt; auf diese Weise vermeidet er, mit einem Lösungsversuch in Verbindung gebracht zu werden, der bereits scheiterte: sie aufzufordern, sich besser zu benehmen. Damit deutet er auch – für die elterlichen Ohren bestimmt – Susis enervierendes Verhalten um: es handele sich dabei nicht bloß um spontane Selbstbezogenheit, sondern um einen kalkulierten Versuch, die Eltern »auf die Palme zu bringen«. Zu guter Letzt schließt er sie summarisch von der Sitzung aus, ein Schritt, der implizit seine Koalition mit den Eltern bekräftigt.

Auszug 14

Th: Was haben Sie sich nun beide inzwischen überlegt – nur als Idee –, auf welche Weise man damit fertig werden könnte?

M: Ich hab keine Ahnung. Ich bin hilflos.

V: Ich sage einfach »Nein«, wenn sie etwas tun will, ich erkläre ihr gar nichts, soll sie sein wie sie will.

M: O ja. Was war es nur?

V: Wenn sie sagt »Ich möchte das und das tun«, sag einfach »nein«, und wenn sie fragt »Warum nicht?«, sag einfach »Weil wir nächsten Monat an die See fahren«. Irgendeine ganz lächerliche, sinnlose Antwort, verstehst du . . .

Der Vater hat also den Kurs der »Vernunftwidrigkeit« akzeptiert und ist auch imstande, ihn durchzusetzen. Die Mutter scheint indes mit dem Konzept nicht fertig zu werden und weiß nicht, was sie mit ihm anfangen soll; sie sagt, sie sei »völlig hilflos«.

Auszug 15

Th (wendet sich an die Mutter): Bisher haben Sie es mit Vernunft bei ihr versucht, und wenn das vergeblich blieb, versuchten Sie es mit Stärke. Sie haben selbst zugegeben, daß es nutzlos ist, Stärke zu zeigen, weil Sie – wenn Sie miteinander streiten – vermutlich den kürzeren ziehen. Und genau das sollten Sie vermeiden. Was Sie hingegen tun sollten, ist, zu behaupten, Ihr Therapeut hätte Ihnen bei diesem Interview die Dinge sehr sehr schwer gemacht. Ich hätte Susis Partei ergriffen, hätte Ihnen vorgeworfen, eine schlechte Mutter gewesen zu sein und alle erdenklichen Fehler gemacht zu haben. Und das wäre die Folge davon: der viele Krach und dieses Sich-unglücklich-Fühlen in der Familie. Dies liefert Ihnen den passenden Vorwand zu tun, was ich mir wünsche. Als erstes brauchen Sie einen Vorwand für Ihren plötzlichen Verhaltenswandel. Und dieser Vorwand lautet: Ich, Ihr Therapeut, sei Ihnen gegenüber sehr, sehr kritisch gewesen.

M: Einverstanden.

Der Therapeut ist mit der Reaktion des Vaters zufrieden und hat sich nun der Mutter zugewendet. Anstatt sie zu drängen, ebenfalls das »unsinnige« Verhalten anzuwenden, deutet er das Problem ihr gegenüber etwas um, indem er das fokussiert, was er »ihre erfolglose Position der Stärke« nennt.

Diese der Mutter gegenüber vorgenommene Umdeutung entspricht dem Grundprinzip, von dem Gebrauch zu machen, was der Klient liefert, und nicht wer weiß was anzustellen, um ihn zu einer Änderung seines Stils oder seiner Werte zu bewegen. Anders als ihrem Mann, ist der Mutter nicht so wohl bei dem Gedanken an eine offensichtlich unsinnige Reaktion. Gleichzeitig handelt sie desorientiert und verhält sich passiv. Der Therapeut hat sich dafür entschieden, diese Eigenschaften zu nutzen, da Passivität und Orientierungslosigkeit gleicherweise dazu dienen können, die provozierende Konfrontation mit ihrer Tochter zu vermeiden. Deshalb schlägt er ihr jetzt vor, auf ihre Position der »Stärke« zu verzichten und statt dessen scheinbar eine Position der »Schwäche« einzunehmen. Die Mutter läßt erkennen, daß sie diese Umdeutung akzeptiert.

Th: Und weiter: Weil Sie so durcheinander sind und so deprimiert, machen Sie alle möglichen Dummheiten, aber nur bei ihr. Nicht bei Ihrem Mann oder bei den anderen. Und so kommt es, daß, wann immer Ihre Tochter etwas von Ihnen will, es nicht im Haus ist, oder Sie haben es kaputtgemacht oder verloren. Ich kann hier nicht ins Detail gehen, weil wir einfach nicht soviel Zeit haben, aber natürlich gibt es Dutzende von Dingen, bei denen es von Ihnen abhängt, ob sie sie bekommt oder nicht. Ich will Ihnen ein paar Beispiele geben, vielleicht werden sie nicht ganz passen, denn ich weiß ja nicht, wie sich der Alltag bei Ihnen zu Haus abspielt, mit all den Kleinigkeiten, die Ihnen nur zu bekannt sind. Zum Beispiel könnten Sie, wenn Ihre Tochter ihr Essen herunterschlingt, um möglichst schnell wegzukommen zu ihrem Rendezvous, etwas ganz Dummes machen, ihr zum Beispiel ein Glas Milch über den Rock schütten. Das müssen Sie sehr, sehr bedauern – eine schwierige Rolle für Sie. Lassen Sie keinen bösen Ton durchklingen, nicht etwa, als wollten Sie sagen »Das geschieht dir recht«. Vielmehr muß Ihnen das furchtbar leid tun. »Susi, sei mir nicht böse. O Gott, was machen wir jetzt? Ich weiß gar nicht, was mit mir los ist. Ich bin so durcheinander und so deprimiert. Schon die ganze Zeit mache ich Dummheiten, du wirst es nicht glauben.« Dann möchte ich, daß Sie ihr weiterhin alles abverlangen, was nur geht: Spül' das Geschirr, sei dann und dann zu Hause, halte dein Zimmer sauber. Doch möchte ich, daß Sie bei jeder Forderung dieser Art hinzfügen: »Wenn du es nicht tust, kann ich dich nicht zwingen.« Was ich also von Ihnen verlange, ist eine große Sache: Ich bitte Sie, Ihre Haltung völlig zu ändern, eine der Stärke in eine der Schwäche und Hilflosigkeit zu verwandeln. Ich möchte, daß Sie die Hilflose spielen, und weil sie hilflos sind, funktionieren plötzlich alle möglichen Dinge nicht mehr. Verstehen Sie mich? Ich möchte, daß Sie ... Nehmen Sie an, es ergibt sich das Problem, daß sie ausgeht und einen ... Wann soll sie nach Hause kommen? Wenn sie abends ausgeht?

V: Nun, seit dieser Angelegenheit mit dem Jugendamt geht sie abends nicht weg, ausgenommen ...

Th: Überhaupt nicht?

V: ... an Wochenenden. Und dann geht sie meist ins Kino oder irgendwohin und kommt direkt nach Haus.

Th: Kommt direkt heim. Nun gut, nehmen wir einmal an, daß sie nicht direkt heimkommt. Und »direkt« ist bis, sagen wir mal elf Uhr, stimmt's?

V: Das stimmt.

Th: Wann gehen Sie beide zu Bett?

V: Oh, meine Frau geht für gewöhnlich früh zu Bett, und ich bleibe die halbe Nacht auf, bis zwölf oder ein Uhr.

Th: Gut. Würde es Ihnen was ausmachen, am Samstag oder wann immer sie das nächste Mal ausgeht, selbst auch früher zu Bett zu gehen? So daß Ihr Haus vollkommen dunkel ist, alle Türen und Fenster verriegelt sind? Geht das, oder hat sie einen Schlüssel?

V: Nein, sie hat keinen Schlüssel.

Th: In Ordnung. Wenn also die Zeit kommt – sagen wir mal elf Uhr –, zu der sie zu Haus sein soll, und sie ist nicht zu Haus, dann riegeln Sie Türen und Fenster zu und legen sich zu Bett. Wenn sie heimkommt, muß sie klingeln oder klopfen. Nun möchte ich, daß Sie beide sehr lange warten – mehrere Minuten lang. Dann gehen Sie raus und fragen sie, mit schlaftrunkener Stimme, wer da ist. Dann wird sie natürlich sagen »Ich bin's«. Dann lassen Sie sie herein, gleich wie spät es ist. Und wäre es schon ein Uhr. Lassen Sie sie herein und *entschuldigen* Sie sich bei ihr, daß Sie sie warten ließen. Oder Sie, wer von Ihnen beiden ihr aufmacht. Dann stolpern Sie ins Bett zurück, ohne das übliche Verhör: »Wo bist du gewesen? Warum kommst du so spät? Du weißt, du bist auf Bewährung.« Das stimmt doch?

V: Das stimmt.

Th: »Du solltest um elf zu Haus sein« – oder zu welcher Zeit auch immer –, sagen Sie ihr nichts dergleichen. Und auch am nächsten Morgen kein Wort, es sei denn, sie kommt selbst darauf zu sprechen. Und dann entschuldigen Sie sich zerknirscht: »Es tut mir leid, daß ich dich draußen in der Kälte stehen ließ, ich weiß nicht, was mit mir los ist. Ich mache die dümmsten Sachen, bin ganz durcheinander.«

Der Therapeut legte das Vorgehen ausführlicher dar und verdeutlichte angesichts weiterer »Ja-Reaktionen« (Nicken) noch einmal eine mögliche Anwendung dieses Vorgehens, indem er ein Beispiel gab, das beide Eltern mit einbezog. Er redete ihnen zu, besonders der Mutter, von ihrer früheren Position, von der vergeblichen und hilflosen Konfrontation zu lassen und stattdessen ein Verfahren anzuwenden, das wir als »wohlwollende Sabotage« bezeichnen. Wiewohl schon der »Sabotage«-Aspekt dieses Manövers hilfreich sein kann, weil er Eltern ein Gefühl der Macht und Kontrollfähigkeit gibt, das echte Konsequenzen bei Fehlverhalten ermöglicht, sind diese vermutlich doch weniger wichtig als die von den Eltern angenommene scheinbare »Unterlegenheit«. Indem sie von ihrer »überlegenen« Position auf diese Weise lassen, verschwindet ihr unbewußt provozierendes, Rebellion auslösendes Verhalten.

Dritte Sitzung

Auszug 16

Th: Wollen Sie mich bitte auf den neuesten Stand bringen?

M: Nun, wir haben sehr viel Aufregungen gehabt, als wir getan haben, was Sie uns empfahlen. Susi war die ganze Woche in Tränen – totale Frustration, verstehen Sie. Zum Beispiel, es ist schon ein paar Tage her, sagte sie: »Reicht der Sweater zum Anziehen für die Schule?« und ich darauf: »Ach, es ist heute unangenehm kalt, Susi. Ein Mantel wäre besser«. Da motzt sie mich an: »Wenn es aber mittags warm wird, dann muß ich ihn auf dem Arm nach Hause schleppen.« Also sagte ich: »Dann wäre der Sweater gerade recht.« Darauf sie: »Du machst mich krank« und »Ich spreche nie wieder mit dir«, und geht.

Th: Was halten Sie davon?

M: Ich weiß nicht, das heißt, daß ich mit ihr nicht mehr argumentiere, über gar nichts, und das macht sie verrückt.

V: Sonst sagte sie (die Mutter) immer zu ihr: »Du ziehst deinen Mantel zur Schule an. Es ist eiskalt, und wenn es warm werden sollte, nimmst du ihn über den Arm, und damit hat sich's.« »Ich sehe nicht ein, warum ich ihn über den Arm nehmen soll, wenn ich nicht will. Ich bin diejenige, der es kalt wird«, und so ging das weiter. Aber jetzt antworte ich, wenn sie etwas sagt, »Ich werde es mir überlegen, wir werden sehen«. Oder etwas der Art.

M: Zum Beispiel wie bei der Sache mit der Nähmaschine.

V: Als ob sie nicht wüßte, was sie sagen sollte, weil niemand mit ihr streitet. Sie versucht mit allen möglichen Manövern, Streit zu bekommen. Und wenn niemand darauf eingeht, fühlt sie sich frustriert und weiß nicht, was sie tun soll.

Der Therapeut möchte herausbekommen, was die Eltern mit den ihnen verschriebenen Aufgaben angefangen haben. Sie berichten, daß sie ihre üblichen »vernünftigen« Auseinandersetzungen mit Susi vermeiden und statt dessen mit einem ganz absonderlichen Benehmen reagieren konnten. Sie sagen zwar, daß Susi sich in ihrer Wut frustriert fühlte, doch läßt sie das anscheinend kalt. (Deutlicher verrät ihre Stimme, daß ihre Frustration sie nicht nur nicht kümmert, sondern daß sie das Gefühl haben, die Situation jetzt in die Hand zu bekommen.)

Th: Sie haben Ihre Sache gut gemacht, daß Sie Susi nichts mitgeteilt haben. Es macht natürlich weit mehr Eindruck, wenn Sie einfach deshalb nicht dazu in der Lage gewesen waren, weil Sie so deprimiert und durcheinander sind. Susi verlangt jetzt eine Antwort. Und in der vergangenen Woche haben Sie ihr meist mit »Ich will's mir überlegen« geantwortet. Doch vermute ich, daß Sie dabei immer noch eine gewisse Stärke erkennen ließen. »Ich lasse es dich wissen, sobald ich soweit bin. Und so lange hast du zu warten.« Das hört sich sehr überlegen an ... verstehen Sie, nach Überlegenheit, einer Position der Stärke. Ich möchte, daß Ihre Position sogar noch stärker wird. Es mag Ihnen absurd vorkommen, wenn ich Ihnen sage, daß scheinbare Hilflosigkeit weit machtvoller wirkt. Denn was Susi braucht – das haben mir meine Kollegen sehr deutlich gemacht, die alles andere als erfreut waren über den Verlauf der letzten Sitzung – was sie braucht und was ich anscheinend nicht bedacht habe, ist eine Art von kreativem Zweifel und Unsicherheit, die der Jugendliche braucht, um seinen Weg und seinen Platz im Leben zu finden. Susi verhält sich, als ob sie alles besser zu wissen glaubt. Also hat sie auch Macht, die Macht, Sie auf die Palme zu bringen. Sie erinnern sich, wie sie darüber gelacht hat ...

Der Therapeut fühlt sich ermutigt, vor allem durch die Bereitwilligkeit der Mutter, dieses neue Vorgehen zu übernehmen. Immerhin macht er sich Sorgen – vielleicht mehr als nötig –, daß sie es auf ähnliche Weise tun könnten wie früher aus ihrer Überlegenheitshaltung heraus und so erneut auf Konfrontation zusteuern. Er lobt sie, sie hätten ihre Sache gut gemacht, weist aber darauf hin, daß sie noch effektiver sein könnten, wenn sie sich als scheinbar »unterlegen« geben. In der Hoffnung, sie noch stärker in diesem Sinn zu beeinflussen, nimmt er selber eine nicht-autoritäre, unterlegene Haltung ein

– indem er zum Beispiel erwähnt, daß seine Kollegen ihn auf etwas aufmerksam gemacht haben, das er nicht gesehen hätte. Und er gibt ihnen zu verstehen, daß Susis Reaktion sich am besten in Form von Unsicherheit äußern sollte. Um es den Eltern schmackhafter zu machen, etikettiert er diese als »kreative Zweifel und Unsicherheit« – etwas, »das Jugendliche brauchen, um ihren Weg durchs Leben zu finden.«

Diese von ihm benutzte »Aufmachung« sowie seine Weisung, die Unterlegenen zu spielen, dienen dem Therapeuten als Einführung in einen anderen Aspekt des konfrontationsfreien Vorgehens. Er hält sich vor Augen, daß den Eltern an der *Kontrolle* über ihre Tochter gelegen ist, die, wie sie nur zu gut wissen, imstande ist, sie vorsätzlich zu »zermürben«. Indem sie den Streit umgehen, haben sie immerhin einen Schimmer von Kontrolle bewiesen. Der Therapeut sieht aber voraus, daß sie – ihrer Meinung nach – stärkerer Mittel zur Kontrolle bedürfen werden, und bereitet sich vor, sie mit dem Folgeaspekt des neuen Kurses vertraut zu machen. Doch die Konsequenzen, die sie ihrer Tochter auferlegen sollen, müssen ebenfalls konfrontationsfrei sein.

Auszug 17

M: Am Wochenende hat Susi Geburtstag, und sie meint – nun, sie rattert lange Listen von Dingen herunter, die sie sich wünscht, verstehen Sie, als hätten wir nichts anderes zu tun, als Geschenke für sie zu besorgen. Ich bin gespannt, wie weit . . . Glauben Sie, daß wir einen schönen und harmonischen Geburtstag feiern werden, so wie mit allen anderen in unserer Familie?

Th: Nun, was haben Sie für Pläne?

M: Ich muß Ihnen die Geschichte erzählen – Sie werden sich totlachen.

Th: Hoffentlich nicht.

M: Es handelt sich eigentlich um eine unbedeutende Sache, dennoch setzt sie mir schwer zu. Susi hat einen sehr großen Brustumfang und braucht deshalb einen teureren Büstenhalter. Acht Dollar sind nach meiner Meinung viel Geld für einen einzigen Büstenhalter. Als die Schule wieder begann, hatte sie gerade keinen mehr. Also kaufte ich drei und erklärte ihr, wenn sie sie jeden Abend mit der Hand durchwaschen würde, könnten sie gar nicht richtig verschmutzen und würden viel länger halten. Und noch einmal erzählte ich ihr lang und breit, warum man Acht-Dollar-Wäschestücke mehr pflegen muß, und paßte auf, ob sie sie nicht wenigstens *einmal* mit der Hand auswusch. Aber nein, sie gingen direkt in die schmutzige Wäsche und landeten in der Waschmaschine und fangen schon an zu verschleißen. Neulich kommt sie zu mir und sagt, sie brauche wieder neue BH's. Jetzt bin ich versucht, ihr einen zum Geburtstag zu kaufen. Verstehen Sie, sie würde nichts dabei finden, mit mir auszugehen und noch einmal drei BH's zu kaufen, sie würde nicht den geringsten Gedanken daran verschwenden. Es ist ein einfaches Rechengeschäft.

Th: Inwiefern – ein Rechengeschäft, wenn Sie ihr einen BH kaufen?

M: Das ist etwas, das sie braucht, verstehen Sie. Es wäre kein Geschenk.

Th: Oh, ich verstehe. Hm-m.

M: Dagegen habe *ich* das Gefühl, ihr ein Geschenk zu machen.

Th: Was haben Sie sonst vor – was braucht sie am nötigsten?

M: Sie würde gern ein Stereo haben, oder ein Paar Stiefel zu 35 Dollar, keine zu 32, nein, zu 35. (Hier erfolgt ein Anruf aus dem Beobachtungsraum).

Th: Dr. Fisch hat ein bißchen gerechnet und ist zu dem Schluß gekommen, daß vier Acht-Dollar-BH's gleich 32 Dollar sind, fast soviel, wie die Stiefel kosten. Und er meint, es wäre doch eine nette Idee, vier BH's zu kaufen und sie ihr hübsch in Geschenkpapier verpackt zu überreichen und in voller Aufrichtigkeit, ohne jeden Sarkasmus dabei zu bemerken: »Wir haben dir ein Geschenk gekauft, etwas Wertvolles. Ich weiß, daß du es brauchst, und ich weiß auch, daß du dir deshalb Gedanken machst.« Und wenn sie sieht, was es ist, können

Sie ihr sagen, sie brauche sie jetzt nicht mehr jeden Abend auszuwaschen. Die anderen gingen ohnehin schon kaputt. Aber ob Sie Erfolg haben werden, hängt weitgehend davon ab, wieweit Sie imstande sind, es wahrhaft unbefangen und offenherzig zu sagen und zu schenken. Und ohne im stillen »Ha, ha, was sagst du dazu?« zu denken. Verstehen Sie, wie ich das meine?

M: Ja, Sie haben recht.

Th: »Es ist etwas, das du wirklich brauchst. Ich weiß, daß dich das bedrückt. Hier, nimm es.« Und ich würde hinzufügen – und dann aus der Fassung geraten darüber, weil sie aus der Fassung geraten ist ...

M: Ich verstehe.

Th: »Wir haben erwartet, daß du dich freust. Wir meinen, daß du dir dies selbst nicht leisten kannst.«

Nachdem der Therapeut ihnen die »Konsequenzen« im allgemeinen beschrieben hat (die Schilderung dieses Gesprächs ist in dieser Niederschrift nicht enthalten), erklären sich die Eltern bereit, für Konsequenzen zu sorgen und sie in die Tat umzusetzen. Die Mutter kommt dann auf Susis bevorstehenden Geburtstag zu sprechen, und so beschließt der Therapeut, diese Gelegenheit zu nutzen, um es mit »wohlwollender Sabotage« zu versuchen.

Mit diesem Vorschlag hofft der Therapeut zwei Dinge zu erreichen. Erstens hofft er, daß die Eltern erkennen werden, daß sie damit eine neue und wirkungsvolle Kontrollmöglichkeit erhalten – eine, die geringe verbale Anstrengungen erfordert und eine »überlegene« Konfrontation umgeht. Sie sind tatsächlich dabei, dies zu bemerken, da sie »keine Meuterei mehr auslösen«. Zweitens hofft er, daß auch Susi erkennen wird, daß es keinen Sinn hat, ihre Eltern zu bekriegen, da es wenig oder gar nichts bei ihnen zu bekämpfen gibt. Speziell im Kontext ihres Geburtstagsgeschenks bietet diese Taktik auch eine sehr günstige Gelegenheit, Susi die Wahlmöglichkeit zwischen gebendem und versagendem Verhalten zu demonstrieren, die ihren Eltern offensteht.

Auszug 18

Th: Aus Gründen der Notwendigkeit, daß Susi sich etwas weniger sicher und erhaben über die Dinge fühlt, werden Sie beide sich ihr gegenüber etwas absurd verhalten müssen, nämlich Dinge tun, die das Mädchen veranlassen, sich zu fragen, was das soll. »Da geht irgend etwas vor sich, das ich nicht verstehe. Bin ich vielleicht doch nicht so stark? Was ist da los?« Um ihr diese heilsame Unsicherheit einzuflößen, bitte ich Sie, folgendes zu tun: Jedesmal wenn sie unverschämt wird oder sich ihrer Mutter gegenüber respektlos verhält, holen Sie einen Pfennig aus der Tasche. Den geben Sie ihr und sagen kein Wort. Sie wird fragen, »Wozu soll das gut sein? Was ist los mit dir?« Geben Sie ihn ihr ohne die geringste Erklärung, warum Sie es tun oder was dahintersteckt oder Sie dazu veranlaßt, geben Sie Susi einfach den Pfennig. Und wenn Sie sich weigert, ihn anzunehmen, dann legen Sie ihn ihr hin, und gehen Sie hinaus ohne ein Wort. (Anruf aus dem Beobachtungsraum). Das ist wieder Dr. Fisch. Er meint, es könnte, wenn sie fragt, wozu das gut sein soll, noch einfacher sein, wenn Sie sagen: »Das fiel mir nur eben so ein«, und sie dann stehenlassen.

Zu guter Letzt beschließt der Therapeut, das konfrontationsfreie Vorgehen noch auf ein anderes Problemgebiet auszudehnen: Susis Neigung, sich ihrer Mutter gegenüber abfällig zu verhalten. (Charakteristischerweise verteidigte sich die Mutter bisher mit hilflosem Gestammel, manchmal auch unter Tränen. Dies forderte den Vater heraus, sich einzumischen und seine Frau zu verteidigen, wodurch er die mütterliche Autorität in den Augen Susis weiterhin schwächte. Die Erörterung dieses Problems wurde in die Niederschrift nicht aufgenommen.) Mit diesen Instruktionen für den Vater in Gegenwart der Mutter schlägt der Therapeut gleich mehrere Fliegen mit einer Klappe. Die väterliche Einmischung wird als die wirksamere Art gedeutet, Susi aus der Fassung zu bringen und auszumanövrieren, und vermittelt der Mutter das Gefühl einer wenigstens indirekten Kontrolle. Das heißt, sie wird sich voraussichtlich das nächste Mal, wenn Susi frech wird, anders verhalten. Anstatt sich schlicht attackiert und hilflos zu fühlen, wird sie den »flankierenden Angriff« ihres Mannes abwarten. Zugleich erhält der Vater damit etwas zu tun, das ihm das Gefühl gibt, mehr Kontrolle auszuüben. Vater und Mutter, in dieser Strategie geeint, sind nun nicht mehr der »divide et impera«-Taktik ihrer Tochter Susi ausgesetzt.

Vierte Sitzung

Auszug 19

V: Als ich also Susi das erste Mal sehe, scheint sie – anstatt wie sonst auf jeden Fall dagegen zu sein – sich zu fragen, was los ist. Wie bei dem Pfennig – als ich ihr den Pfennig in die Hand drückte. Als sie zu argumentieren anfängt »Wozu soll das gut sein?«, sage ich »Oh, der ist einfach für dich«. Und ich gab ihn ihr und ließ sie stehen. Und jetzt rätselt sie daran herum. Und dann nähte Martha ihr ein Kleid. Dann kauften wir ihr die BH's zum Geburtstag, und als sie das Päckchen öffnete und sah, was darin war, sagte sie »Vier Stück?« und fügte hinzu, »Die kosten genauso viel wie die Stiefel, die ich wollte!« Und Martha (die Mutter) sagte: »Ach, das tut mir aber leid. Ich meine, du hättest gesagt, du brauchtest neue Büstenhalter.« Susi meinte: »Das schon. Aber nicht zum Geburtstag.« Und Martha dazu: »Nun, ich dachte, es würde dich freuen, wenn du sie noch dazubekommst zu den alten, so brauchst du sie jetzt abends nicht mehr mit der Hand zu waschen.« Darauf sagte Susi »Oh, vielen Dank« und sonst nichts. Verstehen Sie, sie wußte nicht, was . . . Vor zwei oder drei Wochen hätte sie noch gesagt »Ich will gar nichts haben« und hätte sie auf den Boden geschmissen. Aber jetzt tat sie es nicht . . . dann packte sie all ihre Geschenke und sagte »Vielen Dank« und nahm sie auf ihr Zimmer. Und noch eine ganze Reihe von anderen Dingen setzten mich in Erstaunen. Letzte Woche – am Samstag bekommt sie Taschengeld, und sie wollte in die Stadt gehen, um Weihnachtseinkäufe zu machen. Wir zogen

Namen, und sie bekam den ihres Bruders und ging also für ihn einkaufen. Und als sie zurückkam, fragte ich: »Was hast du gekauft?« Sie sagt: »Oh, ich konnte nichts finden, das mir für Bob gefiel«, und ich darauf: »Oh, du hast Toffees gekauft, hm!« Sie sagte: »Oh, ja, ich bin zu Candy Kitchen gegangen, die haben Mutters Lieblingsbonbons, und da habe ich gedacht, ich kaufe welche für sie.« Sie hatte weit über einen Dollar für ein Pfund dieser Süßigkeiten ausgegeben. Sie legte sie in den Kühlschrank und sagte zu den anderen Kindern, »Also rührt mir das nicht an, es ist für Mama, das habe ich ihr als kleines Extrapräsent gekauft.« So etwas hat sie vorher nie getan. Und ich staunte, daß sie es tat. Aber sie kann sich noch immer keinen Vers machen. Es sieht so aus – wie Sie sagen, sie ist nicht mehr so selbstsicher.

Der Vater berichtet über die Auswirkungen von Susis Geburtstagsgeschenk und ist optimistisch, was Susis verändertes Benehmen betrifft. Besonders ermutigt hat ihn die Tatsache, daß sie aus eigenem Antrieb Süßigkeiten für ihre Mutter kaufte – ein Vorgang, der insofern besonders bedeutsam ist, weil er auf eine gründlichere Veränderung der Situation schließen läßt, als wenn es nur geheißen hätte, daß sie jetzt *weniger* unverschämt oder *weniger* anspruchsvoll auftrete. Aus unserer Sicht ist ein qualitativer Wandel weit entscheidender als ein quantitativer.

Auszug 20

Th: Wir wollen noch kurz darüber sprechen, wie ein möglicher Rückfall für Sie beide aussehen würde. Es wird nicht so flott weitergehen wie bisher, zumal nicht in den nächsten zwei Wochen mit ihren Feiertagen und dem ganzen Drum und Dran. Alle haben dann schulfrei, und so weiter und so fort. Wie, meinen Sie, wird der mögliche Rückfall für Sie beide aussehen? Wie wird er sich aller Voraussicht nach abspielen?

Auszug 21

Th: Dies führt zum zweiten Punkt, den die da drin (im Beobachtungsraum) erwähnt haben, das heißt: Eine andere Möglichkeit – oder eine andere mögliche Schwierigkeit, sollte ich lieber sagen –, die sich ergeben könnte, besteht darin, daß es in der vergangenen Woche so besonders gut voranging. Ich glaube, Sie können nun deutlich erkennen, daß es durchaus eine Möglichkeit gibt, mit ihr umzugehen – eine ganz andere Methode als die, mit der Sie sich bisher so lange abgemüht haben. Stimmt's?

V: Das stimmt.

Th: Wenn Sie nur halb so erfolgreich sind, wie Sie es in der vergangenen Woche waren, wird Susi sich allmählich in ein höchst erfreuliches Kind verwandeln. Sie läßt bereits echte Anzeichen menschlicher Anteilnahme erkennen. Sie hat diese große Schachtel Toffees für ihre Mutter gekauft, was bisher noch nie vorgekommen ist.

M: Das stimmt! Es ist erstaunlich.

Th: Wahrscheinlich wird sie sich weiter auf dieser Linie entwikkeln, wenn Sie so weitermachen ... Es ist hier nicht allein die Frage, wo Sie auf die Nase fallen werden, als vielmehr, was wird geschehen, wenn Sie weiter so erfolgreich sind? Es besteht alle Aussicht, daß sich das Kind zu einer wahrhaft charmanten Person entwickelt. Es mag dann schwierig für Sie werden mitanzusehen, wie sie heranwächst. Denn sie ist jetzt in einem Alter, wo sie bald aus dem Elternhaus scheiden wird, entweder um sich fortzubilden oder zu studieren oder um in ein paar Jahren zu heiraten. So wird es für Sie beide um so schmerzlicher werden, sie zu »verlieren«. Unter diesem Aspekt ist es dann gar nicht mehr so schlimm, wenn es gelegentliche Rückfälle gäbe und die alte Situation vorübergehend wiederhergestellt würde. Die Aussicht, sie immer seltener und seltener zu sehen, wird Sie in dem Moment nicht mehr so erschüttern.

Die Eltern melden einen signifikanten Wandel des Problems. Gleichzeitig geben sie unzweideutig zu erkennen, daß sie sich über die Entwicklung der Dinge freuen. An diesem Punkt besteht die Gefahr, daß die Eltern in ihrer Euphorie und in ihrem Bemühen, die Dinge unter Kontrolle zu behalten, wieder in ihren früheren Umgangsstil mit dem Mädchen verfallen. Dieses Risiko vergrößert sich, wenn auch der Therapeut zu optimistisch wird – generell eine Versuchung, wenn Therapeuten in diesem Vorgehen noch unerfahren sind. Der Therapeut hofft dies zu verhindern, und zwar auf zweierlei Weise: Zum einen sieht er voraus, daß sie wieder in ihr früheres Verhalten zurückverfallen könnten; um aber den Nebengedanken auszuschließen, daß er sie vor einem Rückfall *warne*, legt er eine weitere schleunige Besserung als wenig wünschenswert aus: »Es wird für Sie beide nur noch halb so schlimm sein, wenn es gelegentliche Rückfälle geben sollte, die die alte Situation für kurze Zeit wiederherstellen.« Um dies glaubhaft zu machen, kommt er mit folgender Begründung: daß sie sich besser auf die endgültige Trennung, wenn sie das »Nest« verläßt, vorbereiten könnten. Darüber hinaus bestätigt er ihnen indirekt, und indem er sie auf diese Weise zu einem langsamen Tempo zwingt, daß es an *ihnen* ist, die Dinge zu lenken – die Situation zu verbessern oder sie schlimmer zu machen.

Fünfte (letzte) Sitzung

Auszug 22

V: Noch etwas anderes hat mich erstaunt ... Sie erinnern sich – wir haben Ihnen erzählt, daß Susi an nichts interessiert ist. Sie fängt etwas an und macht dann nicht weiter, und so ... Etwa vor einer Woche faßte sie den Entschluß, nähen zu lernen. Und sie sagte: »Ich werde nähen lernen, und wenn es das letzte ist, was ich tue« oder etwas der Art. Und Martha sagte »Das wäre aber fein«, und Susi sagte »Hast du Stoff für mich?« Martha hatte Stoff im Haus, aus dem sie selbst ein Kleid für Susi nähen wollte. Nun holte sie ihn heraus und sagte: »Hier hast du was«. Und so machte sie sich daran zu nähen, und eine Freundin von ihr, die nähen kann, half ihr dabei, und sie brachte wirklich ein hübsches Kleid zustande. Gestern abend ist sie damit fertig geworden. Sie war also drangeblieben und hatte es zu Ende geführt, verstehen Sie. Und dann ging sie und kaufte einen Reißverschluß und setzte ihn ein und machte ihre Sache richtig nett. Es war wirklich erstaunlich.

M: Wir staunten, wirklich.

V: Wie wir Ihnen erzählten, früher setzte sie sich hin und aß ihre Mahlzeit und tappte dabei immer mit dem Fuß und aß so schnell, wie sie konnte, und sprang dann auf und sagte »Kann ich gehen?« Und ich gab ihr den Spitznamen »Das galoppierende Pferd«, weil sie sofort nach dem Essen verschwand. Sie ging zu Bett oder sie ging aus. Sie konnte einfach nicht stillsitzen. Jetzt aber setzt sie sich hin und ißt und wartet, und ißt auch den Nachtisch und steht auf und geht rüber und dreht den Fernseher an, und wenn sie dran ist mit Abwaschen, geht sie hinaus und spült ab, und dann setzt sie sich zu uns und fragt, ob sie da und da hingehen darf. Ich meine, nur ab und zu fragt sie »Darf ich da und da hingehen?« Aber sehr selten. Und niemals an Wochentagen oder während der Schule oder so. Sie setzt sich einfach zu uns, wie einer von der Familie. Es ist wirklich erstaunlich. Ich kann es nicht fassen!

M: Erstaunlich. Sie wirkt auch viel glücklicher.

Th: Nun, das ist etwas – wie ich schon sagte –, das Sie beide, ein jeder auf seine Weise, zustande bekommen haben.

Wie erhofft kommen die Eltern (nach zwei Wochen) wieder zur Sitzung und melden weiteren Fortschritt. Sie sind angenehm überrascht, wie sich ihre Tochter verändert hat. Der Therapeut merkt auf. Er möchte nicht, daß sie meinen, etwas, das außerhalb ihrer Kontrolle liegt, habe diese bemerkenswerten Veränderungen bewirkt. In Kürze heißt das, bei der gesamten Therapie war es darum gegangen, daß die Eltern keine Kontrolle zu haben *meinten*, sowie darum, daß ihre unglücklichen Lösungsversuche, die Kontrolle durch eine Rebellion auslösende Konfrontation und durch Strafpredigten zu erlangen, fehlschlugen. Insofern ist es nun wichtig, daß sie die Behandlung mit der Einsicht beenden, daß sie, was auch geschehen mag, nicht passive Zuschauer, sondern die Beherrscher der Situation sind. Der Therapeut übermittelt ihnen diese Erkenntnis in einer recht einfachen Botschaft: Susis bemerkenswerte und mysteriöse Wandlung kommentiert er folgendermaßen: »Wie ich bereits sagte, es muß an etwas liegen, das Sie beide, ein jeder auf seine Weise zustande gebracht haben.«

Es muß auch vermerkt werden, daß die Eltern sich *nicht* der »Sabotage« oder anderen Manipulationen verschrieben. Als die Tochter mit einer vernünftigen Bitte kommt – um Material zum Nähen eines Kleides, reagieren sie gleichermaßen vernünftig.

V: Sie scheint auch glücklicher zu sein; sie wirkt auf mich wie ein anderer Mensch! Ich meine, ich kann in ihr kaum die gleiche Person erkennen, die noch vor etwa anderthalb Monaten unter uns lebte. Wie Sie sagen, vielleicht ist es zu schön, um wahr zu sein.

Th: Nun, das mag sein. Und meine Kollegen ... Nach der letzten Sitzung haben meine Kollegen da drin im Nebenraum eine gewisse Sorge geäußert, daß die Dinge zu gut zu laufen schienen. Verstehen Sie, daß Sie zu optimistisch werden und vergessen könnten, daß es sich hier nicht um eine endgültige Situation handelt, daß sie vielmehr konsequent aufrechterhalten werden muß. Sonst werden Sie sich alle in Ihrer alten Lage wiederfinden. Die Gefahr eines Rückfalls ist sehr groß. Und am größten ist sie, wenn die Leute zu leichtsinnig werden und aufhören, etwas für die Lage der Dinge zu tun, und einfach so weitermachen wie früher, ehe sie entdeckten, daß die Dinge sich ändern können.

Auszug 23

Th: Heute wird nur rekapituliert. Ich glaube, wir haben einen Punkt erreicht, wo wir in Betracht ziehen sollten, daß Sie hier noch fünf Sitzungen »guthaben«. Ich meine, daß es für die nächste Zeit sehr nützlich sein würde, wenn Sie sich beide auf Ihre eigene Fähigkeit, mit der Situation fertig zu werden, verlassen, so wie Sie es in den vergangenen Wochen taten.

Der Therapeut schließt die Behandlung mit zwei Interventionen ab. Die erste – »es wird Rückfälle geben« – ist eine Wiederholung der Intervention der vorangegangenen Sitzung. Hier legt er etwas mehr Nachdruck auf die *Gefahr* eines Rückfalls, eine taktische Haltung, die anzuwenden wir heute weniger geneigt sein würden. Vielmehr heben wir lieber die *Vorteile* eines Rückfalls hervor. Mit der zweiten Intervention erinnert er sie daran, daß sie noch fünf Sitzungen »guthaben«. – Da wir darauf vorbereitet sind, die Leute zehnmal zu sehen, dieses Elternpaar aber nur fünf Sitzungen brauchte, haben sie noch fünf Sitzungen gut, die sie jederzeit, wann sie es für nötig halten, in Anspruch nehmen können. Diese Zusicherung hat eine zweifache Wirkung. In erster Linie hilft sie den Leuten, möglichen Rückfällen gelassener entgegenzusehen und nicht in Panik zu verfallen und in ihre altgewohnten Verfahrensweisen zurückzusinken. Zweitens, wenn sie noch Sitzungen »guthaben«, werden sie geneigt sein, sie sich für wirklich ernste Fälle in Reserve zu halten und nicht gleich aus jeder Kleinigkeit eine cause célèbre zu machen. Das heißt, auch sie würden in der Lage sein, bei Susi mit kleineren, vorübergehenden Rückfällen fertig zu werden.

In unserem Fall brauchten die Eltern auf dieses »Guthaben« nicht mehr zurückzukommen. Statt dessen meldeten sie bei der Kontrolle nach den ersten drei Monaten, daß alles weiter gut ging – so gut, daß sie zum ersten Mal seit vielen Monaten gewagt hätten, ohne ihre Kinder Urlaub zu machen. Und bei der Kontrolle nach einem Jahr hatte sich die Situation weiterhin verbessert. Nicht nur kamen sie jetzt mit Susi viel besser aus, auch Susis Beziehungen zu ihren Altersgenossen hatten sich sehr gebessert, und auch ihre Schulzeugnisse – über die bei der Therapie nie besonders gesprochen wurde – waren von mangelhaft auf ausreichend und von ausreichend auf gut gestiegen.

10 Fallstudie

Das Lampenfieber des Geigers

Folgende Geschichte ist nahezu vollständig dargestellt und kann als »Minifall« gelten. Der Therapeut (J. H.W.) war dabei, im Rahmen eines Workshops für Kurztherapie in einem Mental Health Center unseren Ansatz zu demonstrieren. Der Patient, fünfunddreißig Jahre alt und unverheiratet, war zu der Zeit im Center in Behandlung. Er sollte für eine Demonstration zur Verfügung stehen, doch ergab sich, daß der Zeitplan sowohl des Workshops als auch der des Patienten ein zweites Kurzinterview zuließen. Infolgedessen hatte der Therapeut noch Spielraum für eine Intervention sowie für die Prüfung ihrer Wirkung. Das folgende Transkript umfaßt, abgesehen von ein paar kleineren Weitschweifigkeiten, die gesamte erste Sitzung und den größten Teil der kurzen zweiten Sitzung. Paul Watzlawick nahm als Beobachter über Hausfernsehen an dieser Vorführung teil und gab gelegentlich Anregungen über Kopfhörer an den Therapeuten durch.

Erste Sitzung

Th: Ich bin Ihnen sehr dankbar, daß Sie heute hier sind und damit den Anwesenden Gelegenheit geben, unsere spezielle Arbeitsweise zu beobachten. Doch glaube ich, daß Sie selbst keine allzu großen Erwartungen stellen sollten. Es ist mir bekannt, daß Ihre Situation ohnehin recht schwierig ist. Ich habe soeben kurz mit Dr. X (Therapeut des Patienten im Center) gesprochen. Er setzte mich ein wenig ins Bild, und es hört sich nicht so an, als könnte ich hier im Handumdrehen eine Änderung herbeiführen – das wäre nicht gerade realistisch. Abgesehen davon, daß sich vieles wiederholen wird, das Sie bereits mit ihm besprochen haben, weise ich darauf hin, daß ich nur fünf Minuten mit ihm sprechen konnte. Sagen Sie mir bitte, worin Ihr Problem besteht – weswegen Sie hier sind.

Dieses Interview wird mit einem Patienten geführt, der bereits in Behandlung ist. Diesen Umstand macht sich der Therapeut zunutze, um unverzüglich und in »unterlegener« Position mit der Frage »Wo liegt Ihr Problem?« in das Gespräch einzusteigen.

Pt: Ich bin Musiklehrer, unterrichte Geige, wenn ich aber vorspielen muß, bin ich ein armseliger Spieler. Dann zittern mir ganz furchtbar die Hände und werden feucht, was sonst nicht der Fall ist, so daß ich kaum spielen kann. Das wär's.

Der Patient antwortet mit einer Beschreibung seines Problems: Er kann auf seinem Instrument, der Violine, nicht spielen, weil er zu nervös ist.

Th: Wenn Sie sagen, Sie sind ein dürftiger Spieler, so meinen Sie, nur wenn Sie auftreten?

Pt: Jawohl.

Th: Wenn Sie für sich spielen oder Unterricht geben – wie ist es dann?

Pt: Es ist ganz anders, selbst wenn ich vor zwei oder drei Leuten spiele. Wenn ich etwas von Anfang bis Ende spielen muß, bin ich einigermaßen gut.

Th: Hm-hm. (Pause) Wenn Sie sagen, Sie müssen etwas von Anfang bis Ende spielen, ist das nicht immer vor Publikum der Fall, oder haben Sie jemals versucht, mit nur einem Teil eines Stückes aufzutreten?

Pt: Ich kann mich nicht erinnern, daß ich das je versucht hätte.

Th: Hm-hm.

Pt: Es sei denn, es handele sich um einzelne Sätze eines Werkes. Das würde ich aber als ein in sich abgeschlossenes Stück betrachten.

Th: Aha. (Pause) Wenn Sie sagen »selbst wenn ich vor zwei oder drei Leuten spiele« – ist das schon Publikum?

Pt: Ja.

Th: Hm, wird das schlimmer, je mehr es sind? Zum Beispiel, sind vier doppelt so schlimm wie zwei oder . . .

Pt: Nein. Das nicht.

Th: Also, wenn es nur einer oder zwei sind, ist das schon schlimm genug . . .

Pt: (unterbricht) Natürlich. Aber nicht in geometrischer Progression.

Th: Hm-hm.

Pt: Natürlich, wäre dieser Saal voll, würde es schlimm sein. Vielmehr es ist immer schlimm, in jedem Fall.

Der Therapeut stellt gezielte, gründliche Fragen. Das mag an Pedanterie grenzen. Doch hat dieser Patient qualifizierende Ausdrücke benutzt, die mögliche wesentliche Aspekte des Problems im unklaren lassen, und der Therapeut braucht völlige Klarheit.

Th: Hm-hm. (Pause) Nun, um die Wahrheit zu sagen, mir geht es in gewisser Weise genauso. Wäre dieser Saal voll, würde ich sogar noch nervöser sein, als ich es ohnehin bin, wenn mir Leute durch die Kamera über die Schulter gucken, doch meine ich nicht, daß dies vergleichbar ist mit dem, was Sie mir erzählten – es geht nur in dieselbe Richtung. (Pause) Wenn also mehr Leute dabei sind, ist es schlimmer, wenn auch nicht in proportionalem Ausmaß.

Der Therapeut nutzt den Hinweis des Patienten auf seine Nervosität, um seine »Unterlegenheit« noch einmal ins Spiel zu bringen – er sei auch nervös, sogar jetzt, aber er betont, daß seine Nervosität nicht so schlimm ist wie die des Patienten.

Pt: Das stimmt.

Th: Hm-hm. Gibt es etwas, das es schlimmer macht?

Pt: Ja, wenn jemand dabei ist, dessen Urteil ich wirklich respektiere, oder den ich beeindrucken möchte, dann wird es offensichtlich progressiv schlimmer.

Th: Hm-m-m.

Pt: Mit Sicherheit bin ich weniger zufrieden.

Th: (Pause) Um einen Moment zu etwas anderem überzugehen:

Dr. X erwähnte auch, daß Sie Architektur studiert, aber nie praktiziert haben. Hat das für Sie noch irgendeine Bedeutung?

Der Therapeut überprüft durch direkte Befragung die Information, die er von Dr. X, dem Therapeuten des Patienten, erhalten hatte, da sie für das Problem relevant sein könnte. Der Patient entgegnet, das Architekturstudium sei für ihn nicht mehr aktuell.

Pt: Überhaupt nicht.

Th: Okay. Das ist also völlig vorbei?

Pt: Ja.

Th: In Ordnung. Ich frage mich nur, weil ich den Eindruck habe, daß Sie Sorgen haben wegen Ihres Examens. Ich frage mich, ob es da irgendeinen Zusammenhang geben könnte,ob Sie vielleicht daran gedacht hätten, Ihr Studium fortzusetzen . . .

Pt: (unterbricht ihn) Nein, ich sage es Ihnen ganz offen, ich hatte das Gefühl, ich würde nicht bestehen – ich konnte es damals nicht schaffen, und ich könnte es auch heute nicht schaffen, es sei denn, ich würde noch Kurse beim Repetitor belegen, und das hat eine Rolle dabei gespielt, daß ich nicht ins Examen gestiegen bin.

Th: Wenn Sie nun glauben würden, Sie könnten es doch schaffen, würde das für Sie heute noch von Interesse sein, oder ist das endgültig vorbei?

Pt: Nun, wenn dieses Problem irgendwie im Lauf der Zeit nicht kleiner wird, bestünde der einzige Grund, es noch mal zu versuchen, in der Aussicht, etwas Geld zu verdienen. Aber in dieser Hinsicht sind meine Aussichten ohnehin nicht sehr groß.

Th: Was Sie also wirklich möchten, ist, in der Musik voranzukommen?

Pt: Ja. Ich möchte ein leidlicher Konzertviolinist sein (mit gewissem Vorbehalt), wenn sich Gelegenheit bietet.

Der Therapeut möchte es vom Patienten noch genauer wissen, daß ihm Architekturstudium und Berechtigung zur Berufsausübung nichts mehr bedeuten. Der Patient bejaht diese Fragen und betont aufs neue, daß es ihm allein um das Problem des Lampenfiebers zu tun sei.

Th: Hm-m. (Pause) Bei welcher Gelegenheit stellt sich das ein. Könnten Sie mich ein bißchen mehr informieren?

Pt: Ja (seufzt), verschiedene Organisationen, Fördererkreis, kleine Konzertveranstalter – auch das (stottert) Sinfonieorchester hier am Ort veranstalten im Sommer gelegentlich Konzerte. Sie fordern Musiker aller Sparten auf, mit ihnen zu konzertieren, und das würde ich gerne tun.

Th: Hm-hm.

Pt: Dazu bin ich sicherlich in der Lage. Zumindest aufgrund meines Violinspiels, aber nicht aufgrund meiner Fähigkeit, an einer bestimmten Stelle die Nerven zu bewahren.

Th: Wie sieht es mit Ihrer grundlegenden Voraussetzung aus? Wenn Sie zum Beispiel nicht öffentlich vor Publikum spielen?

Da solistisches Auftreten auch mit Talent zu tun hat, möchte der Therapeut auch in diesem Punkt Klarheit schaffen.

Pt: (unterbricht ihn) Oh, ich meine, ich spiele ganz anständig. Aber leider nicht so gut, wie ich dachte. Ich höre mich immer auf Band ab, und das klingt nie so gut, wie ich es mir vorgestellt habe.

Th: Hm-hm. Wenn Sie sich aber nicht mit Ihrem eigenen Vorbild vergleichen würden, sondern mit der Bandaufnahme eines anderen Spielers, wie würde sich das für Sie anhören? Worauf beruht Ihrer Meinung nach Ihre Stärke, von Ihrem Problem einmal zu schweigen?

Pt: Ich – traue mich nicht, es Ihnen zu sagen.

Th: Hm.

Pt: Es ist nicht so doll mit mir (seufzt) . . . Manche haben damit allerdings durchaus schon beruflich bestanden, haben sogar Karriere gemacht.

Th: Hm-hm.

Pt: Ich bin nicht annähernd so gut wie jene, die den großen Erfolg haben.

Th: (Pause) Aber immerhin so gut wie viele, die Musik zu ihrem Beruf gemacht haben?

Pt: O ja.

Da das Problem ausreichend geklärt ist, wechselt der Therapeut dazu über, den Patienten nach seinen versuchten Problemlösungen zu befragen.

Th: Hm-hm. (Pause) Was haben Sie bis jetzt gemacht, um mit Ihrem Problem fertig zu werden, aus eigener Kraft oder mit Hilfe von anderen?

Pt: Nun (räuspert sich), in letzter Zeit habe ich nichts unternommen. Ein paar Jahre habe ich es versucht, habe es aber nicht weiterverfolgt, weil ich inzwischen zehn Jahre Architektur studierte und mich noch mit verschiedenen anderen Dingen beschäftigte. So habe ich gegen das Problem nichts weiter unternommen bis jetzt, als ich zurückkam und aufzutreten versuchte ...

Th: (unterbricht ihn) Zehn Jahre sind eine ziemlich lange Zeit ...

Pt: (unterbricht ihn) Das stimmt. Ich habe unterdessen gar nicht Musik betrieben.

Th: Hm-hm.

Pt: Doch nachdem ich zurückkam, versuchte ich verschiedentlich aufzutreten, und es bedrückte mich, als ich mich zurückerinnerte, daß ich mit achtzehn gleich aufgegeben hatte, weil ich so schlecht war. Meine Honorare waren so gering, daß ich gleich das Handtuch warf. Und damals hatte ich mir Rat bei verschiedenen Musiklehrern geholt, und das war alles. Die sagten, ich solle weitermachen, immer wieder vorspielen, aber ich spielte nicht sehr oft vor, und wenn ich es tat, ging es daneben.

Die Frage »Was haben Sie versucht, um mit Ihrem Problem aus eigener Kraft oder mit Hilfe anderer fertig zu werden?« hat der Patient beantwortet, indem er berichtete, man habe ihm geraten, weiterzumachen, um besser zu werden – das heißt, sich noch mehr anzustrengen.

Th: Damals hatte man Ihnen also sozusagen geraten, sich einfach hineinzustürzen, um damit fertig zu werden ...

Pt: (unterbricht ihn) ». . . bis es Ihnen so selbstverständlich wird, als wäre es etwas ganz Alltägliches«. Aber ich habe mich nie daran gewöhnt, und ich werde mich auch nicht daran gewöhnen, wenn ich so schlecht bin, daß niemand mich hören mag.

Th: (Pause) Ich frage mich, ob es wirklich damals so schlimm gewesen ist . . . sonderbar, daß Sie überhaupt wieder zur Musik zurückgekehrt sind.

Pt: Das ist sonderbar.

Th: Wie ist es dazu gekommen?

Pt: Ich habe nicht kapituliert, ich baue auf mein Talent.

Th: Hm-hm.

Pt: Es gibt auch noch andere Gründe. Meine Tätigkeit befriedigte mich nicht; sie bestand im Nichtstun, und ich muß ja einen Beruf haben.

Th: In Ordnung. Sie sind also zum Teil in Ermangelung eines Besseren wieder umgekehrt?

Pt: Ja.

Th: Hm-hm. (Pause) Und als Sie nun wieder dabei waren, hat man Ihnen gesagt »Immer weiter dranbleiben, immer dranbleiben, eines Tages wird sich das geben«, doch es gab sich nicht. Sie haben in letzter Zeit versucht, damit fertig zu werden – was haben Sie versucht, und wie haben Sie's versucht?

Pt: Ich hab's mit einem Therapeuten versucht.

Th: In Ordnung.

Pt: Unter anderem damit – ich versuche, öfter aufzutreten. Doch bin ich in dieser Hinsicht nicht sehr erfolgreich gewesen.

Th: Hm-hm.

Pt: Wenn es denn mal klappt – manche Leute sagen mir, ich wäre jetzt viel besser. Ich bin aber nicht so sicher.

Th: (Pause) Nun, ich weiß nicht, wer Ihnen das sagt, doch im allgemeinen, würde ich sagen, gehen Sie sicherer, wenn Sie positiven Äußerungen gegenüber skeptisch sind, es sei denn, Sie merken es selbst, daß es besser ist, oder daß der Betreffende kritische Maßstäbe besitzt und Ihnen nicht etwas vorspiegelt, um Sie zu ermutigen.

Der Therapeut nutzt diese Information, um einen pessimistischen Standpunkt einzunehmen. Das geschieht, indem er dem Patienten rät, ermutigenden Zuspruch skeptisch aufzunehmen – und er bleibt bei diesem Kurs, als der Patient mit disqualifizierenden Bemerkungen reagiert:

Pt: Auf meinem Gebiet ist es nahezu unmöglich, wirklich qualifizierte Beurteilung zu erfahren.

Th: Dann dürfte es erst recht das beste sein, wenn Sie sich Ihre Skepsis in bezug auf die Meinungen anderer bewahren ...

Pt: (unterbricht ihn) Dem stimme ich zu.

Th: Denn es wäre das Schlimmste, was Ihnen passieren könnte, wenn Sie auf die Idee kämen, daß Sie besser sind als Sie sind. Das würde Sie in eine üble Lage bringen. Sie würden dann zu viel von sich erwarten, was zu nichts anderem als zu einem häßlichen Sturz führen würde.

Pt: Ich bin aber der Ansicht, daß die meisten Menschen auf meinem Gebiet genau diese Art von Ratschlägen erhalten. Schlechten Rat. Sie überschätzen ihr Talent, machen aber dennoch erstaunlicherweise relativ befriedigend Karriere.

Th: Hm. Nun gut. Mag sein, daß es manchem glückt, trotz dieser Art von Rat und Kritik. Aber ich glaube, es gibt etliche Gründe, warum das, selbst wenn es so ist, für Sie nicht das Richtige wäre. Erstens mal glaube ich, daß Sie wahrscheinlich über eine klarere und kritischere Sicht verfügen, und Sie haben dieses Problem und wollen nicht in die Situation geraten, daß Sie zu hoch hinaus wollen und nachher scheitern oder zumindest noch weitere Rückschläge erleben. Aus diesem Grund halte ich es für wünschenswert, daß Sie ermutigenden Äußerungen gegenüber reserviert bleiben.

Pt: Nun, das hört sich sehr vernünftig an. Doch bin ich ohnehin so unglaublich skeptisch in fast jeder Hinsicht, daß ich nicht sicher bin, ob dies auf dem Gebiet, auf dem ich mich bewege, die richtige Haltung ist. Wäre ich übermäßig vertrauensselig, ganz gleich wie es in einer nebulösen Realität wirklich ist, würde das besser sein, als es sicherlich ist.

Th: (Pause) Ich sehe nicht, daß Sie jemals übermäßig vertrauensvoll sein werden, zieht man Ihre Erfahrung in Betracht . . .

Pt: Ich würde es nie sein. Da stimme ich Ihnen zu.

Th: Das ist gut, denn wenn Sie es wären, würde ich eine Todesangst haben, was Ihnen als nächstes passiert. (Patient lacht.) Hm. Zuerst hat man Ihnen geraten: »Bleiben Sie dran, Sie werden sich daran gewöhnen und werden kein Lampenfieber mehr haben.« Dieser Rat war nicht gut, es ist ja jetzt schon so lange her, und nun sind Sie sogar in Behandlung – und was haben Sie dabei versucht?

Während der Patient seinen Mangel an Vertrauen als »falsch« bezeichnet, bedient sich der Therapeut seines früheren Kurses, um »Seien Sie skeptisch« in »gesunde Skepsis« umzudeuten. Dann fragt er, auf welche Weise der Patient und sein Therapeut am Institut versucht haben, mit dem Problem fertig zu werden.

Pt: Ich verstehe Ihre Frage nicht. Ich meine, ich bin mir nicht sicher, wie ich darauf reagieren soll.

Th: Nun – die Grundfrage lautet: Was haben Sie getan, um das Problem loszuwerden? Und als ich Sie fragte, haben Sie geantwortet: »Ich habe es mit einem Therapeuten versucht« – nun, was ist da passiert, wie hat es funktioniert?

Pt: Wir haben diskutiert, (seufzt) über meine Erwartungen und meine Gefühle, wenn ich spiele. Und über meine Geschichte. Ob es besser wird oder nicht. Ich bin mir einfach nicht sicher. Ich habe höchstens das Gefühl, daß wir einen Anfang gemacht haben.

Th: Aber es hat sich nicht viel verändert?

Pt: Nicht – nein.

Th: Unternehmen Sie irgend etwas von sich aus, um damit fertig zu werden – zusätzlich zu dem . . .

Pt: (unterbricht ihn) Ja. Ich bemühe mich um Gelegenheiten zum Auftreten, auf gut Glück.

Th: In Ordnung. Und wie klappt das?

Pt: In letzter Zeit nicht so besonders.

Th: Inwiefern?

Immer wieder, während des ganzen Interviews, stellt der Therapeut zunehmend speziellere Fragen.

Pt: Nun, ich habe nicht sehr oft Gelegenheit bekommen. Zwar mehrmals, aber nicht oft. Kaum eine andere als die, jemanden, der mein Wohnzimmer betritt, beim Arm zu packen und »Setz dich« zu ihm zu sagen.

Th: Und gibt es außer Ihrem Therapeuten irgend jemanden, der Ihnen auf irgendeine Weise zu helfen sucht?

Pt: Ich nehme Unterricht bei einem Geigenlehrer, wie schon oft in der Vergangenheit, aber Bemühungen in der erwähnten Richtung existieren bei ihm nicht.

Th: Entschuldigung! Ich bin ein bißchen verwirrt . . .

Pt: Ich besitze eine Violine – ich nehme Unterricht . . . bei einem Lehrer, der sich meiner Nöte mit dem Lampenfieber nur zu bewußt ist. Doch mehr als der übliche Rat, so oft wie möglich vorzuspielen, der gewiß seine Vorzüge hat (lacht), ist bei ihm auch nicht drin.

Der Patient erwähnt, daß sein Violinlehrer ebenfalls zu helfen versuchte, doch auf genau die gleiche Weise wie die anderen – mit dem Rat »Öfter auftreten«, sich noch mehr anzustrengen.

Th: Nun gut. Es ist tatsächlich etwa das gleiche, das Ihnen Ihr Lehrer schon vor vielen Jahren erzählte.

Pt: Vor vielen vielen Jahren, das stimmt. Und ich bin ja selbst Lehrer und weiß auch keinen Rat. Ich habe selbst einen Schüler, der genau an dem gleichen leidet wie ich, wenn er mir vorspielt, und an dem ich leide, wenn ich anderen vorspiele.

Th: Gibt es irgendwelche Freunde oder Kollegen, die Ihnen irgendwelchen Rat geben oder Ihnen sonst irgendwie zu helfen versuchen?

Pt: Anders als das, was wir bereits besprochen haben? – die gibt es nicht.

Der Therapeut geht der Frage nach, wie der Patient und andere Beteiligte versucht haben, das Problem zu bewältigen, da solche Information für die Bestimmung des Problems von zentraler Bedeutung ist und den Anknüpfungspunkt für eine intervenierende Strategie bilden wird. Die Erwiderung des Patienten bestätigt aufs neue, daß man kein anderes Mittel wußte als den Rat »mehr desselben«.

Th: (Pause) Hm-hm. (Der Therapeut erhält eine Nachricht aus dem Kopfhörer) Mein Kollege möchte gern etwas wissen, ich weiß nicht warum. Als Sie die Laufbahn als Architekt aufgaben, hat es Ihnen nicht viel ausgemacht, sagten Sie. Doch könnte es jemand anderem etwas ausgemacht haben. Wer war am meisten enttäuscht, als Sie es aufgaben?

An diesem Punkt fragt der beobachtende Kollege nach, ob sich nicht ein Konflikt mit den Eltern des Patienten ergeben haben könnte. Der Therapeut gibt die Frage weiter, bewahrt sich jedoch seine Manövrierfähigkeit, indem er sich von der Frage »distanziert«: »Mein Kollege möchte gern etwas wissen ... ich weiß nicht warum.«

Pt: Vielleicht meine Eltern.

Th: Beide gleich stark oder ...?

Pt: Nein – das ist schwer zu sagen. Meine Mutter wahrscheinlich. Sie hat mehr auf meinen Erfolg gesetzt als mein Vater.

Th: Hm-hm. (Pause) Ist das bei Ihrer Mutter auch bei der Musik der Fall, oder neigte sie mehr zu Architektur?

Pt: Sie hat überhaupt keine Neigungen.

Th: Sie wollte einfach nur, daß Sie etwas aus sich machen.

Pt: Ja, und so war es bei ihm auch, doch in einer ... in einer ... Er betrachtete Musik als Zeitverschwendung. Als unpassend, einen unpassenden Beruf.

Th: (Pause) Aber Ihrer Mutter war Musik recht?

Pt: Nun, wie ich sagte, alles wäre ihr recht gewesen.

Th: Solange Sie nur vorankamen und ...

Pt: Genau das, solange ich nur überlebte – zumindest wäre sie dafür dankbar. Und ...

Th: (Pause) Das hört sich nicht so an, als hätte sie an Ihre Person sehr hohe Erwartungen gestellt.

Pt: Oh, sie stellt hohe Erwartungen, sehr hohe Erwartungen sogar.

Th: Und sie erwartet nicht, daß sie erfüllt werden?

Pt: Nun, sie ist – sie hat schreckliche Angst davor, ihre Ansicht mir gegenüber zu äußern. Oder, wenn sie es doch tut, nachdem sie meine Ansicht angehört hat – gewöhnlich habe ich meinen Willen bekommen.

Th: Hm-hm. Wieweit stehen Sie mit Ihren Eltern in Verbindung?

Pt: Ich höre jede Woche einmal, manchmal auch zweimal von ihnen.

Th: So bleiben sie ziemlich gut im Bilde, wie es mit Ihnen geht?

Pt: (seufzt) Ja nun, sie wissen, wie ich zurechtkomme, aus dem, was sie von mir hören...

Th: Hm, und was sagen sie dazu?

Pt: Von den wahren Problemen haben sie keine Ahnung. Mein Vater weiß nicht einmal, daß ich dieses Problem habe – ich glaube nicht. Außer daß er mit meiner Mutter darüber gesprochen hätte, und ich kann mir nicht vorstellen, daß er sich jemals so viel Gedanken macht, um mit ihr darüber zu sprechen...

Th: Sie aber ist sich bewußt, daß Sie...

Pt: (unterbricht ihn) Sie weiß, daß ich furchtbares Lampenfieber habe.

Th: Und was sagt sie dazu? Kann sie Ihnen Rat geben oder sonst irgendwie helfen?

Pt: Nicht wirklich. Sie sagt: »Ich weiß, daß du's schaffst.«

Th: (Pause) Und sie glaubt weiter, daß Sie es schaffen, ganz gleich, wie lange Sie schon daran leiden?

Pt: Es sieht so aus, ja.

Th: Hm-hm. Nun, sie hat schon eine ganze Weile...

Pt: (unterbricht ihn) Ja, o ja, schon lange.

Die Bemerkungen des Patienten über seine Eltern lassen erkennen, daß sie sich zur Zeit nicht aktiv mit dem Problem beschäftigen – wiewohl die »Hilfe« seiner Mutter der aller anderen gleicht. Indes läßt er im Lauf dieser Diskussion eine »Position« erkennen: seiner Mutter gegenüber ein Gefühl der Herablassung, seinem Vater gegenüber pure Feindseligkeit.

(Später wird sich der Therapeut diese Einstellung zum Vater zunutze machen.)

Th: Nun, es gibt einen alten Spruch: Manchmal ist es besser, unterwegs zu sein, als anzukommen. Und Ihre Mutter mag lange in einer ähnlichen Situation gewesen sein. Ich möchte jetzt einen anderen Gang einlegen und Sie nach etwas anderem fragen. Haben Sie sich je Gedanken gemacht über die möglichen und wahrscheinlichen Nachteile, die sich durch die Bewältigung des Problems ergeben könnten?

Hier streckt der Therapeut seine Fühler in Richtung einer Intervention aus. Er ist sich jetzt vollkommen klar darüber, daß es sich bei dem Problem um Lampenfieber handelt, und daß die versuchte Lösung in der Hauptsache, wenn nicht sogar ausschließlich, in »mehr konzertieren« – das heißt »noch mehr bemühen« bestand! Er beginnt seine Intervention mit einer in seinen Augen abschweifenden Bemerkung, zitiert ein altes Sprichwort, daß Reisen hoffnungsvoller ist als anzukommen, ein Sprichwort, dessen Unterton jedoch besagt, daß man mit der Verwirklichung von Dingen nicht drängen sollte, da sie möglicherweise enttäuschen könnte. Diese Botschaft leitet zum nächsten Schritt seiner Intervention über, was er freilich lediglich als »Gangwechsel« bezeichnet. Dann bringt er die unerwartete Frage nach den Nachteilen der Besserung des Problems an, und das bringt den Patienten offensichtlich aus der Fassung. Doch ist dies nicht der Zweck dieser Frage, vielmehr möchte er ihm zu verstehen geben, daß eine Besserung nicht unbedingt ein reiner Segen sein muß. Vermag der Patient diese Vorstellung zu akzeptieren, wird er eher dazu neigen, sein Problem nicht für so brennend zu halten. Und wenn er erst so weit ist, wird er auch gelassener bei Auftritten sein. Auf diese Weise hat der Therapeut dann eine Intervention gestartet, die der »Noch mehr anstrengen«-Lösung des Patienten entgegenwirken kann.

Pt: (Pause) Nachteile, wenn man das Problem behebt?

Th: O ja.

Pt: Tatsächlich ist mir selbst schon der Gedanke gekommen,

weil ich das Gefühl habe, daß ich von mir selbst enttäuscht sein könnte – daß ich nicht zufrieden mit den Reaktionen sein würde, denn ich habe sehr hochgesteckte Erwartungen. (Seufzt) Ich hielt es für durchaus möglich, daß ich nicht – nun, in gewisser Weise ist es eine riskante Sache.

Der Patient versucht die Frage zu beantworten, und dadurch akzeptiert er versteckt ihren Ausgangspunkt: daß eine Besserung tatsächlich eine Kehrseite, auch Nachteile hat; es fragt sich nur noch, wie viele und von welcher Art?

Th: Das ist richtig. Verstehe ich Sie recht, daß dies zum Teil – daß Sie, wenn Sie dieses Problem los sind, feststellen . . .

Pt: Daß ich kein Talent habe.

Th: Daß Sie kein Talent hatten und . . .

Pt: Nun, ich glaube nicht, daß das der Fall sein würde.

Th: Daß Sie weniger hatten, als Sie . . .

Pt: Nicht so viel, wie ich gehofft habe.

Th: . . . als Sie noch hoffen konnten, als Ihnen dieses Problem im Wege stand.

Pt: Das stimmt.

Th: Ich verstehe, daß Sie ein praktisches Interesse an der Überwindung des Problems haben – es würde Ihnen helfen, beruflich voranzukommen. Vielleicht werden Sie herausfinden, daß es immer noch sehr schwierig ist, selbst wenn Sie es überwinden würden.

Pt: Hm, ich glaube zwar nicht, daß das der Fall sein würde, zumindest nicht, was meine gegenwärtige Laufbahn als Lehrer betrifft . . .

Th: O doch, vielleicht mehr, als Sie denken . . .

Pt: (unterbricht ihn) Ich würde nicht mehr in der Lage sein, in Phantasien zu schwelgen, wie ich es normalerweise tue, aber was – meine Karriere betrifft, würde es mir helfen, wo ich nun einmal in dieser Stadt lebe und Kollegen habe und so weiter. In dieser Hinsicht besteht kein Zweifel.

Th: Nun, es würde Ihnen praktisch von Nutzen sein, aber für Ihre Vorstellungen wäre das hart . . .

Pt: (unterbricht) Das – könnte sein, doch bin ich gewöhnlich in der Lage, meiner Mittelmäßigkeit ins Gesicht zu sehen, da mich das Wissen um sie häufig überkommt.

Th: Hm-hm. Nun gut. Haben Sie schon in anderer Weise an die Kehrseite gedacht?

Der Patient hat auf die Frage reagiert und führt einen möglichen Nachteil an, den er jedoch als Problem abwertet – oder zumindest als ernstes Problem – und nicht für so wichtig hält. Daher beschließt der Therapeut, mit Interventionen fortzufahren und die Frage ruhen zu lassen. (Er hätte sie angesichts der »leicht hin«-Reaktion des Patienten fallenlassen können, wollte es aber doch zumindest noch einmal versuchen.)

Pt: Nicht ernsthaft.

Th: Hm-hm. (Pause)

Pt: Ich habe mich – noch nicht so recht in die Frage der Kehrseite vertieft.

Th: Ich meine, daß Sie es sollten. (Pause) Sie sind nicht . . .

Pt: Das meine ich auch.

Th: Sie haben es vor, nur weiß ich nicht, wie weit Sie damit kommen oder wie lange Sie dazu brauchen werden. Sie sind aber im Begriff, Ihr Leben zentral zu verändern, etwas zu ändern, das seit zwanzig Jahren schon Teil Ihres Lebens ist. In gewissem Sinn war es auch dann ein Teil Ihres Lebens, als Sie musikalisch gar nicht aktiv waren, sondern eine Art Ersatztätigkeit ausübten. Es ist also eine enorme Veränderung, die Sie vorhaben, und wenn man versucht, mit einem Problem fertig zu werden, neigt man natürlicherweise dazu, sich eher über die möglichen Vorteile Klarheit zu verschaffen, weniger über die möglichen Nachteile; es gibt keinen Wandel, der hundert Prozent das Eine oder das Andere mit sich bringt. So halte ich es nur für vernünftig, sich auch über die Nachteile klarzuwerden. Und da es besonders unangenehm ist, mögliche Nachteile ins Auge zu fassen – und man deshalb natürlich lieber in die andere Richtung denkt –, ist es schwierig, diesem Hang entgegenzuwirken. Man muß versuchen, völlig frei in die andere Richtung zu denken, und nicht sagen: »Ich muß mich in dieser Sache leidenschaftslos, kühl, rechnerisch, rational verhalten, aber meiner Imagination muß ich die Zügel schießen lassen, und später kann ich das auseinandersortieren, denn die Gefahr, zuwenig zu denken, ist größer als die, gedanklich übers Ziel hinauszuschießen.« So meine ich, daß es wirklich für Sie von Vorteil wäre, etwas mehr potentielle Schattenseiten zu überdenken, und zwar schon jetzt. Es wird nützlich sein, darüber auch nachzudenken, wenn Sie nicht hier sind, sondern zu Haus, wo Sie ausreichend Zeit dazu haben.

Der Patient gibt jetzt etwas mehr »grünes Licht«. Das heißt, er räumt ein, daß er nicht genug über die Sache nachgedacht hat oder überhaupt darüber, wie schwierig das zuerst erwähnte Problem sei. Diese Reaktion ermutigt den Therapeuten, etwas mehr Druck auszuüben, und das geschieht, indem er rundheraus erklärt, daß der Patient mehr über die Frage nachdenken sollte. Er fährt dann mit der Legitimierung der Frage fort, indem er das Problem als repräsentativ für eine einmalige strategische Lebensentscheidung des Patienten bezeichnet.

Pt: Das könnte durchaus mit dem Problem selbst zusammenhängen. Die Nachteile.

Th: (Pause) Hm, verstehen Sie, genau das sollten Sie sich tatsächlich gründlich überlegen. Nur um Ihnen ein paar Anregungen zu geben, die mir gerade in den Sinn kommen, was die Form oder den Umfang der Dinge betrifft: Eine Möglichkeit könnte darin bestehen, daß sich auch dann eine Kehrseite ergibt, wenn sich herausstellen sollte, daß Sie bedeutendes Talent besitzen. Sie mögen sich in der Beurteilung Ihrer selbst zu Ihrem Nachteil irren. Und wenn dem so ist, was wird das ausmachen? Es wird Sie in Richtung einer Erweiterung Ihres Gebietes und einer vermehrten Häufigkeit Ihres Auftretens führen, was Sie wiederum vor ein größeres Publikum und vor kompetentere Rezensenten bringt. Das wird nur dann geschehen, wenn Sie grundsätzlich über Ihr Problem hinwegkommen; doch bei dieser Art von Problem – und das ist mein Eindruck, obwohl ich musikalisch gewiß nicht kompetent bin – ist es mein Eindruck aufgrund meiner Arbeit an Menschen mit ähnlichen Problemen: Über dieses Problem kommt ein Mensch niemals vollkommen hinweg. Auch Sie werden nie ganz über eine gewisse Nervosität beim Auftreten, oder wenn Sie in ähnlichen Situationen sind, wo Sie von Leuten kritisch betrachtet werden, hinwegkommen. Zum Beispiel leiden Sportwettkämpfer bekanntlich genau an dem gleichen Problem. Sie haben da einen wunden Punkt, und ganz gleich, wie weit Sie einmal kommen, ein Rest von Ihrem Problem wird immer bleiben.

Die Frage nach der Kehrseite der Besserung wird vom Therapeuten noch weiter legitimiert, indem er noch ein anderes Beispiel für ein Problem liefert, das selbst bei einem hochbegabten Patienten auftreten kann. Auch deutet er ein gewisses, nicht genauer spezifiziertes Maß an Angst als normal.

Pt: Oh, ja. Natürlich zweifle ich daran, daß ich tatsächlich ein Problem habe, denn mir ist klar, daß jeder nervös ist, und ich bin sogar momentan etwas nervös. (Seufzt) . . . Doch ist diese momentane Nervosität nicht vergleichbar mit meinem . . . Und das läßt mich annehmen, daß es sich hier tatsächlich um ein Problem handelt (lacht), es ist nicht vergleichbar mit dem Lampenfieber, an dem ich leide, wenn ich auftreten muß.

Th: Hm-hm.

Pt: Die Nervosität – ich nehme es auf mich, ein bißchen Angst zu haben, ein bißchen nervös zu sein, aber nicht – was mir Sorge macht, ist, daß mich die Nervosität unfähig macht, *in grotesker Weise* unfähig, zu spielen.

Th: Ja-a, ich glaube, ich verstehe, welchen Unterschied Sie da machen.

Pt: Geht man bei der Geige von zehn bis zwanzig Prozent spieltechnischer Minderung aus – das wäre keineswegs anormal, in der Tat, überhaupt nicht.

Th: (erhält Instruktionen über Kopfhörer) Mein Kollege hat eine Frage zu dem, was Sie gerade gesagt haben – es geht im wesentlichen um die Unterscheidung zwischen normaler Nervosität und problematischer Nervosität. Er möchte gern wissen: Haben Sie in dem Sinne bei einem Auftreten versagt, daß Sie überhaupt nicht spielen konnten oder daß Sie nur schlecht spielten?

Noch einmal bittet der Beobachter um Klärung des Problems an sich, das heißt: Nimmt der Patient lediglich an, daß er aufgrund seiner lähmenden Angst nicht spielen kann, oder ist es tatsächlich beim Auftreten vorgekommen?

Pt: O ja.

Th: Okay, können Sie mir ein Beispiel dafür geben, damit ich das für ihn klären kann?

Pt: (seufzt) Ja – ich mußte einmal vorspielen, im zweiten Jahr am Konservatorium.

Th: Hm-hm.

Pt: Bei einer Aufnahmefeier von eingeschriebenen Studenten, und ich hatte mir extra ein Stück ausgesucht, das sich durchaus im Rahmen meiner musikalischen und technischen Fähigkeiten bewegte.

Th: Hm-hm.

Pt: Und ich war ganz zuversichtlich, daß ich es schaffen würde, als ob ich es für mich selbst spielte, oder auch für andere, deren Anwesenheit ich nicht bemerkte.

Th: Hm-hm.

Pt: Und dann kam es so: Ich vergaß einen großen Teil des Stükkes, er war mir vollkommen entfallen, meine linke Hand zitterte dermaßen, daß ich nicht die einfachste Passage zustande brachte. Ich konnte überhaupt nicht spielen, und das war damals ganz, ganz furchtbar für mich.

Th: Hm-hm.

Pt: Es war der entscheidende Grund dafür, daß ich damals aufhörte.

Th: Hm-hm. Und hat es auch neuerdings ein ähnliches Versagen gegeben, seit Sie wieder angefangen haben . . .

Pt: Nein, da ich seitdem nicht wieder vor Publikum aufgetreten bin. Doch in kleinem Kreis spiele ich, so wie ich damals auch vor kleinem oder auch vor größerem Publikum spielte bis zu jenem Mal, und jetzt erlebe ich die gleichen Schwierigkeiten wie damals, an die ich mich noch gut erinnern kann.

Th: Hm-hm. Und Sie meinen, es ist soweit das gleiche, daß Sie extrapolieren können, wie es sein wird, wenn Sie es nur richtig anstellen würden?

Pt: O ja. Vielleicht bin ich inzwischen – älter, hoffnungsvoller, ein bißchen reifer geworden, so daß ich – vielleicht – imstande sein könnte, es etwas besser in die Hand zu bekommen; dennoch zweifle ich, ob es mir gelingen wird oder nicht. Ich kann mich tatsächlich erinnern. Weshalb mir jenes Vorspielen noch so im Gedächtnis haftet, ist nicht nur die Tatsache, daß ich vollkommen lahmgelegt war, sondern eher die Größe des Publikums sowie der Umstand, daß ich so hart gearbeitet und mich so sorgfältig vorbereitet hatte; die Enttäuschung war deshalb um so größer. Es ist mir auch früher und später passiert, aber dieses eine Mal steht mir noch besonders lebhaft vor Augen.

Sämtliche Bemerkungen des Patienten bestätigen, daß er über eine besondere Furcht zu klagen hat, die ihn künstlerisch vollkommen lähmt. Interessanterweise gewährt er auch einen detaillierteren Einblick in das frühere Stadium des Problems: daß es ihn am meisten demoralisierte, in etwas versagt zu haben, mit dem er sich hatte hervortun wollen. Das ist häufig bei phobischen Anfällen der Fall: das Scheitern an etwas, das einem leicht erschien, ist der sensitivierende Faktor für die Bildung des Problems. Niemand gerät in Phobie, weil er an etwas scheitert, das allgemein als schwierig gilt.

Th: Nun gut. Können Sie sich an diesem Punkt irgendeine andere Kehrseite durch die Überwindung des Problems denken oder auch nur vorstellen?

Pt: Nein.

Th: Hm-m. (Pause) Können Sie sich denken, daß – die Überwindung des Problems sich auf Ihr Verhältnis zu Ihren Eltern auswirkt?

Der Therapeut setzt seine Strategie des *»Es könnte besser sein, nicht besser zu spielen«* fort, wechselt jedoch die Taktik, indem er fragt, ob sich eine Besserung auf die Beziehung zu seinen Eltern auswirken könnte. Diese Frage stellt er nicht zum Zwecke der Information, sondern zwecks Einführung einer anderen Intervention. Er weiß bereits, was er sagen wird, hält es aber für besser, den taktischen Übergang als eine Fortsetzung des bisherigen Kurses, die Untersuchung der »Nachteile der Besserung«, erscheinen zu lassen.

Pt: (seufzt) Nun, bei allem, was recht ist, die Beziehung sollte sich bessern. Nach Meinung meines Vaters würde ich auf wirtschaftlichem Gebiet erfolgreicher sein. Das wäre für ihn das Allerwichtigste. Was meine Mutter betrifft, würde sich die Beziehung wirklich bessern, weil sie mich gern zufrieden sähe. Nun, wenn ich zufriedener wäre, und ich glaube, ich würde es sein, dann müßte sie theoretisch glücklicher sein.

Th: Nur theoretisch?

Pt: Ich meine, ich sehe wirklich keinen ernsten Grund, warum sie es nicht sein sollte.

Th: Nun, ich sehe eine ganze Reihe von Gründen.

Pt: Ja, ich auch (lacht), wenn Sie in jene Richtung blicken, doch – angesichts dessen, daß ich unsere Beziehung seit vielen Jahren kenne, bleibt es Tatsache, daß meine Mutter mich zu sehr bemuttert. Dies würde davon weniger abhängen, aber ich denke – ich sollte ihr in dieser Hinsicht den Segen des Zweifels belassen.

Th: Nun, überlassen wir Ihre Mutter diesem Segen und wenden wir uns einen Augenblick Ihrem Vater zu. Offensichtlich versuche ich es wegen Mangel an Beweisen mit Raten, doch immerhin würde sich solches Raten auf Ihren Vater richten, obwohl er uns damit kommen würde, daß Sie etwas aus sich machen sollten. Für ihn sieht es im Grunde so aus, daß Sie nichts aus sich machen werden, daß Sie alles, was Sie angefangen haben, wieder aufgegeben haben. Und deshalb würde es Ihrem Vater einen furchtbaren Schock versetzen, wenn Sie dieses Problem hinter sich ließen. Es würde ihn bis ins Mark treffen.

Pt: Aber er weiß ja nichts von dem Problem. Einerseits pflichte ich Ihnen in Ihrer Einschätzung, was er mir gegenüber empfindet, bei. Doch glaube ich nicht – höchstens in dem Sinn, daß er gern das Gefühl haben würde, erfolgreicher zu sein als ich ...

Th: (unterbricht ihn) O ja.

Pt: Und ich meine, daß er allen Grund hätte, einen Schock zu bekommen, wenn ich das Problem überwinden sollte.

Th: Nun, er könnte eine ganze Reihe von Gründen haben. Ich weiß nicht, wieweit er sich von Ihrem speziellen Problem ein Bild machen kann; doch sicherlich weiß er, daß Sie nicht besonders gut sind. Wenn Sie über das Problem hinwegkommen, würde er voraussichtlich nichts anderes feststellen, als daß Ihre Arbeit jetzt gut ist, und nicht nur das, sondern daß Sie auf einem Gebiet gut sind, von dem er nicht viel hält, und das ergäbe eine sehr mächtige Kombination. Wie ein Schlag ins Gesicht für den alten Mann.

Der Patient bestreitet zunächst, daß eine Besserung sich auf sein Verhältnis zu seinen Eltern auswirken würde, doch der Therapeut macht es zu einem zwingenderen Punkt, daß eine Besserung Auswirkungen besonders auf die Beziehung zum Vater hätte. Damit führt er nicht nur den Gedanken ein, daß es Rückschläge bei der Überwindung des Problems geben könnte, sondern daß einige der nicht in Erwägung gezogenen Konsequenzen sich zum Vorteil des Patienten auswirken würden. Da der Patient eine Abneigung seinem Vater gegenüber erkennen läßt, macht sich der Therapeut diese Haltung als Lockmittel für den Patienten zunutze. Die implizite Botschaft lautet: »Wenn du dein Problem überwindest, wirst du deinem Vater überlegen sein.«

Pt: Ein Schlag, den ich ihm gern versetzen würde.

Th: (Pause) Hm, vielleicht.

Pt: Oh, doch, ich würde es ja nicht ...

Th: Das kann ich nicht bestreiten, nur frage ich mich, ob es Sie nicht mehr erschüttern würde als Ihren Alten Herrn.

Pt: Nun, ich habe ihn in der Vergangenheit durch mein Versagen mehrmals erschüttert, doch ebenso durch ein paar angenehme Dinge ...

Th: (unterbricht ihn) Ihr Versagen wird Ihren Alten Herrn nicht annähernd so schwer treffen wie Ihr Erfolg (kurzes Lachen).

Der Patient hat sich dazu aufgeschwungen, von dem Angebot Gebrauch zu machen. Der Therapeut ermutigt ihn indes nicht, er verwandelt das Angebot in eine Herausforderung. Dies trägt dazu bei, die Motivation des Patienten zu intensivieren, da dieser dem Therapeuten jetzt beweisen muß, daß er meint, was er sagt, und das kann er nur, indem er das Problem löst.

Pt: (Pause) Stimmt. Doch würde es mir nichts ausmachen.

Th: (Pause) Welche Beurteilung Ihres Spiels . . . Nun, ich möchte noch einmal davon ausgehen, um zuerst eine Frage vorauszuschicken: Sind das lediglich Bemerkungen, die Ihnen Gedanken machen, oder erhalten Sie regelrechte Kritik, wenn Sie nicht gut spielen?

Pt: Ob ich mich lediglich über Bemerkungen aufrege oder über regelrechte Kritik?

Th: Ja. Mit anderen Worten, ich frage mich, ob es jemanden gibt, der Ihnen in etwa sagt »Mein Gott, da haben Sie aber gepatzt, das durfte Ihnen aber nicht passieren«, oder geht es mehr darum, daß Sie glauben, die Leute merken es, wenn Sie Fehler machen, und Sie kriegen das Zittern, doch die Leute sagen nichts?

Pt: Nun, es ist mehr oder weniger das letztere.

Th: Wessen Bemerkungen würden Sie am meisten treffen?

Pt: Die der anderen Geigenlehrer. Die anderer kompetenter Kollegen. In dieser Stadt gibt es eine Reihe, vor denen ich gut abschneiden möchte.

Th: Hm-hm. (Pause) Können Sie auch mit Absicht schlecht spielen?

Pt: Wir haben es versucht, und ich war dabei so nervös, daß ich nicht – ich konnte mich nicht entschließen, ob ich es versuchen sollte oder nicht, weil ich ja von der Diskussion mit meinem Therapeuten nichts wußte.

Th: Ich kann das verstehen – vielleicht habe ich mich geirrt –, aber ich habe ihn ein bißchen anders verstanden: er habe Sie angewiesen, mittelmäßig vorzuspielen.

Pt: Hm-hm.

Th: Ich möchte das noch einmal ein bißchen anders ausdrücken.

Ich sage: Wissen Sie, wie man das macht – wirklich schlecht zu spielen?

Pt: Nein, wahrscheinlich nicht. Sicherlich kann ich sehr schlecht spielen, nehme ich an, aber ich bin nicht . . .

Th: Oh, das ist eine Mutmaßung.

Pt: Nun, ich habe nie versucht, mit Absicht schlecht zu spielen. Noch nicht einmal mittelmäßig.

Der Therapeut hat beschlossen, diese Taktik nicht fortzusetzen, zumindest nicht offen. Er läßt sie nicht fallen, sondern bewahrt sie sich auf, als indirekte Aufforderung an den Patienten, der sie von sich aus aufgreifen mag. Der Therapeut vermehrt noch den Aufforderungscharakter, indem er erklärt, daß er sie »aufschiebt«, weil sie derart wirksam sein könnte, daß eine Besserung eintritt noch bevor der Patient ausreichend Gelegenheit hatte, auch alle Schattenseiten einer Besserung zu überdenken. (Manchmal kann der Therapeut sich für versteckte Vorschläge oder Anregungen anstelle von ausdrücklichen Verhaltensverschreibungen entscheiden. Hierfür gibt es keine festen Regeln. Zum Teil hängt dies von der Zeitplanung ab. Zum Beispiel hat der Therapeut in diesem Interview bereits einen taktischen Weg eingeschlagen – auf die Nachteile einer Besserung hingewiesen –, und dieser Druck könnte sich abschwächen, wenn er eine zusätzliche Verschreibung einführen würde. Zum Teil hängt es auch vom Patienten ab, ob er als Mensch in der Lage ist, direkte Vorschläge anzunehmen, oder aber sich ungern sagen läßt, was er tun soll.) Der Therapeut beschließt schließlich, seine ursprüngliche Taktik weiterzuführen, indem er auf einen neuen Nachteil der Besserung hinweist und auch auf die Normalität der Nervosität, ja, ihren positiven Wert:

Th: (Pause) Nun, ich glaube, Sie müssen etwas lernen – wenn Sie sich zu dem Versuch entschließen, wirklich schlecht vorzuspielen, aber . . . ich . . . aber ich möchte nicht mehr viel dazu sagen, weil wir damit vielleicht zu schnell vorangehen. Ich glaube nicht, daß Sie tatsächlich schon genug über die möglichen Konsequenzen nachgedacht haben. Ich meine, über die tatsächlich unkontrollierte Angst hinwegzukommen. Und ich meine bestimmt nicht alle Ängste, von denen wir gerade gesprochen haben. Es ist schwer zu unterscheiden, wo die Grenze verläuft zwischen realer Erschütterung und natürlicher Angst, die normal ist und die sogar für das Auftreten von Vorteil sein kann. Um zu meinem Vergleich zurückzukehren: Ich meine natürlich nicht, daß Violinmusik auf der gleichen Stufe steht wie eine sportliche Leistung. Doch wie Sportler betonen, die mit dem gleichen Problem zu tun haben, *muß* man sogar ein bißchen nervös sein, wenn man seine Bestform erreichen will, damit man ein gewisses Maß an Angst für den Start ausnutzen kann. Aber das Wichtigste, was mir am Herzen liegt, ist: Mit Sicherheit würde ich es ungern sehen, daß Sie Ihre Angst besser zu kontrollieren verstehen, indem Sie zunächst einmal lernen, mit Absicht schlecht zu spielen, ehe Sie sich nicht über die möglichen Konsequenzen ein genaueres Bild gemacht haben. Denn wenn Sie erst einmal angefangen haben, in dieser Sache etwas zu unternehmen, wächst sich das zum reinen Schneeball aus. Schneeball in dem Sinn, daß die eine Besserung zu einer weiteren Besserung führt. Und auch in tieferem Sinn wird es zum Schneeball. Während es Ihnen bessergeht, weitet sich Ihr Horizont im Blick auf das, was Sie leisten könnten. Dies beides hat den Nachteil, daß der harte Druck des Beobachtetwerdens wachsen wird, und ob oder wie beides miteinander Schritt halten würde, ist schwer zu beurteilen. Darüber hinaus hat die Erweiterung des Horizontes mehr Anlässe zur Wahl in Ihrem Leben, die es zur Zeit nicht für Sie gibt; Sie werden auf allen Gebieten Entscheidungen treffen müssen.

Pt: Dafür hat man ja Agenten. Wenn es so viele Anlässe gibt.

Th: Gewiß. Doch ein Teil der Entscheidung bleibt immer an Ihnen hängen. Zumindest müssen Sie selbst entscheiden: Wen möchte ich als Agenten haben, und macht er seine Sache gut? Und je mehr sich Ihre Konzerttätigkeit ausweitet, desto häufiger und schwieriger werden die Entscheidungen werden, und . . . Wir müssen bald Schluß machen. Lassen Sie mich noch einige Punkte anschneiden, solange Sie noch hier sind. Zunächst einmal: Worin würde eine wesentliche, wenn auch nur minimale Besserung für Sie bestehen? Und damit meine ich – lassen Sie mich das ein bißchen genauer beschreiben. Was würde Sie, wenn eine eintreten sollte, zu der Äußerung veranlassen: » Sieh da, ich bin zwar noch nicht aus dem Dreck, doch habe ich wenigstens einen ersten definitiven Schritt getan«?

Pt: (Pause) Hm . . .

Der Therapeut ist jetzt zu einem anderen Gegenstand übergegangen: den Patienten nach seinen Behandlungszielen zu befragen. Er hat bereits genügend Daten über das Problem und die vom Patienten selbst und anderen unternommenen Lösungsversuche beisammen. Da es sich um eine Demonstration eines Interviews und um ein verschwiegenes Problem handelte, hat er schon eine ganze Reihe von Interventionen gesetzt, versucht aber jetzt zu der für ein Erstinterview charakteristischen Ermittlung von Daten zurückzukehren. Der letzte Punkt seiner Aufstellung sind die erklärten Ziele des Patienten.

Th: Denken Sie darüber nach, denn dies könnte sehr schwer zu beurteilen sein, insbesondere wie Sie einen Anhaltspunkt erhalten, damit Sie sich nicht selbst etwas vormachen, verstehen Sie.

Pt: Ja, daran habe ich auch schon gedacht. Möglicherweise brauchte der erste Schritt nicht notwendigerweise in einem erfolgreichen Auftreten bestehen. Eher darin, daß außer mir noch jemand anders ein Interesse daran hat, daß ich erfolgreich bin, daß mir geholfen wird mit meinem Problem, daß ich kompetente Hilfe zur Bewältigung meines Problems erhalte.

Die Antwort des Patienten auf diese Frage läßt erkennen, daß er das Mittel mit dem Zweck verwechselt. Der Therapeut hat ihn nach seinem eigenen Behandlungsziel gefragt, zumindest nach seinem Minimalziel. Der Patient indes spricht darüber, was notwendig sein würde, um das Problem zu überwinden. Daraus entsteht einige Verwirrung; bei dem resultierenden Austausch versucht der Therapeut den Patienten dazu zu bewegen, daß er sich über sein Ziel klar wird.

Th: Hm, könnten Sie sich darüber etwas genauer äußern? Ich bin mir nicht sicher, ob ich Sie richtig verstanden habe.

Pt: Ich meinte, ein erster Schritt, oder eine minimale Besserung, die sich wahrscheinlich in meinem Spiel widerspiegelt, würde in dem Gefühl bestehen, nicht allein zu sein.

Th: Aha, okay.

Pt: Doch in gewisser Hinsicht hatte ich das Gefühl, daß es außer mir auch noch jemand anderem wichtig sein sollte, daß das Stück besser klingt als sonst, wenn ich so übernervös bin. Und – daß eine Person an mir interessiert sein müßte, und – das sage ich nur – diese Leute müßten an mir interessiert sein. Das wäre vielleicht etwas. Sie müßten in der Lage sein, zu beurteilen, was vor sich geht.

Th: (Pause) In Ordnung. Ich nehme an,daß das Ihre Mutter sein sollte. Wäre das richtig?

Pt: Niemals – kommt überhaupt nicht in Frage. Das ist vollkommen unmöglich.

Th: Nun, – da es sich aber jetzt ohnehin um hypothetische Fragen handelt . . .

Pt: Oh, ja – das wäre denkbar.

Th: Hm-hm. (Pause) Wieso kommt das überhaupt nicht in Frage, wie Sie sagen?

Pt: Sie hat keine Ahnung. Für sie sind Elvis Presley und Bach ein und dasselbe.

Th: (Pause) Nun, ich bin mir nicht so sicher, daß das das Richtige ist, denn immerhin könnte sie, auch wenn sie das eine nicht vom anderen unterscheiden kann, noch daran interessiert sein, daß Sie, was immer Sie spielen, es besser spielen.

Pt: Aber sie kann es nicht beurteilen.

Th: Nun denn, Sie meinen . . .

Pt: (unterbricht ihn) Sie hat keine . . .

Th: . . . sie hat nicht die blasseste Ahnung?

Pt: ... nicht die geringste.

Th: Hm-hm. Es muß also jemand sein, der sowohl innerlich beteiligt ist als auch was von Musik versteht?

Pt: Ja.

Th: Nun denn – ich werde versuchen, ob ich Ihre Definition ...

Pt: (unterbricht ihn) Nun gut. Ich meine, es muß nicht nur jemand sein, der etwas von Musik versteht, sondern auch mein spezielles Problem begreift und weiß, wie man es beheben kann.

Th: Hm-hm.

Pt: Personen also, die verschiedene Erfordernisse erfüllen müßten, was gar nicht so einfach ist, und eine davon müßte an mir persönlich interessiert sein, was heikel ist, und obendrein etwas verstehen – sehr kompliziert ...

Th: Ich sehe eine mögliche Schwierigkeit in diesem Niveau. Nehmen Sie zum Beispiel an, daß das Zeitalter der Wunder noch nicht vorüber ist, und in gewissem Sinn ist es das auch nicht, denn es ist eine komische Sache mit den Problemen, daß sie nicht immer, aber oft auf ebenso mysteriöse Weise verschwinden wie sie gekommen sind. Wenn das Ihre auf geheimnisvolle Weise verschwinden würde und sich herausstellte, daß Sie ein hervorragender Geiger sind – Sie mögen ein Konzert geben, das sehr gut verläuft und aufgenommen wird –, so würde es immer noch nicht dem besonderen Standard entsprechen, weil die Leute zwar sachverständig sind und Ihnen zuhörten, Ihre Leistung würdigten, aber nicht in dem von Ihnen beschriebenen Sinn, weil sie von Ihrem Problem nichts wissen. Es mag kein äußeres Anzeichen dafür geben. Und so würden sie Sie nur bewundern, Ihr hervorragendes Spiel, und nicht ahnen, was Sie im Zusammenhang mit Ihrem Problem geleistet haben.

Während das Ziel des Patienten geklärt wird, hat der Therapeut rasch noch eine Intervention dazwischen gesetzt – die scheinbar beiläufige Bemerkung, daß sein Problem auf ebenso mysteriöse Weise verschwinden könne, wie es aufgetaucht sei. Diese Intervention stimmt wieder mit der Gesamtstrategie überein, da der Gedanke, das Problem könnte von selbst verschwinden, dazu beitragen dürfte zu verhindern, daß der Patient sich zu angestrengt um die »Lösung« seines Problems bemüht. Der Therapeut führt seine Intervention nicht weiter aus, sondern läßt sie indirekt wirken, indem er darauf verweist, daß das Publikum ja nichts von diesem Wunder wissen würde.

Pt: Das mag stimmen. Und ich halte es nicht für das Schlimmste, was mir passieren könnte.

Th: (Erhält Instruktionen über Kopfhörer) Ah. Mein Kollege hat eine Lösung dafür.

Pt: Dann darf er mitmachen (lacht).

Th: Ehe Sie mit Ihrem Konzert beginnen, wenden Sie sich an das Publikum und sagen ihm, an welchem Problem Sie gelitten haben – dann werden Sie spielen können, frei von Lampenfieber.

Hier hat der Therapeut eine neue Intervention gesetzt. Da die für das Therapiegespräch vorgesehene Zeit zu Ende geht, ist er nicht mehr in der Lage, diese Taktik voll zu entfalten, will indes noch diese Idee einbringen, damit der Patient sie selbst aufgreifen kann oder sein regulärer Therapeut sie in einer späteren Sitzung wieder einführen kann, sollte es angebracht erscheinen. Die Intervention selbst basiert auf der Idee, daß man voraussichtlich weit entspannter auftreten wird, wenn man seine nervöse Anspannung nicht zu verbergen sucht; die Erwartungen werden reduziert, sowohl die des Interpreten als auch die des Publikums.

Pt: Daran habe ich auch schon gedacht.

Th: Gut. Gibt es hierbei etwas in der Richtung eines ersten Schrittes? Fällt Ihnen irgend etwas ein, das ein sichtbares – oder hörbares – Zeichen dafür sein könnte? Und wenn das der Fall wäre, wie würde dann ein Anzeichen oder ein Kriterium für diesen ersten Schritt – mag er auch noch so klein sein – aussehen?

Der Therapeut verfeinert seine Frage nach den Zielen, indem er betont, daß es ihm um sichtbare oder greifbare Maßstäbe geht. Er hält sich vor Augen, daß der Patient bei seinen früheren Antworten die Ziele mit den Mitteln verwechselte, die zur Erreichung der Ziele oder der damit verbundenen Gefühle erforderlich sind.

Pt: Ich müßte es fertigbringen, ein ganzes Stück ohne den geringsten Gedächtnisfehler vorzuspielen.

Th: (Pause) Nun gut. Dadurch wird der erste Schritt schon beinahe zum letzten Schritt.

Pt: O nein, nein . . .

Th: Nein?

Pt: . . . nein, noch lange nicht.

Th: Wie soll denn der letzte Schritt aussehen?

Pt: Der letzte Schritt ist bewältigt, wenn man ein Stück ohne den geringsten Gedächtnisfehler *gut* vorzutragen versteht.

Th: Oh. In Ordnung. Wir wollen mal sehen,ob ich's richtig verstanden habe: Wenn Sie es ohne Gedächtnisfehler schaffen, doch nicht unbedingt *gut*, wäre das der erste Schritt?

Pt: Vielleicht.

Th: Mhm-hm.

Pt: Was »gut« oder »schlecht« ist, das ist ein weites, weites Feld.

Th: Zu schade, daß Ihnen nicht eine andere Art von Gedächtnisausfall passiert.

Pt: (Pause) Wie meinen Sie das?

Th: Nun, anstelle der Musik brauchten Sie lediglich das Publikum zu vergessen.

Hier setzt der Therapeut aufs neue eine Intervention in Form eines »zu erprobenden Vorschlags«. Er geht auf den Punkt nicht näher ein, gibt aber zu verstehen, daß der Patient den gleichen Mechanismus, nämlich den Gedächtnisausfall, zur Überwindung seiner Befangenheit vor dem Publikum nutzen könne. In gewissem Sinn war seine Intervention als eine ohne Trance übermittelte »hypnotische« Suggestion zu betrachten. Zumindest wird das Problem optimistischer gedeutet, das heißt, daß der »Gedächtnisausfall« des Patienten nicht nur ein Problem, sondern auch eine Fähigkeit beinhaltet, und ferner, daß man an seinem Problem einfach schon durch das, *was* man vergißt, eine Wandlung herbeiführen kann.

Pt: Ja (leise).

Th: Doch wie dem auch sei – vor allem anderen –, am wichtigsten ist, daß Sie ernsthaft über die möglichen Nachteile einer Beseitigung des Problems nachdenken. Ich möchte Sie fragen, ließe es sich für Sie terminmäßig arrangieren, daß Sie in ein paar Tagen noch einmal herkommen?

Der Therapeut ist im Begriff, die Sitzung zu beenden, und das geschieht, indem er wieder nachdrücklich auf die »Gefahren der Besserung« hinweist. Während er im Verlauf der Sitzung eine ganze Anzahl von intervenierenden taktischen Schritten anwandte, hat er sich für diese als strategische Hauptrichtung, zumindest für diese Sitzung, entschieden. Er gibt auch eine Verhaltensverschreibung, die der Patient innerhalb der begrenzten Zeitspanne bis zum nächsten Therapeutenbesuch ausführen kann. Die Möglichkeit eines zweiten Besuchs war zu Beginn der Sitzung noch nicht definitiv vorgesehen; doch angesichts der Natur des Problems und der Verschreibung beschließt der Therapeut, ihn noch einmal zu sich zu bitten, um jede erdenkliche Wirkung zu überprüfen.

Pt: Gewiß.

Th: Gut. Ich möchte das alles noch mal überprüfen. Unterdessen nehmen Sie sich bitte die Zeit – eine halbe Stunde mindestens –, um sich niederzusetzen, nachzudenken und Notizen zu machen über alle erdenklichen Nachteile, die Sie sich vorstellen können, Nachteile, die Ihnen aus der Überwindung dieses Problems erwachsen könnten, und wenn ich sage »alle«, meine ich, sie nicht auf die zu beschränken, die Ihnen möglich oder logisch erscheinen, sondern sogar die einzubeziehen, die Ihnen abwegig vorkommen – das wäre fein. Denn wenn man bewußt an etwas Abwegiges zu denken versucht, wird der Blick und die Imagination auch für alles andere geöffnet. Es gibt da bei Ihnen eine Art eingebaute Blockierung, die ich Ihnen schon früher zu beschreiben versuchte. Also, würden Sie das tun?

Pt: Natürlich.

Th: Fein. Das ist jetzt wirklich alles, was ich Ihnen noch sagen wollte, außer – daß ich es Ihnen hoch anrechne, wenn Sie noch einmal kommen, denn es geschieht hauptsächlich zu unserem Vorteil.

Der Therapeut schließt mit einer »unterlegenen« Verabschiedung. Dem Patienten für sein bereitwilliges Kommen zu danken, wenn es in der Hauptsache den Professionellen von Nutzen ist, versetzt den Patienten in die »überlegene« Position. Indirekt wird er zum Lehrer gerade der Leute, bei denen er Hilfe suchte; er bringt ein Opfer, während man nicht von ihm verlangt, daß er die Hilfe des Experten anerkennt – seine Würde ist wiederhergestellt.

Zweite Sitzung

Th: Ich möchte Ihnen zunächst einmal danken, daß Sie sich die Mühe gemacht haben, noch einmal herzukommen, besonders bei so kurzfristiger Benachrichtigung, und das um so mehr, als aufgrund der vorliegenden Termine die Sitzung nur kurz sein wird. Es war kaum möglich, dieses Gespräch noch dazwischen zu schieben, doch hielt ich es für lohnend; ich wollte die Möglichkeit haben, noch einmal die Angelegenheit mit Ihnen durchzugehen, über die Sie nachdenken sollten: über die mögliche Kehrseite einer Besserung.

Auch diesmal nimmt der Therapeut die Haltung des Unterlegenen ein, indem er dem Patienten die »überlegene« Position einräumt: Er dankt ihm dafür, daß er sich »die Mühe gemacht hat«, noch einmal zu kommen. Dann kommt er sofort auf die Verschreibung zu sprechen, die der Patient bei der letzten Sitzung erhielt. Bei Erteilung einer »Aufgabe« ist es fast allgemein die Regel, ihre Wirkung gesondert zu überprüfen, und zwar gleich zu Beginn der Sitzung. Wir wollen nicht nur wissen, welche Resultate die Hausaufgabe gebracht hat, wir möchten dem Patienten auch übermitteln, daß wir, wenn wir Verschreibungen machen, ernsthaft damit rechnen, daß sie befolgt werden. Daher erhält die Hausaufgabe höchsten Vorrang im Zeitplan.

Pt: Ich habe darüber nachgedacht. Ich habe mir sogar eine Liste gemacht.

Th: Haben Sie die Liste bei sich?

Pt: (seufzt) Ich muß gestehen, nein.

Th: Nun, ich hoffe, Sie haben sie im Gedächtnis behalten.

Pt: Jawohl. Soll ich Ihnen einen allgemeinen Überblick geben – sozusagen (lacht) einfach die Liste runtergehen? Ich hatte ziemlich viel Schwierigkeiten, mir Nachteile vorzustellen. Nur über die kleinlichsten Details, wie es sein würde, wenn ich ein guter Konzertant wäre, kam ich in Gang.

Th: Hm-hm.

Pt: Und ich sehe mich schon darauf zusteuern, mir mehr Schüler zuzulegen, was ich gar nicht gern tun würde.

Th: Hm-hm.

Pt: Mehr schlechte Schüler. Und . . .

Th: Ja, ich kann mir denken, daß Sie mit ihnen leichter fertig werden als mit guten, nicht wahr?

Pt: Ja natürlich. Auf diese Weise – würde ich bisweilen in der Situation sein, ihre Gefühle verletzen zu müssen, was ich wirklich nicht gern tue. Vielleicht müßte ich die guten unter den schlechten Schülern aussuchen und den schlechten sagen, daß sie besser zu ihrem Strickstrumpf zurückkehren sollten oder etwas der Art.

Th: Hm-hm.

Pt: (seufzt) Doch am meisten habe ich mich mit mir selbst beschäftigt, habe ich mich mit meinen eigenen Unzulänglichkeiten als Solist konfrontiert, und ich weiß nicht – ich weiß wirklich noch nicht, worauf sie beruhen. Ich weiß, daß . . .

Th: (unterbricht ihn) Daß Sie damit konfrontiert werden, das herauszufinden, und daß Sie nicht einmal wissen, was Sie . . .

Pt: (unterbricht ihn) Nun, vielleicht werde ich eine Überraschung erleben. Ich werde vielleicht sehr überrascht . . .

Th: (unterbricht ihn) Jawohl, aber könnte es nicht eher darum gehen, in Fühlung zu gelangen mit dem, was Sie zur Zeit noch nicht wissen?

Pt: Es könnte sein. Vielleicht ist es besser, ohne Scheu dem ins Angesicht zu sehen, was man weiß.

Th: Richtig.

Pt: Oder dem, was ich vermute: daß mein Talent begrenzt ist, vielleicht noch begrenzter, als ich einsehen wollte. (Pause) Das ist es, was mir auf dem Weg einer realistischen Fantasie aufgegangen ist. Nun kann ich es mir lang und breit ausmalen, aber dazu gehören Probleme wie: ein Agent zu werden. (Seufzt) Diese Art von Sachen, von denen wir das letzte Mal sprachen.

Th: Hm-hm.

Pt: Nun, was auf jeden Fall dabei herausgekommen ist (räuspert sich) . . . Ich spiele tatsächlich jetzt besser. Ich – ich – spiele privat für mich allein besser als je zuvor.

Th: (Gab ein paar überraschte »Oh's« während des Obigen von sich.) Okay, doch nur, wenn Sie privat spielen.

Als der Patient von der Veränderung, die in seinem Spiel vorging, berichtet, erkennt der Therapeut dies an, doch nur durch ein paar fragwürdige »Oh's«. Eindeutig meldet er einen Vorbehalt an: »Doch nur, wenn Sie privat spielen.« Diese extrem kurze Antwort ist ein eklatantes Beispiel für eine oft angewandte Taktik: *indirekten* Optimismus zu verbreiten und diesen Optimismus durch eine *explizit* pessimistische Äußerung zu unterstreichen. Dieser Pessimismus stimmt auch mit der früheren Einstellung des Therapeuten »Nur langsam« konsequent überein.

Pt: Ja, privat.

Th: Hm-hm.

Pt: Aber – ich habe über all das nachgedacht, – die anderen Fragen, die wir alle angeschnitten haben. Was erkenne ich wirklich als minimalen ersten Schritt zur Überwindung der Schwierigkeit – oder um sie zumindest erträglich zu machen? Und – zu gewissem Grad ist das geschehen, indem ich jetzt etwas besser spiele. Ich bin etwas gelassener beim Musizieren, und gestern spielte ich etwas, das ich, glaube ich, seit meinem sechzehnten Lebensjahr nicht mit einer solchen Begeisterung gespielt habe. Worauf ich mir zunächst keinen Vers machen konnte.

Zum allerersten Mal äußert der Patient – »mit einer solchen Begeisterung« – eine innere Beteiligung am Spiel.

Th: Nun, ich weiß auch nicht, worauf es zurückzuführen ist.

Pt: Und das war, als ich allein spielte.

Th: Es hört sich nett an, und ich will es nicht von seinem spontanen Gefühl lösen, aber messen Sie ihm . . . messen Sie ihm nicht zu viel bei . . .

Pt: Nun gut. Als ich also – als ich ein bißchen so nachdachte . . . Doch das ist's – was meine Träumereien an mir bewirkt haben.

Th: Hm-hm.

Pt: Sie haben zur Folge, daß ich mein Problem plötzlich – als die andere, für sich bestehende Seite des Problems sehe. Sie sind sich in etwa gleich. Beide haben Vor- und Nachteile, eine jede die ihren. Daher ist es kein reines Paradies, verstehen Sie, wenn ich besser spiele und konzertiere. Doch scheint es nun ganz einfach zu sein, wenn auch kein Paradies, einfach, gut aufzutreten und vorzutragen. Was ich also in Wirklichkeit getan hatte, war, über Nachteile nachzusinnen. Ich hatte die ganze Zeit an die mögliche Überwindung des Problems gedacht. Und nun habe ich mich in eine – realistische Position, auf die andere Seite versetzt.

Th: Hm-hm.

Pt: Nun, nachdem ich das getan habe, erkenne ich die Nachteile meines Fantasierens.

Th: Wollen wir doch mal sehen, ob ich Sie recht verstehe. Soweit ich es mitbekomme, sind Sie von einem Bild, auf dem Sie die gegenwärtige Situation potentiell ganz schwarz und die Überwindung Ihres Problems ganz weiß sehen, übergewechselt zu einem anderen Bild: »Nun, zwischen beidem besteht überhaupt kein Gegensatz, kein klarer Unterschied. Ein jedes hat sein Gutes *und* sein Schlechtes, und daher besteht überhaupt kaum noch ein so großer Unterschied mehr zwischen ihnen wie zuvor«?

Pt: So ist es.

Der Patient hat sich enthusiastisch um Besserung bemüht, doch der Therapeut enthält sich der Zustimmung dazu, zumindest nach außen hin. Er pflichtet ihm zwar bei, schickt aber voraus »Wollen mal sehen, ob ich Sie recht verstehe« und umgeht damit die Aufforderung zu der Bemerkung »Das ist großartig«, um sich schließlich zu einem »es besteht überhaupt kein Unterschied« herbeizulassen. Da der Therapeut eine »pessimistische« Haltung eingenommen hat – zumindest nach außen hin –, die ihm half, einen Wandel zum Guten hervorzurufen, wird er von ihr bis zum allerletzten Ende der Transaktionen mit dem Patienten nicht abweichen: »An einem Spiel, das man gewinnt, ändert man nichts.«

Einige Jahre nach diesem Interview erhielten wir einige informelle Nachinformationen von dem Therapeuten, bei dem unser Patient zur Zeit dieser Demonstrations-Interviews in Behandlung gewesen war. Der Geiger hatte allmählich, ohne formellen Abschluß, mit der Behandlung aufgehört. Er war inzwischen in ein Immobiliengeschäft eingetreten, wobei sein Hausbesitzer sein Partner war. In diesem Beruf hatte er viel Erfolg. Seine Karriere als Musiker hatte er aufgegeben, führte sie aber auf nicht professioneller Ebene zu seinem eigenen Vergnügen fort.

11 Fallstudie

Die Familie des Infarkt-Opfers

Zum Patienten erklärt war in diesem Fall ein Mann von achtundfünfzig Jahren, der im Abstand von sechs Monaten zwei Schlaganfälle erlitten hatte. Der zweite Schlag hatte ihn etwa ein halbes Jahr vor unserem ersten Kontakt getroffen. Der Patient hatte sich teilweise von den Auswirkungen dieser Anfälle erholt, und sein Internist wie auch sein Neurologe waren der Ansicht, daß ein gewisses Maß an körperlicher Bewegung in vernünftigen Grenzen seiner weiteren Erholung förderlich sein würde. Indes widersetzte sich der Patient dem Drängen beider Ärzte wie auch seiner Familie, sich ein Bewegungsprogramm aufzuerlegen. Statt dessen verbrachte er den größten Teil des Tages im Bett oder passiv im Lehnstuhl vor dem Fernseher.

Angesichts dieser Gegebenheiten wandte man sich an Eldon Evans, Mitglied der Kurztherapie-Abteilung des Mental-Research Institute in Palo Alto, Internist und Psychiater zugleich, er möge zur Beurteilung ein Interview mit dem Patienten (H) und seinen Angehörigen – seiner Frau (Ef, 56 Jahre alt) und ihren drei Söhnen (S1, S2, S3, 33, 29 und 27 Jahre alt) – halten, die zwar voneinander getrennt, doch am gleichen Ort lebten und mit ihren Eltern Kontakt hielten.

Wir bringen zuerst drei Auszüge aus dem Beurteilungs-Interview des Dr. Evans:

Beurteilungs-Interview

Auszug 1

Th: Die zweite Frage lautet: »Was würden Sie in Ihrer Familie am liebsten ändern?«

S1: Sollen wir der Reihe nach antworten oder können wir einfach loslegen?

Ef: Hon, fang du doch an.

H: Nun, wir sind doch nicht meinetwegen hier.

Ef: Nicht?

H: Nein.

Ef: Wegen wem sind wir hier?

H: Deinetwegen natürlich. (Gelächter)

S2: Ich möchte, daß mein Vater wieder gesund wird. Das wäre schön, weil ich mich dann freier fühlen würde, zu kommen und zu gehen, wie es mir paßt.

S3: Natürlich, ich möchte ebenfalls, daß mein Vater gesund wird. Dann könnte er doch tun, was er wollte, und hätte mehr von seinem Leben als jetzt.

Ef: Es versteht sich von selbst: Ich möchte, daß er wieder so ist, wie er früher einmal war, daß er wieder in der Garage Holz machen und am Haus basteln und wieder Ski fahren kann und wieder ein ganz normaler Mensch ist, am Leben interessiert, anstatt den ganzen Tag im Stuhl zu sitzen oder auf dem Bett zu liegen.

S1: In den letzten drei Punkten stimme ich mit dir überein. Ich würde ebenfalls gern sehen, daß mein Vater wieder so gesund wird, wie er vor seinen Schlaganfällen war, als er mehr Beweglichkeit und Unabhängigkeit genoß, weg von der Familie und insbesondere von meiner Mutter. Daß er in der Lage ist zu tun, was *er* tun möchte, inbegriffen in unsere Hütte nach Squaw Valley zu gehen und dergleichen, und wiewohl ich nicht glaube, daß es wirklich etwas mit der Frage zu tun hat, bin ich doch optimistisch, daß alles so kommen wird und schon zu kommen beginnt, weil ich meine, daß es ihm bereits besser geht.

Ef: Das ist recht, Hon.
S2: Und wie ist es mit dir?
Ef: Was möchtest du anders haben . . . abgesehen von *mir*?
H: Was mir zu schaffen macht, ist meine Unbeweglichkeit, meine Steifheit und so weiter, das ist eher ein medizinisches als ein psychologisches Problem. Wäre dieses Bein ebenso beweglich wie das andere, könnte ich – sogar rennen. So kann ich kaum gehen. Tatsächlich ist es so – nun, manchmal kann ich gut gehen; meistens kann ich's aber nicht, dann kann ich nicht einmal das linke Bein heben.

Auszug 2

S1: Du mußt dich mehr anstrengen, wenn du deine körperliche Verfassung bessern willst, und ich meine, daß . . .
S2: Nur wenn du dich körperlich kräftigst, wird es dir auch seelisch und geistig bessergehen, und ich denke, das könntest du schaffen. Ich weiß natürlich nicht, wie sich das anfühlt in deinen Händen und in deinem Bein.
S1: Nun, was das angeht, bin ich mir bewußt, daß ich nicht wie du unter körperlichen Beeinträchtigungen zu leiden habe. Aber du siehst doch fern und siehst Leute, die ohne Hände, mit dem Pinsel zwischen den Zähnen ganze Bilder malen; du magst vielleicht wirklich nicht in der Lage sein, ebenso fachmännisch in der Garage zu werken wie früher. Aber ich habe das Gefühl, daß du, wenn du es wirklich wolltest, schon jetzt eine Menge von Dingen tun könntest, wenn du zum Beispiel sagen würdest: »Verdammt noch mal, ich werde es einfach für mich tun, weil ich es tun will.«

Auszug 3

H: Nun, es fing damit an – es ging um *mich* und die Schwierigkeiten, die *ich* mit allem und jedem habe. Ich meine, daß körperlich mit mir immer noch eine Menge nicht stimmt und daß die Familie das nicht genügend berücksichtigt, daß sie sich nicht darüber klar ist . . .
Ef: Warum siehst du *mich* an?

H: Oh – ich meine dich.

Ef: Nun . . .

H: Es kommt mir so vor, daß jeder – die Art, wie ich gehe . . .

Ef: Nun . . .

H: Ich ziehe das Bein nicht aus Spaß hinterher. Es ist die Hölle, das verdammte Bein hinterherzuziehen und zu humpeln.

Ef: Wir werden dir leichtere Schuhe kaufen müssen. Diese sind zentnerschwer.

Diese Auszüge lassen klar erkennen, daß die Familienmitglieder – an erster Stelle die Ehefrau, an zweiter die Söhne – den Standpunkt vertreten, daß das Problem des Patienten weitgehend seelischer Natur ist: Er strengt sich nicht genug an, bemüht sich nicht, aktiver zu sein. Während der Patient seinerseits darauf beharrt, daß sein Problem ein körperliches ist: ein Problem des Nichtkönnens. Er reagiert auf ihr Drängen mit einer Mischung aus Gereiztheit und Niedergeschlagenheit.

Dieses Problem wurde der Kurztherapie-Abteilung vorgetragen. Da dem Patienten offensichtlich jeder »psychologische« Ansatz in seiner Situation widerstrebte, und da wir meinten, daß ein interaktioneller Ansatz eher die Möglichkeit bietet, auf das Verhalten der anderen Familienglieder einzuwirken, zogen wir es vor, den Patienten überhaupt nicht zu sehen und statt dessen mit den durch das Problem betroffenen Familiengliedern zu arbeiten, zumal mit der Ehefrau. Auch in diesem Fall war Paul Watzlawick der Therapeut.

Erste Sitzung

(nur mit der Ehefrau und den drei Söhnen)

Auszug 1

Th: Ich denke, wir sollten damit beginnen, wie *Sie* das Problem sehen.

Ef: Nun, da ich hier nicht in der Lage war, mich zu sammeln, um die Frage von Dr. Evans beantworten zu können, habe ich auf dem Heimweg darüber nachgedacht und sie dann schriftlich beantwortet: »Wie hat sich der Infarkt meines Mannes auf mich ausgewirkt?« Ich glaube, ich habe damit das Ganze erfaßt. Ich würde es Ihnen gern vorlesen, wenn Sie die Zeit dafür aufbringen können.

Th: Ja, tun Sie das.

Ef: (liest vor) »Während der ersten sechs Monate verbrachte ich fast meine ganze Zeit damit, Hon in meinen Armen zu halten, ihn zu trösten und mit ihm und um ihn zu weinen. Ich glaube, ich habe mehr geweint als die meisten Menschen in ihrem ganzen Leben. Seine tiefe Depression hatte auch mich dermaßen erfaßt, daß nichts unseren Schmerz zu lindern vermochte. In diesen Monaten nahm ich Hon dreimal wöchentlich ins Lakes Medical Center zur Bewegungs- und Sprechtherapie, wir benutzten einen Recorder zum Wiederholen der Sätze und zum Üben der Aussprache. Auch machten wir Bewegungsübungen, so viel wie möglich, soweit ich ihn dazu bringen konnte. Er hatte kein Interesse daran, und so hielt ich ihm aufmunternde Reden und versicherte ihm, daß wir mit dieser schrecklichen Sache fertig werden würden, die unser beider Leben ruiniert habe, und er würde wieder der Mann werden, der er einmal war. Ich übte mit ihm Gehen und redete ihm gut zu; dennoch verbrachte er den größten Teil des Tages im Sessel vor dem Fernseher oder schlafend auf dem Bett. Innerhalb weniger Stunden hat sich mein starker, intelligenter und fähiger Mann in einen geistig verwirrten, physisch erschöpften Menschen verwandelt. Seit Jahren hatte ich mich nicht um die Finanzen und Steuern und so weiter zu kümmern brauchen; plötzlich mußte ich mich nun wieder mit allen solchen Dingen befassen. Stunden verbrachte ich mit Buchführung in einem Labyrinth von Krankenhausrechnungen und Versicherungsgeldern und so fort, sowie mit den notwendigen Vorkehrungen für seine Behindertenrente und die Pensionierung. Ich lebe in einem Vakuum, ringsum herrscht totale Stille. Hin und wieder spricht er ein paar Worte, manchmal sogar einen ganzen Satz. Ich werde kritisiert, daß ich beim Essen den Fernseher anstelle, aber entweder TV oder Schweigen. Unsere Freunde schauen nicht mehr herein, und selbst seine Freunde lassen sich nicht mehr sehen, denn es ist ihnen peinlich, wenn er nichts sagt, und so bleibt es mir überlassen, mit jedem Konversation zu machen. Aus diesem Grunde meinen meine Söhne, ich rede zuviel.«

Dieser Niederschrift ist deutlich zu entnehmen, daß sie jetzt ihrem Mann gegenüber die Position des »Helfers« einnimmt, und daß diese Hilfe darin besteht, zum einen alles mögliche für ihn zu erledigen und andererseits ihn zu drängen, zur Rehabilitation weiter an seinen Aufgaben zu arbeiten. Es gibt aber auch Anzeichen dafür (das Beurteilungsinterview hat dies bestätigt), daß sie es satt hat – daß sie, durch die trotz all ihrer Bemühungen mangelnde Aktivität ihres Mannes frustriert, Zorn empfindet.

Auszug 2

Ef: Zum Beispiel gab seine Firma für ihn eine Abschiedsparty, und man rief ihn in Anwesenheit von 150 Personen nach vorne ans Mikrophon. Ohne Zaudern begann er zu sprechen, vollkommen klar, und hielt eine kleine Rede. Und dann ging er im Saal umher und schüttelte Hände und war beinahe ganz wieder wie früher.

Diese Schilderung läßt erkennen, daß der Patient zumindest bisweilen und unter bestimmten Umständen besser funktionieren kann; die von ihm so betonte Behinderung erweist sich als variabel.

Auszug 3

Th: Wenn wir hier zusammentreffen, so deshalb, um herauszufinden, wie Sie, die Sie ihm am nächsten stehen, ihm am besten helfen können. Sie alle haben bereits erwähnt, daß Sie versucht haben, ihm zu helfen, insbesondere Sie, seine Frau. Zuerst haben Sie sich sehr bemüht, ihn zu unterstützen, gewannen dann aber den Eindruck, daß Sie das vielleicht nicht tun sollten, und änderten Ihre Haltung ihm gegenüber.

Wenn also irgend etwas bei diesen paar Sitzungen herauskommen soll, muß es sich – hoffentlich – auf den Umgang mit ihm auswirken, ihm vielleicht auf eine Weise helfen, wie sie noch keiner versucht hat.

Der Therapeut umreißt den Charakter ihrer Arbeit, wobei er unverhohlenen Optimismus tunlich vermeidet. Jeglicher Erfolg wird davon abhängen, welche Hilfe sie dem Patienten leisten und wie sie ihre Helferposition nutzen können, und zwar auf eine neue Weise.

Zweite Sitzung

(Diese Sitzung fand mit der Frau und zwei Söhnen statt)

Auszug 3

Th: Schön wär's, wenn wir eine Änderung seiner Haltung erreichen könnten . . .

Ef: O ja . . .

Th: . . . damit er wieder Dinge tut, die er jetzt unterläßt, notwendige Dinge des Alltags, die er zur Zeit nicht fertigbringt. Woran würde man am besten erkennen, daß sich seine Einstellung geändert hat? Mit welchen der alltäglichen persönlichen Verrichtungen, wie sie dutzendweise am Tag vorkommen und die er jetzt nicht bewältigt, wird er von selbst wieder anfangen? (Drei Personen reden zugleich.)

S1: . . . das würde uns signalisieren, daß er von selbst wieder anfängt zu tun, was er früher immer selbst zu tun pflegte – würde das einen Fortschritt in Richtung seiner früheren geistigen Verfassung bedeuten?

Th: Ganz recht – es wäre der Beweis dafür, daß sich seine Einstellung gewandelt hat.

Beim Erstinterview wie auch beim Bewertungsinterview gibt seine Frau zu erkennen (zum Beispiel, indem sie von »Faulheit« und »sich anstrengen« spricht), daß sie der Meinung ist, ihr Mann habe nicht die richtige Einstellung zu seinen Schwierigkeiten. Der Therapeut bestätigt sie in dieser Sicht und benutzt diese dann als Trittstein, um zur Frage des Verhaltenswandels überzugehen: Wie würde sich der erwünschte Wandel äußern? Dieser Kurs wird sofort von einem der Söhne unterstützt. Die Söhne, die nicht so unmittelbar betroffen sind, haben für neue Ideen mehr übrig als ihre Mutter, nehmen es aber dementsprechend mit der Beeinflussung des erklärten Patienten weniger genau.

Ef: Nun, noch eine Sache – nachmittags mache ich immer um etwa vier Uhr Kaffee, denn dann ist es soweit, daß ich eine Tasse Kaffee brauche. Dann sitzt er immer im Wohnzimmer und sieht sich Fernsehen an, und ich gieße ihm immer eine Tasse Kaffee ein und bringe sie ihm hin. Eines Tages hat mich das so gewurmt, weil ich ja etwas tat, wobei er mir mal hätte helfen können. Er aber rührte sich nicht. »Also«, sagte ich mir, »dies war das letzte Mal, daß ich dir den Kaffee gebracht habe. Wenn du das nächste Mal deinen Kaffee haben möchtest, dann komm in die Küche und hole ihn dir.« Und das sagte ich ihm auch. Seitdem kommt er immer herüber und holt sich selbst seinen Kaffee.

S1: Ich glaube nicht, daß dies die richtige Reaktion war...

Th: Nun, ja und nein, denn ich frage mich, was wäre geschehen, wenn Sie ihm, ohne etwas zu sagen, plötzlich den Kaffee nicht mehr gebracht hätten?

Dic Ehefrau hat ebenfalls reagiert, doch weniger entschieden als der Sohn. Sie bringt dieses Beispiel für eine unerwartete Aktivität ihres Mannes zur Sprache. Ihr Sohn hält ihr Verhalten für unzweckmäßig, doch der Therapeut widerspricht – selbst ein nur partielles Einverständnis auf seiten der Frau sei es wert, respektiert und, wenn möglich, als Basis für einen weiteren Ausbau der Beziehung benutzt zu werden.

Ef: Dann hätte er ihn sich nicht selbst geholt.

Th: Bestimmt nicht.

S1: Du meinst, er hätte darauf verzichtet, obwohl er wußte, daß du Kaffee gemacht hast?

Ef: Ja, er wäre bis abends ohne Kaffee ausgekommen.

S1: Bist du sicher – würde er nicht gesagt haben »Bring mir bitte meinen Kaffee«?

Ef: Nein, er hätte nichts gesagt und hätte sich ihn auch nicht geholt. Nun, gestern abend ...

S1: Bist du sicher, er würde nicht nach seinem Kaffee verlangt haben?

Ef: Nein, es wäre ihm überhaupt nicht in den Sinn gekommen. Denn, gestern abend nach dem Essen – wir trinken immer abends noch einmal eine Tasse Kaffee – stand er doch tatsächlich auf und holte ihn sich, anstatt mich zu bitten, wie sonst, und das überraschte mich.

S1: Nun, ist das nicht sehr, sehr wenig ...

Th: Ehe wir zum nächsten Punkt übergehen: Was ist der Grund dafür, daß er aufsteht und sich seinen Kaffee selber holt?

Ef: Gestern abend? Ich habe keine Ahnung.

Th: Er muß gemerkt haben, daß sich etwas geändert hat.

Ef: Vermutlich habe ich ihn den ganzen Tag angemeckert.

Th: Da bin ich mir nicht sicher. Ich meine, vermutlich haben Sie etwas in dem Augenblick getan oder nicht getan ...

Ef: Nun, er dürfte gewußt haben, daß ich müde war. Ich hatte den ganzen Tag gearbeitet, und als es Zeit war, Essen zu machen, sagte ich: »Ich bin sehr müde und habe keine Lust, heute abend groß zu kochen«, und dann fragte ich ihn: »Was für ein Sandwich möchtest du haben?« Also wußte er, daß ich erschöpft war. Ich mache ihm sonst immer eine komplette Mahlzeit. Vielleicht war das der Grund dafür, daß er sich erhob – weil er wußte, daß ich müde war, holte er selbst seinen Kaffee, anstatt mich zu bitten.

S1: Er mag sich auch Sorgen um dich gemacht haben. Am Samstag abend hatte Mama einen Ohnmachtsanfall oder so etwas Ähnliches.

Der Therapeut weist darauf hin, daß das Verhalten des Ehemannes, selbst seinen Kaffee zu holen, ungewöhnlich war. Er ging von der Annahme aus, daß es sich dabei um eine Reaktion auf ein verändertes Verhalten der Ehefrau gehandelt haben müsse, und rückt nun mit der Frage heraus: »Was haben *Sie* denn anders gemacht als sonst?« Schließlich hat sein nachdrückliches Forschen Erfolg. Die Frau räumt ein, daß sie müde gewesen sei und sie in aller Offenheit bekannt habe, daß ihrer Fähigkeit, für ihren Mann zu sorgen, Grenzen gesetzt seien.

Der Sohn pflichtet ihr in bezug auf ihr »Unfähigsein« und die vermutliche Reaktion des Vaters darauf bei und erwähnt, daß seine Mutter am Tag zuvor in Ohnmacht gefallen sei; sie hatte aus Versehen das falsche Medikament eingenommen und daraufhin das Bewußtsein verloren. Dieser Vorfall sowie die Reaktion des Patienten darauf werden im nächsten Auszug weiter behandelt.

Auszug 5

Ef: Glauben Sie mir, nie wieder werde ich eines dieser Dinger einnehmen. Ich wußte überhaupt nicht, wie stark sie waren oder was das war. So etwas sollten Sie mir nicht geben.

Th: Aber denken Sie an das unerwartete Resultat, das Sie erzielten. Sie können sagen, es hängt damit zusammen oder nicht. Meiner Meinung nach hatte es tatsächlich die unerwartete Folge, daß Ihr Mann abends nach dem Essen aufstand, um sich seinen Kaffee zu holen.

Ef: Ja, mag sein, daß es auf ihn gewirkt hat . . . die Tatsache, daß er wußte . . .

S1: Hon sagte, er habe sich heute morgen an dein Bett gesetzt und habe mit dir geredet, weil du so todmüde gewesen seist.

Ef: Ja. Ich bin am Morgen noch liegen geblieben, ehe ich unter die Dusche ging und mich angezogen habe. Er kam herein und setzte sich ans Fußende und sprach mich an, was er sonst nie tut.

S1: Ich sprach mit Vater und fragte »Wie steht's mit ihr? Es ist doch wohl kein Schlag?« Ich wußte, was diesem Kollaps zugrunde lag: die Sorge wegen der Einkommenssteuer; der Steuerbetrag ist sehr viel höher, als vorauszusehen war, und das machte ihr große Sorge und tut es auch noch. Vater war aber vollkommen klar und ganz ruhig, und ich fragte noch einmal: »Du glaubst also nicht, daß es ein Schlaganfall war?«

Er sagte: »Nein, es wird ihr gleich wieder bessergehen.« Es fiel mir auf, daß er vollkommen normal reagierte.

Kurz, die Geschichte, daß die Frau auf die Medikation hin einen Schwächeanfall erlitten habe, bestätigt den Zwischenfall wegen des Kaffees. Auf ihre offensichtliche Hilflosigkeit reagiert der Patient mit überlegter Aktivität. Das läßt darauf schließen, daß sie eine Verhaltensänderung in Richtung »Hilflosigkeit« vollzogen haben muß: ein Abrücken von ihrer vorherigen »überlegenen« Position des Umsorgens und Gutzuredens.

Auszug 6

Th: Wir wollen jetzt – da ich nun eine gewisse Vorstellung davon habe, wie ein sehr kleiner Schritt oder gar zwei aussehen würden, lassen Sie mich etwas anderes erwähnen, das ich für sehr wichtig halte. Ich hatte Gelegenheit, das Videoband, das man von Ihnen Vieren in der Universität aufgenommen hat, zu sehen, und da ist mir etwas Erstaunliches an Ihrer Interaktion aufgefallen. Wahrhaftig, es ereignete sich in der knappen Stunde, die Ihr Interview dauerte, elfmal. Hat einer von Ihnen eine Idee, was sich da elfmal abgespielt haben könnte?

S1: Ich könnte mir denken, daß er möglicherweise elfmal versuchte, uns etwas zu sagen, und stets einer von uns Vieren ihm ins Wort fiel und den Satz beendete.

S2: Wir halfen ihm mit einem Wort aus oder soufflierten ihm vermutlich.

Th: Auch das stimmt, doch es ist nicht das, was ich meinte.

S1: Haben wir ihn unterbrochen?

Th: Nein nein.

S2: Ist er zusammengebrochen und begann er zu weinen?

Th: Das geschah, glaube ich, nur ein- oder zweimal.

S2: Ein- oder zweimal.

S1: Ein wechselwirkendes Handeln, eine Interaktion innerhalb unserer Familiengruppe?

Th: Ja.

Ef: Ich kann mir nicht vorstellen, was es war.

Th: Die kleinen Vorkommnisse, daß er sich die Hände reibt oder dergleichen, die ich gezählt habe, sind alle von gleicher Struktur. Jedesmal, wenn einer von Ihnen oder Sie alle auf einmal ansetzten, um ihm zuzureden »Du kannst es«, »Es wird dir bessergehen, wenn du nur das und das tust«, »Wenn du nur aufhören würdest, gar nichts zu tun, wenn du in Gang kommst, wirst du merken, daß es besser wird mit dir« – das geschah viele Male, und elfmal davon reagierte er darauf. Und wie reagierte er, meinen Sie?

S1: Er wandte sich ab von dem, der gerade sprach.

Th: Das stimmt, aber er sagte noch etwas.

S1: Sagte er etwas Bestimmtes?

Th: O ja. Etwas ganz Bestimmtes.

S2: Wir haben keine Ahnung.

Th: Diese Reaktion wurde voraussehbar, nachdem sie drei- bis viermal erfolgt war. Ich wußte einfach, daß sich das jetzt fünf-, sechsmal . . .

Ef: Nicht die Sache mit der Hand?

Th: Nein, nein. Allgemeiner.

Ef: Wahrscheinlich sagte er einfach »Ich kann nicht«.

Th: Genau das. Und ich war verblüfft, weil ich sah, wie Sie sich alle Vier anstrengten, ihn aufzurichten, ihm ein wenig Selbstvertrauen zu geben, ihm klarzumachen, daß die Dinge nicht so laufen müssen, wie sie es im Augenblick tun, daß die Dinge sich bessern können – und mit Sicherheit wandte er sich jedesmal ab und sagte »Das versteht ihr nicht«.

Ef: Ja. »Ich kann das nicht.«

Th: »Du hast keine Ahnung, wie das ist mit meinen Beinen. Du weißt nicht, was es bedeutet, wenn sich meine Hand so anfühlt, wie sie es tut«, so daß der Außenstehende bei der Beobachtung der Vorgänge auf dem Band den Eindruck erhält, hier sind vier Leute, die sich aufrichtig und angestrengt bemühen, einen Wandel zum Guten herbeizuführen, und, wie durch Schwarze Magie, genau das Gegenteil bewirken. Nicht nur, daß sie nicht erreichen, was sie erreichen wollen, sie erreichen genau das Entgegengesetzte: Sie veranlassen ihn, noch entschiedener darauf zu bestehen, daß er nicht kann, daß er sich elend fühlt, daß Sie ihn nicht verstehen, keiner von Ihnen. Er fühlt sich dadurch genötigt – natürlich nehme ich das nur an, Gedankenlesen kann ich nicht – er sieht sich veranlaßt, immer mehr Beweise für seine Hilflosigkeit zu geben . . .

Im Rückblick auf das Beurteilungsinterview stellt der Therapeut fest, daß sich vor seinem fachmännischen Auge ein bestimmtes Reaktionsmuster bei den Familienmitgliedern sowie beim Patienten abzeichnete, insgesamt elfmal. Wie sah das aus? Während sie diese Frage zu beantworten suchen, werden sie immer gespannter, bis sie es kaum noch aushalten können. Schließlich kommt die Ehefrau der Sache ganz nahe: Wenn wir ihn zur Aktivität drängen, sagt er »Ich kann nicht«. Auf dieser Antwort kann der Therapeut aufbauen. Er lobt ihre guten Absichten, weist aber gleichzeitig auf ihre Unproduktivität hin: »wie durch Schwarze Magie«. Das liege keineswegs an ihnen; es handele sich lediglich um eine seltsame und unglückselige Reaktion auf ihre Bemühungen.

S1: Vorige Woche arbeitete ich an unserem Zaun, und ich sagte – zu meinem Vater, es war das erste, was ich sagte –, ich hätte es satt mit ihm, und begann, ihn zu ignorieren. Als er auf den Hof kam und sah, was ich machte, wandte ich mich nicht um und sagte auch nichts. Ich arbeitete weiter und nahm von ihm keine Notiz. Er stand herum und gab mir Anweisungen, über dies und das, und wie man Zäune errichtet. Er sei ein erstklassiger Tischler und wisse, wovon er spreche. Ich arbeitete an dem einen Ende des Zauns, und er wies auf ein paar Bretter am anderen Ende, die ausgebessert werden mußten, und sagte: »Geh und hol dir ein Beil und ein Brecheisen und bring es in Ordnung«, wütend antwortete ich: »Ich bin jetzt gerade hier unten. Wenn du es gemacht haben willst, dann tu du es. Ich werde mich erst darum kümmern, wenn ich dahin komme.« Er ging und holte Beil und Brecheisen und zeigte mir, wie man's macht – er begann die Bretter herauszustemmen und sagte »Nun mach dies und dann mach das«, was ich dann auch tat und auch getan hätte: ich wäre von selbst darauf gekommen. Ich war aber gerade im Begriff, den Zaun mit Pfosten abzustützen. Ich sagte nur: »Tu, was du willst, ich bin hier mit den Brettern zugange.« Ich kümmerte mich nicht um ihn, und so holte er das Beil und das Brecheisen und schlug es in das untere Ende und stemmte es hoch und sagte: »Der obere Nagel hält nicht, das machen wir später. Laß mich erst den Zaun fertig machen, damit er nicht umfällt.« Aber die Sache war die: Er ging hin und richtete ihn; das machte er, um mir zu zeigen, was er meinte, weil er es mir nicht erklären konnte. Er tat also genau das Gegenteil dessen, was wir soeben besprochen hatten. Ich hatte ihn ignoriert, anstatt ihn zu fragen, wie ich es machen soll, und so ging er hin und zeigte es mir. Und nannte mich einen hellen Burschen und klopfte mir beinahe auf die Schulter.

Der eine Sohn gibt zu erkennen, daß er die Botschaft des Therapeuten begriffen hat und ihr beipflichtet, indem er eine konforme Anekdote dazu liefert. Als er die Reparatur auf seine Weise ausführen will, ohne den Vater hinzuzuziehen, wird sein Vater von selbst aktiv und unterstützt ihn mit Rat und Tat.

Auszug 7

Th: Die Hauptlast der Bürde fällt Ihnen zu (der Ehefrau), meine ich, ob Sie wollen oder nicht, denn bisher haben Sie versucht, das Richtige zu tun und liebevoll, vernunftig und logisch zu handeln. Was könnte es Vernünftigeres und Liebevolleres und Logischeres geben, als Ihren Mann zum Ausgehen zu ermuntern und etwas zu unternehmen, um die Schranke seiner Unfähigkeit oder seines vermeintlichen Nichtkönnens zu durchbrechen, die wahrscheinlich gar nicht so groß ist, nach den Äußerungen des Neurologen zu urteilen. Es wird Ihnen vielleicht nicht möglich sein, umzuschwenken und sich zu sagen: »Bisher habe ich es auf die liebevolle Tour versucht. Vielleicht muß ich ein größeres Opfer bringen als bisher und eine Haltung an den Tag legen, die mir ganz gegen den Strich geht und auch der Vernunft widerspricht«, und wie gesagt, bin ich in dieser Hinsicht, was diese Möglichkeit betrifft, nicht gerade optimistisch.

S1: Als Sie diese zweite Möglichkeit beschrieben, sagten Sie, Mutter hat den einen Kurs eingeschlagen, den des liebevollen Vorgehens . . .

Th: Den liebevollen oder optimistischen Kurs des Gutzuredens.

S1: . . . wie würde das entgegengesetzte Vorgehen aussehen? Ihn in Frieden zu lassen?

Th: Nicht nur das . . .

S1: Sich entgegengesetzt zu verhalten?

Th: Jeder von Ihnen, Sie alle müssen hierin noch weiter gehen. Sie haben mir zwei herrliche Beispiele geliefert. Ich könnte mir keine besseren ausdenken. Sie (die Ehefrau) haben sich selbst aufgrund eines reinen Irrtums ebenfalls in den Zustand der Hilflosigkeit gebracht. Und anstatt in Panik zu geraten und zu meinen, die Welt gehe unter, beginnt der Patient plötzlich ganz überraschend zu funktionieren, erweist sich als zielstrebig, vernünftig und brauchbar. Sie (der Sohn) reparieren einen Zaun, und er will bestimmen, daß er besser vorn ausgebessert werden sollte – und Sie sind am anderen Ende, Sie legen sich eine andere Haltung zu, anders als vor ein paar Tagen: Sie sagen »Nun gut, mir ist es gleich, ich mach hier weiter« und zwingen damit ihn, das Werkzeug zu holen. Das ist es, was ich meine. Dieses Verhalten ist es, das vermutlich einen Wandel bewirken wird.

Nachdem er »dokumentiert« hat, wie man »es schaffen könnte«, sich aber den angestrebten entgegengesetzte Resultate ergeben, leitet der Therapeut die große Intervention ein, indem er zu verstehen gibt, daß ein ganz anderer Ansatz nötig ist, um dem Patienten zu helfen. Damit dieses veränderte Vorgehen besser zu akzeptieren ist, bezeichnet er es als einen äußerst schwierigen Schritt, der noch größere Opfer verlangt – damit er sich mit der Einstellung der Frau, ihres Helfen- und Sich-anstrengen-Müssens vereinen läßt. Auf diese Weise kann er es vermeiden, sich deutlicher über die von ihm vorgeschlagenen Verhaltensänderungen zu äußern. Als dann der älteste Sohn, wiederum allen anderen voran, die Frage stellt, wie dieses entgegengesetzte Vorgehen aussehen würde, weist der Therapeut darauf hin, daß sie bereits selbst demonstriert hätten, wie es funktioniert.

Auszug 8

Ef: Verstehen Sie, er versorgt sich jetzt wieder selbst, was seine persönlichen Bedürfnisse betrifft, steht morgens auf und putzt sich die Zähne und zieht sich an. Er würde so lange schlafen, wie ich ihn schlafen lassen würde. Ich stehe aber morgens früh auf und habe um 8 Uhr das Frühstück auf dem Tisch, und dann gehe ich zu ihm und sage: »Das Frühstück ist fertig, steh jetzt auf.«

Th: Tut er das?

Ef: Er erhebt sich, putzt sich die Zähne und kleidet sich an und kommt dann rüber . . .

Th: Aha. Können Sie das nicht morgen mal vergessen?

Ef: Ihn zu rufen?

Th: Ja.

Ef. Nun gut, das kann ich. Ich stelle es einfach auf den Tisch und laß es kalt werden.

Th: Und was machen Sie, wenn er sagt »Warum hast du mich nicht gerufen?«?

Ef: Dann sage ich »Du weißt ganz genau, wann das Frühstück auf dem Tisch steht, du hättest von selbst kommen sollen.«

Th: Das befürchtete ich, daß Sie das sagen könnten. Ja.

Ef: (lacht) Was sollte ich sonst tun?

S1: Sagen, daß du es vergessen hast.

Ef: Vergessen, ihn zu rufen?

S2: Ich war in dem Moment in die Talk-Show vertieft.

Th: Sagen Sie, daß es Ihnen sehr leid täte. »Ich weiß gar nicht, wie das passiert ist. Ich habe einfach vergessen, dich zu rufen.« Sagen Sie: »Ich weiß nicht, wie das gekommen ist. Entschuldige bitte.«

S1: Du willst doch nicht behaupten, daß du Eier mit Speck gemacht und auf den Tisch gestellt und dort einfach stehen gelassen hast, bis er um 11 Uhr oder sonstwann aufstand?

Th: Vielleicht doch.

S2: Warten wir's ab. Wollen mal sehen, um wieviel Uhr er aufsteht.

S1: Er könnte glauben, daß sie aus irgendeinem Grund beschlossen hat, ihn kurzzuhalten mit Frühstück.

Th: Nein, nein. Lassen Sie es ruhig stehen, und dann entschuldigen Sie sich – Sie haben es einfach vergessen.

S1: Warum kann sie nicht, wenn sie aufsteht und in die Küche geht, sagen »In fünf Minuten gibt's Frühstück«?

Th: Ja, weil wir annehmen müssen, daß er es ohnehin weiß; es ist Teil einer jahrelangen Routine.

Ef: Er weiß, wann ich das Schlafzimmer verlasse, in die Küche gehe, um Frühstück zu machen, und daß es spätestens in zehn Minuten fertig sein wird.

Th: Diesmal vergessen Sie es, und eine halbe Stunde später, wenn die Eier mit Speck kalt sind, können Sie ihn inständig um Verzeihung bitten und zu ihm sagen: »Ich weiß nicht, wie das passiert ist, aber ich habe es glatt vergessen, dich zu rufen.«

S2: Sollte sie nicht besser warten und es einfach stehen lassen?

S1: Machen wir doch einfach Cornflakes (Gelächter).

Ef: Ich hab es glatt vergessen.

S1: Ich sage dir, das wird ihn munter machen.

Die Ehefrau beschreibt die tägliche Frühstücks-Routine, und der Therapeut schlägt vor, sie solle vergessen, ihren Mann zum Frühstück zu rufen. Das heißt, hier ergibt sich eine Gelegenheit, in einer Alltagssituation allmählich damit anzufangen, von der Position des »Für-ihn-Sorgens«, wozu gehört, ihm zu sagen, daß er aufstehen soll, überzuwechseln zu der Position, *ihm* das Handeln zu überlassen, und wenn nötig, dies mit *ihrem* Irrtum oder *ihrer* Unfähigkeit zu begründen.

Th: Genausogut könnten Sie sagen, Sie fühlten sich nicht wohl. Doch frage ich mich, wie auch meine Kollegen sich fragen, ob wir uns nicht von unserer therapeutischen Begeisterung zu sehr mitreißen lassen. Ob wir nicht etwas von Ihnen verlangen, das Ihrer Auffassung, wie Sie Ihrem armen Mann helfen können, so konträr ist, daß Sie uns zwar anhören, aber mit der Zeit unserem Institut den Rücken kehren werden . . .

Ef: Nein, ich ...

Th: ... weil Ihre Meinung sich geändert hätte.

Ef: Nein, hören Sie, ich werde mit Freuden alles versuchen, was Sie vorschlagen.

Th: Nun, ich habe es schon zu oft gehört: »Herr Doktor, alles, was Sie sagen« ...

Ef: Ich meine es ernst.

Th: ... ausgenommen das eine, was wir sagen.

Ef: Nein, ich meine es wirklich ernst. Was immer Sie mir sagen, das nur die geringste Chance bietet, ihn herauszureißen aus dieser Lethargie ...

Th: Überlegen Sie mal nur einen Augenblick, wie schwierig das für Sie werden wird.

Die Frau hat zugesagt, dem Vorschlag, ihn zu »vergessen«, zu folgen. Doch der Therapeut will sie noch stärker motivieren, indem er in Frage stellt, ob es ihr gelingen wird, diese schwierige Aufgabe zu erfüllen. In ihrer Hingabe an ihre Helferin-Rolle hält sie hartnäckig daran fest, es unter allen Umständen versuchen zu wollen.

Auszug 9

S1: Sie wollen also behaupten, daß er morgen rechtzeitig aus dem Bett sein wird.

Th: Nein, das sage ich damit nicht. Wir möchten herausfinden, was geschieht.

S1: Dann soll sie es also morgen auch wieder vergessen – das gleiche tun?

Th: Ich glaube nicht, daß wir die Frühstücksangelegenheit jeden Morgen wiederholen sollten. Das wäre ein wenig verdächtig. Aber wie steht's mit dem Dinner am Abend? Es muß doch noch andere ähnliche Dinge geben. Nehmen Sie einmal an, Sie sagen: »Hon, es gibt etwas, worüber sich Männer gewöhnlich nicht klar sind; es klingt vielleicht albern und trivial, doch ist es sehr schwer für eine Frau, sich jeden Tag ein anderes Menü einfallen zu lassen. Ich weiß wirklich nicht, was ich kochen soll. Sag du mir's um Gottes willen.« So spielen Sie wieder die Hilflose, und wieder wird er dann genau das Gegenteil tun.

S1: Was du übrigens nebenbei bemerkt tatsächlich gesagt hast.

Th: Ja, jedoch sollten Sie es folgendermaßen einkleiden: »Ich weiß nicht, mir fällt nichts ein; ich bin am Ende meines Lateins.« Verstehen Sie? Es ist ein ziemlicher Unterschied, ob man es in erzieherischem Ton sagt, so daß er sofort den Braten riecht und sagt: »Wieder mal ein Versuch, mich auf Trab zu bringen, und sie haben keine Ahnung, wie schlecht es mir geht.« Nein, nein, nein! Dann werden Sie schlimmer dran sein als vorher. So brauchen Sie nicht darüber nachzudenken, was Sie morgen abend zum Essen machen. »Sag du mir, was ich kochen soll.« Und wenn er es nicht sagt, dann machen Sie etwas, das er nicht mag.

Ef: (unter allgemeinem Gelächter) Leber. Das war gestern abend der Fall.

Th: Dann sagen Sie: »Du hast mir nicht gesagt, was du essen möchtest. Also habe ich Leber gemacht.« Und dann sagen Sie: »Entschuldige bitte, es tut mir leid.«

Da man diese Verschreibung akzeptiert hatte und die Klienten nun fragen »Und was dann?«, stellt der Therapeut ihnen eine weitere Aufgabe der gleichen Art.

Dritte Sitzung

(Die Söhne konnten nicht kommen, so fand diese Sitzung mit der Ehefrau allein statt.)

Auszug 10

Th: Berichten Sie mir – wie ist es gegangen?

Ef: Es blieb ziemlich weitgehend dasselbe. Ich tat, was Sie mir gesagt haben, und setzte das Essen auf den Tisch, ohne ihn zu rufen; es muß schätzungsweise fünfundvierzig Minuten gestanden haben, dann kam er an und zeigte nicht die geringste Reaktion, und hier steckt der Wurm drin: es macht ihm alles nichts aus.

Th: Und was passierte am Morgen darauf?

Ef: Von nun an – und das ist ganz ungewöhnlich – stand er jeden Morgen auf. Vermutlich hat der Hund ihn geweckt. Also stand er auf und erschien rechtzeitig zum Frühstück.

Der Therapeut fragt, ob sie die Verschreibung befolgt habe. Die Ehefrau bejaht, jedoch hätten sich »die Dinge kaum geändert«. Der Therapeut weiß aus Erfahrung, daß allgemeine Antworten irreführend oder ungenau sein können; so forscht er weiter und stellt fest, daß der Patient sein Verhalten in der Tat merklich geändert hat. Die Frau versucht noch, es damit zu erklären, daß der Hund gebellt habe, und nicht aufgrund ihres Einflusses auf ihren Mann. Doch der erste Schritt ist getan.

Auszug 11

Th: Kommen wir noch einmal auf das Vorige zurück. Wie ging's mit dem Essen? Erinnern Sie sich unserer zweiten Vereinbarung: Sie wollten ihn fragen, was er besonders gern essen würde.

Ef: Ich machte etwas, das er nicht mochte, und als ich es ihm auftischte, brummte er ein bißchen und sagte: »Du weißt doch, daß ich das nicht mag.«

Th: Ja, und Sie sagten . . .

Ef: Ich sagte: »Oh, daran habe ich beim Einkaufen nicht gedacht. Du weißt ja, wie schwer es ist, sich für jede Mahlzeit etwas Neues auszudenken. Ich habe einfach nicht dran gedacht, und darum mußt du schon essen, was auf den Tisch kommt«, ich richte ihm nämlich jeden Abend ein regelrechtes Essen.

Th: Ja, ich verstehe. Haben Sie es fertiggebracht, sich wegen Ihres »Versäumnisses« ein wenig schuldbewußt zu geben und ihn um Entschuldigung zu bitten?

Ef: Ja, ich entschuldigte mich und sagte: »Es tut mir leid, ich werde mich bemühen, dir keine Leber mehr vorzusetzen, ich weiß jetzt, daß du sie nicht magst.« Er sagte nichts dazu. Heute morgen kam er aus dem Schlafzimmer, und in letzter Zeit hat er mir immer, wenn er herauskam, einen Kuß auf die Wange gegeben und dabei »Guten Morgen« gesagt. Ein großer Fortschritt, da er nie Guten Morgen oder so etwas ähnliches sagte; er setzte sich stillschweigend mit seiner Zeitung an den Tisch, begann zu lesen und sagte kein Wort. Schließlich blickte ich ihn an und schrie so laut wie ich konnte: »Halt's Maul!« Der Schreck sollte ihn aufrütteln, sich darüber klar zu werden, daß er noch kein Wort gesprochen hatte.

Th: Nehmen Sie es nicht tragisch. Niemand ist vollkommen. Jeder hat Fehler.

Der Therapeut setzt seine Untersuchung fort und fragt nach der Verschreibung wegen des Abendessens. Die Ehefrau hat auch diese Aufgabe erfüllt und meldet einen zusätzlichen Wandel – ihr Mann sagt jetzt »Guten Morgen« –, obwohl sie dies nicht direkt mit den von ihr bewirkten Verhaltensänderungen in Verbindung bringt.

Sie meldet auch noch eine spontane Veränderung, die, wiewohl unerwartet, vermutlich auch positiv zu bewerten ist: Anstatt sich zu beschweren, weil ihr Mann sich schweigend in seine Zeitung versenkt, brüllt sie ihn an: »Halt's Maul!«

Auszug 12

(An diesem Punkt betritt Dr. Weakland (JW) das Behandlungszimmer.)

JW: Was Sie soeben erzählten, hängt mit etwas zusammen, das mir durch den Kopf ging, als ich reinkam. Sie haben mehrfach erwähnt, daß Ihr Mann nicht viel redet. Und so frage ich mich, wie wollen Sie dann feststellen, welche Auswirkung die beiden Verhaltensweisen hatten, die Sie letzte Woche an den Tag legten? Weil Ihr Ehemann die Art von Mann ist, der er nun mal ist, möchte ich annehmen, daß es das Letzte wäre, was er tun würde: zuzugeben, daß er sich von Ihnen beeinflussen ließ.

Ef: Hm-hm.

JW: Ich halte es mittlerweile durchaus für möglich, daß Sie ... am besten läßt es sich wohl so ausdrücken: Sie sind sich Ihrer eigenen Kraft nicht bewußt – Sie verfügen über eine weit größere Fähigkeit, ihn zu beeinflussen, als Sie ahnen.

Th: Wir sehen dies natürlich heute ganz anders.

JW: Und in einer Sache bin ich mir vollkommen sicher: daß Sie von Ihrem Mann niemals hören werden: »Du hast mir eine Lehre wegen des Frühstücks erteilt, und darum stehe ich jetzt immer auf.« Das werden Sie nie zu hören bekommen.

Ef: Nein.

Th: Da können Sie warten bis zum Jüngsten Tag.

JW: Sie müssen Ihre Entscheidung auf der Basis anderer Anzeichen treffen.

Th: Überwiegend aufgrund von Beobachtungen ...

Ef: Nun, Sie wissen ja ...

Weakland macht sich Gedanken darüber, daß die Frau abstreitet oder nicht einsehen will, daß ihr Mann auf ihr Verhalten reagiert. Um gegen diese Position zu intervenieren, um sie zu entwaffnen, behauptet er, ihr Mann werde wahrscheinlich niemals *offen* eingestehen, daß er sich von ihr beeinflussen läßt.

Th: In unseren ersten beiden Sitzungen gewann ich, zumal in der letzten Woche, den Eindruck, daß Sie ein wenig überoptimistisch reagieren, zumindest was die Macht des einfachen, direkten, vernünftigen Zuredens betrifft. Ich finde, Sie versuchen – und es wird Sie vielleicht kränken – aber ich finde, daß Sie sich Ihre Aufgabe zu leicht machen wollen. Natürlich wäre es wunderschön, wenn Sie sich einfach zu ihm setzen könnten und kein Blatt vor den Mund zu nehmen brauchten und er dann sagen würde: »Ich glaube, du hast recht. Von nun an werde ich meinen Tageslauf ändern, werde dies und das und jenes tun.« Sie hoffen doch von ganzem Herzen auf dieses Resultat? Oder nicht?

Ef: Ja-a.

Th: Wie John betont, ist das sehr, sehr unwahrscheinlich.

Ef: Ich weiß.

Th: Also wird Ihre Hilfe ...

JW: Ich erwähne es nur ungern, doch habe ich den Eindruck, daß Ihr Mann ziemlich stur ist.

Ef: Sie haben den Nagel auf den Kopf getroffen. Sein praktischer Arzt fragte mich einmal: »Frau Ef., ich habe das Gefühl, daß Sam schon immer auf der sturen Seite gestanden hat, nicht erst seit seinem Schlaganfall. Stimmt das?« Ich sagte: »Zweifellos war und ist er immer stur gewesen, während der ganzen fünfunddreißig Jahre, die ich mit ihm verheiratet bin, und auch in den fünf Jahren vorher, in denen ich mit ihm ging – er ist der sturste Mensch, der mir je begegnet ist.«

Th: Oh, es ist also nicht nur sein Hirnschaden.

Ef: Er *ist stur*.

JW: Nun, das einzige, was ich mir in diesem Zusammenhang vorstellen kann, ist – ich weiß nicht, wieweit dies möglich sein wird – es sieht mir so aus, als ob Sie mit der Aufgabe konfrontiert sind, *irgendwie* – nicht notwendigerweise Hals über Kopf – zu seinem Besten seine Sturheit zu besiegen. Doch wieweit Ihnen das auch gelingen mag, erwarten Sie nicht, daß er es *offen* anerkennen wird, denn das ist einfach nicht seine Art.

Ef: Nein, ich glaube nicht, daß er das tun wird.

JW: Er mag auf Sie zukommen und Ihnen einen Kuß geben, und wenn Sie ihn dann fragen würden »Wozu denn das?«, würde er keinesfalls antworten »Weil du mir so geholfen hast«, bestenfalls »Weil ich gerade Lust dazu hatte«. (JW verläßt den Raum wieder.)

Weakland ging zu einem allgemeineren Punkt über, der die Idee bestätigt, daß die Frau das Bedürfnis verspürt zu helfen, ihr Mann jedoch eine Hilfe besonderer Art braucht. Da er so ein Sturkopf ist (eine Ansicht, mit der sie voll übereinstimmt), ist ein direktes Vorgehen nicht der richtige Weg, ihn zu beeinflussen. Die Weigerung des Mannes, ihre Unterstützung anzuerkennen, ist ein Beweis für seine Sturheit und Indikator dafür, daß sie ihn *indirekt* beeinflussen muß, wenn sie ihm helfen will.

Auszug 13

Ef: Aber es ist so schwer. Wenn ich mich erinnere, was für ein Mann er früher einmal war . . .

Th: Stur . . . nicht?

Ef: So stur, wie er war . . .

Th: Ja-a.

Ef: ... so ehrgeizig, energisch und tüchtig. Und es war nur eine Frage von Minuten, daß dies mit ihm passierte. Tatsächlich war er noch im Krankenhaus in den ersten Wochen nach dem Schlaganfall besser dran als jetzt.

Th: Ja, weil ihm erst jetzt das Ausmaß seiner Erkrankung klar zu werden beginnt. Aber wie Sie sehen, rückt das einen anderen Punkt ins Blickfeld, den meine Kollegen nach unserer letzten Sitzung zur Sprache brachten, daß nämlich gerade deshalb, weil Ihr Mann so dickköpfig zu sein scheint – oder ist –, er mit Sicherheit auch stolz ist.

Ef: O-o ja.

Th: Daß er vermutlich tief deprimiert ist, tief trauert über die Tatsache, daß er viele Dinge nicht mehr kann oder nicht mehr so gut tun kann wie früher. So daß Sie in gewisser Weise, glaube ich, durch Ihre Hilfsbereitschaft, dadurch, daß Sie ihn so unübersehbar umsorgen, unabsichtlich seinen Stolz verletzen.

Ef: Hm-m-m.

Th: Sie sehen es natürlich anders, als selbstlose, liebevolle Hilfe, die Sie ihm angedeihen lassen. Daher werden Sie sicher bestürzt sein, wenn Sie erkennen, daß Sie damit das Entgegengesetzte von dem erzielen, was Sie wollen.

Ef: Hm-hm.

Th: Doch wenn das so ist, so genau deshalb, weil er ein stolzer Mensch ist und es anders sieht.

Ef: Hm-hm.

Th: Für ihn bedeutet es ein ständiges allzu sichtbares Erinnert-werden an seine Behinderung. Und er mag darüber grollen.

Ef: Das mag sein. Daran habe ich überhaupt noch nicht gedacht.

Th: Es mag sein, wie es will, in jedem Fall, meine ich, wird es nötig sein, daß Sie überdenken, welche Art von Hilfe Sie ihm geben können und er von Ihnen braucht.

Ef: Hm-hm.

Th: Und dazu hatten Sie gerade einen meiner Meinung nach ausgezeichneten Vorschlag gemacht. Wenn er über Schmerzen klagt, raten Sie ihm, früh zu Bett zu gehen. »Warum gehst du nicht gleich ins Bett«, angenommen es ist fünf Uhr nachmittags.

Ef: Ja-ah.

Th: Oder, wenn er tagsüber klagt, sagen Sie: »Geh doch heute mal früh zu Bett« und drängen ihn dann ein ganz klein wenig.

Ef: Hm-m-m.

Th: Was, meinen Sie, könnte dabei herauskommen?

Ef: Schwer zu sagen. Ich meine, er wird vermutlich meinem Vorschlag folgen und zu Bett gehen und, verstehen Sie, es . . .

Th: . . . Das wäre aber nicht das Verhalten eines sturen Mannes . . .

Ef: Das stimmt; er könnte auch Widerstand leisten und sagen: »Du weißt doch« . . .

Th:. . . oder es wäre das Verhalten eines Mannes, der seinem Arzt gegenüber äußerte: »Ich wünschte, sie würde mich nicht immer so drängen.«

Ef: Er könnte aber auch sagen: »Nein, ich warte bis nach dem Essen mit dem Zubettgehen.«

Der Therapeut greift das »Dickkopf-Thema« auf, koppelt es mit dem ihm verwandten »Mannesstolz« und benutzt dies, um die Notwendigkeit eines anderen Vorgehens deutlich zu machen: anstatt ihren Mann zur Aktivität zu drängen, sollte sie ihn umgekehrt dazu drängen, zu ruhen.

Vierte Sitzung

(Diese Sitzung fand nur mit der Ehefrau statt.)

Auszug 14

Ef: Nun, vielleicht können wir weitermachen, und vielleicht können sie (die Söhne) nächste Woche wieder kommen – es wird unsere letzte Sitzung sein.

Th: Unsere letzte Sitzung, jawohl. Daher brauche ich von Ihnen einen sehr detaillierten Bericht über die letzten zehn Tage.

Ef: Zunächst einmal tat ich, was Sie mir wegen Aufstehen

Aufstehen und das Geschirr nach dem Frühstück stehen lassen empfohlen hatten: Ich ließ alles auf dem Tisch und sagte, ich müßte weg und müßte ein oder zwei eilige Gänge machen. Als ich zurückkam, stand das Geschirr immer noch da. Ich sagte nichts, fing einfach mit meiner Hausarbeit an. An jenem Nachmittag, nach dem Lunch, sagte ich wieder, ich hätte ein paar Gänge zu machen, und ging fort und ließ das Geschirr wieder stehen. Und als ich etwa um fünf, halb sechs Uhr nach Hause kam, hatte er den Tisch abgeräumt und das Geschirr in den Geschirrspüler gesteckt . . .

Th: . . . So.

Ef: . . . Darüber war ich sehr überrascht. Ich dankte ihm also und sagte, ich hätte einen sehr anstrengenden Tag gehabt. Von da an bin ich immer früh vom Tisch aufgestanden. Ich ließ das Geschirr stehen, und er war jedesmal auf und hatte alles weggeräumt, meiner Meinung nach ein sehr ermutigendes Zeichen. Eines Tages erklärte ich ihm, daß ich keine Lust mehr hätte, hinter ihm herzuräumen, und so räumt er jetzt seine Lunchreste selbst weg – mir kommt es so vor, als ob es ihm besser geht. Nun möchte ich Ihnen noch erzählen, was am Sonntag passierte. Ich war ganz begeistert, mehr als irgendwann seit seinem Anfall. Seine Schwester kam uns besuchen. Wenn man in einer Firma angestellt ist und reicht dem Vorschlagskomitee einen Vorschlag ein, und er wird angenommen, erhält man eine Belohnung – ihre Höhe hängt davon ab, wieviel Geld die Firma durch die Anwendung der Idee sparen kann. Man bekommt einen Wagen oder einen Fernseher oder ein japanisches Radio, zumindest erhält man eine Anerkennung in irgendeiner Form. Als er noch dort arbeitete – insgesamt waren es fünf Jahre –, machte er einen Vorschlag, der der Gesellschaft allein an Arbeitslöhnen 60 000 Dollar gespart hätte, erhielt aber nie irgendeine Belohnung. Und so holte er gestern seinen Recorder hervor und begann einen Brief zu diktieren, den ich für ihn tippen und abschicken soll. Dies hat mir, was seine Verfassung betrifft, neue Hoffnung gegeben. Speziell diese Sache hat ihn jetzt angestachelt.

Die Frau berichtet von weiteren Fortschritten, die mit ihrem Vorgehen zusammenhängen, sowie von einer neuen spontanen Wandlung: Ihr Mann hat Schritte unternommen, um alte Ansprüche an seinen früheren Arbeitgeber geltend zu machen.

Auszug 15

Ef: Ich finde, daß es ihm besser geht. Ich habe Ihre Weisungen befolgt. Ich habe ihn nicht zum Frühstück gerufen. Er ist zwar drei oder vier Tage morgens erst spät aufgestanden, doch hat er nichts dazu gesagt, daß ich ihn nicht gerufen habe.

Th: Und wie war's abends mit dem Dinner?

Ef: Da hat er sich beschwert – »Du weißt doch, Leber mag ich nicht«.

Th: Über die vergangene Woche haben wir ja schon gesprochen. Wie aber ging es diese Woche? Was haben Sie gemacht?

Ef: Ich habe das gleiche getan wie in der vergangenen Woche, und er hat sich wieder beschwert. Früher hat er sich niemals über irgend etwas beschwert; er aß alles, was ich ihm vorsetzte. Doch seit er krank ist, ist ihm nichts recht, besonders zum Lunch. Es war eine furchtbare Zeit für mich, immer darüber nachdenken zu müssen, womit ich ihn zufriedenstellen könnte.

Die Ehefrau setzt ihren Bericht über die von ihr getreulich erfüllten Aufgaben sowie über einige positive Resultate fort.

Fünfte Sitzung

(mit der Ehefrau und zwei Söhnen)

Auszug 16

Th: Können Sie mich bitte auf den neuesten Stand bringen? Heute ist unsere letzte Sitzung – Sie verstehen . . .

Ef: Ich kann aufrichtig behaupten, daß er nach meiner Meinung zum ersten Mal Besserung zeigt. Er äußert auch mehr Interesse am Leben, blickt hoffnungsvoller in die Zukunft und hat auch mehr Lust, etwas zu tun. Gerade habe ich Jim (S1) erzählt, daß er gestern in der Garage gewerkelt hat, und er ist auch nach draußen gegangen und hat die Blumen gegossen und den Weg gekehrt und ähnliches. Und es sah so aus, als wollte er, als wollte er noch viel mehr...

Auszug 17

Ef: ... daß er morgens früh aufgestanden ist. Heute morgen hat er mich zum ersten Mal in der Küche besiegt, er war vor mir in der Küche, und das ist ganz ungewöhnlich.

S1: Das ist ja erstaunlich. Wann hat er das vorher das letzte Mal gemacht?

Ef: Ich meine – er hat das seit dem Schlaganfall nicht mehr getan. Er war immer ein Frühaufsteher, doch seit er krank ist, liegt er meistens im Bett.

S1: Bleibt er immer noch soviel im Bett wie zuvor?

Ef: Nein. Manche Tage hält er nicht einmal mehr seinen Mittagsschlaf im Bett.

Auszug 18

Th: Und was schafft er jetzt von allein? Berichten Sie mir darüber.

Ef: Ich habe weiterhin Ihren Vorschlag befolgt, da wir – das heißt, andere mit – uns darin einig sind, daß er ein furchtbarer Dickkopf ist.

Th: Er ist nicht nur ein Dickkopf, er hat auch seinen Stolz.

Ef: Das kann man wohl sagen.

Th: Und er leidet schwer an seinem Schicksal...

Ef: Ja, das tut er wahrhaftig. Ich habe Ihre Weisung befolgt und ihn fortgesetzt entmutigt. Zum Beispiel, manchmal hat er Lust, viermal um den Block zu gehen, dann habe ich ihm davon abgeraten.

Th: Warum?

S1: Ist das denn zuviel?

Ef: Dr. Watzlawick hat mir geraten, ich solle sagen: »Nein, ich glaube, das ist wirklich zu viel für dich, Sam. Einmal um den

Block, das ist jedesmal eine halbe Meile. Ich meine, du solltest dich hinsetzen und es dir eine Weile bequem machen.« Wenn man ihm von etwas abrät, wird er es erst recht tun.

S1: Und das hat tatsächlich funktioniert?

Ef: Das hat es.

12 Psychotherapie – und darüber hinaus

Dieses Buch wurde ganz auf die klinische Praxis der Psychotherapie ausgerichtet, das heißt darauf, wie man mit Hilfe der verbalen Kommunikation die verschiedensten Schwierigkeiten bewältigen kann – Schwierigkeiten, die für gewöhnlich in die Kategorie der psychiatrischen oder psychologischen Probleme eingeordnet werden und denen sich Praktiker dieser und ihnen verwandter Gebiete wie der Ehe- und Familienberatung und der klinischen Sozialarbeit meist gegenübersehen. Da das Erkennen solcher Probleme seitens der Klienten und Therapeuten Voraussetzung und Ausgangspunkt für die Psychotherapie ist – sowohl was den Einzelfall als auch die berufliche Praxis insgesamt betrifft –, waren wir bei unserer Arbeit von Anfang an darum bemüht zu verdeutlichen, worin ein »Problem« im klinischen Sinn des Wortes besteht. Aus unserer Sicht zeichnet sich ein Problem (genauer gesagt eine Beschwerde) immer folgendermaßen ab: (1) Der Klient ist beunruhigt über sein eigenes Verhalten oder über das einer anderen Person, die ihm etwas bedeutet oder ihm so nahesteht, daß er das Verhalten bemerkt und es (2) für abweichend von einer stillschweigend oder offiziell anerkannten Norm und (3) für potentiell oder unmittelbar bedrohlich oder nachteilig für andere Personen oder für deren Verhalten hält, und (4) weil unternommene Anstrengungen zur Änderung dieses Verhaltens erfolglos blieben. Daher sucht der Klient (5) Hilfe bei einem Sachverständigen.

Aus dieser Sicht der Probleme – und indem wir ausdrücklich betonen, daß unsere allgemeinen Aussagen an dieser Stelle sowie im gesamten Werk lediglich als hilfreiche Hinweise, nicht als Wahrheiten oder Realitäten mit Absolutheitsanspruch aufzufassen sind – haben wir eine Theorie entwickelt, wie Probleme entstehen und aufrechterhalten werden, wobei letzteres das für uns Wichtigste ist. Mit dieser Auffassung setzen wir uns betont vom üblichen Vorgehen ab, erst die spezielle Natur eines Problems zu ermitteln (Diagnose) und dann nach der ihm zugrundeliegenden Ursache zu suchen (Ätiologie). Unser Interesse an der Erhaltung, das heißt am Fortbestehen der Probleme hängt eng mit zwei Aspekten unserer Grundauffassung zusammen: (1) Für uns sind Probleme in der Hauptsache Verhaltensprobleme. Jedes Problem verdankt seine Existenz einem wiederholten oder fortgesetzten *Tun*, nicht einem *Sein*. (2) Dieses Verhalten setzt sich fort, trotz aller Bemühungen, ihm – oft mit Hilfe des Klienten selbst – ein Ende zu machen. Darum sehen wir in der Erhaltung des Problems die zentrale Schwierigkeit, die man, unabhängig von ihrem Entstehen, lösen muß.

Unsere Grundtheorie, wie Probleme aufrechterhalten werden, könnte kaum einfacher sein. Wir gehen davon aus, daß alles Verhalten, auch die verschiedenen Arten des Problemverhaltens – ausgenommen dort, wo definitive organische Defekte bestehen –, primär durch das Verhalten anderer Personen in seiner Umwelt hervorgerufen und erhalten, in gewissem Sinne »verstärkt« wird: also durch die Interaktion zwischen Menschen, die in wichtiger Beziehung zueinander stehen. In diesem Punkt stimmen wir mit den allgemeinen Ansichten der Familientherapie-Bewegung überein, wie sie sich in den vergangenen fünfundzwanzig Jahren herausbildete. Wir gehen indes noch weiter, indem wir behaupten, daß die Bemühungen des Patienten und anderer Personen, das Problem zu lösen, es eigentlich aufrechterhalten. Das heißt, wir gehen davon aus, daß die Erhaltung (und daher die Existenz) eines Problems auf den Teufelskreis der gegenseitigen Verstärkung von Problemverhalten einerseits und dem durch die »Lösungsversuche« bedingten Verhalten andererseits zurückzuführen ist.

Doch warum sollte einer auf einem Lösungsversuch beharren, der nicht funktioniert oder die Dinge sogar nach und nach schlimmer macht? Die Erhaltung unproduktiven oder gar selbstzerstörerischen Verhaltens zu begründen, ist der entscheidende Punkt aller Problemtheorien, selbst derer, bei denen die Ätiologie im Vordergrund steht. Das Konzept »geisteskrank« gibt an sich die herkömmlichste und umfassendste Antwort auf diese Frage: Menschen halten an unproduktiven Verhaltensweisen fest, weil ihr Geist verwirrt und ihr Denken unlogisch ist. Doch ist dies eine nur unzureichende Begründung, muß doch nun auch die postulierte Geisteskrankheit begründet werden.

Wir dagegen führen die Erhaltung unproduktiven Verhaltens auf einige einfache Beobachtungen zurück, eine Basis, die ein Minimum an Hypothesen und theoretischen Konstruktionen einbegreift: (1) Von frühester Jugend an werden wir alle mit kulturellen Standardlösungen für kulturell bestimmte Probleme vertraut gemacht. Meist klappt es mit diesen Standardlösungen, manchmal aber auch nicht. Da man sie auf noch weitgehend unbewußter Stufe zu übernehmen lernte, ist es sehr schwer, diese Standardlösungen in Frage zu stellen oder sie abzuändern. (2) Wenn Leute schwerem Streß ausgesetzt sind, was der Fall ist, wenn sie zum Beispiel mit Problemen ringen, werden sie verschlossener und unbeweglicher. (3) Im Gegensatz zu der weitverbreiteten Meinung, daß sich die Menschen unlogisch verhalten, behaupten wir, daß sie *zu* logisch handeln; das heißt, sie handeln im Sinne grundlegender unbefragter Voraussetzungen, und wenn sich daraus negative Folgen ergeben, bedienen sie sich weiterer logischer Operationen, um die Diskrepanz wegzuerklären, anstatt ihre eigenen Voraussetzungen zu revidieren.

Einige Aspekte dieser Sicht mögen viele Leute unannehmbar finden: die Skepsis im Hinblick auf Wahrheit und Vernunft, die drastische Vereinfachung von traditionell als tief und kompliziert angesehenen menschlichen Fragen sowie eine gewisse Ironie in bezug auf vielerlei gutgemeinte Hilfeleistungen. Indes hat diese Sicht ein großes Potential an Vorteilen, und das aufgrund ihres eingeschränkten Blickwinkels. Sieht man die Hauptaufgabe des Therapeuten in der wirksamen und leistungsfähigen Lösung von Problemen, dann wird er als Vertreter dieser Auffassung diese Aufgabe für viel leichter und begrenzter halten, als sie durch die Brille traditioneller psychiatrischer Ansichten aussieht. Es gibt keine zu reparierenden oder zu kompensierenden Defizite bei den Patienten mehr, keine »unterbewußte Feindseligkeit« andern gegenüber, die beseitigt oder umgewandelt werden muß, keine Familienhomöostase mehr im allgemeinen Sinn oder ein spezifisches Sich-Auszahlen von Symptomen bei interpersonellen Machtkämpfen, die das Haupthindernis für einen Wandel sind. Auch gibt es keine unzähligen einzelnen Schwierigkeiten mehr, mit denen man umgehen muß, und keine Geschichte der Traumata, deren morbider Einfluß für immer fortdauert, es sei denn, sie könnten durch massive therapeutische Anstrengungen irgendwie überwunden werden. Aus unserer Sicht gibt es statt dessen nur einen, dieses Verhalten verewigenden Teufelskreis aus Problemverhalten und ungeeigneten Lösungsversuchen. Dementsprechend steht *jedes* Problem einer möglichen Lösung offen, wenn man die problemerhaltende Lösung außer Kraft setzt. Darüber hinaus besteht stets die Möglichkeit, den problemerhaltenden Kreis zu durchbrechen und eine geeignetere Reaktion auf das Problemverhalten einzuleiten, so daß dann ein »Engels«kreis entsteht. Der Therapeut braucht die positive Veränderung lediglich *einzuleiten*, er muß nicht unbedingt aktiv involviert bleiben, bis alle Schwierigkeiten überwunden sind.

Dieses einfache Modell bietet indes nicht die Gewähr, daß seine Anwendung in der täglichen Praxis leicht ist oder automatisch erfolgt. Aus einer ganzen Reihe von Gründen ist sie das keineswegs. Wie bereits erörtert, schildern die Klienten ihre Probleme sowie die versuchten Lösungen eher unklar; oft fassen sie grandiose, aber vollkommen unrealistische Ziele ins Auge; und sie mögen sich nicht nur an Lösungen klammern, die sie für wesentlich halten, sie können auch mächtigen Einfluß auf den Therapeuten ausüben, daß er ähnliche Maßnahmen ergreift. Die Existenz solcher Hindernisse ist auch der Grund dafür, daß ein so großer Teil dieses Buches Schwierigkeiten der alltäglichen Praxis schilderte sowie Mitteln gewidmet wurde, wirksam mit ihnen umzugehen – zunächst durch schrittweise Analyse solcher Probleme, wie sie sich im typischen Behandlungsverlauf ergeben, dann aber synthetischer durch eingehende Vorstellung und Kommentierung der drei Fallstudien.

Wir glauben nicht, daß eine weitere Zusammenfassung dessen, was wir an früherer Stelle hier über die Praxis gesagt haben, von Nutzen sein könnte, es könnte umgekehrt sogar schädlich sein, das zu versuchen, und würde notwendigerweise zu einer zu starken Vereinfachung führen. Statt dessen möchten wir lieber noch einmal hervorheben, wie nötig es für eine wirksame Ausübung ist, Grundregeln jeweils den spezifischen Zügen des speziellen Falles und den speziellen Situationen im Behandlungsverlauf anzupassen. Zwar lassen sich allgemeine Grundregeln aufstellen, doch sind die Dinge in der Praxis notwendigerweise stets besonders und insofern variabler und lassen sich weniger im voraus bestimmen. Aus diesem Grund sollte sogar das hier so ausgedehnt spezifisch erörterte praktische Vorgehen nicht für endgültig oder unausweichlich gehalten werden. Wir waren bemüht, eine Anwendungsweise unserer Grundregeln (inbegriffen Alternativmöglichkeiten) darzulegen, die wir nach unserer Erfahrung brauchbar fanden, und meinen, daß man von diesem Destillat unserer eigenen Erfahrung nicht ohne zwingenden Grund abweichen sollte. Dennoch mag es noch andere Wege einer nutzbringenden Anwendung dieser Prinzipien in der Praxis geben. So sehen wir ihrer Erforschung und Entwicklung durch andere Therapeuten erwartungsvoll entgegen.

Schließlich geben wir noch klar zu verstehen, daß wir unseren Ansatz nicht auf das konventionell mit dem Begriff *geisteskrank* umschriebene Gebiet begrenzt sehen möchten. Es geht uns um eine neue Auffassung menschlicher Probleme, um menschliche Interaktion im weitesten Sinn. Von ihnen konnte in diesem Buch nur eine Untergruppe behandelt werden – jene Probleme, die gewöhnlich für klinisch, psychiatrisch oder psychologisch bedingt gehalten werden. Unsere grundlegenden Konzepte befassen sich nicht mit speziellen Syndromen oder Krankheiten oder mit irrationalem Denken noch mit der Familie als solcher; sie umfassen generell *jegliche Art von Verhalten*, wie es in *jedem* System sozialer Interaktion erhalten bleibt oder sich ändert. Also sehen wir in klinischen Problemen in erster Linie Abwandlungen von täglichen menschlichen Interaktionsproblemen, wobei wir uns darüber klar sind, daß sie aus konventioneller Sicht für besondere Probleme außerhalb der »normalen« menschlichen Schwierigkeiten gehalten werden. Dementsprechend halten wir unser Vorgehen für im Prinzip auf jedes Problem anwendbar, das auf menschlichem Verhalten beruht, wie es in jedem sozialen Zusammenhang vorkommt.

Aus zwei Gründen ist es notwendig, diesen Punkt hier besonders hervorzuheben. Erstens, Kliniker werden hier ausdrücklich an einen Sachverhalt gemahnt, der zwar implizit in fast allen vorangegangenen Kapiteln erwähnt wurde, aber gar nicht genug hervorgehoben werden kann: Wir sehen jedes Problem als Verhaltensproblem und betrachten das psychiatrische Problemverhalten nicht als grundlegend verschieden von irgendeinem anderen Verhalten – stets handelt es sich um Verhalten, und stets um verständliches Verhalten, wenn man es im interaktionellen Kontext, im Kontext der Wechselwirkung sieht. Das steht in betontem Gegensatz zu der von Professionellen wie Laien vertretenen Auffassung, die sich in Begriffen wie *geisteskrank* oder *pathologisch* vs. *normal* widerspiegelt. Die traditionelle Auffassung geht davon aus, daß sich ein Problem *im Innern* eines Menschen abspielt anstatt in Form eines äußeren interaktionellen Konflikts, daß es die Folge eines menschlichen Defizits oder Unvermögens ist und ein Denken und Verhalten auslöst, das sich außerhalb jeder gewohnten Erfahrung und jeden Verstehens bewegt. Wir glauben, daß ein Festhalten an dieser traditionellen trennenden Sicht das Verständnis der Probleme und deren Behandlung erschwert, kompliziert und ungewiß macht. Denn tatsächlich wirkt sich diese Sicht auch noch dahingehend aus, daß sie das Verstehen *normalen* üblichen

Verhaltens dadurch erschwert, daß sie es als individualistisch und rational charakterisiert.

Zweitens meinen wir, daß unsere generellen Auffassungen von Problementstehung und Problemlösung auf eine ganze Reihe von nicht-psychiatrischen Problemen angewandt werden könnten, zumindest im konzeptionellen Bereich und – hoffentlich – zu guter Letzt in der Praxis. Da es an einem allgemeinen Rahmenwerk mangelte, sind diese Probleme bis jetzt als Sonder- und Einzelfälle betrachtet und dementsprechend stückweise und oft unsachgemäß behandelt worden. Als ersten Versuch, einige dieser Gebiete abzugrenzen, werden wir (1) von problematischem Verhalten, (2) von somatischen klinischen Problemen und (3) von organisatorischen Problemen sprechen. Diese Termini werden nachher noch genauer definiert. Mittlerweile überlappen sich einige dieser nicht-klinischen Probleme bereits mit dem Arbeitsbereich vieler Therapeuten und Berater oder wirken sich unmittelbar auf sie aus. Aus diesen Gründen, und ohne zu erschöpfend oder zu detailliert vorzugehen, würden wir gern einige dieser Probleme verdeutlichen und ziemlich allgemein veranschaulichen, wie sich unser Ansatz für sie zweckdienlich auswirken könnte. Es mag nun durchaus so aussehen, als würde dieser Vorschlag auf eine optimistische Weiterentwicklung unserer Ideen und Praktiken hinauslaufen. Doch bitten wir den Leser, zu uns zu stehen und mit seinem Urteil noch eine Weile zurückzuhalten. Schließlich stellte der interaktionelle Ansatz bei klinischen Fällen noch vor zwei Jahrzehnten ein Extrem dar. Unserer Meinung nach hat er seitdem seinen beträchtlichen Wert und seine Effizienz bewiesen – nicht zuletzt, weil er zu einer einheitlicheren Sicht führte und der Behandlung einer Vielzahl von Problemen zugute kam, die man zuvor gesondert als klinische Fälle behandelt hatte. So mag die mögliche Ausdehnung solchen Vorgehens auch auf andere und umfassendere Gebiete heute durchaus der Erwägung wert sein.

Der Bereich des sogenannten »gestörten« oder »schwierigen« Verhaltens würde all jene Interaktionen einbegreifen, die ein gestörtes oder »unvernünftiges« Verhalten auslösen, das – wiewohl nicht des Ausmaßes und der Art, daß es mit einem psychiatrischen Etikett geschmückt zu werden verdiente – in schweren Hindernissen für die Durchführung gemeinsamer Aufgaben resultiert. Obwohl sich diese Situation bei fast jeder angeblich kooperativen Interaktion ergeben kann, zeichnet sie sich am deutlichsten in Fällen ab, wo der eine Teilnehmer ein offiziell anerkannter Fachmann oder Helfer ist und der andere sein fachmännisches Gutachten oder seine Hilfe sucht. Ein nicht weniger schwerwiegendes soziales Problem dieser Art entsteht zum Beispiel, wenn der Klient eines Rechtsanwalts aktiv oder passiv den Rat zurückweist, um den er ersucht hat, diesen Rechtsanwalt jedoch weiter in Anspruch nimmt. Ein anderes, schwereres Problem besteht in dem gemeinhin als solchen bezeichneten »Patientenwiderstand«, auf den man auch beim medizinischen Patienten trifft, der den Empfehlungen seines Arztes zum Nachteil seiner eigenen Gesundheit nicht folgt. Dies ist ein Problem, das bei ernsteren Erkrankungen weitreichende Folgen haben kann – zum Beispiel für die »Selbstversorgung« des Patienten nach einem Herzanfall –, und so hat der Patientenwiderstand viel Interesse erregt: über den Widerstand gegen Ärzte ist schon viel geschrieben worden. Von wenigen Ausnahmen abgesehen wurden diese medizinischen Annäherungen an dieses Problem durch die Sicht eingeschränkt, die sich schon allein in dem Terminus »Patientenwiderstand« spiegelt. Das heißt, das Problem wird als ein individuelles, intrapsychisches angesehen und nicht als interaktionelles Problem zwischen Arzt und Patient. Auch die Lösungsversuche wurden weitgehend auf unmittelbare logische Mittel beschränkt, wie auf lange Erklärungen und auf das Drängen auf Diät, Körperübungen und Einnahme von Medikamenten – nicht gerade mit großem Erfolg. Aus unserer Sicht ist dieses ein Problem der Interaktion, bei der es besonders darauf ankommt, Widerstände zu vermeiden. Tatsächlich ist einer unserer Kollegen (Hoebel, 1976) dieses Problem in einem Pilotprojekt bereits angegangen – mit ermutigenden Ergebnissen. Der Punkt jedoch, auf den es hier ankommt, ist, daß viele dieser Probleme häufig auftauchen, zum Beispiel bei der Altenbetreuung, bei der öffentlichen Fürsorge, bei der Jugendgerichtsbarkeit und der gerichtlichen Betreuung überhaupt; bei ihnen kann unser klinischer Ansatz mit nur geringer Modifizierung sehr dienlich sein.

Die zweite Kategorie, von der die Rede sein soll, betrifft gewisse Probleme, die gemeinhin nicht als psychologische Störungen oder Krankheiten gelten. Über psychosomatische Erkrankungen gibt es bereits Bände von Material; doch sind diese Arbeiten, wie schon der Fachausdruck verrät, primär individualistisch und intrapsychisch ausgerichtet. Es ging mehr um Körper und Geist und weniger um Verhalten und Interaktion in ihrer Beziehung zum Körperlichen. Wir glauben, daß ein speziell auf die Interaktion – und auf Lösungsversuche im Zusammenhang mit diesen Störungen – ausgerichteter Ansatz die bereits vorhandenen Arbeiten über Psychosomatik sehr effizient ergänzen könnten. Darüber hinaus wird er auch zur Erkenntnis und Behandlung offenkundig organischer Leiden beitragen. Immerhin entstehen selbst diese im Zusammenhang mit der Umwelt, und zumindest ihre Entdeckung und Behandlung werden wesentlich von Interaktionsmsutern bestimmt. Dieses Gebiet ist indes so wichtig und neu und komplex, daß es hier lediglich als ein potentielles künftiges Arbeitsgebiet ausgewiesen werden kann. (Eine etwas eingehendere Einführung in diese Thematik findet sich bei Weakland, 1977.)

Schließlich gibt es noch die Klasse der »metaklinischen« Probleme in Gestalt problematischen Verhaltens, das in größeren, über die Familie hinaus reichenden, sozialen Systemen auftritt. Sie sind recht häufig, und da organisatorischer Umfang und Macht dieser Systeme oft eine multiplikatorische Wirkung haben, können ihre praktischen Konsequenzen schwerwiegend sein.

Bei diesen Problemen kann es sich entweder um Interaktion innerhalb einer einzelnen sozialen Organisation oder um Interaktion zwischen mehreren sozialen Organisationen handeln. Als Beispiel für die erste, die unmittelbar die klinische Arbeit von Therapeuten betrifft, brauchen wir uns nur zu erinnern, daß viele Therapeuten keine Privatpraxis betreiben, sondern im öffentlichen Dienst oder anderen Hilfsorganisationen tätig sind. Diese Therapeuten können feststellen, daß amtliche Dienststellen oder deren Politik ihre Arbeit mit Klienten erschweren können – zumal wenn der Therapeut neue oder ungewöhnliche Ideen vertritt. In solcher Situation wird der Therapeut voraussichtlich folgendermaßen Stellung beziehen: »Verwaltungsrat X ist ein ganz gemeiner, sturer Bock« oder so: »Es liegt am System – wie früher beim Militär«. Beide Positionen sind dazu angetan, entweder apathische Frustration oder wirkungsloses Argumentieren oder Proteste hervorzurufen. Während wir auf den Umgang mit diesen Problemen hier nicht speziell eingehen können – das würde mindestens ein weiteres Buch füllen –, dürfen wir uns doch darauf berufen, daß sich Möglichkeiten zur Lösung oder Besserung ergeben, wenn man die Situation analog zu den in diesem Buch diskutierten klinischen Fällen sieht: das heißt als interaktionelles Problem innerhalb eines Systems. Diese Einstellung verhilft zur Überprüfung und Revision der spezifischen Besonderheiten des Problems und der Lösungsversuche sowie zur Erwägung möglichen alternativen Handelns. Solch ein Problem, bei dem das Individuum in seinem Innern ein Gefühl der »Unterlegenheit« und der Machtlosigkeit gegenüber der Organisation empfindet, der er angehört, kann man auch in der gewohnten alltäglichen klinischen Praxis bei Klienten antreffen, die berufliche Probleme haben, oder auch bei Menschen, die sich »der Familie« gegenüber als machtlos empfinden.

Fast genau das umgekehrte Problem entsteht, wo ein Manager sich andauernden Schwierigkeiten gegenübersieht, die ein wirksames Funktionieren der Organisation, die er angeblich leitet, verhindern – ganz oben ist es auch nicht unbedingt besser. Diese Situation gibt es in jeder Organisation, gleich welcher Größe und welchen Typs und ob privat oder öffentlich. Ein Beispiel, das eine Art von organisatorischem Problem in sich birgt und das in den letzten Jahren zunehmend häufiger auftritt, soll hier angeführt werden: Ein hochrangiger Manager hat recht klare Vorstellungen davon, wie sein Betrieb oder seine Abteilung zu funktionieren habe, meint aber, er würde »Zwang« auf seine Untergebenen ausüben, wenn er danach handelte. Er mag daraufhin das Verfahren »gemeinsamer Beschlußfassung« einführen, das heißt ein Verfahren, bei welchem Entscheidungen durch Diskussion auf gleicher Ebene und im Konsens mit der Gruppe erreicht werden sollen. Dabei können alle möglichen Schwierigkeiten auftreten. Die Diskussionen können sich endlos hinziehen, weil es ihnen an einer klaren Richtung mangelt, oder die Vorschläge der Untergeordneten bewegen sich in entgegengesetzter Richtung zu der, die der Betriebsleiter im Sinn hat. Dieser muß dann zum Schein eine Richtung akzeptieren, mit der er nicht übereinstimmt; oder er muß sie vorbehaltlich akzeptieren in Hoffnung auf eine letztendliche Verständigung – das heißt, er muß hinhalten; oder er muß seinen eigenen Beschluß in Kraft setzen und dabei behaupten, daß es die Meinung der Gruppe sei, die er vertrete. Jedes dieser Vorgehen wird die Arbeit des Betriebs hemmen und auch ungute Gefühle auf seiten der Mitarbeiter auslösen. Nicht immer, doch oft geht die Sache dann so aus, daß ein Mittelsmann von draußen herbeigeholt wird, um den angeblich »persönlichen Konflikt« beizulegen und beiden Parteien bei der Prüfung des angeblichen Konflikts beizustehen, was für gewöhnlich mit Gruppendiskussion vor sich geht. Aus unserer Sicht wird dies wahrscheinlich nichts nützen, ja, die Dinge noch verschlimmern. Doch wäre das Problem gelöst, wenn der Manager einfach dazu bewegt werden könnte, die Einwilligung in die von ihm für richtig befundenen Schritte zu geben, selbst wenn die Ansichten seiner Untergebenen von den seinen abweichen. Auf anderer, höherer Ebene kann man in diesem Problem eine Parallele zu der elterlichen Führung – oder ihrem Fehlen im Familiensystem – sehen. Der zweithäufigste Typ von Organisationsproblemen besteht in Interessen- oder Meinungskonflikten zwischen organisierten Gruppen, die auf allen organisatorischen Stufen auftreten, unabhängig von der Größe der Organisation oder des Betriebs. So kann es zu Konflikten zwischen Familie und Schule oder zwischen Lehrern und Beratern darüber kommen, wer für das Verhalten im Klassenzimmer verantwortlich ist und wie man mit gestörtem Verhalten am besten umgeht. Auf der nächsthöheren Organisationsebene entstehen oft ähnliche Konflikte zwischen den in den gleichen Fall einbezogenen Beratungsstellen – zum Beispiel einer Beratungsstelle und einer juristischen Dienststelle oder dem Kinderschutzbund. Die für dieses Problem typische Form besteht – in genauer Parallele zu der Problematik divergierender Elternmeinungen über das Kind – in der Auseinandersetzung, wessen Ansicht die *richtige* ist, was gewöhnlich zu gegenseitigen Anschuldigungen und zur Verhärtung der Positionen und schließlich in eine Sackgasse führt. Auch in diesem Fall weisen wir darauf hin, daß es möglich ist, den toten Punkt zu durchbrechen, wenn nämlich eine Partei es fertigbringt, auf den Lösungsversuch, die Meinung des anderen für *falsch* zu erklären, zu verzichten und die Situation als eine interaktionelle zu sehen und damit zu einem neuen Ausgangspunkt zu gelangen. Natürlich ist solch ein Schritt nicht leicht – und wenn sich die Konflikte auf höchster Ebene, nämlich zwischen zwei oder mehr Nationen abspielen, wird es immer schwieriger für die Beteiligten, ihre Position zu ändern oder einen fähigen Außenstehenden als Mittler zu finden, der ihnen dabei hilft. Wir behaupten lediglich, daß in vielen solchen Situationen eine Konfrontation offensichtlich nichts bewirkt, statt dessen aber das Problem erhält und vergrößert, und daß unser Ansatz dazu beitragen kann, brauchbare Alternativen zu entwickeln.

Zu guter Letzt möchten wir erklären, daß wir mit der Präsentation dieser ziemlich umfassenden Ansichten nicht etwas unterstützen, das in den letzten Jahren eine zunehmende Bewegung zu tun scheint: alle menschlichen Probleme zu »psychiatrisieren«. Unsere Position ist grundlegend entgegengesetzt: Für uns sind menschliche Probleme, inbegriffen die gewöhnlich als psychiatrisch bezeichneten, generell und durchweg interaktioneller Natur. Uns interessiert die Art und Weise, wie die Wirkung solcher Interaktion zum Guten oder zum Schlechten verkehrt werden kann.

Die Autoren

Richard Fisch, Doktor der Medizin (M.D.), der in Palo Alto, Kalifornien, eine Privatpraxis für Psychiatrie betreibt, ist zugleich als Direktor und Forschungsleiter der Kurztherapie-Abteilung des dortigen Mental Research Institute auch mit eigenen Forschungstätigkeiten beschäftigt. Nebenher ist er psychiatrischer Berater beim Amt für Bewährungshilfe für Jugendliche im Bezirk San Mateo. Er hält außerdem Vorlesungen als Professor für klinische Psychiatrie am Medizinischen Institut der Stanford University.

Fisch erwarb den akademischen Grad des B.A. 1949 am Colby College und den Grad des M.D. 1954 am New York Medical College. Nach einem praktischen Lehrjahr am Krankenhaus Beth El (heute Brookdale) in Brooklin, New York, ging er als ständiger Direktor (von 1955 bis 1958) an das Sheppard and Enoch Pratt Hospital in Towson, Maryland. 1962 erhielt er von der Amerikanischen Vereinigung für Psychiatrie und Neurologie seine Zulassung als Facharzt.

Von 1957 bis 1958 war er als Chef vom Dienst am Sheppard and Enoch Pratt Hospital, von 1958 bis 1959 als Mit-Direktor des stationär-psychiatrischen Dienstes am San Mateo County Hospital tätig. 1959 eröffnete er eine eigene Praxis. Seine Mitarbeit am Mental Research Institute begann 1962, wo er Mitglied des Ausschusses für Familientherapie wurde. Dieses Interesse an der Familientherapie blieb durch die Jahre erhalten, und ab 1965 dehnte es sich auch auf Forschungsmethoden zur Abkürzung der Behandlung aus. 1981 wurde er von der American Family Association für seine besonderen Verdienste um eine neue Fundierung der Familientherapie ausgezeichnet. Zu seinen Publikationen, die für die in diesem Buch behandelten Themen relevant sind, gehören: »Resistance to Change in the Psychiatric Community« *(Archives of General Psychiatry)*; »On Unbecoming Family Therapist« mit P. Watzlawick, J. Weakland und A. Bodin in A. Ferber (Hg.) *The Book of Family Therapy*, (New York: Science House 1972); »Brief Psychotherapy: Focused Problem Resolutions« mit J. Weakland, P. Watzlawick und A. Bodin (*Family Process*, Juni 1974); *Change: Principles of Problem Formation and Problem Resolution*, mit P. Watzlawick und J. Weakland (New York: Norton 1974) (dt. *Lösungen* – Zur Theorie und Praxis menschlichen Wandels, Verlag Hans Huber, Bern, Stuttgart, Wien); »Hyperactivity Resolved by Brief Psychotherapy« mit Weakland in D. M. Ross und S. A. Ross (Hg.) *Hyperactivitiy: Theory, Research and Action* (New York: Wiley 1976); »Sometimes Its Better for the Right Hand Not to Know What the Left Hand is Doing« in P. Papp (Hg.) *Family Therapy: Full Length Case Studies* (New York: Gardner Press 1977); »The Impact of Milton Erickson on Brief Psychotherapy« in J. K. Zeig (Hg.) *Ericksonian Approaches to Hypnosis and Psychotherapy* (New York: Brunner/Mazel 1982).

John H. Weakland, ein anerkannter Berater für Ehe-, Familien- und Jugendprobleme, hat eine Privatpraxis in Palo Alto, Kalifornien und ist außerdem Mitarbeiter in der Forschung des Mental Research Institute; außerdem ist er als Ko-Direktor der Kurztherapie-Abteilung dieses Instituts sowie als Assistenz-Professor im Institut für Verhaltensforschung und Psychiatrie des Medizinischen Instituts der Stanford University tätig.

Ursprünglich studierte Weakland Chemie und Chemotechnik an der Cornell University, wo er im Jahr 1939 und 1940 seine akademischen Grade erwarb.

Nach sechs Jahren technischer Praxis in der Forschungsplanung setzte er in den Jahren 1947 bis 1952 seine wissenschaftliche Ausbildung in Anthropologie und Soziologie an der New School for Social Research der Columbia University fort; forschungsmäßig konzentrierte er sich dabei hauptsächlich auf kultursoziologische Probleme, speziell auf Fragen der Vergleichenden Kultur- und Persönlichkeitsforschung bei Familien aus dem chinesischen Kulturkreis; zu seinen akademischen Lehrern gehörten hauptsächlich Gregory Bateson, Margaret Mead und Ruth Benedict.

1953 ging er nach Palo Alto, um an Gregory Batesons Forschungsprojekt im Feld menschlicher Kommunikation mitzuarbeiten, bei dem auch Jay Haley, Don D. Jackson und William F. Fry jr. mitwirkten. Diese Untersuchungen führten zur Postulierung der »Doppelbindungstheorie« der Schizophrenie und zu den Anfängen der Familientherapie an der Westküste sowie zur Gründung des Mental Research Institute durch Jackson.

Weakland ist Mitglied der American Anthropological Association und der Society for Applied Anthropology sowie beratender Herausgeber der Zeitschrift *Family Process*. 1981 erhielt er von der American Family Therapy Association eine Auszeichnung für hervorragende Leistungen in der Erfindung neuer Richtlinien der Familientherapie. Er ist Autor und Ko-Autor von fünfzig wissenschaftlichen Papers und vier Büchern: *Change: Principles of Problem Formation and Problem Resolution* (dt. *Lösungen* – Zur Theorie und Praxis menschlichen Wandels), mit P. Watzlawick und R. Fisch (New York: Norton 1974, Verlag Hans Huber, Bern, Stuttgart, Wien); *The Interactional View: Studies at the Mental Research Institute, Palo Alto, 1956–74, ed. with P. Watzlawick, New York: Norton 1977* (dt. *Interaktion*, Paul Watzlawick und John H. Weakland (Hg.), kommentiert v. P. Watzlawick. Verlag Hans Huber, Bern, Stuttgart, Wien 1980); *Counseling Elders and Their Families*, New York mit J. J. Herr (Springer, 1979) (dt. *Beratung älterer Menschen und ihrer Familien*, Verlag Hans Huber, Bern, Stuttgart, Wien 1984) und *Rigor and Imagination: Essays from the Legacy of Gregory Bateson*, hrsg. mit Carol Wilder Mott (New York: Praeger 1981).

Lynn Segal, ein examinierter klinischer Sozialarbeiter, war ebenfalls in der Forschung des Mental Research Institute und als Mitglied der Kurztherapie-Abteilung dieses Instituts tätig. Sein B.A. – Examen in Psychologie legte er 1966 an der Hofstra University, sein – Examen als Sozialarbeiter 1968 an der Adelphi University ab. 1977 erhielt er den Don D. Jackson Memorial Award und war als Organisator und Ko-Leiter des Schmerzforschungsprogramms des El Camino Hospital sowie als Vorsitzender des Ausbildungskomitees des Mental Research Institute tätig. Gegenwärtig teilt er seine Zeit beruflich zwischen Ausbildung in Kurztherapie und Familientherapie und psychiatrischen Forschungen sowie der Arbeit in seiner Privatpraxis in Palo Alto auf. Auch leitete er Ausbildungs-Workshops in allen Teilen der USA und in ganz Europa.

Segals neueste Publikationen umfassen unter anderen: »Focused Problem Resolution« in E. Tolson und W. J. Reid (Hg.) *Models of Family Treatment* (New York: Columbia University Press 1981); »The ›D‹ Family: A. Failure to Assess Customership«, mit P. Watzlawick in S. B. Coleman (Hg.) *Failures in Family Therapie* (New York: Gilford Publications, im Druck).

Segals berufliche Interessen zentrieren sich zur Zeit auf die Überprüfung der Anwendung allgemeiner Systemtheorien in der klinischen Praxis: auf Anwendung von Video-Beispielen aus Filmen, Bühnenstücken und Fernsehproduktionen als Lehrmaterial für den Unterricht in Kurztherapie und zur Unterstützung der interaktionellen Sicht, sowie auf die Entdeckung von Möglichkeiten zur Integration der Kurztherapie in »traditionellere« Behandlungsmodelle.

Bibliographie

Berger, Milton, M. (1981): Der Patient ist auch ein Mensch. Stuttgart

Haley, J. (1973): Uncommon Therapy: The Psychiatric Techniques of Milton H. Erickson, M. D. New York. Dt.: Die Psychotherapie Milton H. Ericksons. München 1978.

Haley, J. (1976): Problem-Solving Therapy: New Strategies for Effective Family Therapy. San Francisco. Dt.: Direktive Familientherapie. Strategien für die Lösung von Problemen. München [3]1985.

Haley, J. (1978): Ideas which Handicap Therapists. In: M. M. Berger (Hrsg.): Beyond the Double Bind: Communications and Family Systems, Theories and Techniques with Schizophrenics. New York.

Herr, J. J. u. Weakland, J. H. (1979): Counseling Elders and Their Families: Practical Techniques for Applied Gerontology. New York. Dt.: Beratung älterer Menschen und ihrer Familien. Bern 1984.

Hoebel, F. C. (1976): Brief Family-Interactional Therapy in the Management of Cardiac-Related High-Risk Behaviours. In: *Journal of Family Practice.* 3 (6), S. 613–618.

Howells, J. G. u. Stierlin, H. (Hrsg.) (1984): Das Buch der Familientherapie. Frankfurt.

Maruyama, M. (1963): The Second Cybernetics: Deviation-Amplifying Mutual Causative Processes. In: *American Scientist.* 51, S. 164–179.

Segal, L. (1981): Focused Problem Resolution. In: E. Tolston u. W. J. Reid (Hrsg.): Models of Family Treatment. New York.

Segal, L. u. Watzlawick, P. (1985): The »D« Family: A Failure to Assess Custumership. In: S. B. Coleman (Hrsg.): Fallures in Family Therapy. New York.

Spiegel, H. (1970): A Single Treatment Method to Stop Smoking Using Ancillary Self-Hypnosis. In: International Journal of Clinical and Experimental Hypnosis. 18, S. 235–250.

Watzlawick, P., Weakland, J. H. u. Fisch, R. (1974): Change. Principles of Problem Formation and Problem Resolution. New York. Dt.: Lösungen. Zur Theorie und Praxis menschlichen Wandels. Bern 1984.

Weakland, J. H. (1978): Pursuing the Evident into Schizophrenia and Beyond. In: M. M. Berger (Hrsg.): Beyond the Double-Bind: Communication and Family Systems, Theories and Techniques with Schizophrenics. New York.

Weakland, J. H. (1977): Family-Somatics-A Neglected Edge. In: *Family Process.* 16 (3), S. 263–272.

Weakland, J. H. u. a. (1974): Brief Therapy: Focused Problem Resolution. In: *Family Process.* 13 (2), S. 141–168.

Wender, P. H. (1968): Vicious and Virtuous Circles: The Role of Deviation

Amplifying Feedback in the Origin and Perpetuation of Behaviour. In: *Psychiatry: Journal for the Study of Interpersonal Processes*. 31 (4), S. 309–324.
Whitaker, C. (1976): The Hindrance of Theory in Clinical Work. In: P. J. Guerin (Hrsg.): Family Therapy: Theory and Practice. New York.
Whitaker, C., Boszormenyi-Nagy, J., Framo, J. L. (1975): Familientherapie. Opladen.

Register

D.W. Winnicott
Piggle
Eine Kinderanalyse.

D.W. Winnicott
Vom Spiel zur Kreativität

D.W. Winnicott
Aggression
Versagen der Umwelt und antisoziale Tendenz.

Elizabeth R. Zetzel
Die Fähigkeit zu emotionalem Wachstum

Michel Zlotowicz
Warum haben Kinder Angst?

Psychoanalyse

Michael Balint, Enid Balint
Psychotherapeutische Techniken in der Medizin

Gertrude und Rubin Blanck
Angewandte Ich-Psychologie

Gertrude und Rubin Blanck
Ich-Psychologie II

Rubin und Gertrude Blanck
Ehe und seelische Entwicklung

Luc Ciompi
Affektlogik
Über die Struktur der Psyche und ihre Entwicklung. Ein Beitrag zur Schizophrenieforschung.

Peter Fürstenau
Zur Theorie psychoanalytischer Praxis

Heinz Hartmann
Psychoanalyse und moralische Werte

James Masterson
Psychotherapie bei Borderline-Patienten

Michael Lukas Moeller
Anders helfen
Selbsthilfegruppen und Fachleute arbeiten zusammen.

Wolf-Detlef Rost
Psychoanalyse des Alkoholismus
Theorie, Diagnostik, Behandlung.

Joseph Sandler, Christopher Dare, Alex Holder
Die Grundbegriffe der psychoanalytischen Therapie

Elaine V. Siegel
Tanztherapie
Ein psychoanalytisches Konzept.

Paul L. Wachtel
Psychoanalyse und Verhaltenstherapie
Ein Plädoyer für ihre Integration.

D.W. Winnicott
Bruchstück einer Psychoanalyse

Neue Therapien/ Humanistische Psychologie/ Transpersonale Psychologie

Anthony Barton
Freud, Jung, Rogers. Drei Systeme der Psychotherapie

Ruth C. Cohn
Von der Psychoanalyse zur themenzentrierten Interaktion
Von der Behandlung einzelner zu einer Pädagogik für alle.

Rudolf Dreikurs
Grundbegriffe der Individualpsychologie

Gerald Epstein
Wachtraumtherapie

Meine Stimme begleitet Sie überallhin
Ein Lehrseminar mit Milton H. Erickson, hrsg. von Jeffrey K. Zeig.

Mary McClure Goulding und Robert L. Goulding
Neuentscheidung
Ein Modell der Psychotherapie.

John Grinder, Richard Bandler
Therapie in Trance
Hypnose: Kommunikation mit dem Unbewußten. Neurolinguistische Programme.

Stanislav Grof
Topographie des Unbewußten
LSD im Dienst der tiefenpsychologischen Forschung.

Stanislav Grof, Joan Halifax
Die Begegnung mit dem Tod

Stanislav Grof
LSD-Psychotherapie

Diana Sullivan Everstine,
Louis Everstine
Krisentherapie

Hildegard Katschnig/
Esther Wanschura
Familientherapie in den Ferien

Frederick S. Perls
Gestalt-Therapie in Aktion

Frederick S. Perls
Das Ich, der Hunger und die Aggression
Die Anfänge der Gestalt-Therapie.

Frederick S. Perls,
Ralph F. Hefferline, Paul Goodman
Gestalt-Therapie. Lebensfreude und Persönlichkeitsentfaltung

Frederick S. Perls,
Ralph F. Hefferline, Paul Goodman
Gestalt-Therapie. Wiederbelebung des Selbst

Diane und Albert Pesso
Dramaturgie des Unbewußten
Eine Einführung in die psychomotorische Therapie.

Mary Priestley
Analytische Musiktherapie
Vorlesungen am Gemeinschaftskrankenhaus Herdecke.

Carl R. Rogers
Entwicklung der Persönlichkeit
Psychotherapie aus der Sicht eines Therapeuten.

Carl R. Rogers, Rachel L. Rosenberg
Die Person als Mittelpunkt der Wirklichkeit

Carl R. Rogers
Der neue Mensch

Ruth Ronall, Bud Feder
Gestaltgruppen

Anne Schützenberger
Einführung in das Rollenspiel
Anwendungen in Sozialarbeit, Wirtschaft, Erziehung und Psychotherapie.

Charles T. Tart
Das Übersinnliche
Forschungen über einen Grenzbereich psychischen Erlebens.

Lewis Yablonsky
Psychodrama

Lewis Yablonsky
Synanon
Selbsthilfe der Süchtigen und Kriminellen.

Texte zur Familiendynamik

Maurizio Andolfi, u. a.
Das Spiel in der Maske
Therapeutischer Wandel in rigiden Familiensystemen.

Ivan Boszormenyi-Nagy,
Geraldine M. Spark
Unsichtbare Bindungen

Josef Duss-von Werdt,
Rosemarie Welter-Enderlin (Hrsg.)
Der Familienmensch
Systemisches Denken und Handeln.

Theodore Lidz, Stephen Fleck
Die Familienumwelt der Schizophrenen

Salvador Minuchin, u. a.
Psychosomatische Krankheiten in der Familie

M. Selvini Palazzoli, u. a.
Paradoxon und Gegenparadoxon
Ein neues Therapiemodell für die Familie mit schizophrener Störung.

Mara Selvini Palazzoli
Magersucht

Helm Stierlin
Von der Psychoanalyse zur Familientherapie

Helm Stierlin, u. a.
Das erste Familiengespräch

Michael Wirsching, Helm Stierlin
Krankheit und Familie

Sozialarbeit

Martin Bonhoeffer,
Peter Widemann (Hrsg.)
Kinder in Ersatzfamilien

Arthur W. Combs, u. a.
Die helfenden Berufe

Helga Kaminski, Walter Kast,
Anne Dore Spellenberg
Das Leben Geistigbehinderter im Heim

Helmut Ortner, Reinhard Wetter
Sozialarbeit ohne Mauern
Anstöße zu einer „befreienden“ Gefangenenarbeit.

Isca Salzberger-Wittenberg
Die Psychoanalyse in der Sozialarbeit

Harald Hottelet, u. a.
Offensive Jugendhilfe

Angewandte Sozialwissenschaften

Mihaly Csikszentmihalyi
Das flow-Erlebnis
Jenseits von Angst und Langeweile: im Tun aufgehen.

Adolf M. Däumling, u. a.
Angewandte Gruppendynamik

Gerhard Kaminski (Hrsg.)
Umweltpsychologie

Lisl Klein
Sozialwissenschaftliche Beratung in der Wirtschaft
Eine Einzelfallstudie.

Lothar Krappmann
Soziologische Dimensionen der Identität

Joseph Luft
Einführung in die Gruppendynamik

Max Pagès
Das affektive Leben der Gruppen
Eine Theorie der menschlichen Beziehungen.

Albert E. Scheflen
Körpersprache und soziale Ordnung

Hugo Schmale
Psychologie der Arbeit

Mara Selvini Palazzoli u. a.
Hinter den Kulissen der Organisation

Mara Selvini Palazzoli u. a.
Der entzauberte Magier
Zur paradoxen Situation des Schulpsychologen.

Burkhard Sievers (Hrsg.)
Organisationsentwicklung als Problem

Manès Sperber
Individuum und Gemeinschaft
Versuch einer sozialen Charakterologie.

Rolf Verres, Ingrid Sobez
Ärger, Aggression und soziale Kompetenz
Zur konstruktiven Veränderung destruktiven Verhaltens.

Gunnar Westerlund, Sven-Erik Sjöstrand
Organisationsmythen

Pädagogik/Sonderpädagogik/Pädagogische Modelle

Christoph Ertle, Andreas Möckel (Hrsg.)
Fälle und Unfälle der Erziehung

Kurt Guss
Psychologie als Erziehungswissenschaft
Eine theorienkritische Untersuchung des Themas Lohn und Strafe.

Gerhild Heuer
Selbstmord bei Kindern und Jugendlichen

Erhard Meueler
Erwachsene lernen

Reinhilt Plinke, Inga und Herbert Sell
Erziehung in der Pflegefamilie

Paul Scheid, Herbert Weidlich (Hrsg.)
Beiträge zur Montessori-Pädagogik 1977

Peter Schneider
Einführung in die Waldorfpädagogik

Myrna B. Shure, George Spivack
Probleme lösen im Gespräch
Erziehung als Hilfe zur Selbsthilfe.

Willem ter Horst
Einführung in die Orthopädagogik

Reinhard Voß
Anpassung auf Rezept
Die fortschreitende Medizinisierung auffälligen Verhaltens von Kindern und Jugendlichen.

Hildegard Katschnig, Esther Wanschura

Familientherapie in den Ferien

Ein Modell. Einleitung von Hans Strotzka.
1986. 180 Seiten, kart., ISBN 3-608-95458-9

Die Autoren gehen von einem systemischen Ansatz aus, den sie jedoch mit psychoanalytischen/entwicklungspsychologischen Überlegungen verbinden. Sie berichten über ihre Erfahrungen mit einem besonderen Modell der Familientherapie: der Behandlung von Familiengruppen von fünf bis sechs Familien im Rahmen eines gemeinsamen Urlaubs in den österreichischen Bergen.

Ein wissenschaftliches Werk einerseits, eine heitere und schwungvolle Anleitung für Familientherapeuten und ihre (potentiellen) Patienten andererseits, wie man mit einer Intensivkur denen, die an und in der Familie leiden, helfen kann.

Fritz B. Simon, Helm Stierlin

Die Sprache der Familientherapie. Ein Vokabular

Kritischer Überblick und Integration systemtherapeutischer Begriffe, Konzepte und Methoden
1984. 418 Seiten, Leinen mit Schutzumschlag,
ISBN 3-608-95319-1

Fritz B. Simon und Helm Stierlin geben einen Überblick über den gegenwärtigen Stand der Familientherapie. Sie verstehen das Buch als einen Lehr- und Einführungstext, der es auch Lesern, die mit der Literatur zur Familientherapie noch wenig vertraut sind, ermöglicht, sich in der Flut der Veröffentlichungen zu orientieren. In diesem Sinne vermittelt ihr »Vokabular der Familientherapie« wesentliches Grundlagenwissen von den Systemwissenschaften, wie Kommunikationstheorie, Informationstheorie, Systemtheorie und Kybernetik, ebenso wie von der Linguistik, der Semiotik und der Psychoanalyse.

Darüber hinaus möchten die Autoren dazu beitragen, Definitionen zu finden, die der Sprachverwirrung in den verschiedenen familientherapeutischen Schulen entgegenwirken und die Voraussetzung für eine sachliche Diskussion zwischen ihren jeweiligen Vertretern schaffen.